COLLECTION
FOLIO/ESSAIS

Élie Faure

Histoire de l'art

L'ESPRIT DES FORMES

II

Établissement du texte et dossier critique par Martine Courtois

Gallimard

J'offre à mon frère
Jean-Louis Faure
ce résumé d'une pensée qui lui doit,
pour la plus grande part,
son indépendance.

Fig. 105 bis. *(Renoir).* Ph. Giraudon.

Fig. 106. *(Chartres).* Ph. Houvet.

Poésie
de la connaissance

I

Un pas de plus, et nous voici au seuil de la pensée de Baudelaire, où l'apparente antinomie entre l'art et la science est résolue en quelques mots : *« L'imagination est la plus scientifique des facultés, parce que seule elle comprend l'analogie universelle. »* Ce poète n'ignorait pas que le savant c'est le poète, et ce n'est pas la faute du savant, ni la faute du poète, si nous commençons nous-mêmes à nous en apercevoir. Le savant méprise le poète, le poète redoute et respecte le savant. L'un et l'autre les yeux fermés. Celui-là n'est pas loin d'envisager le mystère comme un ensemble de phénomènes réductibles à des rapports mathématiques, ce qui est vrai, peut-être, mais prouve qu'il ne le sent pas. Et celui-ci, s'il le croyait, cesserait de le sentir. Je parle du poète-oiseau, posé n'importe où sur la route, ou dans les champs, ou dans la ville comme une harpe éolienne attendant les souffles du ciel, – les chanteurs anglais, par exemple, ou Verlaine chez nous. Car le tourment métaphysique n'habite pas toujours le cœur de ceux qui désirent passionnément fixer l'harmonie dispersée. Pour connaître le désespoir où précipite l'idée qu'un géomètre puisse seul atteindre un absolu illimité, pour dominer ce désespoir dès qu'on voit que cet absolu est à la portée d'un élève de mathématiques spéciales, il faut s'appeler Michel-Ange, ou Shakespeare, ou Pascal, ou Beethoven, ou Gœthe, ou précisément Baudelaire. Encore Pascal n'a-t-il pas suffisamment vécu pour vaincre l'angoisse obstinée où l'enfermait le besoin d'assigner à la vie une finalité morale intransigeante, et rejoindre ainsi Baudelaire sur les sommets du monde imaginaire où la plastique, la musique et la poésie tendent à s'associer à la mathématique dans l'ivresse d'une harmonie sans objet.

Je dis « tendent », car la géométrie ne pourrait, à mon sens, être vraiment « poésie pure », qu'en ne persistant pas hors du poète comme outil – Pascal eût dit comme « métier ». Elle n'atteint à la dignité de l'état poétique qu'en tant qu'instrument intuitif d'harmonies toujours en genèse, chez de très rares créateurs. Ce sont les formules géométriques rigoureusement appliquées qui ont conduit le décor et, par suite, l'architecture arabes à la mort (1). Elles nous mènent droit à un automatisme plus sévère que celui du manœuvre enfonçant un rivet toutes les trois secondes dans une plaque de fonte qui passe mécaniquement devant lui. Nous avons tous connu au collège plusieurs pantins mathématiques bien réglés, et nous n'ignorons pas ce qu'ils sont devenus après leur stage obligatoire dans une école de l'État. Le drame de l'art se déroule en deçà, pour les poètes, au-delà, pour les géomètres, de la géométrie proprement dite, quand bien même il tendrait sans cesse à une limite idéale extrême dont la conquête le noierait dans le nirvanisme de ses axiomes silencieux. Si nous descendions aux racines les plus profondes de nos mouvements spirituels, nous nous apercevrions que ni la géométrie, ni l'analyse, ni le calcul infinitésimal, qui nous donnent une impression de sécurité si parfaite, ne seraient sans Euclide, ni Descartes, ni Newton. Kepler ne nous a-t-il pas raconté comment certaines des cir-

(1) Fig. 114.

constances les plus banales de sa vie lui permirent de pressentir et, en fin de compte, de formuler quelques-unes des lois qui ont fondé l'astronomie? Nous n'en sommes pas encore, sans doute, à déceler dans l'œuvre *personnelle* du grand géomètre ceux des événements de sa vie intérieure qui durent le conduire à l'invention géométrique, mais je défie toute intelligence éprise du langage des géomètres de ne pas vouer à Euclide, à Descartes, à Newton, à Kepler une gratitude passionnée. Ils ont, pour s'exprimer, imaginé des signes matériels et suggéré des images en qui la musique des sphères, les cadences et les volumes de l'espace ont pris une physionomie qu'ils n'avaient pas avant eux (*). J'ai dit ailleurs (**) que les harmonies mathématiques ne sont pas plus indépendantes du terrain moral où elles prennent l'essor que les constructions sensuelles des peintres et des musiciens. Einstein n'eût pu naître au siècle de Descartes, ni Descartes de nos jours. Une tragédie muette préside à l'élaboration des formules algébriques les plus impartialement établies, et cette tragédie n'est pas la même dans chaque homme, dans chaque espèce, ni sous la pression des événements et des circonstances de toute époque ou milieu. La vérité géométrique pure, immuable et transmissible, n'est autre que le résidu de quelques grandes passions.

(*) La géométrie à quatre dimensions ne donne-t-elle pas à la pensée de Riemann et de Lobatchewski une forme *visible* très différente de celle que revêt la pensée d'Euclide, et le relativisme cosmique de la pensée d'Einstein n'obéit-il pas à un rythme très différent du rythme newtonien?
(**) *Histoire de l'Art*, L'Art moderne, tome I, pp. 19-20.

Baudelaire écrivait les lignes extraordinaires qui résolvent le conflit en remontant à ses sources, à peu près au moment où Claude Bernard publiait son *Introduction.* Un préjugé têtu obsédait, depuis trois siècles, l'esprit de l'Europe pour le dominer, puis peu à peu le modifier, et, selon moi, le trahir. Organisé par le cartésianisme, orienté vers une tyrannie croissante par ses conquêtes positives, il se dressait, vis-à-vis d'une moitié de l'âme humaine, – je veux dire sa faculté de sentir, d'imaginer, de créer des formes poétiques, – en adversaire irréductible, décidé à l'anéantir. M. Le Dantec a écrit là-dessus des choses tristes – ou joyeuses, du moins pour ceux qui ne pensent pas comme lui. Mais, avec cette ironie inconsciente que nous impose Dieu (*) pour sa revanche contre ceux qui s'efforcent de détruire son unité, après avoir décrété que l'art est aux antipodes de la science et que celle-ci se propose d'exterminer celui-là, il donnait de « la science » une définition dont l'art s'accommoderait à merveille : « Ce que nous appelons « les choses », ce sont les éléments de la description *humaine* du monde, et ces éléments dépendent, non seulement de la nature du monde, mais aussi de la nature de celui qui le décrit. » M. Le Dantec, par mégarde, avait-il lu Spinoza?

Les efforts qu'on a faits pour rendre la cloison étanche ont convaincu tant de monde, qu'on peut se demander s'il ne s'agit pas là d'un de ces phénomènes de paresse intellectuelle collective que crée l'appétence mystique de telles fins immédiates dont

(*) Ou, si vous préférez, le dynamisme universel.

s'impose l'utilité. Que l'art et la science traduisent, dans les régions superficielles de l'esprit, deux ordres d'activité différents, le fait est d'une évidence telle qu'il se passe de démonstration. Mais que ces activités aboutissent à élever deux constructions intellectuelles qui ne se puissent accorder, je ne saurais le concevoir. La réduction à des rapports mathématiques ne suffit pas à définir la science, puisque la géologie, l'anatomie, la botanique, la biologie – sciences pourtant – sont irréductibles à ces rapports, et que la musique – art cependant – et probablement la peinture, s'y soumettent en fin de compte. Quant à l'autre argument de poids, qui rapporte au caractère personnel de l'art et impersonnel de la science leur soi-disant antagonisme, il accule Claude Bernard, affirmant, dans la même illustre *Introduction,* que la science varie et que l'art ne varie pas, à une contradiction flagrante : car l'impersonnel tend à la loi, qui s'efforce d'être invariable, et le personnel à l'opinion, qui ne cesse de varier.

Ce qui est impersonnel, ce n'est pas l'esprit de la science, puisqu'elle est création de l'homme – et même, en dernière analyse, de quelques grandes personnalités : c'est son langage. Ce caractère la conditionne. Il assure sa transmission. Mais nous prenons peut-être pour « la science » un *état* de la science qui en détruirait les conquêtes, si l'un et l'autre persistaient à confondre leur destin. L'actuelle impersonnalité du langage de la science n'est peut-être qu'un échelon conquis sur la masse de l'inconnu par des besoins déterminés de la curiosité intellectuelle qu'il a fallu limiter de partout, spécialiser et définir pour assurer leur efficacité. Les mathématiques, par exemple, – dont on doute aujourd'hui qu'elles soient une science et qui ne sont probablement qu'une façon précise de parler, ou mieux de rêver – les mathématiques adoptaient automatiquement, il y a deux siècles, vis-à-vis des sciences naturelles, une attitude à peu près analogue à celle que la science en général affecte aujourd'hui vis-à-vis de l'art. Ce qui n'interdit pas de supposer que l'art parvienne un jour à conquérir quelque instrument impersonnel en présence duquel la personnalité du sculpteur ou du peintre gardera la même importance que la personnalité du savant armé du symbole algébrique, de la balance, du microscope ou du creuset. Le cinématographe offre déjà l'exemple d'un art à son aube, où des moyens mécaniques révèlent cependant – et avec un accent extraordinaire – la personnalité du metteur en scène et de l'acteur. Le plus rigoureux partisan de l'impersonnalité de la science n'en sait, au fond, pas plus que moi – et moins que François Villon sans doute – sur la fin que poursuit notre unanime exploration du monde, qui n'est peut-être que curiosité de l'utile, outil d'adaptation ou même jeu incorporant peu à peu ses constatations et ses créations enivrées à l'incessant devenir, – en tout cas passion commune à l'artiste et au savant. La science, pas plus que l'art – et moins que lui, j'imagine – n'atteint « la chose en soi ». Elle établit, entre « les choses », des rapports. La faculté de choisir, d'abord, de généraliser ensuite, charpente seule en profondeur notre action intellectuelle, quels que soient par ailleurs les éléments de son enquête et ses modes d'expression. La science, comme l'art, n'est qu'un système d'illusion, c'est-à-dire de conquête.

C'est dans un domaine supérieur à celui de la science littérale et transmissible que l'art et la science affirment un accord toujours en genèse. Aux divers points où la science, parvenue à la limite de ses constatations, se retrouve au bord de l'inconnu qui recule devant elle, c'est l'art qui s'offre à elle pour saisir des intuitions nouvelles où d'autres constatations prennent leur ligne de départ. Les grandes hypothèses scientifiques, la gravitation, le transformisme, l'atomisme, si fécondes au point de vue des résultats, si propres à provoquer des expériences créatrices et à amorcer d'autres hypothèses, ne sont pas plus démontrables que l'art par l'expérimentation. Elles sont d'ordre poétique, comme la mathématique transcendante qui n'a rien à voir avec l'expérience et joue librement tout entière hors du domaine des faits. Or, qu'est-ce que la poésie, sinon l'intuition du possible? Où prend-on que Newton soit si loin de Rembrandt, si l'on voit bien l'abîme qui sépare de Newton les astronomes ses élèves qui n'ont pas su manier aussi subtilement que lui sa méthode impersonnelle, ou, de Rembrandt, les peintres ses élèves qui l'imitent exactement sans pénétrer jamais sa personnelle vertu? Imagine-t-on d'autre part un poète dépourvu de l'outil de la connaissance, de cette intimité sanglante qui l'unit à l'objet de son désir, lui fait pour ainsi dire savourer du doigt la qualité spéciale de la pierre et de l'argile, toucher de l'œil les passages de la lumière à l'ombre, construire par l'intelligence éprise les bruits et les rumeurs qui l'atteignent confusément?

Il y a chez le poète autant de connaissances rigoureuses qu'il y en a chez le savant même, mais il ne les formule qu'implicitement, en donnant soudain corps à l'hypothèse fulgurante qui naît de leur lente assimilation : il se sert de l'objet pour se prouver son hypothèse. Il y a, chez le savant, autant d'intuition synthétique qu'il y en a chez le poète : il part de l'hypothèse pour se définir l'objet. Lamarck (2), illuminé par l'analogie qu'il constate entre les formes universelles, affirme leur unité originelle, et délègue à Geoffroy Saint-Hilaire, à Darwin, à Huxley, à Spencer, à Haeckel, à Cope, à Samuel Butler, à Bergson, à l'interminable avenir, le soin d'en poursuivre la preuve de forme en forme, du protozoaire à l'esprit. Rubens s'empare de ces formes partout dispersées pour résumer l'analogie universelle dans un espace susceptible d'être embrassé d'un regard. Newton poursuit les courbes musicales de son architecture intellectuelle jusqu'aux confins d'un univers même invisible, où il les appuie indestructiblement sur les corps matériels des astres et les orbes réels qu'ils tracent dans le ciel. Sébastien Bach les ramène aux dimensions et à la durée d'un orchestre qui les trace dans le cœur. En dehors des êtres de cette taille, qui ne sont pas très nombreux, en dehors de l'instinct de quelques multitudes illustres qui ont donné aux rochers et édifié sur le désert la forme de leur illusion, je ne vois que matériaux réunis loyalement par le broyeur de couleurs et le biologiste, par le luthier et le géomètre, par le chimiste et le maçon.

(2) Fig. 107.

Michel-Ange est un bien autre savant, Laplace un bien autre poète que tel professeur très érudit ou très sensible de telle faculté des sciences ou de telle école des Beaux-Arts. L'intuition a ses certitudes que la preuve ne connaît pas.

II

Les Italiens du XIVe, du XVe, du XVIe siècle même, responsables pourtant, avant tous les autres peuples d'Europe, de la rupture de l'unité spirituelle du Moyen Age, ont senti le danger de l'aventure où ils entraînaient l'intelligence déterminée à séparer de l'art la science pour forger l'arme nécessaire à l'esprit européen. A part quelques platoniciens insoucieux d'ébranler la charpente de la connaissance pratique, et que Vinci ne pouvait souffrir, c'est un effort tendu, désespéré, constant, de maintenir les conquêtes de l'intuition dans les cadres de la technique la plus stricte et de la science la plus exacte, pour empêcher un divorce momentanément inévitable et reconstituer dans la raison l'unité perdue de la foi.

Une tendance à peu près unanime se manifeste chez eux, de transformer en connaissances expérimentales et transmissibles, non seulement l'architecture, mais la sculpture, la fresque, et jusqu'à la peinture de chevalet. On sait de reste qu'Uccello, Brunelleschi, L.-B. Alberti, Verrocchio, Piero della Francesca passent leur temps à résoudre des problèmes de perspective et de géométrie dont ils tentent d'appliquer les solutions à la composition

Fig. 107. LE DÉMIURGE *(Lamarck)*. Ph. Giraudon.

rigoureuse de leurs charpentes ou de leurs tableaux. Qu'ils écrivent des traités de perspective, d'arithmétique, de géométrie, de mécanique, de géodésie en même temps que des traités d'architecture et de peinture où ils poursuivent avec obstination la concentration des moyens de la connaissance dans la même vue systématique et rationnelle qui pourra les réunir à toutes les formes d'expression. Que Vinci, Signorelli, Michel-Ange (3), Cellini, sont des anatomistes passionnés de dissections sur le cadavre, et dessinent d'après nature des muscles, des os, des viscères, des réseaux d'artères et de nerfs. Que Vinci, qui écrit un ouvrage sur l'anatomie humaine, un autre sur l'anatomie chevaline, poursuit l'étude de l'analogie universelle sur les nervures des feuilles, les membranes des insectes, les ailes déployées des chauves-souris et des oiseaux (4). Que le même Vinci ne considère la peinture que comme l'un des procédés de démonstration et de technique qui lui permettent de creuser des canaux, d'établir des écluses, de construire des machines et de fondre le métal. Et que d'ailleurs la plastique, sortant du grand foyer anonyme du Moyen Age où le peintre et le sculpteur coudoyant le verrier, le plombier, le charpentier, le maçon, construisaient eux-mêmes leurs moules, leurs armatures, taillaient eux-mêmes leur marbre, leur granit, leur grès, préparaient eux-mêmes pour la fresque leur mortier et leur enduit, devait s'orienter naturellement vers une conception scientifique de sa mission. Le même phénomène apparaît en Allemagne, avec Dürer surtout, formé dans les ateliers de Nuremberg qui forgeaient le fer, martelaient le cuivre, polissaient le verre, travail-

(3) Fig. 108, 110, 111, 112.
(4) Fig. 109.

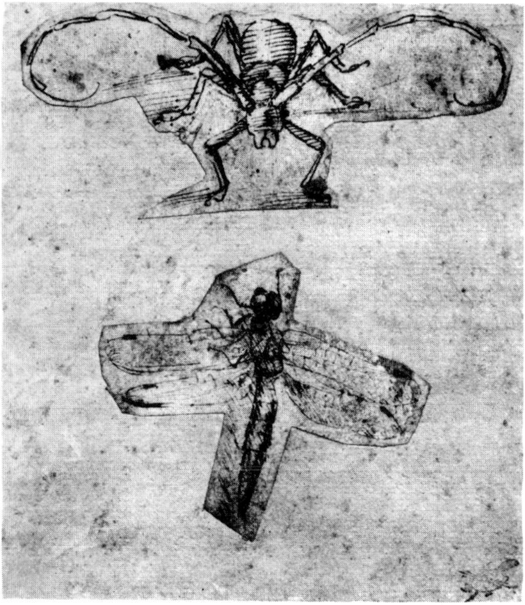

108

Fig. 108. ANATOMIE *(Vinci).*
Ph. Anderson-Giraudon.
Fig. 109. VOL DES OISEAUX *(Vinci).*
Ph. Giraudon.

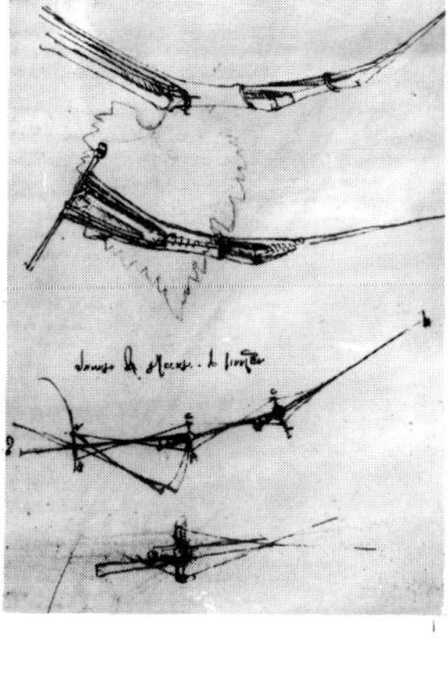

109

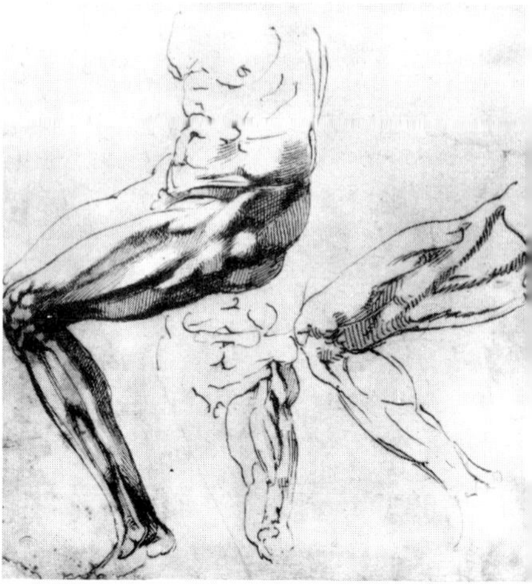

110

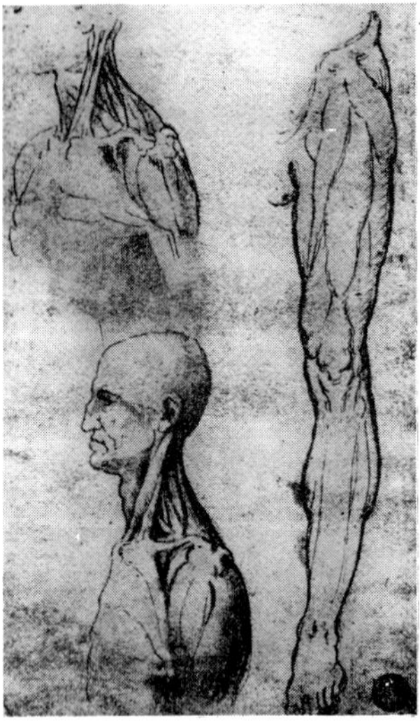

111

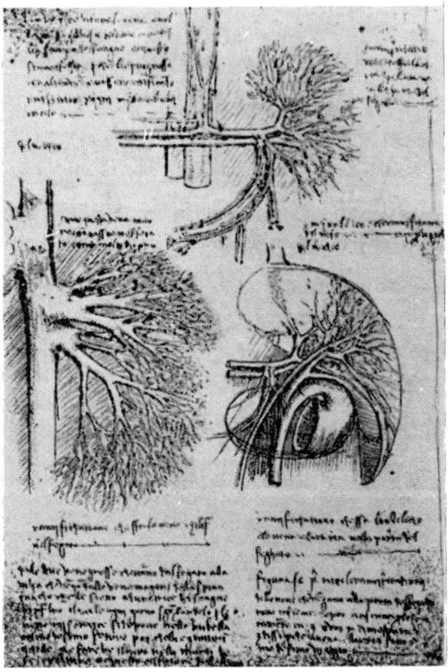

112

laient à la lime les rouages des montres et passaient leurs ressorts au laminoir. En France aussi, avec Jean Cousin, Palissy, quelques autres. Et l'on saisit sur le fait l'une des raisons profondes de cet art de la Renaissance qui prit, surtout à Florence, un caractère énervé, inquiet, torturé même, parce qu'il essayait en vain, à l'heure la plus bouillonnante qu'ait connue la passion humaine, de faire entrer les bonds du cœur et la fièvre de l'intelligence en des rythmes qui s'efforçaient d'obéir aux lois des mouvements articulés étudiés sur le squelette et de l'ordre spatial que la géométrie et l'astronomie établissaient. Le drame vécu par Michel-Ange tient tout entier dans cette lutte antithétique entre un cœur que les frontières du réel sont incapables de contenir et une science absolue qui tente de les fixer. Elle y parvient, d'ailleurs, pour la réalisation de l'un des plus inouïs entre les miracles de l'homme, mais du même coup précipite la civilisation entière, acharnée à la reproduire, dans un dualisme intellectuel encore plus tragique que le dualisme mystique où le drame chrétien avait grandi.

L'erreur capitale de la Renaissance, d'autre part si grande, est d'avoir cru, dans son enchantement unanime à découvrir la science, que l'art devait se subordonner à la science, alors que la science, il me semble, reprendrait toute sa vertu si l'on y voyait, au contraire, une dépendance de l'art ou plutôt, comme lui, un attribut du génie esthétique de l'homme cherchant à introduire dans l'univers, par ces deux moyens essentiels, un ordre dynamique incessamment poursuivi. La puissance

Fig. 110. ANATOMIE *(Michel-Ange)*. Ph. Brogi-Giraudon.
Fig. 111. ANATOMIE *(Vinci)*.
Fig. 112. DESSINS ANATOMIQUES *(Vinci)*.

du savant sera décuplée le jour où il comprendra la nature réelle de l'intuition poétique qui l'entraîne à conquérir le monde, comme la puissance de l'artiste se retrouvera entière et dix fois accrue le jour où sa conscience aura complètement assimilé les éléments de poésie et de mystère que la science y incorpore peu à peu. L'ordre chrétien à son sommet – soit vers le XIIe siècle – connaissait cette unité profonde, la science, infiniment plus avancée qu'on ne pense au Moyen Age, mais usant d'autres méthodes qu'aujourd'hui, étant toute plongée dans la cathédrale à la fois rationaliste et vivante, où elle s'unissait par la sculpture et la verrière à l'art, comme elle image et moyen du symbolisme universel. Il est certain que les rythmes alternatifs de synthèse et d'analyse selon lesquels se présente l'Histoire dès qu'on cherche ses pulsations sous la surface des événements, sont en grande partie alimentés par l'association ou la dissociation des notions que nous prétendons depuis trois siècles séparer les unes des autres et qui semblent tendre aujourd'hui à se mettre de nouveau d'accord. Dans l'art égyptien tout entier, l'expression monumentale se confond avec le but utilitaire qui assigne aux Pyramides (5), par exemple, un rôle de triangulation. L'encyclopédie industrielle et agricole est écrite sur les mille plats-reliefs tout frémissants d'ailes battantes, de fleurs qui s'ouvrent, de seins qui naissent, tandis que l'hiéroglyphe incorpore le mystère de la pensée articulée à la forme animale ou végétale aussi rapprochée qu'il est possible de la stylisation géométrique. Il est probable que ce sont le géomètre et l'ingénieur qui édifient le temple.

(5) Fig. 113.

Fig. 113. PYRAMIDES. Ph. Roger-Viollet.

Il est probable qu'en Chaldée le prêtre-astronome est aussi le constructeur. La météorologie chinoise règle le symbolisme de toutes les constructions. L'art grec, jusqu'à Phidias, s'inspire d'une mythologie naturaliste et s'appuie sur une philosophie utilitaire auxquelles il doit sa cohésion, qu'il perd avec la pensée de Socrate, point de départ depuis lequel le poète Platon et le savant Aristote se tournent décidément le dos. Dans l'Inde, le panthéisme concilie la science hermétique des initiés et l'art fiévreux des multitudes dans la connaissance intuitive des rapports universels (*). Aux grands instants de l'art, la science est complètement dominée, et entraînée par lui dans le mouvement triomphal d'une force de création qui l'englobe pour le bien de l'ordre lyrique unanime. Que cet ordre réside sous le front d'Apollon, dans le cœur de Jésus, dans le sang de Brahma ou sous la mamelle d'Isis, c'est toujours lui qui exprime l'unité de la connaissance divine dont la science et l'art sont les attributs. Quand l'art décline sous les coups de la critique ou sous le poids de la fatigue, la science, qui prend le dessus, entraîne à sa ruine le poème social précédemment imaginé. L'arabesque de l'Islam, ainsi, tend peu à peu et parvient à la longue, pour le malheur de l'art musulman tout entier, à entrer définitivement dans la forme géométrique dont elle joue désormais à l'infini jusqu'à en stériliser la vertu (6). Nous avons vu que c'est là précisément l'action des disciples de

(*) Les travaux contemporains du savant hindou Jagadis Chundra Bose ne tendent-ils pas à démontrer l'unité biologique de l'animal, de la plante et du minéral ?

(6) Fig. 114.

Fig. 114. ARABESQUE GÉOMÉTRIQUE *(Espagne, Alcazar).*
Ph. Anderson-Giraudon.

Socrate vis-à-vis de l'édifice grec. Nous avons vu que, malgré l'effort des Italiens, c'est l'action de leurs universalistes, incapables de réunir l'enthousiasme et la méthode ailleurs que dans quelques cerveaux, qui précipite la ruine du temple en s'efforçant de l'empêcher. La Renaissance, grâce au frein trop cassant du cartésianisme de France, entraînera les deux pôles du génie européen vers un désaccord progressif que la Révolution paraîtra rendre irrémédiable en brisant les corporations qui maintenaient, au moins dans l'artisanat, l'union de la technique impersonnelle et du lyrisme individuel. Au XIXe siècle, le divorce est consommé, l'art perdant pied de jour en jour, malgré l'héroïsme de quelques-uns, dans la prédication sentimentale, et la science, malgré ses incessantes et ses plus belles conquêtes, dans le positivisme le plus dégradant.

Par bonheur, au sein même du mouvement qui tentait, au XVIe siècle, surtout à Florence, d'enfermer l'art entier dans les cadres trop étroits d'une science statique en voie d'organisation, une conception dynamique du monde naissait inaperçue. Elle tendait peu à peu à subordonner cette science, en apparence victorieuse, à la conquête du lyrisme indifférent à toutes fins immédiatement utiles qu'entreprenaient quelques esprits. Sentant, dans son instinct, l'unité chrétienne perdue, Venise introduisait dans l'armature rigide de l'art italien primitif une nouvelle circulation de forces spirituelles que la grande peinture allait organiser par Rubens, Rembrandt, Velazquez, Watteau, pour en confier l'achèvement à la musique allemande. Ce n'est pas par hasard que les plus grandes œuvres de Beethoven et la *Philosophie zoologique* de Lamarck sont contemporaines. La rencontre du poème symphonique organisé par les peintres et rendu plus sensible aux multitudes par les musiciens, et du poème biologique qui continue à se développer de nos jours, marque probablement le moment décisif où, la charpente ancienne étant décidément brisée par la chute des corporations, un noyau de force apparaît, capable de ramener à son attraction centrale la science et l'art écartés l'un de l'autre par la critique et la méthode qui avaient charge de réunir des matériaux après l'effondrement de l'édifice chrétien. Tout, à dater de ce jour, se fait passage, devenir, harmonie en formation des forces contradictoires. La forme, que les savants croyaient jusqu'ici pouvoir délimiter et décrire pour toujours sous tous ses aspects devient, comme le savaient, comme l'ont toujours su les poètes, une expression momentanée et fugitive d'un mouvement interne, instable, et cependant continu. La biologie et la mathématique se rencontrent dans ce concept où les avaient précédées la danse, la peinture et la musique, et d'où l'unité spirituelle, sans doute, est destinée à rejaillir.

III

Ainsi, l'homme n'a pas cessé, malgré l'apparition, après Phidias, de la critique grecque ouvrant l'enquête nécessaire au changement du rythme de sa marche, malgré la Renaissance poursuivant un but analogue, d'être environné d'un univers confus où le divin commence aux limites de la connaissance. L'art, la science, la philosophie, la règle sociale, tout est poésie à l'origine. Tout redevient poésie dès que la connaissance, après avoir saturé les esprits, est de nouveau forcée de faire appel à l'intuition synthétique pour forcer le cercle rigide que tout système crée fatalement quand il épuise sa vertu. L'expérience, presque toujours, sinon toujours, a confirmé les grandes synthèses lyriques dont elle n'a pu que déchirer le voile tissé de symboles. Elle brûle le charbon. Elle ne mord pas le diamant. Mais il est vrai qu'en brûlant le charbon, elle laisse un résidu de cendres si riche en matières nourricières qu'il ajoute, à chaque cycle, des feux nouveaux à la flamme de ce diamant. L'analyse grecque, ainsi, en ruinant les mythes anciens, a précipité dans le foyer juif des faits, des sentiments, des formes innombrables qui ont permis au mythe chrétien de fleurir. L'analyse occidentale, en ruinant le mythe chrétien, a accumulé en nous de telles forces sans emploi que nous pouvons prévoir leur organisation prochaine sur un plan mystique quelconque, sous peine d'être broyés par elles si nous nous refusons à les utiliser.

La croyance, en effet, que la science moderne apportait le progrès moral ou même se confondait avec lui, a failli ruiner la confiance de l'homme en elle et conduire l'homme à briser l'idole nouvelle qui ne comblait pas son espoir. L'optimisme qui prend naissance dans la réaction sentimentale des faibles contre la cruauté des réalités sociales, représente toujours un danger redoutable pour l'effort civilisateur – j'entends l'effort d'organiser des illusions, des symboles et des images et non celui qui voudrait moraliser à toute force l'homme au risque de le neutraliser. D'autre part, il est curieux de constater que l'esprit critique était parvenu, de nos jours, à confondre le fait de sa croissance avec ce qu'on appelle « la civilisation », – c'est-à-dire, pour presque tous, l'essor des applications de la science – alors que de tout temps, bien au contraire, il est apparu au déclin des civilisations successives qu'il a contribué plus qu'aucune autre force au monde à renverser. La notion de progrès, vulgarisée par la science, et confondue avec le développement évident du bien-être général, a répandu l'idée qu'elle allait enfin apporter la réalité du bonheur, comme si le bonheur pouvait être autre chose qu'un état d'équilibre instable, comme si la science n'avait pas eu pour premier effet de rompre cet équilibre et d'éclairer cruellement les recoins de nos illusions. Comme si elle avait supprimé d'un coup de baguette l'analyse intérieure, le drame de l'amour et la conscience de la mort, qu'elle a creusés, au contraire, en multipliant les moyens d'échange et les termes de comparaison. Il est remarquable de constater que les mythes cruels de l'Inde, de la Syrie, de la Judée ou de la Grèce n'ont pas semé plus de désespoir dans le monde que les mythes consolants du bouddhisme, du christianisme, de l'islamisme ou de la religion humanitaire d'aujourd'hui, dont la science constitue le mythe central. Le développement impitoyable de la science (7), cette mécanisation universelle, fatale comme la course d'un astre et que l'homme,

(7) Fig. 115.

le voudrait-il, ne peut plus arrêter, dépasse peut-être en férocité, non seulement à cause des êtres qu'il broie dans l'industrie ou la guerre, mais surtout à cause de sa progression géométrique entraînant les intelligences dans un tourbillon dont la vitesse s'accroît, les symboles mystiques les plus sanglants de la Phénicie ou du Mexique. Tout changement d'idole se traduit, aussi bien dans les consciences individuelles que dans les réalités sociales, par le meurtre et la douleur.

La notion de progrès, toujours mortelle pour l'art, et à qui l'art hellénique notamment, et l'art renaissant ont dû leur décadence rapide pour avoir confondu l'idée d'expression avec l'idée de perfection, ne peut se maintenir sur le terrain scientifique qu'à condition de s'appliquer au développement du machinisme et à la volonté d'établir sur ce machinisme la domination de l'homme, qui en reste la victime jusqu'ici. Le jour où il tiendra solidement en main cette arme nouvelle, s'il peut d'abord rétablir, du plus terrible effort que Dieu lui ait demandé, son équilibre rompu par la trop brusque invasion des applications de la science, ce jour-là il pourra prétendre, non pas à reprendre sa route vers un progrès indéfini, mais à réaliser de son intelligence une nouvelle forme où l'art retrouvera ses droits. Il apparaît de plus en plus que la science, sans modifier les profondeurs de l'homme, est en train de renouveler de fond en comble les prétextes de son illusion. Les Italiens, certes, l'avaient senti. Leur art n'eût rien été si leur science de géomètres, d'anatomistes, de techniciens, ne leur avait offert l'occasion d'un enthousiasme nouveau, beaucoup plutôt qu'une fin rigoureuse et froidement contemplée à atteindre. Piero della Francesca, Uccello eussent-ils, sans leur amour passionné pour la géométrie, découvert dans la structure humaine, l'un ces formes monumentales, ces crânes sphériques, ces visages purs et solides, ces torses, ces membres pareils à des colonnes, toute cette majesté formidable qui fait songer à un peuple de dieux descendus dans la prière et la lutte, l'autre ces rythmes durs qui non seulement retentissent dans la force des gestes et la masse des groupes en action, mais dans les sombres harmonies, noires et rouges, où se retrouvent la rectitude et la force du calcul (8)? Si Vinci n'avait pas appliqué une curiosité ardente à l'étude des insertions musculaires sur les os, des arborescences sur les élytres et les feuilles, des réseaux des veines sous la peau, ses dessins frémiraient-ils de cette animation à la fois précise et mystérieuse qui fait vibrer les surfaces vivantes comme sous la caresse continue de l'influx nerveux et du sang (9)? Michel-Ange est hanté à tel point par sa propre science qu'il en arrive à la haïr, comme un amour trop tyrannique qui tour à tour exalte au centuple ou anéantit notre puissance d'action... Il ne faut pas oublier ce que les sciences, au XVIe siècle, avaient de mystérieux et d'incertain. Elles faisaient partie du domaine divin de l'inconnu toujours renouvelable, elles n'avaient pas pris encore cette attitude arrêtée à laquelle leur dynamisme montant les arrache depuis quelques années, et dont la persistance eût risqué d'éteindre l'hypothèse aussi bien dans le cœur des poètes que dans le cerveau des savants. C'est dans

(8) Fig. 141, 142.
(9) Fig. 108, 109, 111, 112.

115

116 1 2 3

Fig. 115. MOTEUR.
Fig. 116. STÉRÉODYNAMIQUE DE LA VIE. — 1. Nummulite *(Spirale d'Archimède)*. — 2. Ammonite fossile. — 3. Orbitoïde *(Spirales logarithmiques)*, *in* Lartigue, *Lettres à l'Académie des Sciences*, Douin éd.
Fig. 117. STÉRÉODYNAMIQUE DES FORMULES FLORALES, *in* Lartigue, *Lettres à l'Académie des Sciences*, Douin éd.

118[1]

118[2]

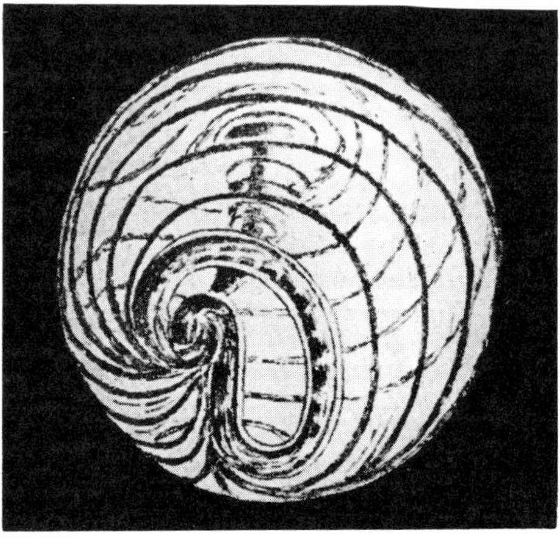

Fig. 118. ANALOGIES *(Tourbillons : 1. Jupiter. — 2. Goutte d'eau).* D'après Leclère, *in* Lartigue, *Lettres à l'Académie des Sciences*, Douin éd.

ce dynamisme même, et non dans les applications chaque jour croissantes de la science, qu'il faut chercher sa poésie incomparable, où l'art peut se retremper.

Jamais plus qu'aujourd'hui le contact de l'esprit avec la réalité patiemment et méthodiquement scrutée n'avait imposé l'impression de cet élargissement infini et indéfini du mystère, qui rend à notre force lyrique son éternelle fraîcheur. En même temps que la mécanique et l'architecture industrielles travaillent à restituer à l'intelligence des artistes un squelette logique qui l'articule de toutes parts, les mille rapports nouveaux que crée la science, les mille rapports anciens qu'elle ruine placent l'esprit en face d'un univers inattendu et profondément émouvant. L'immense poésie du transformisme, après nous avoir révélé l'identité originelle des organismes répandus sur la terre et dans les eaux, a fait de la durée l'architecte spirituel de l'espace même, qui n'est sans doute qu'une de ses incarnations. Une métaphysique – je devrais dire une mythologie – en voie de formation constante, nous apprend que l'illusion spatiale entre, avec toutes ses conquêtes, dans un devenir sans cesse créateur où de rigoureux instruments scientifiques – le cinématographe par exemple – précipitent l'image en mouvement sous des aspects qui s'enchevêtrent comme des rythmes musicaux. L'opacité des formes disparaît, révélant par-delà les surfaces les plus dures et les volumes les plus denses qu'on croyait définis pour toujours, des formes qui s'enfoncent de plus en plus profondément dans le secret de la vie en voie d'élaboration. La distance n'existe plus, puisque la pensée et la parole se transmettent instantanément d'un point quelconque de l'étendue à tous ses autres points. La psychologie objective révèle des labyrinthes moraux naguère comblés, ou plutôt masqués par la morale. Nous commençons à nous enivrer de cette idée que l'infiniment petit, obéissant à la gravitation, ouvre au-dedans de nous à la danse des atomes le même abîme mécanique où le tourbillon des étoiles dépasse en étendue et en complexité les limites de l'intuition (10). Jamais, peut-être, un tel amas de matière poétique ne s'était offert à notre ferveur. Et c'est dans une impression analogue, je pense, que résident périodiquement, en dernière analyse, à la fois le besoin candide, mais invincible, que nous avons du « progrès », et l'impérieux sentiment que l'art et la science, jaillissant des mêmes foyers, allant vers les mêmes destins, s'accordent, aux grandes minutes, dans une unité si étroite qu'on ne saurait en détruire l'un des éléments qu'en détruisant l'autre du même coup. Si l'ordre universel n'est pas d'essence morale, mais d'essence esthétique, comme je le crois, il semble que le seul progrès qui s'y puisse réaliser, c'est l'accroissement continu de la puissance de l'esprit à retrouver les sources vierges de ses émotions naturelles à travers les alluvions mêlées des sentiments surajoutés, des idées entassées, des sensations multipliées que superposent les générations et les siècles, et de donner à ces émotions naturelles la forme d'un organisme nouveau. L'effort qu'exige cette exploration semble de plus en plus pénible, sans doute, mais l'homme intérieur étant de plus

(10) Fig. 116, 117, 118.

en plus complexe, il est possible que cet effort lui pèse moins dans l'avenir que n'a pesé à son ancêtre celui de créer le feu, par exemple, ou la première hache de silex. En tout cas, c'est dans cet effort qu'est sa grandeur. Le monde vécût-il encore un milliard d'années que le poète, dans un milliard d'années, serait encore celui qui saura infliger à l'image qu'il se fera de lui-même, l'organisation qu'il établira dans les matériaux spirituels accumulés par la connaissance devant lui.

Fig. 118 bis. ŒUF D'EPIORNIS. Ph. Jean Dubout.

Fig. 119. *(Triceratops)*. Ph. Jean Dubout.

Le clavier

I

Ainsi, loin de se rétrécir, le clavier s'élargit sans cesse. Plus la complexité de l'esprit croît, plus les éléments de ses créations s'accumulent. Pour sa propre sauvegarde, il ne leur échappera pas. Il ne sera jamais suspendu dans le vide. Il se nourrit de plein, comme le feu d'huile ou de bois. Et le poète a charge de lui fournir cet aliment. L'Histoire, la religion, la civilisation, la conquête de l'univers par l'homme, sa création pathétique de Dieu, tout n'est que poésie, c'est-à-dire incorporation à l'esprit de la matière qui le crée et qu'il recrée lui-même et transfigure dans un échange continu. Rien n'est concevable pour l'homme sans quelque support matériel. Rien ne l'atteint sans le secours de la matière. Non pas uniquement, sans doute, la matière visible, mais la matière sensible, le son, le mot, le symbole mathématique, l'idée insaisissable et informulable sans eux. Le verbe juif, le plus haut que je sache, a cru échapper à la loi, vaincre l'idole matérielle, s'en passer même. Erreur puérile. Il est idole, par sa sonorité, par les images qu'il évoque, par sa faculté de suspendre et de lâcher la foudre, d'ouvrir des sources dans le sable, d'ensevelir des villes sous les eaux. L'esprit n'est que rapports entre des éléments solides, organisation de ces éléments solides dans une harmonie continue dont l'amour est le mobile et l'intelligence le moyen. Il y a un échange constant entre la matière du monde que nous transformons immédiatement en esprit dès qu'elle nous touche, et l'esprit que nous nous représentons immédiatement en matière dès que nous en sommes touchés. Aucune religion éthique n'échappe à cette loi consolatrice. Ni la juive, nous l'avons vu. Ni la chrétienne, bâtie sur le double socle infrangible du poème évangélique et de la logique grecque forgée par les géomètres et élevant l'édifice catholique, sensible jusque dans les fruits, les légumes, les bêtes, les charrues que la pierre ardente saisit. Ni la bouddhique, si largement répandue sur l'Asie par une marée de granit toute fermentante et grouillante d'images où se fixent jusqu'aux odeurs. Ni même l'islamique, la plus pure cependant, dont l'esprit plane avec la voûte des mosquées, combine un contrepoint muet avec le jeu des arabesques, fuse des âmes avec l'élan des minarets d'où il retombe dans les âmes avec la psalmodie rythmique des prières. La dualité apparente de la matière et de l'esprit ne nous atteint jamais, et jamais même ne révèle leurs antagonismes cruels que dans le sentiment tour à tour enivrant et tragique d'une unité fondamentale où leurs sources, leurs moyens, leurs visages se rejoignent. Toutes les tentatives pour sortir de cette unité n'ont fait qu'y ramener l'intelligence par des chemins détournés. La forme la plus implacable des prétentions de l'esprit, l'ascétisme, aboutit à ruiner le corps pour démontrer le règne d'une indissolubilité d'essence que la débauche, la forme la plus implacable des prétentions de la matière, trouve par des moyens qu'on s'imagine diamétralement opposés.

L'homme croit imiter les formes extérieures. Il n'en dégage que des rapports, des analogies, des mesures, des groupements de nombres et des valeurs qu'il ne peut communiquer qu'en les extériorisant. Sa victoire est au point précis, mais instable, où ce qu'il nomme son esprit rejoint l'esprit qui sourd des formes elles-mêmes dans un accord qu'il ne trouve jamais que pour la durée d'un éclair. Mystère! Il faut, pour que cet éclair se produise, que la vie passée tout entière, et présente du sculpteur, l'ivresse de ses sens dans la fraîcheur des eaux et des verdures, leur soif ou leur dégoût du sang, leur anxiété devant la femme, son amertume d'être méconnu et sa joie d'être compris, sa révolte contre les jougs, les œillères, les férules, son refus, son consentement à ce que la société, la patrie, le monde soient ce qu'ils sont, jusqu'à l'influence de l'air respiré et de l'aliment digéré sur sa santé, ses veilles, son sommeil, son humeur douce ou chagrine, passent dans chaque coup de son ciseau pour établir, au cœur même de la pierre, l'identité de son esprit avec les mouvements profonds qui déterminent ses surfaces, l'incidence de la lumière et le jeu des ombres sur elle, son grain, sa densité, sa sonorité, sa saveur. Il semble inconcevable, et il est simple, qu'un bronze noir prenne la tonicité sanglante de la chair, un marbre glacial et serré la fermeté pulpeuse du fruit, un granit compact la fluidité d'une eau courante. Il semble inconcevable, et il est simple, qu'un bloc de pierre informe, travaillé par des mains amoureuses, devienne une onde spirituelle, un frémissement infini d'impondérables vibrations, un jeu de nuances à peine sensibles qui répande sur son étendue entière les commandements de ses profondeurs muettes, ou que ce même bloc, travaillé par des mains viles, disperse sa splendeur de masse en des gestes disloqués, perde la qualité vivante de sa densité et de sa couleur naturelles et devienne incolore et creux, même si ces mains le peignent, même si elles s'acharnent à en accroître le poids. La nourriture spirituelle, comme l'autre, devient l'homme intérieur même, qui prête au produit de l'échange les qualités qu'il en reçoit.

On ne peut qu'assez mal se représenter, je pense, la profondeur des retentissements que la nature même de la matière, sa densité, sa dureté, le degré de résistance qu'elle oppose à l'outil, c'est-à-dire à la main, c'est-à-dire à l'intelligence, peut éveiller dans l'âme d'un artiste à travers les trente ou soixante ou cent générations qui l'ont travaillée avant lui. Comment le bois, si tendre, et qui se peut tailler en tous sens sans qu'un éclat s'en détache, ne donnerait-il pas à l'Allemand ou au Polynésien (1) qui l'attaque et dont le couteau le pénètre au gré de ses impulsions sensuelles ou sentimentales, le goût des complications dans les méandres linéaires, des accidents pittoresques dans les surfaces, des enroulements, des volutes, des répétitions rythmiques? Comment le basalte égyptien (2), si lent à user, berçant la méditation, au cours des longues heures de travail, à la surface de son onde, ne conditionnerait-il pas le goût des grands plans simplifiés qui se pénètrent l'un l'autre sans heurt ni cassure brusque, comme une musique muette dont l'œil ne peut interrompre les modulations sans fin? Comment la pierre, moins tendre que le bois, moins dure que la roche primitive, et que le fer dégrossit facilement dans ses attaques décisives sur lesquelles il ne peut guère revenir, n'indiquerait-elle pas au Français ou

(1) Fig. 120.
(2) Fig. 27, 38, 175, 197.

à l'Hindou (3) la voie des saillies et des mouvements expressifs, à mi-chemin des impulsions immédiates et des grands systèmes immuables, pour traduire le drame humain dans ce qu'il a de plus général et de plus sensible à la fois? De tout ainsi, entre la plus utilitaire des architectures où nos besoins permanents s'expriment par des articulations logiques amenant des surfaces franches et des membres continus, à la plus personnelle des peintures poursuivant, dans le jeu le plus complexe des reflets, des valeurs, des passages, la tragédie psychologique que le poète voit s'étendre, se replier, se dissimuler ou bondir audedans de lui. Ce n'est pas par hasard que ce Florentin, chez qui le geste est le prolongement naturel d'une action patiemment et passionnément préparée, peint avec une espèce de violence, sur l'enduit des murs prompts à sécher, des tons sévères et des contours énergiques sur lesquels il s'interdit de revenir (4). Ou que ce Flamand matériel, nourri de bière et de viandes, cherche dans l'éclat fluide et fuyant de l'huile la correspondance sensuelle de ses visions riches, sonores, abondantes, mêlées et triturées comme la pâte grasse dans laquelle joue son pinceau (5). Ou que cet Allemand minutieux, juxtaposant ses sensations comme des objets choisis pour les confronter avec la plus vague et flottante des rêveries, penché en myope sur sa planche, entame le métal de cent traits entrecroisés dont il ne voit directement ni la couleur ni l'arabesque et d'où l'ombre et la lumière surgissent, comme à son insu (6). Ou que ce Chinois qui a mille fois copié à la loupe toutes les bestioles, toutes les herbes, toutes les rides de l'eau, oublie soudain l'univers extérieur pour peindre ses

(3) Fig. 121, 122, 178.
(4) Fig. 123.
(5) Fig. 28, 32, 66, 87, 96, 140.
(6) Fig. 73.

120

121

Fig. 120. TRAVAIL DU BOIS *(Polynésie).*
Fig. 121. TRAVAIL DE LA PIERRE *(France, XIIIe siècle).* Ph. Giraudon.

états d'âme, où tout ce qu'il sait si bien ne revient qu'en qualité de signes pour transmettre à la soie changeante, en harmonies fragiles comme le pollen, tremblantes comme la rosée, crissantes comme la neige, évanouies comme un parfum de fleur, la limpidité d'une aurore, le bourdonnement des étés, le cruel silence d'un hiver (7).

A chaque matière travaillée s'attache une volupté spéciale, qui correspond aux mouvements intimes de l'espèce et de l'individu. La beauté du métier se confond avec l'enivrement lyrique qui grandit à mesure que la forme arrache, en s'accusant de minute en minute, l'esprit au néant. Tel qui resterait insensible au travail du pouce dans la glaise, jouit de précipiter dans le moule l'étain et le cuivre en fusion. Tel ne sent pas la joie subtile de mêler des tons purs pour obtenir, dans le véhicule ondoyant et chatoyant de l'huile, les nuances imperceptibles où se lit l'aveu des passions, qui surveille avec ivresse, dans la cuisson lente de la terre, l'incorporation de la fraîcheur propre à cette feuille, de la profondeur veloutée propre à cette corolle, de l'éclat métallique propre au corselet de ce scarabée, à l'écaille de ce poisson. Nul n'a le droit d'intervenir entre le désir du poète et l'objet de ce désir, car lui-même ignore de quel amoncellement inouï d'atavismes obscurs, de correspondances fortuites, de souvenirs imprécis, de fatalités sensuelles, est issu l'éclair unique qui jaillit de leur choc.

Le poème de la matière sature à tel point notre chair, détermine à tel point notre intelligence qu'il faudrait pour en suivre le déploiement dans l'œuvre d'art, partir de l'allaitement maternel où une matière

(7) Fig. 41.

Fig. 122. TRAVAIL DE LA PIERRE *(France, XIIIe siècle).* Ph. Giraudon.

liquide modèle notre forme propre, pour aboutir à l'étreinte amoureuse où se révèle, dans les échanges indéfiniment prolongés de la volupté et de la souffrance, les plus subtiles recherches de l'imagination et de l'esprit, en passant par tous les contacts que l'éducation de nos sens, l'aliment, le vêtement, l'habitat, le jeu nous infligent avec elle. Nos sièges et nos lits ont notre apparence physique. Notre seuil prend la forme de nos pas. Les objets de la table et du métier obéissent à la disposition anatomique de nos bouches et de nos mains. Il ne nous est pas possible d'échapper à la hantise de la multitude des choses qui imposent à nos regards la forme innombrable du monde pour en faire de l'esprit. Le mur que nous faisons et qui introduit dans nos habitudes mentales tant de rectitude en même temps qu'il nous abrite, est fait de pierre taillée ou de brique cuite par nous. La monnaie que nous frappons pour l'échange de nos biens et de nos passions revêt l'aspect de nos abstractions géométriques et des mythes sur lesquels notre histoire veut reposer. Toutes les conquêtes spirituelles par qui nous croyons échapper à cette marée matérielle qui nous entoure et qui monte avec nous à mesure que nous tentons de nous élever au-dessus d'elle, sont enfermées en des amas énormes de parchemin et de papier imbibés d'encre que la fonte ou le bois y gravent. Nous ne captons la lumière qu'à condition qu'un support métallique y consente. Et les ondes sonores qui traversent l'espace sans que nous les percevions ne nous atteignent que par l'intermédiaire d'antennes, de plaques ou de conques de métal. C'est une éducation subtile et

Fig. 123. LA FRESQUE *(Filippo Lippi)*. Ph. Brogi-Giraudon.

continue que la matière exerce sur nos facultés de comparer, d'éliminer, d'ordonner et de choisir, même et peut-être surtout quand nous nous imaginons que notre esprit joue dans un espace abstrait dont elle a, cependant, déterminé les dimensions.

II

Les moyens plastiques dont dispose le poète pour connaître ces dimensions ne se contentent pas du symbole géométrique. Pour toucher l'esprit, certes, ce symbole emprunte nos sens, puisque ni la ligne droite absolue, ni le cercle absolu n'existe dans la nature, et qu'il n'est que la schématisation des sensations précisément les plus grossières, celles qui nous montrent une ligne droite absolue dans la surface d'une eau lointaine par exemple, ou un cercle absolu dans l'apparence de l'horizon maritime, de la lune ou du soleil. Mais il n'enrichit pas l'imagination sensuelle, par qui les relations pathétiques d'homme à homme se découvrent, et n'aboutit qu'à créer des instruments d'organisation matérielle où nous pouvons trouver, d'ailleurs, mille prétextes à intensifier et multiplier ces relations. Le merveilleux outil industriel qu'il a créé à notre époque n'est pas capable d'augmenter spirituellement l'homme, comme la poésie, la peinture ou la musique, mais il crée des circonstances nouvelles et des drames imprévus où la poésie, la peinture et la musique peuvent renouveler leurs aliments.

L'architecture, qui est la plus rapprochée, par ses sources et ses apparences, du symbole géométrique, est le moyen plastique le plus universel, et le premier en date, j'imagine, qui se soit présenté au poète pour ordonner l'univers sur le plan de ses émotions. La matière acceptait, par elle, une utilisation immédiate, et pratique, offerte à sa misère et physique et morale par la ramure des arbres ou la voûte des cavernes qui lui suggéraient l'invention des traverses capables de compléter cette ramure ou du mur barrant cette voûte pour en interdire l'accès aux bêtes et aux éléments. Pour cela même, je ne pense pas qu'il existe, entre la géométrie et l'architecture, des rapports aussi étroits et nécessaires qu'on l'a dit. Il est possible qu'au moment où une race atteint la possession de son plus haut équilibre, le sentiment confus de l'harmonie qui l'habite coïncide avec des symboles mathématiques approchés, ou même absolus, qui loin d'être à l'origine de ce sentiment, expriment au contraire sa direction la moins consciente, marquent la limite où elle tend et parviennent, dans un bref miracle, à se confondre avec lui. Mais, je ne pense pas que même à ces moments-là, et peut-être surtout à ces moments-là, il y ait, dans la rigueur des rapports géométriques qu'on découvre dans tel monument, plus de volonté clairvoyante d'exprimer ces rapports qu'il n'en existe dans la rigueur des rapports arithmétiques retrouvés dans la musique et ignorés des musiciens. La nature entière, à mon sens, n'est qu'une harmonie approchée qui tend, mais sans y parvenir autrement que par éclairs, heureusement pour sa propre conservation, à être une harmonie parfaite. La mathématique elle-même est création de notre esprit, objectivement inexis-

Fig. 124. ARCHITECTURE GÉOMÉTRIQUE *(France, Albi)*. Ph. ND-Giraudon.

tante, mais faite pour combler le besoin d'absolu autour duquel notre vie misérable tourne pour sa consolation. La mathématique, en somme, création de l'intelligence, est un postulat de l'instinct, comme l'harmonie musicale, plastique ou chromatique même, avec la différence qu'elle tend à démontrer ce postulat que l'harmonie se contente de vivre. Mais, par cela seul qu'elle est l'harmonie, c'est l'harmonie qui a raison. Mathématiquement raison. Contre tous les systèmes, contre toutes les méthodes. Contre la science. Contre la loi. Contre la morale. Contre une divinité réduite à un rôle de gendarme. Reste à savoir si cette harmonie elle-même ne transfigure pas de toutes parts, à l'instant même où notre instinct la crée, les nombres rigoureux auxquels on la peut réduire, en assurant à ces nombres, par un travail mystérieux et irrésistible, la vie et le mouvement. Je veux dire : reste à savoir si le danseur parcourant le terrain de sa danse ne le mesure pas plus infailliblement que l'arpenteur armé de ses outils.

Revenant aux sources les plus grossières de l'instinct, à celles qui poussent le Nègre ou le Papou à chercher des motifs ornementaux dans le cercle et la ligne, l'architecte, parvenu au sommet de la puissance créatrice éprouve, comme tous les créateurs, le besoin de rationaliser les émotions qui l'y conduisent. Mais Pascal, au moment où il prend la plume, ne sait plus la géométrie. Ce qui n'empêche pas ses phrases les plus éloquentes d'emprunter à la persistance souterraine de son tempérament de géomètre cette sorte de solidité qu'on retrouve partout où la grande architecture a paru emprunter au calcul le plus exact les lois harmoniques qui semblent présider à l'apparente symétrie du temple grec, à la rotation des sphères byzantines autour d'un astre central, à l'alternance rythmique des ogives du Palais des papes d'Avignon (8), à la dure monotonie du palais civil italien (9), aux proportions mesurées des édifices des XVIIe et XVIIIe siècles français (10). Cependant nous savons que les colonnes grecques ne sont, dans aucun plan, rigoureusement parallèles, que les coupoles byzantines ou les ogives françaises diffèrent légèrement de dimensions, comme diffère l'écart entre le sommet et la base des arcs-boutants et des piliers qui les soutiennent, que les alternances rythmiques empruntent beaucoup plus à des jeux de nombres qu'à des symétries de formes leur aspect illusoire de régularité, et que pas plus dans le palais d'Italie que dans le palais de France, la distance entre les vides et les pleins n'est exactement la même nulle part. Si l'harmonie architectonique s'appuyait sur des lois définitivement fixées, elles ne se seraient pas perdues si fréquemment et partout. Elles se seraient transmises. Or, c'est seulement quand le sentiment à la fois pratique et mystique de la grande construction s'effondre qu'on ne les retrouve plus. L'exception de la formule où amène l'arabesque offre précisément l'unique exemple de la rigueur du calcul aboutissant non pas à sauver l'architecture, mais à perdre l'architecture après avoir perdu son principe ornemental.

Au vrai, l'architecture offre l'aspect émouvant d'une géométrie vivante (11), ce qui ne peut être obtenu qu'à condition de ne pas observer une rigueur absolue dans les distances, les mesures et

(8) Fig. 125.
(9) Fig. 79.
(10) Fig. 36.
(11) Fig. 124.

Fig. 125. MILIEU ARIDE. OGIVES *(France, Avignon).* Ph. Boudot-Lamotte.

les proportions. L'inscription approximative de tout édifice bien construit dans des cercles et des rectangles appartient à l'éternelle architecture. Il ne s'agit, quand notre instinct géométrique sait maintenir, au moins grossièrement, cette formule-là, que d'animer à sa façon les surfaces expressives, ce qui est la tâche propre de l'époque et du moment. Une révolution, dans tous les domaines, n'a elle-même d'autre but que d'animer les surfaces du corps social. Quand elle s'accomplit, c'est que les profondeurs sont prêtes. Le jour où Constantin prit ses édits, le christianisme n'était-il pas fait dans les cœurs de l'Occident, comme le bouddhisme dans les cœurs de l'Orient quand Açoka se fit bouddhiste? Et la Révolution française ou russe quand le tiers ou le quatrième Etat institua sa dictature sur l'ensemble du corps social? Je découvre au Parthénon, à la mosquée d'Omar, à Sainte-Sophie, à Notre-Dame, au palais siennois, tous différents ou même antagonistes d'apparences, un squelette intérieur d'une logique structurale rigoureusement analogue pour répondre à des besoins divers, et des surfaces et profils où jouent, selon des rythmes différents, l'éternité du cercle, du carré, de l'ellipse ou du triangle. L'architecture marque le passage de la géométrie du plan intellectuel dans le plan sensible. Donner l'illusion du mouvement à la matière disposée selon l'apparence grossière de l'ordre géométrique, là est l'architecture, d'où la sculpture et la peinture découlent nécessairement. Si l'architecture semble partir du symbole géométrique pour aboutir à un organisme vivant, tandis que la peinture, à l'autre pôle, semble partir de l'émotion vivante pour tendre au symbole géométrique, ce sont là illusions sensuelles tout à fait rudimentaires. Elles montrent une fois de plus que celle-ci exprime l'individu aux prises avec l'expérience et cherchant à substituer sa raison aux principes sociaux perdus, alors que celle-là exprime la multitude rationnellement enfermée dans ces principes sociaux dont cherchent à se dégager les besoins individuels. On trouve, dans l'œuvre plastique, toutes les correspondances possibles entre ces tendances élémentaires et l'ensemble du corps social. Même peint, par exemple, le relief égyptien reste de l'architecture. Le relief hindou, même non peint, tend à être de la peinture (12).

Que maintenant, comme je l'ai lu je ne sais où, tout soit affaire de proportions quand il s'agit du temple grec, tout affaire de masse quand il s'agit du temple égyptien, tout affaire d'espace capté quand il s'agit du temple ogival français, cela ne nous apparaît plus que selon l'accent ou serein, ou imposant, ou enthousiaste, que la passion dominante inflige au visage du temple. L'architecture s'édifie toujours, dans l'intention de l'architecte, selon le principe impersonnel qu'elle tient des besoins de la multitude, mais la personnalité gigantesque de la multitude inflige à chacun de ses édifices une signification telle qu'on reconnaît immédiatement à le voir la race, l'époque, la religion, le drame qui l'a construit. L'architecture est d'abord et jusqu'à la fin une science, bien plutôt qu'un art, la science des matériaux, la science des pesanteurs et des poussées, la science de l'adaptation étroite d'un instrument à sa fin. Les grandes inventions de l'architecture, le mur, la colonne d'Égypte, la voûte

(12) Fig. 39, 91, 97, 131, 132, 177, 178, 188, 202, 207, 216, 219.

d'Assyrie, le berceau de Rome, la coupole sur pendentifs, la croisée d'ogive de l'Europe occidentale (13) sont comparables, de ce point de vue, à celles de l'industrie moderne, la chaudière, le moteur, la charpente métallique (14), et, de ce fait, c'est dans ces parties organiques que la rigueur structurale apparaît la plus nécessaire : le pont par exemple, où la voûte et le mur fusionnent, est une œuvre de science au premier chef, et la formidable architecture romaine entière fait beaucoup plus songer aux constructions industrielles d'aujourd'hui qu'à n'importe quel art plastique d'Europe ou d'Asie à n'importe quel moment (15). Mais précisément, par un miracle unique, ces parties organiques mêmes, une colonne s'élançant, une coupole emprisonnant l'espace, une ogive capable de soutenir sur son frêle squelette le plus énorme vaisseau, un berceau suspendant paradoxalement au-dessus de l'abîme des tonnes de pierres au moyen de leur propre poids, parviennent à nous donner une telle émotion esthétique, qu'après l'avoir connue nous ne pouvons plus tolérer sur eux ou autour d'eux le moindre ornement. Nous les exigeons, alors, dans leur pureté scientifique, comme une musique aérienne, visible, qui nous fait pour ainsi dire *voir* le chant des sphères dans l'éther, l'orgue des troncs géants dans les futaies, le murmure incessant qui berce la voûte des bois. Les Romains nous ont appris que leurs constructions utilitaires représentaient une esthétique supérieure à leurs constructions idéologiques et que leurs aqueducs sont plus émouvants que leurs temples. C'est grâce à eux, je le crois bien, et grâce à l'exemple des ingénieurs actuels retour-

(13) Fig. 80 bis, 126, 127, 128, 129.
(14) Fig. 35, 71, 115, 168, 215, 218.
(15) Fig. 34, 127, 213.

nant aux principes de l'architecture ruinés par les architectes, que nous en sommes venus à chercher dans les plus beaux monuments idéologiques des Égyptiens, des Grecs, des Arabes, des Italiens ou des Français le noyau structural qui les détermine, comme un squelette détermine la forme de l'animal, et à éliminer d'abord l'ornement comme un parasite pour ne plus l'accueillir ensuite que comme un serviteur utile à accuser la fonction de tel levier ou de tel article du squelette que nous cherchons en premier lieu à découvrir. Le Parthénon entier, par exemple, est contenu dans la maison de terre, étayée sur quatre troncs d'angle où quatre troncs horizontaux s'appuient, laquelle abrite encore le paysan de certaines régions de l'Ionie ou des Iles (16). Ceci nous apprendra à analyser la statue, peut-être même le tableau et certainement le meuble, qui est architecture et rien qu'architecture. Vu du dehors, un édifice ou un meuble exprime sa structure interne. Sa façade est la projection sur le plan vertical de sa réalité fonctionnelle sur le plan horizontal. La splendeur de la statue égyptienne, ou d'une poterie paysanne dans toutes les contrées du monde, reconnaît cette origine-là.

Ceux donc qui n'oublient pas la fonction de l'édifice et le squelette qui l'assure, l'articule et la soutient, pourront le revêtir de tous les vêtements possibles, et passer sans effort de la voûte romaine la plus dépouillée à la cathédrale française la plus chargée pour reconnaître à l'une comme à l'autre le même principe central. Tout ce qui s'y subordonne, quel qu'en soit l'aspect extérieur, exprime un moment essentiel de l'âme humaine, simple ou

(16) Fig. 130.

126

127

128

Fig. 126. MUR PÉLASGIQUE *(Italie)*. Ph. Alinari-Giraudon. – Fig. 127. BERCEAU *(Rome, Tivoli)*. Ph. Alinari-Giraudon. – Fig. 128. COUPOLE SUR PENDENTIFS *(Sainte-Sophie)*. Ph. Séban et Joaillier.

129

130

Fig. 129. CROISÉE D'OGIVE *(France, Chartres)*. Ph. Houvet.
Fig. 130. CHAUMIÈRE GRECQUE. Ph. Boissonnas.

complexe, positif ou mystique, humble ou terrible, mais consentant à partir de la connaissance attentive de la matière et du but à lui faire atteindre, pour tendre à la plus magnifique expression de la vie collective de l'esprit à ce moment-là. Toutes les révolutions s'attaquent aux édifices religieux parce qu'ils représentent avec le plus d'évidence les idées communes anciennes contre les idées communes nouvelles. Elles pourraient tout aussi bien s'en prendre aux monuments civils. Car elles aspirent, en réalité, à substituer, dans les symboles architectoniques, une architecture spirituelle avide de se définir à une architecture spirituelle ayant épuisé sa vertu. Il n'en est pas moins vrai qu'elles ne réprouvent ces symboles que parce qu'elles les confondent avec la réalité intérieure à laquelle doit obéir tout édifice qui veut demeurer vivant. Il y a bien plus de distance entre Saint-Sulpice et Notre-Dame qui prétendent exprimer la même religion, qu'entre Versailles, palais, et Notre-Dame, église, parce que Saint-Sulpice sacrifie le départ structural auquel consent Notre-Dame, à un principe faux de pompe religieuse que Notre-Dame ignore absolument, tandis que Versailles, comme Notre-Dame, reconnaît ce même départ. Les différences accusées par des édifices aussi éloignés d'apparence que la cathédrale de Reims et le Trianon de Gabriel, le palais d'Angkor-Vat et le palais Sansedoni de Sienne, témoignent bien plutôt d'un état d'esprit particulier à tel peuple ou à telle époque que d'un désaccord fondamental dans la science de leurs constructeurs. L'architecture ne change pas d'esprit, mais d'âme. L'architecture, tout en restant, au contraire

Fig. 131. ARCHITECTURE SYMPHONIQUE *(Indes)*. Ph. India-Office.

370

de la peinture, l'expression commune d'un ensemble de connaissances, de croyances ou d'idées systématisées, peut tendre, comme la peinture, au caractère symphonique qu'on lui voit aux Indes, en Europe du XIIe au XVe siècle, au Cambodge, ou au caractère mélodique qu'on lui voit dans l'Italie médiévale et dans la France des deux siècles d'avant la révolution (17). C'est affaire de rapports entre le sentiment mystique unanime qui, là, prédomine à tel point qu'il laisse l'individu libre d'exprimer dans ses limites sa sensualité sans mesure et ses confuses passions, et la raison individuelle si sûre de régner ici qu'elle enferme dans sa logique, sa volonté et sa mesure, l'ensemble des sentiments et des croyances de tous les individus.

III

La sculpture égyptienne (18), si parfaitement architecturale, me semble démontrer, mieux encore que l'architecture, qu'il n'existe entre l'art plastique le plus pur et l'abstraction géométrique que rapports de contiguïté, ou plutôt tendances parallèles à se rencontrer en un lieu indéterminé, mais très vivant de la conscience, où la plastique spiritualisée approche l'absolu des nombres, où la géométrie humanisée aspire à prendre une forme charnelle pour devenir plus sensible à nos cœurs. Sa symétrie n'est qu'apparente, la prétendue *loi de frontalité* qui la caractériserait n'est qu'une approximation banale, et très grossière. Séparées par le milieu, les deux portions de la statue égyptienne ne sont pas juxta-

(17) Fig. 30, 36, 53, 79, 88, 131.
(18) Fig. 27, 38, 65, 173, 175, 197, 199.

posables. Asymétriques, elles s'équilibrent avec de très légères mais incessantes variations qui assurent à l'ensemble la vie et la continuité. Chez elle aussi, les surfaces sont animées. D'une telle animation, même, qu'en aucun point d'elle on ne peut dire que là commence ou finit l'onde ininterrompue qui l'enveloppe et la berce, pour ainsi dire, dans son immobilité. On la dirait modelée comme une planète, par quelque force à la fois mathématique et vivante qui lui assure, vue de loin, l'aspect d'une production sensiblement géométriquc, et lui reconnaît, vue de près, les accidents qui la froncent ou la rétractent, y soulèvent les rides imperceptibles des vallées et des montagnes, y font frémir à peine la houle des forêts, y roulent dans le sens de son mouvement la masse obéissante de l'atmosphère et des eaux. Il est possible – et probable – qu'on doive chercher dans l'action du milieu géologique l'origine de la vision particulière de la forme qui donne au bloc sculptural égyptien un aspect se rapprochant du cube (19), au bloc chinois (20) un aspect se rapprochant de la sphère ou du cylindre, au bloc hindou (21) un aspect sinueux évoquant une mer éternellement agitée. Mais il semble, cependant, que dans toutes ces formes imposantes où se définit la sculpture encore à demi engagée dans la gangue architectonique, une force centrale vive, qui oblige les surfaces expressives à tourner autour d'elle avec une fatalité aussi invincible que celle de la gravitation. Ce qui a fait le succès de l'art grec, c'est peut-être son départ à la fois très net en son dynamisme et très éclectique en ses aspects : je veux dire que, tout en restant soumis, du moins à son apogée, à cette force

(19) Fig. 65.
(20) Fig. 133.
(21) Fig. 132.

centrale, ses divers éléments constitutifs paraissent sortir du modelé sphérique et sinueux, si l'on considère par exemple la sculpture ionienne venue d'Asie – je songe à la *Héra* (22) de Samos – et du modelé cubique venu peut-être d'Égypte et en tout cas plus conforme à l'esprit catégorique et tranchant des Occidentaux – je songe aux *Apollons* (23) doriens (*). Caractères qui persistent encore très légèrement ici chez Myron et Polyclète et là chez le sculpteur anonyme d'Olympie pour fusionner dans l'art attique qui les résume avec Phidias.

La poursuite du modelé anatomique qui marque si fortement l'art grec à partir de ce moment-là et qui va à la fois faire dévier la sculpture de son rythme architectural et orienter vers un rationalisme trop étroit la civilisation occidentale, semble conditionnée par cette rencontre de la masse cubique et de la masse sphérique dans la sinuosité du mouvement. Je n'en méconnais pas la splendeur à l'origine. C'est un moment unique de l'Histoire que celui où la structure interne de la forme à l'état d'immobilité et l'apparence extérieure des relations et des échanges venant à se rencontrer, la vérité et le devenir, l'instinct et l'intelligence, le sujet et l'objet, la vie et le style, le particulier et le général fusionnent dans une expression universelle et moyenne. A l'instant où, dans un fugitif équilibre, la perfection anatomique est atteinte, on ne pense précisément pas à l'anatomie, mais à l'aspect naturel, gonflé de sang, craquant de sève, de ces torses

(*) Les légendes grecques ne font-elles pas venir d'Égypte Danaos qui précisément fonde la civilisation hellénique péloponésiaque? – ou dorienne?

(22) Fig. 135.
(23) Fig. 134.

Fig. 132. MODELÉ SINUEUX *(Indes)*. Ph. Goloubev, archives du musée Guimet.

et membres humains s'élançant du sol comme des racines, mêlant leurs rameaux, parcourus, ainsi qu'une écorce, de veines et de tendons, bossués de nœuds au niveau des genoux, des épaules, des têtes d'os roulant sous la peau rude et tendue (24). L'anatomie pour elle-même n'apparaît guère qu'avec Lysippe, et va désormais dévoyer la sculpture par l'académisme gréco-romain, tandis qu'à la suite de Praxitèle, au contraire, comme effrayés de l'impasse où on les entraîne, les statuaires plus sensibles chercheront dans les jeux de la lumière sur les formes à se rapprocher de la peinture dont l'empire va commencer. Celle-ci par l'Égypte grecque, bientôt par Byzance (25), grâce en partie au vague sentiment chrétien qui grandit et s'affirme, oubliera peu à peu l'anatomie pour s'orienter vers la musique par le jeu mystérieux des rapports de tons et de taches, des déformations hardies tendant à l'expression morale : grands yeux, crânes étroits, joyaux étincelants, contours fuyant dans la pénombre. La sculpture, ainsi, le plus matériel des arts, aura créé l'intelligence qui, aboutissant à la peinture, récréera, par elle, la sensualité. Et la peinture, par la sensualité, ramènera au sentiment mystique que le rationalisme anatomique avait détruit. Admirable circulation des forces spirituelles à l'intérieur de la matière qu'elles animent et qui les anime dans un échange continu. Quand la peinture, errant avec ses ondes musicales, aura rencontré de toutes parts l'espace où elles vont se perdre, elle retrouvera en lui le commun domaine plastique que l'architecture reprendra.

La sculpture, ainsi, meurt dès qu'elle veut sortir

(24) Fig. 1, 12, 14, 85, 208.
(25) Fig. 37, 89, 172, 204.

Fig. 133. MODELÉ SPHÉRIQUE *(Chine).*

13

Fig. 134. MODELÉ DORIEN.
Ph. Giraudon.

Fig. 135. MODELÉ IONIEN.
Ph. Hachette.

Fig. 136. COMPOSITION RYTHMIQUE *(Fétiche nègre).* Ph. Giraudon.

de sa fonction qui est de définir la structure de l'objet, comme celle de l'architecture est de définir la structure de la société, comme celle de la peinture est de définir la structure de l'individu, comme celle de la musique est d'assurer le passage de l'individu à la société. Le champ d'oscillation de la sculpture entre l'architecture et la musique reste immense, à la condition toutefois qu'elle ne perde pas de vue la force que j'invoquais naguère et qui assure la gravitation de ses surfaces expressives autour de son principe architectonique central. C'est ainsi qu'on verra la sculpture chinoise, et surtout la sculpture égyptienne évoquer, dès leur plus rude départ, l'éternel mouvement circulaire de la musique (26), précisément parce que le corps mythique restant à peu près identiquc à lui-même, c'est dans l'intérieur de la statue, art de la réalité permanente, objective, matérielle, que le passage musical entre la peinture et l'architecture se fait. C'est ainsi qu'on verra la sculpture médiévale française participer, avec l'architecture même, à un mouvement unanime et profondément émouvant vers le mystère de la peinture, parce qu'elle ne cesse jamais de pressentir, en Occident, l'apparition de l'individu (27). C'est ainsi qu'on verra la sculpture hindoue ne jamais sortir d'une mobilité éternelle où la forme, le corps social, l'individu fusionnent et communient dans l'architecture, la peinture, la danse et la musique confondues (28). C'est ainsi qu'on verra ce même esprit se fixer, avec une clarté indicible, dans la sculpture cambodgienne, où l'unanime communion est plus étroite encore, plus ordonnée, et comme rationalisée, et où les *Apsaras* (29) répètent le miracle égyp-

(26) Fig. 27, 38, 40, 133, 173, 175, 197, 199.
(27) Fig. 30, 53, 63, 88, 106, 121, 165, 178, 191.
(28) Fig. 39, 97, 131, 132, 177, 178, 216, 219.
(29) Fig. 219.

tien, non plus dans l'immobilité mais dans le mouvement, par l'apparente symétrie des deux ailes de leur danse, qui n'est que perfection dans l'équilibre rythmique. C'est ainsi qu'on verra la sculpture mexicaine (30), arrachant à la forme des lambeaux saignants et palpitants, les grouper en masses expressives autour d'un centre flottant, comme si le mythe social lui interdisait de définir sa nature et celle de la forme, et celle de l'individu : troublante cruauté d'une civilisation pour nous impénétrable, j'imagine, dont tous les pas titubent, où les étapes se brouillent, mais en qui le sentiment aussi puissant que confus de la peinture, de la sculpture et de la construction parvient à se maintenir dans une expression intermédiaire dont rien ne peut être détaché sans ruiner l'ensemble. Chez le Nègre (31), dont les indications architectoniques de la sculpture sont plus rudimentaires, mais peut-être plus accusées, quelque chose d'assez différent se produit : les tons brûlants dont ils barbouillent leurs statues définissent une individualité brutale, impulsive, candide, mais plongée tout entière dans le corps social qui n'exerce aucun frein sur elle et semble, bien au contraire, en répéter les accents.

J'ai dit ce qui caractérise le génie du Noir d'Océanie ou d'Afrique. Là est le secret de son art. Il modèle dans ses idoles, ses bijoux, ses armes, la *réalité rythmique* qui le caractérise avant tout. Non que son art manque d'objectivité. Il est, contrairement à ce que croient en général les esthéticiens, d'un réalisme farouche, qui accentue jusqu'à la caricature les dominantes essentielles de l'objet, définissant tel oiseau par le bec, tel fauve par la

(30) Fig. 55.
(31) Fig. 47, 49, 93 bis, 198.

mâchoire, telle femme par la croupe ou les mamelles, tel homme par le mufle projeté en avant avec l'innocence entière de la faim ou du désir. Mais il ne s'occupe jamais de la « vérité » descriptive comme l'art européen en général, c'est-à-dire des rapports anatomiques moyens des diverses parties de l'objet. La stabilité immémoriale des civilisations noires se traduit immédiatement dans ces sculptures rudimentaires, en ce que jamais, à aucune époque, autant du moins que notre ignorance de leur chronologie nous permette d'en juger, on ne peut découvrir en elles la moindre velléité d'évolution vers l'un des pôles d'expression collectif ou individuel du sentiment de l'artiste. De ce point de vue, leur art est plus libre encore que celui des Hindous, même peut-être des Aztèques. Les cadences secrètes qui animent leurs centres de réceptivité et de représentation entraînent et ordonnent tout. Il n'y a plus là que des rapports rythmiques. Les bras, les jambes peuvent être raccourcis, allongés, voire supprimés, les organes, les accidents, les plis du visage disposés sans respect pour leurs fonctions naturelles, l'ivresse musicale qui incorpore au néant divin l'espèce et l'homme confondus découvre au spectateur une réalité seconde absolument neuve. Les masses plastiques se disposent autour de cette ivresse même avec la liberté qu'apporte le musicien dans la conception et l'expression de l'ordre qu'il impose aux masses sonores. Pour le Nègre plus que pour quiconque, la nature n'est qu'un dictionnaire consulté avec autant de fièvre que de candeur. Il y a des œuvres d'art plus hautes, mais non pas de plus authentiques que celles-là qui, hors de toute considération sociale, suffiraient à définir l'essence de l'œuvre d'art.

IV

La peinture offre aussi, suivant l'époque, et la race, et le peintre, des tendances prédominantes qui lui font revêtir ici un aspect architectural, là un aspect sculptural (32), ailleurs une association étroite et harmonieuse de tous les éléments plastiques dont elle est l'efflorescence dans le cœur de l'individu. Partout, je ne me lasserai pas de le redire, c'est bien l'individu qu'elle exprime, par son pouvoir de restituer, à l'aide des combinaisons innombrables dont elle dispose – contrastes, oppositions, mélanges complémentaires, lumière, ombre, demi-teintes, valeurs, reflets, passages – la complexité de l'âme humaine et des composantes éternelles ou fugitives qui nous la livrent. Cependant on la voit, avec Giotto, rester presque entièrement engainée dans l'architecture. Avec les Florentins, les Ombriens ou les Romains, Vinci, Signorelli, Piero della Francesca, Michel-Ange (33), quitter l'ordre monumental pour se cristalliser dans la forme sculpturale. Avec les Vénitiens (34), faire appel à toutes les voix de l'espace pour réaliser la grande symphonie visuelle et tendre vers la musique sans quitter des yeux ni la forme qui articule entre eux les éléments du poème chromatique, ni le rythme architectonique qui assure leur cohésion. C'est qu'indépendamment des époques successives qui, à mesure qu'on s'éloigne des fictions mythique ou sociale pour s'en-

(32) (33) Fig. 137, 92, 142.
(34) Fig. 31, 144, 146, 162.

Fig. 137. PEINTURE SCULPTURALE *(Signorelli)*. Ph. Anderson-Giraudon.

foncer davantage dans les méandres des cœurs, lui assurent ses caractères dans le même pays et nous conduisent sensiblement, en Italie par exemple, de l'architecture à la musique – soit de Giotto à Véronèse – en passant par les étapes intermédiaires de la ligne, de la masse, des relations de masses et des relations de couleurs – Angelico, Masaccio, Vinci, Raphaël, Titien (35), – des raisons de race et de milieu lui imposent ici des tendances linéaires qui persistent jusqu'à la fin, là des tendances orchestrales qui se font jour dès le départ : je songe ici à l'Italie entière hors de Venise, à la France avant Watteau et le romantisme, là à la Flandre, à la Hollande, à l'Espagne, et précisément à Venise et aux romantiques français (36). Et je remarque les tendances de la peinture d'Orient – surtout la chinoise (37) – à demeurer dans les limites d'une symphonie réduite quant au nombre des instruments, très riche quant à leur qualité : musique de chambre, en un mot, qui exprime le peu de goût de l'Oriental, même individué, à sortir de l'édifice agréable que lui ont fait l'atavisme, la tradition, le mythe, le dogme, le milieu social.

En tout cas la peinture, même parvenue au bord de la musique, ne doit pas plus échapper que la sculpture à la force qui la maintient dans l'orbe d'une logique empruntant sa vigueur à l'exemple des organismes vivants. Elle se disperse et se dissout si tous ses organes ne reconnaissent pas pour centre un squelette continu dont on sent la présence dans les mouvements les plus désordonnés qu'ils se permettent, et qui les ramène toujours, par le moyen de l'arabesque en profondeur et en sur-

(35) Fig. 43, 86, 139, 138, 143, 162.
(36) Fig. 31, 32, 87, 140, 144, 146, 157, 162, 163.
(37) Fig. 41.

face, à reconnaître sa secrète domination. Presque tous les peintres – je parle des vrais – partent des surfaces colorées vers qui leur impulsion sensuelle les attire et sur qui, par malheur, elle les retient le plus souvent. Les plus grands – les plus grands seulement – retournant à l'enchaînement organique des formes en fonction, cherchent leur ossature sous leurs saillies lumineuses, et leur contour sous la dégradation de l'atmosphère et la succession des valeurs. C'est la récente histoire de Renoir. C'est celle de Delacroix. C'est celle de Rembrandt. Il est plus rare que l'esprit, au lieu de remonter péniblement à ses sources, en parte, ainsi qu'on le voit, il me semble, chez Corot, ou Velazquez, qui se sont appuyés sur une composition irréprochable et une forme très serrée pour découvrir peu à peu l'étendue et y relier tous les points de la surface de leurs formes en action. Je ne parle pas de Titien ni de Giorgione, créateurs de la grande peinture, qui devaient suivre cette marche puisque la sculpture et l'architecture les précédaient immédiatement, ni même de Raphaël, qui l'eût suivie, sans doute, s'il eût vécu plus longtemps. En général, c'est le sens musical de la peinture qui ramène à la construction, et il est alors remarquable que ce sens musical s'affine dans la mesure même où l'intelligence du peintre se rapproche des dessous structuraux de la peinture et progresse, en se rapprochant d'eux, vers la profondeur. L'aventure spirituelle de Cézanne est typique à cet égard-là : à mesure que la forme se densifiait et tournait sur sa toile comme pour sculpter la surface plane du tableau, il semblait que la couleur montât

139

140

Fig. 138. PEINTURE DE TRANSITION *(Masaccio).* Ph. Alinari-Giraudon.
Fig. 139. PEINTURE MÉLODIQUE *(Angelico).* Ph. Anderson-Viollet.
Fig. 140. PEINTURE SYMPHONIQUE *(Rubens).* Ph. Anderson-Giraudon.

de ce tableau pour en fleurir la surface et par le jeu de ce qu'il appelait lui-même la *modulation,* qu'une musique émouvante, reliant les uns aux autres tous les points de l'étendue peinte, s'en élevât. Quand le peintre a retrouvé son instinct pur, quand il semble avoir oublié l'architecture, la sculpture et la peinture elle-même pour écouter l'orchestre silencieux qui accorde ses mille voix dans son imagination visuelle, c'est seulement alors qu'il est vraiment un peintre, un sculpteur, un architecte, c'est-à-dire un individu.

La peinture exprime donc le passage subtil, essentiel et multiple de la sculpture à la musique. Elle atteint son plus grand équilibre expressif à la seconde où elle contient encore un maximum de signification formelle et déjà un minimum de signification musicale. C'est ceci, et rien que ceci, qui sépare la peinture symphonique organisée par les Vénitiens et représentée à son sommet par Rubens, Rembrandt et Velazquez, de la peinture mélodique réalisée par les primitifs. En langage géométrique, ceux-ci s'expriment par une courbe, et ceux-là par une sphère. Deux arts très différents, qu'on peut préférer l'un à l'autre, mais qu'on ne peut comparer. Il y a, entre Angelico et Rubens (38), sinon identité, du moins analogie de moyens. Il y a différence radicale – presque antagonisme – d'esprit. Le primitif a reculé pour permettre à ses successeurs de mieux embrasser l'espace que le sculpteur et l'architecte croyaient avoir déjà conquis et qu'ils n'avaient qu'emprisonné. Les deux dimensions dont il dispose sur sa toile auront le privilège, par un paradoxe émouvant, d'amener la peinture

(38) Fig. 139, 140.

à un effort d'intelligence tel qu'elle suggérera sur un seul plan la troisième dimension dont disposaient réellement le sculpteur et l'architecte, et, allant plus loin qu'eux, découvrira dans cette troisième dimension reconquise des sensations qui exigeront la durée pour se manifester et se traduire pleinement, ce qui la conduira à la musique par un processus géométrique ayant sa source permanente dans les sens et dans le cœur.

Bien évidemment, c'est grâce à la géométrie que la peinture occidentale est parvenue, souvent au détriment de sa fraîcheur d'émotion et de son ingénuité sentimentale, à livrer à l'individu les moyens dont disposaient seules jusqu'ici l'architecture et la sculpture, pour peupler son espace factice de mille impressions et idées subtiles que l'architecture et la sculpture sont incapables d'exprimer. L'invention de la perspective sépare décidément l'Européen moderne de l'Européen médiéval et de l'Asiatique et explique le caractère antagoniste que présentent deux hommes tels que Rubens et Angelico ou n'importe quel grand peintre de la Perse, de la Chine et du Japon (39). On surprend, dans l'évolution même de la peinture italienne allant d'Uccello à Raphaël, cet extraordinaire phénomène de l'intelligence arrachant l'instrument géométrique à la science des constructeurs pour passer, grâce à lui, de cette science rigoureusement impersonnelle au sentiment exclusivement personnel des musiciens. Là – c'est-à-dire chez Uccello – , un dualisme évident, le tableau se développant selon deux plans juxtaposés, – le plan sentimental exprimé par la forme ardente et par la rutilante et funèbre couleur,

(39) Fig. 41, 68, 139, 140.

141

Fig. 141. DÉCOUVERTE DE LA PERSPECTIVE *(Uccello)*. Ph. Hanfstaengl. – Fig. 142. (Pages 90-91). CONQUÊTE DE LA PERSPECTIVE *(Piero della Francesca)*. Ph. Alinari-Giraudon. – Fig. 143. (Pages 94-95). POSSESSION DE LA PERSPECTIVE *(Raphaël)*. Ph. Alinari-Giraudon.

le plan rationnel attaché à ses flancs comme un parasite, – l'effort visible qu'ils accomplissent l'un et l'autre pour s'absorber l'un dans l'autre, la perspective maladroite tâchant à tout instant d'enfermer entre ses lignes inflexibles la puissante émotion vivante qui lui échappe et la disloque à tout instant : dualisme émouvant et pénible auquel Vinci lui-même n'échappera pas. Ici – c'est-à-dire chez Raphaël –, la perspective entrée définitivement dans les moyens instinctifs du poète, qui n'y songe pas plus qu'un écrivain à l'orthographe, et ayant cessé d'être une découverte balbutiante pour devenir un outil machinal. A mi-chemin d'Uccello et de Raphaël, c'est Piero della Francesca qui marque le point d'oscillation harmonique suprême et, après avoir conquis tout à fait l'espace géométrique, atteint le sentiment profond de cette solidarité d'instinct qu'on trouve entre la géométrie et la vie dans la plus haute architecture : il joue désormais de l'espace comme d'un acteur, un acteur aussi vivant que les êtres et les formes, participant comme eux, et dans le même plan spirituel qu'eux, au drame de la création, et goûte à ce jeu même une ivresse intellectuelle qu'on ne retrouvera chez aucun de ses successeurs (40). Il faudra que les Vénitiens perçoivent les rumeurs, les murmures, les échos qui s'échangent, par le moyen de l'atmosphère, dans cet espace géométrique définitivement conquis, pour que les ondes chromatiques, désormais libres d'y exprimer les nuances insaisissables du sentiment individuel, accomplissent la dernière étape. On trouve ainsi, dans la technique même de l'architecte, du sculpteur, du peintre, les traces du

(40) Fig. 141, 142, 143.

travail mystérieux allant de notre squelette moral à la chair qui le recouvre et que reproduit la science pure dans le même cercle ascendant et jamais fermé. L'architecture précède la sculpture comme la mathématique a précédé l'anatomie. La sculpture précède la peinture comme l'anatomie a précédé la biologie. La biologie, à son tour, semble tendre à retrouver des supports mathématiques pour revenir, par eux, à la charpente de la vie, comme la peinture passe à l'architecture la tâche de refaire l'espace réel qu'elle a peu à peu quitté pour découvrir l'espace suprasensible avec l'aide des musiciens.

L'esprit de la peinture flotte autour d'elle, comme l'air autour de nous. Cet art subtil, le plus mystérieux et le moins connu de tous ceux qui nous expriment, – sans doute parce que sortant à peine de la forme définie pour tendre vers des relations spatiales flottantes, il cherche à se fixer sans jamais y parvenir au point instable où l'objet et le sujet s'équilibrent, – dispose de moyens si divers qu'on peut les opposer diamétralement l'un à l'autre, ce à quoi l'on n'a pas manqué. Le dessin décrit et précise, la couleur évoque et suggère. Là est son pôle architectural, ici son pôle musical, son noyau sculptural se solidifiant dans la masse où fusionnent ces deux langages quand se réalisent, en quelques œuvres héroïques, ses plus enivrantes créations. Vraiment des hommes comme Rubens, ou Rembrandt, ou Velazquez, semblent placés au centre de la mystérieuse présence de l'esprit humain dans le monde, reliés qu'ils sont toujours, par la continuité des valeurs et des rapports de tons dont ils disposent, à tous les points sensibles d'un espace où leurs antennes harmoniques éveillent des échos sonores que le musicien va recueillir, et toujours, par la continuité et l'imbrication des volumes qu'ils accusent, à tous les points de la réalité solide qui les conduit de proche en proche aux racines des arbres, à la matrice des femelles, aux assises géologiques les plus secrètes et les plus profondes du sol. Une œuvre, entre toutes, me paraît définir et symboliser ensemble cette impression de monde circulaire, à la fois fermé de toutes parts, mais réuni à l'infini par d'invisibles tentacules, que la peinture seule peut donner réellement, si toutes les grandes choses l'évoquent d'une manière moins directe, plusieurs statues égyptiennes par exemple, ou les *Essais* de Montaigne, ou telle phrase de Shakespeare, ou quelques *Oratorios* et *Cantates* de Bach. La grande esquisse du *Paradis* de Tintoret (41) est aussi loin que possible de l'« imitation » des formes naturelles qu'on y retrouve cependant partout très fidèles et très précises dès qu'on la regarde dans ses détails, et aussi près que possible d'un vaste ensemble concentrique de houles colorées où cependant rien de vague ni d'indéfini ne trouve place. Il y a, je crois, huit cents personnages, et trente ou quarante « sujets ». Pas un n'apparaît, bien qu'aucun ne se cache. Il n'y a pas de « sujet », on ne voit pas de personnages. Ce miracle est produit par des rapports enchevêtrés et multipliés de tons, de formes, de contours qui se pénètrent, se répondent, d'échos qui s'appellent, se renvoient, de volumes associés et moutonnants qui font songer à des amoncellements de nuages, ou même au bruit lointain du tonnerre ou du canon. Pure symphonie visuelle où la

(41) Fig. 144.

nature étroitement suivie n'est qu'un prétexte à édifier un monument tout entier contenu dans une imagination décidée à rattacher à son centre tous les points de l'univers.

V

La danse est un art négligé. Le cinématographe un art naissant. L'un et l'autre sont méconnus. Il me semble pourtant que le cinéma et la danse pourraient nous livrer le secret des rapports de tous les arts plastiques avec l'espace et les figures géométriques qui nous en donnent à la fois la mesure et le symbole. La danse, à toute époque, comme le cinéma demain, est chargée de réunir la plastique à la musique, par le miracle du rythme à la fois visible et audible, et de faire entrer toutes vives dans la durée les trois dimensions de l'espace. Le caractère vivant et passionné de la danse devrait lui assurer une prééminence éternelle sur les arts qui se développent parallèlement à elle et lui servent de cadre le plus souvent. Mais comme ils ont pour eux la persistance de la matière qui les exprime, ils se mêlent encore à nos vies, ils ne s'effacent pas de nos mémoires, alors que le bruit et le mouvement de la danse se perdent dans l'oubli avec l'existence même du danseur. Qui sait si le cinéma, en perpétuant la danse sous les yeux des générations, et surtout en trouvant dans ses propres ressources le moyen de précipiter dans la durée le drame mouvant de la forme, n'est pas destiné à restituer leur dignité aux plus complets des arts plastiques, qui incorporent à leur rythme tous les moyens expressifs de la tragédie

Fig. 144. LA SYMPHONIE VISUELLE *(Tintoret)*. Ph. Giraudon.

Fig. 145. LA DANSE *(Égypte)*. D'après Fechheimer, *La plastique égyptienne* (Cassirer éd.).

spirituelle que l'architecture, la sculpture, la peinture et la musique se partageaient jusqu'ici?

Les enfants les plus jeunes dansent. Les animaux dansent. Partie du besoin de rythme le plus élémentaire, celui qui pousse à frapper en cadence le sol alternativement de l'un et l'autre pied, j'imagine que la danse a précédé la musique même et l'architecture. La musique, sans doute, a été créée pour accompagner la danse primitive que rythmaient tout d'abord le battement des mains et les cris des spectateurs. Plus tard, à mesure que se développait l'architecture, puis la sculpture, puis la peinture, puis la musique, elle serpentait de l'une à l'autre comme une guirlande vivante qui faisait appel à leurs ressources pour accroître et diversifier, par le costume, par la parurc, par le décor extérieur, par la variété infinie des mouvements de l'orchestre, la complexité de ses figures et le nombre de ses exécutants. Elle introduisait à mesure dans la durée l'évolution de la plastique qu'elle unissait d'autre part à la culture des passions et dont elle servait aux expressions diverses de lien charnel. Elle exprimait, par sa géométrie qui bouge, par l'harmonie continue à laquelle la poursuite incessante de leur centre de gravité contraint instinctivement tous ceux qui y participent, la plus simple, mais la plus évidente entre toutes les victoires que l'ordre spirituel remporte sur les sens parvenus au paroxysme de l'enivrement dionysien. Elle a maintenu dans toutes les civilisations, par son rôle de conservation et d'exaltation de la puissance du rythme, l'accord entre la vie de l'homme tantôt trop animalisée, tantôt trop intellectualisée et quelque chose qui est Dieu, peut-être, mais, en tout cas, la gravitation des cieux.

A coup sûr. Car la gravitation est à la source du rythme sans lequel l'art ne serait pas. Il y a le bruit cadencé de notre marche qui nous le dicte, certes, et le battement de notre cœur. Mais seraient-ils, sans la circulation du sang dans nos artères et sans la pesanteur qui nous attache au sol et nécessite nos jointures, nos muscles, nos leviers osseux? La gravitation les ordonne indirectement, comme elle agit directement sur le flux et le reflux des eaux, sur le lever et le coucher des astres, sur les retours périodiques de la lumière et des saisons. Elle est seule régulatrice du mouvement rythmique universel qui est le grand éducateur de notre lyrisme, que la danse reproduit machinalement, sans lequel ni l'architecture, ni la sculpture, ni la peinture, ni la musique ne seraient, et qui nous fait retrouver la géométrie, mesure de l'espace, dans l'ordre et le mouvement des machines et dans l'ordre et le mouvement même de l'univers. Le grand mystère, c'est que nous sentions ce rythme dans toutes les œuvres supérieures et dans la danse, l'humble danse, qui est toujours œuvre supérieure pour cela, sans que nous puissions ou sachions le définir. Il est la loi mystérieuse de la répétition, du groupement, du jeu des nombres qui, dans l'édifice et la statue, dans le tableau et l'orchestre, assurent l'harmonie des proportions et la continuité du mouvement. Il est ce qui force le drame, quels que soient les sentiments qui l'accompagnent, douleur ou joie, désespoir, enthousiasme, plaisir, tristesse, à entrer dans l'élan d'une volupté supérieure qui est la certitude intuitive, brusque, complète, d'en tenir et d'en ordonner tous les éléments dans la tête et dans le cœur.

Ainsi la danse hier, – et, mieux, le cinéma demain, parce que ses figures persistent – disposant l'un et l'autre d'une dimension supplémentaire, celle du temps, où le jeu des corps, des bras, des jambes, et le contrepoint des combinaisons qui se composent, se dénouent, s'enchevêtrent sur le sol ou sur l'écran, apportent à l'esprit anxieux de maintenir les sensations qui lui donnent la sécurité et la force, la démonstration rigoureuse du rôle que jouent parmi nous la plastique et la musique, en unissant les unes aux autres toutes leurs manifestations. Grâce à eux, les harmonies jusque-là arrêtées entrent dans le devenir. La frise des *Apsaras d'Angkor* (42), je le sais bien, est déjà à la fois de la danse et de la musique cristallisées dans la forme immobile, mais gardant, par un miracle presque unique, la lente ondulation rythmique et continue du mouvement. Telles œuvres de Tintoret (43), de Rubens, de Delacroix, telles sculptures dravidiennes, comme elle, mais moins qu'elle, par un sentiment irrésistible de la solidarité universelle des formes, des couleurs, des mouvements et des sons, nous faisaient aussi toucher par avance cette loi de circulation interne et sans arrêt que le transformisme, d'autre part, introduisait dans la science. Mais, même pour expliquer ces sentiments confus qu'ils éveillent, il faut toujours passer par le cinéma et la danse, qui enregistrent dans la mécanique et la vie même ce que ces œuvres éparses n'avaient pu que suggérer.

(42) Fig. 219.
(43) Fig. 146.

Je n'expliquerai pas pourquoi l'harmonie mathématique et musicale, dont le langage est absolument rigoureux, agissent surtout sur l'inconscient – tout le monde connaît l'effet irrésistible de la musique sur les sens, et le déclenchement instantané d'ivresse spirituelle que donne à certaines intelligences la succession, pour elles automatique, des propositions de la géométrie et des équations de l'algèbre. Ni pourquoi les harmonies plastique et biologique, malgré leur langage flottant, agissent sur le conscient – la sculpture, la peinture, les sciences naturelles exigeant un effort de compréhension incessant. Ni pourquoi les uns, jouant dans l'abstrait, touchent avant tout nos sens alors que les autres, travaillant à même le concret, touchent avant tout notre esprit. Peut-être est-ce précisément l'effet du langage qu'elles parlent, impersonnel d'une part, personnel d'autre part, et donc ici nous obligeant à communiquer avec nos semblables, et là nous ouvrant toutes les portes avec une unique clé. En tout cas, nous trouvons encore aux deux extrémités de l'axe l'architecture et la peinture, pour concilier ces deux forces distinctes de l'esprit dans le vaste cœur humain. Là, pour marquer l'étape de l'inconscience des religions et des lois avant l'apparition de la conscience individuelle, un maximum de rapports géométriques sensibles, mais seulement approchés, et un minimum de sensualité avouée, bien que la matière brute y joue un rôle essentiel. Ici, pour marquer le passage de l'individu surchargé de conscience à l'inconscience des foules prêtes à adopter de nouveaux rythmes unanimes, une ivresse sensuelle constante

Fig. 146. PRESSENTIMENT CINÉMATOGRAPHIQUE *(Tintoret)*.
Ph. Anderson-Viollet.

en des cadres mathématiques impossibles à saisir, bien que d'une étroite rigueur... Je voudrais que la danse, et surtout le cinéma harmonisent, dans leur unité devenante, tous ces rapports paradoxaux.

VI

J'en ai assez dit, il me semble – notamment à propos du *Paradis* de Tintoret – sur la signification essentielle des diverses interprétations humaines de la forme à toute époque et en tous pays, pour qu'il me soit permis de considérer avec quelque scepticisme les catégories qui prétendent reléguer la peinture et la sculpture dans un rôle d'« imitation », dont l'architecture et la musique, dites arts d'« invention », seraient affranchies. Ce sont là définitions créées pour la commodité du langage. Je sais bien que l'architecture est une science, et doit demeurer une science où la connaissance des matériaux et de leurs combinaisons pratiques et techniques priment toute fin sentimentale. Et d'autre part que la peinture prend le prétexte des formes vivantes pour manifester à leur propos des sentiments. Mais je sais aussi qu'une unité de style mystérieuse montre autant de rapports sensibles ici entre une pagode hindoue et les fresques d'Ajunta (44), là entre une toile de Vermeer et telle maison hollandaise, ailleurs entre le vieux palais de Florence et les fresques de Giotto, ailleurs encore entre les toiles de Poussin et le palais de Versailles, que d'autre part entre Ajunta et Poussin, entre Giotto et Vermeer, entre Versailles et la pagode hindoue, entre la maison

(44) Fig. 45 bis.

hollandaise et le palais florentin. La peinture, comme l'architecture, ne fait qu'organiser des formes, si le contrôle permanent de « la nature », qu'elle invoque, trompe sur le sens véritable de cette organisation. Il ne faut pas prendre au mot le désir grossier de la foule réclamant « l'imitation de la nature » à ceux qui cherchent, sous l'apparence immédiate du monde, les rapports de continuité et d'unité qui, la plupart du temps, semblent contrariés par cette apparence : c'est pourtant cette « imitation » qui leur révélera ces lois. Il ne faut pas non plus prendre au mot la prétention qu'a l'architecte d'ignorer les accidents et les aspects de « la nature » pour ne connaître que ces lois. On les lui apprend à l'école, certes, si l'enseignement y est bien donné : mais il ne les appliquera jamais d'une manière émouvante et directe s'il ne les retrouve toutes vives dans les formes autour de lui.

Je sais bien que si la colonne égyptienne imite assez sensiblement le tronc du palmier, son chapiteau les feuilles du papyrus ou du lotus, l'architecte grec ne songeait guère à un arbre quand il dressait, au milieu des petits oliviers tordus, les colonnes droites et hautes où l'architrave de ses temples s'appuyait. Mais je sais aussi que des troncs d'arbres réels soutenaient, avant l'apparition des édifices de marbre, d'autres troncs d'arbres réels où pesait le toit du paysan (45). Je sais que des cavernes dont l'ouverture était agrandie ou rétrécie par les hommes, abritèrent certains d'entre eux dans la masse de la falaise, leur fournissant ainsi une porte, une fenêtre, une façade que tant d'édifices ultérieurs devaient reproduire. Et je sais qu'une voûte naturelle

(45) Fig. 130.

s'arrondissait au-dessus d'eux, comme elle s'arrondit plus tard au-dessus des salles assyriennes ou des thermes romains. Je n'ignore certes pas que les architectes des époques épanouies avaient bien oublié ces choses. Mais je suis sûr que ceux d'entre eux qui se servaient le mieux des formules abstraites transmises par l'enseignement traditionnel, étaient aussi ceux qui retrouvaient avec le plus de constance, quand ils traversaient une forêt ou un défilé entre deux parois granitiques, quand ils contemplaient, du centre du désert ou du haut d'une montagne, la coupole du ciel, les édifices des nuages, la succession des pics, des mamelons, des pyramides, l'origine des sensations d'où étaient sorties les formules où leurs méditations sur l'analogie universelle les ramenaient. A l'inverse, un vrai peintre, par haine des recettes qu'on lui apprit à l'atelier, a beau prétendre ne plus voir et connaître que « la nature » : il reviendra, précisément par elle, à retrouver sous ces recettes les organismes vivants qu'elles exprimaient à l'origine. L'étude de l'architecture révélera à un architecte la splendeur naturelle des groupes humains qui se forment autour d'une naissance ou d'une mort. L'étude de la nature révélera à un peintre leur splendeur architectonique (46).

J'ai parlé de l'analogie universelle, si chère à Baudelaire et où l'on découvre, en effet, la clé du mystère émouvant qui donne à l'œuvre d'art, quelle que soit d'ailleurs la langue qu'elle emprunte, sa valeur spirituelle et, si je puis dire, sa dignité. Je n'ai pas besoin, pour la surprendre, d'explorer dans leur profondeur les merveilleux travaux des physiciens modernes qui recherchent, dans les trois

(46) Fig. 158, 159, 160.

Fig. 147. ANALOGIE *(Poussin)*. Ph. Giraudon.

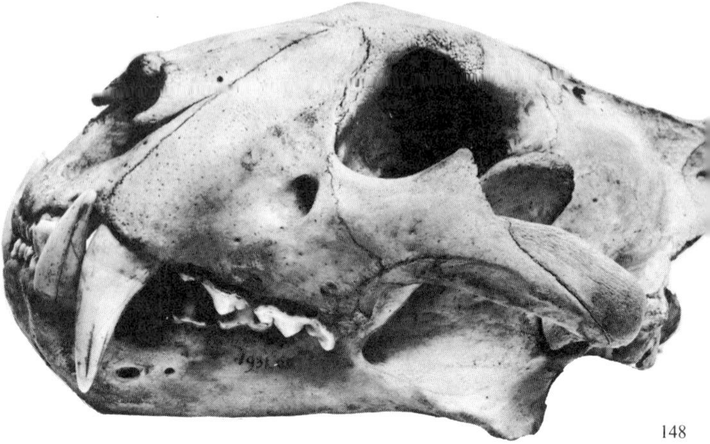

148

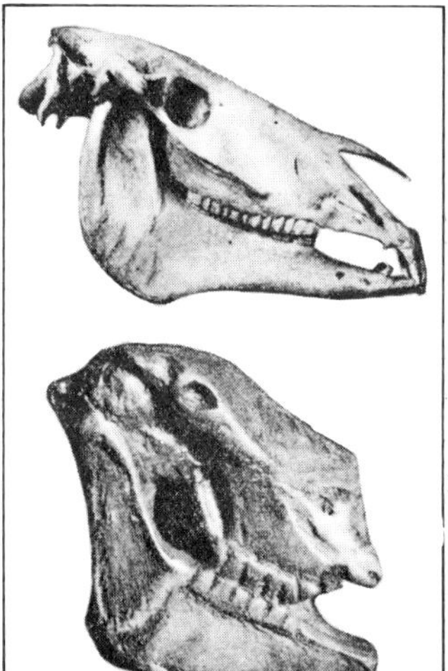

149

Fig. 148. SCULPTURE NATURELLE *(crâne de tigre)*. Ph. Jean Dubout.
Fig. 149. ANALOGIES *(crâne de cheval)*.
1. Sculpture naturelle (en haut).
2. Sculpture préhistorique.

règnes, les lignes de force et les équilibres moléculaires analogues d'où la formule morphologique de l'univers surgira sans doute un jour (47). Les analogies apparentielles évidentes suffisent à celui qui emploie ses yeux à découvrir dans le monde des formes une architecture générale empruntant à la logique fonctionnelle sa plus puissante poésie. Poussin, après Homère retrouvant un tronc de palmier dans le torse d'une jeune femme, comparait à ce torse les colonnes de la *Maison carrée* de Nîmes (48). Delacroix s'est livré, à propos des arbres, des feuilles, des dessins de l'eau sur le sable, à des considérations du même genre. Il y a dans les *Écrits* de Carrière une conférence très suggestive là-dessus, en présence des squelettes de la galerie ostéologique du Muséum, où la charpente des bêtes apparaît toute nue. Voyez la construction harmonieuse de chacune d'elles, les têtes des os jouant dans leurs alvéoles, les leviers osseux dirigés par la pesanteur ou tordus par le jeu des muscles, les imbrications étroites et les pivots des vertèbres, l'amphore du bassin pour porter le poids des viscères, la continuité de l'armature osseuse chargée d'équilibrer et de transmettre les pressions, et tous ces appareils construits sur un plan monotone, mais rendu si vivant par des variations de fonction imperceptibles pour la marche, la préhension, la mastication, le vol, la natation, le jeu profond et élastique des poumons et du cœur (49). Comparez toutes les essences de cette forêt de squelettes, forêt en marche vers un aveugle destin, depuis celui du plus gigantesque entre les sauriens d'avant le déluge à celui du plus mince reptile ou du plus petit oiseau.

(47) Fig. 116, 117, 118.
(48) Fig. 147.
(49) Fig. 119, 148, 149, 150, 151, 152, 152 bis.

150

Fig. 150. ARCHITECTURE NATURELLE *(squelette de glyptodon).* Ph. Jean Dubout. – Fig. 151. *(dent d'éléphant fossile).* Ph. Jean Dubout. – Fig. 152. ANALOGIES (1. Squelette de cétacé. Ph. Jean Dubout. – 2. Carcasse d'avion).

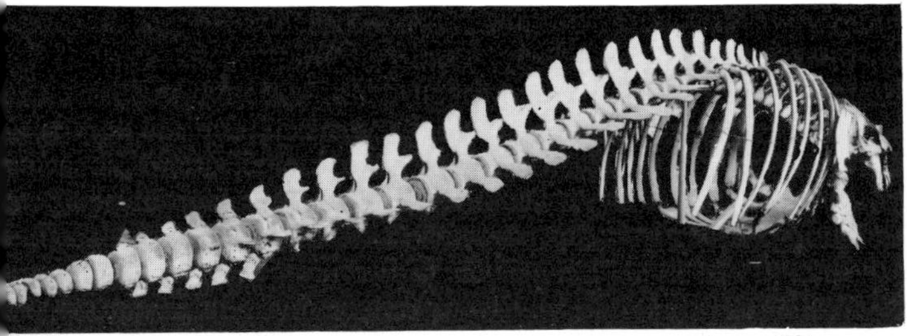

152[1]

152[2]

151

Surprenez les mêmes formes et les mêmes proportions dans la carapace qui protège ce monstre vaste comme un chêne et cet insecte minuscule qu'un bourgeon peut recouvrir. Voyez le vent de la course passer dans les museaux pointus, les crânes effilés de ces dix bêtes différentes, voyez le sillage de l'eau bruire contre ces palettes osseuses qui traînent le long de ces corps cylindriques, ceux-ci gros comme une tour, ceux-là minces comme un ver. Surprenez l'action de la puissance à broyer des os dans le combat ou des coques de fruits dans le repas chez ces vingt fauves, grands ou petits, dont les larges mâchoires, ajustées perpendiculairement l'une dans l'autre comme des pièces de métal, se fleurissent de crocs, de lames, de meules pour l'écrasement, le déchirement, la fracture, le forage. Creusez la terre. Passez au crible l'humus recueilli entre les radicelles où grouillent les insectes souterrains. Ce triangle de pierre noire, lisse, de bords tranchants, est-il la dent d'un monstre disparu ou un silex poli dans quelque atelier préhistorique? Cette canine a l'air d'un tubercule végétal. Cette molaire d'éléphant ressemble à des rides creusées par l'eau sur quelque terrain alluvial. Ce pot de cuivre, d'argent, d'argile, cette poitrine de bronze ou de marbre ont reçu à tel point l'empreinte de la terre humide, taches sombres, traînées livides, qu'ils paraissent un germe d'elle, jailli de ses volcans, endormi sous son écorce avec la lave et le charbon.

Allez plus loin. Étendez ces comparaisons. Ce bois de cerf est comme une aile, ou une flamme. Ces racines comme des doigts avides qui se crispent sur une proie pour y saisir l'aliment. Ces feuilles se déploient dans leur nourriture fluide à la manière des poumons, ou des branchies. La sève des plantes, comme le sang des bêtes, circule dans des vaisseaux. La peau des éléphants, des rhinocéros, des hippopotames, des crocodiles, ressemble à l'écorce des arbres, à la surface rugueuse et moussue des rochers. La peau, la chair des femmes à la chair des fruits, au duvet des fleurs. Telle corolle ou coquillage est comme un sexe. Ces pelages, diaprés, mouchetés, ocellés, rayés, ces élytres mordorés, ces écailles irisées ou opalescentes, ne peuvent être aperçus dans les herbes de la jungle, parce qu'ils s'y confondent avec l'or, la rousseur, le velours changeant des pétales, des tiges, des feuilles. Au cinéma, ces torses, ces seins, ces membres de Négresses semblent un bronze noir mobile, dont les lueurs, de proche en proche, éveillent la sonorité. Le ralenti donne à ces chiens qui courent des allures de serpents, à ces oiseaux qui volent des allures de danseuses, à ces hommes qui combattent des allures de nageurs, à ces patineurs qui circulent des allures de statues vivantes qui cherchent, dans un mouvement sinueux d'harmonie ininterrompue, leur centre de gravité. L'œuf rappelle l'astre géant dont la rotation autour de son axe fit un sphéroïde parfait. Le désert frémit comme une mer, déferle à la façon des vagues. Les golfes, les promontoires, les estuaires paraissent épousés par l'eau, la grande matière plastique, qui use la pierre à son gré, charrie les graviers et les sables, change lentement les profils terrestres par l'alluvion, l'érosion, la persistance infatigable à frapper, caresser, tomber, goutter au même endroit. Ne dirait-on pas que c'est elle qui a mis soixante siècles à modeler telle statue d'Égypte aux plans ondulants, mouvants, lisses, balancés comme le flot? Qu'elle a roulé dix mille ans sous ses masses cette tête chaldéenne ou chinoise, presque sphérique, avec les écorchures de ses chocs sur les galets voisins, et les sillons, les creux, les saillies affleurant les surfaces qu'elle semble avoir usées? Le mouvement de la peinture, dont L.-B. Alberti disait « *Qu'est-ce que peindre, si ce n'est saisir toute la surface d'une onde?* » est pareil à son mouvement, que la vapeur et l'air partout présents réuniraient à tous les points de l'étendue. Voyez se fondre au loin la ligne de la terre avec la ligne du ciel et la sueur de la mer, l'arbre pareil à un brouillard qui monte, le feu, broussaille convulsive, se résoudre en une fumée qu'entraîne peu à peu le vol éperdu des nuages avec qui elle se fond. Suivez ces nuages eux-mêmes, semblables à des coupoles, à des tours, à des dômes entassés, parfois à l'océan, parfois à des montagnes, parfois à des prairies couvertes de neige ou de fleurs. Voyez ces glaciers, ces lacs miroiter comme des gemmes. L'atmosphère, qui est solide, la lumière, la pénombre, les reflets qui dansent, s'allument, s'éteignent, font participer à la vie de toutes les autres chacune des choses qui sont.

La forme universelle est bâtie sur un plan unique. On peut, où qu'on regarde, le découvrir partout. Bien pauvre qui ne sait voir, par exemple, dans un crâne d'homme ou d'animal, non seulement un paysage admirablement ordonné avec ses vallées et ses collines, ses fleuves, ses mouvements intérieurs, son unité géologique et son rythme, mais une sculpture parfaite avec son équilibre asymétrique, ses plans silencieux, ses lignes fuyantes, ses saillies expressives, ses profils sinueux et purs. Et quand l'homme et ses œuvres apparaissent sur la terre, est-ce donc par hasard que l'arme est pareille à une griffe, à une corne, à une défense de bête; que le bijou enlace les cous et les bras comme le ferait un reptile; qu'un sous-marin ressemble à un poisson, un aéroplane à un oiseau ou à un insecte géant, une voile à une aile, une chaudière ou un égout à des entrailles, un moteur à un cœur qui bat? Est-ce donc par hasard que les religions sont construites sur le plan de l'amour, les lois sur le plan de la faim? Il y a, entre l'esprit et les motifs qui le façonnent et qui l'attirent sans cesse pour sa nourriture et sa sécurité, une interpénétration continue et bienfaisante, où l'« imitation » de l'objet cesse quand l'intelligence commence, et où l'« invention » s'arrête avec l'oubli de l'objet. L'esquisse du *Paradis* de Tintoret (50), où tout est formes vivantes, ressemble autant à l'esprit que le Parthénon ou une automobile, où tout est formules abstraites. Et si l'église de Brou ressemble moins à « la nature » que le Parthénon ou une automobile, ce n'est point faute d'y avoir multiplié les formes vivantes, mais d'y avoir méconnu le sens des formules abstraites. Ce qui donne à l'édifice abstrait son apparence naturelle, ce qui donne à l'édifice tout entier fait avec des choses existantes sa signification spirituelle, c'est l'articulation logique des éléments qui les constituent l'un et l'autre dans la fièvre de la découverte et l'ardeur lucide de la création.

(50) Fig. 144.

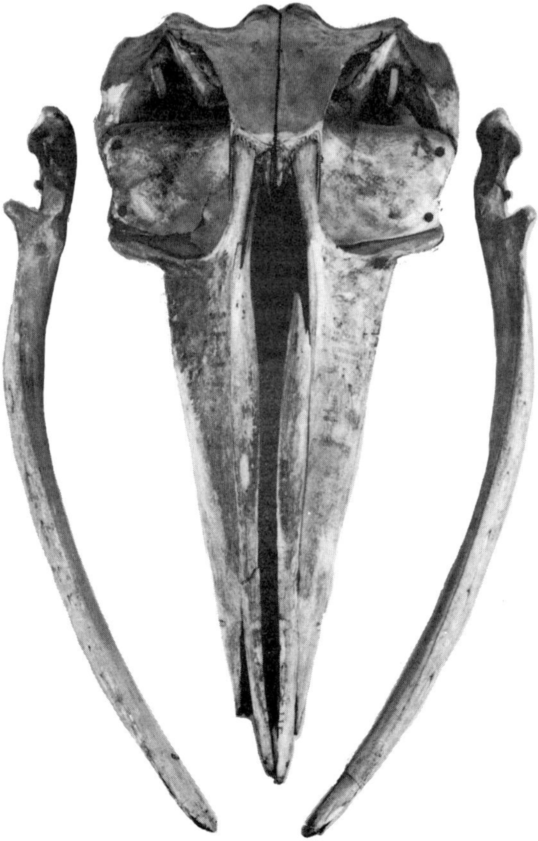

Fig. 152 bis. ANALOGIES *(crâne de cétacé).* Ph. Jean Dubout.

g. 153. *(Seurat).* Ph. Giraudon.

Divagations pédagogiques

I

On peut dorénavant se demander si l'événement, l'acte, la scène – le « sujet » – dont nous entretient le poète, ne marque pas son rôle propre dans une comédie que nous nous jouons à nous-mêmes afin de maintenir son œuvre sur un terrain utilitaire. Peut-être disposons-nous uniquement de ce moyen pour empêcher ceux qui ne peuvent participer au jeu spirituel qu'elle propose, d'entrevoir son apparente vanité et de cesser ainsi de la placer comme un écran entre leur soif d'illusion et l'épouvante de vivre. Et peut-être est-ce là qu'il faut chercher, en fin de compte, le secret de la fascination que les religions exercent. Exaltant au moyen du « sujet », sans doute, les vertus sociales qu'elles sont chargées de répandre, elles imposent aux âmes simples une attraction sentimentale que l'harmonie de l'œuvre ne suffirait pas à créer. C'est leur danger, je le sais bien, quand l'anecdote prend le pas sur le grand sentiment mystique et conduit la multitude et l'artiste son interprète à substituer la séduction du fait à la puissance éducative des rapports. Et c'est aussi, aux heures où s'éteint ce sentiment mystique, ce qui entraîne les véritables créateurs à nier la vertu du « sujet » pour exalter la vertu de l'objet dénué de tout pittoresque, ou même de la construction métaphysique pure, n'ayant plus aucun lien visible avec la réalité. La foule se tournant vers les images sulpiciennes, Courbet quitte les dieux pour une belle fille endormie dans les foins, Cézanne pour trois pommes sur un coin de table, d'autres bientôt pour chercher à mesurer des espaces hypothétiques où rien ne se passe plus.

Le phénomène est moins nouveau qu'on pourrait le croire. Quand l'art hellénistique court après le pittoresque, l'homme puissant s'isole pour sculpter une femme nue (1), ou demande en vain aux vieux maîtres archaïques le secret des plans simplifiés et des symétries apparentes. Quand les supports de la cathédrale s'enrubannent dans les méandres de la complication sentimentale, quand la sculpture anecdotique noie les profils du monument, le portrait se complaît dans sa solitude, et la conception abstraite de la ligne pour la ligne et de l'ornement pour l'ornement remplace un peu partout le souci de la fonction. L'art arabe oublie un beau jour la destination de la mosquée pour se complaire en maniaque au jeu sans fin et sans objet des formules géométriques (2). Partout l'effondrement de la clé de voûte sociale donne à la multitude désaxée le goût du « sujet » anecdotique ou pittoresque qui flatte ses plus médiocres instincts, ou jette à l'opposé le créateur solitaire dans un mépris hargneux du prétexte sentimental qui va tantôt à la brutalité et tantôt à l'abstraction pure, sans aucune issue, aucun regard sur le monde émotionnel. Là tout devient niaiserie écœurante, ici ésotérisme prétentieux.

C'est précisément parce que le « sujet » n'est qu'un prétexte, un moyen de gouvernement, en somme, une arme utilisée par les mythologies et les métaphysiques en pleine vie pour atteindre et animer le sentiment populaire, et qu'il n'a rigoureusement aucun sens du point de vue esthétique dont

(1) Fig. 189, 200.
(2) Fig. 114.

la recherche du rythme et de l'harmonie est l'unique souci profond, que l'artiste devient vraiment libre dès qu'une forte organisation théocratique ou politique parvient à le lui imposer. Aux époques où l'on attachait au « sujet » une importance exclusive parce qu'il se confondait avec l'apparence et l'esprit de l'édifice social, nul n'en parlait, nul n'y pensait. Aux époques où on le dit sans importance, on ne parle plus que de lui. Vis-à-vis du « sujet » quel qu'il fût, mythe païen, légende chrétienne ou bouddhique, cosmologie égyptienne ou brahmanique, les vieux artistes étaient comme des soldats dans le rang, à qui leur chef donne leur réelle puissance en les délivrant du choix dans le but à atteindre pour leur laisser celui du moyen à utiliser. Le premier décorateur venu d'un *mastaba* du vieil Empire à Sakkara, le statuaire des *Cariatides de Cnide* à Delphes, le sculpteur de la frise des *Apsaras* d'Angkor, le fresquiste des grottes d'Ajunta, l'imagier de Moissac, d'Autun, de Chartres, Giotto à Padoue ou Assise, jouissent du privilège que commence à perdre Michel-Ange à la Sixtine, ce qui provoque, d'ailleurs, grâce au cœur géant qui l'habite, l'harmonie particulière de l'œuvre, conquise dans le désespoir de l'écartèlement spirituel qui le déchire. Je veux parler de cette impression d'allégresse et de paix victorieuse que vous donne l'obéissance quand vous n'avez ni les moyens, ni la tentation, ni même l'idée la plus vague d'en contester l'opportunité. Aucun d'entre eux n'étant encore assailli par le tourment politique, sentimental ou doctrinaire de la recherche du « sujet », toutes leurs facultés unies tendaient à exprimer, avec le plus de force et de simplicité possible, la forme qui symbolisait à leurs yeux celui qu'on leur proposait. Obéir délivre, il est vrai, et délivre complètement, à condition que celui qui commande obéisse lui-même au sentiment mystique qui entraîne l'obéissance autour et au-dessous de lui. Dès que le scepticisme sur les fins invoquées est en haut, le désespoir monte d'en bas et disloque l'édifice. Ce n'est ni la bienfaisance ni la puissance de l'art qui sont mises en question à ce moment-là, mais la légitimité du « sujet » autour duquel l'hésitation puis l'ennui de l'ouvrier compromettent la puissance et la bienfaisance de l'art.

Il est donc moins puéril, mais plus imprudent de dire le « sujet » sans importance, que de s'imaginer qu'il représente l'essence de l'œuvre d'art, dont il n'est que le prétexte à vrai dire capital. Le « sujet », comme l'argent, n'est qu'un moyen d'échange, et ceux qui croient à sa valeur absolue font songer aux avares qui croient à celle de l'argent. Le « sujet » de l'œuvre d'art, je l'ai dit, c'est son harmonie et son rythme, dont l'une en fait sans doute l'unité spatiale pour nos sens, l'autre l'accord dans la durée avec le retour des astres, la cadence de nos pas et les battements de nos cœurs. Le « sujet » n'est qu'un moyen de fixer notre attention sur les apparences et de nous solliciter à traverser ces apparences pour en atteindre l'esprit. Mais c'est ce rôle-là, précisément, qui lui donne son importance, et lui confère peut-être une existence hiérarchique dont les Écoles ont abusé jusqu'à la sottise, mais qui répond, je pense, à la valeur humaine de l'illusion qui nous porte vers lui. Il est bien évident que l'homme importe avant tout, que c'est de lui qu'il s'agit d'abord, et toujours, et de la qualité d'émotion qu'il a su transporter dans l'œuvre sortie de ses mains. Il est bien évident que deux tableaux aux gestes identiques, une Kermesse de Rubens et une Kermesse de Téniers, n'empruntent leur importance, là capitale, ici médiocre, qu'à la qualité propre de celui qui l'a conçu et a eu ou n'a pas eu le pouvoir de projeter son émotion du spectacle qui l'a frappé dans la représentation qu'il en donne. Il est bien évident, même, qu'un couteau peint par Chardin, une pomme peinte par Cézanne, une fleur peinte par Renoir, comportent une accumulation d'humanité qui réduit à néant telle Mise en Croix composée par tel maître de l'École (3), eût-il la science d'un élève de Michel-Ange ou de Raphaël. Mais il semble tout de même que le *Bon Samaritain* de Rembrandt, l'*Adam et Ève* de Titien, l'*Enterrement du comte d'Orgaz* de Greco (4) soient faits pour provoquer en nous un retentissement d'humanité plus prolongé et plus profond que telle nature morte peinte par le même Rembrandt, le même Titien, le même Greco. Je dis « il semble », n'en étant pas tout à fait sûr, car la qualité propre de deux œuvres, même émanant du même artiste, joue le rôle de premier plan. Mais peut-être un « sujet » où s'entrecroisent mille échos venus de notre éducation morale ou religieuse la plus lointaine, des gestes que nous accomplissons à tout instant, des sentiments et des passions qui nous assaillent à toutes les minutes, des instincts permanents qui imposent à nos actes leur essentielle direction, est-il plus assuré de nous toucher, même si notre culture esthétique est très poussée et si nous savons

(3) Fig. 95, 154, 155.
(4) Fig. 210.

Fig. 154. « COMPOSITION » *(Daniel de Volterra).* Ph. Anderson-Giraudon.

Fig. 155. COMPRÉHENSION *(Chardin)*. Ph. Hachette.

que le « sujet » n'est en aucun cas dans le fait, mais dans l'ordre que l'esprit sait établir entre les faits. Peut-être est-ce le degré de complexité d'une œuvre qui, à puissance et émotion égales, assure son rang hiérarchique. Mais là encore on pourrait me répondre que Greco, Rembrandt ou Titien peignent une nature morte avec la même complexité de pensée ou de sentiment qu'ils apportent à nous dire comment un guerrier vêtu de fer est porté au tombeau, en présence des anges, par des ascètes au visage livide que la prière et la douleur rétractent, comment un blessé trouvé sur le bord de la route est ramassé et pansé par un passant charitable, et la splendeur de l'homme et de la femme dans la première aurore du premier jardin. A coup sûr. Cependant, la force et l'importance des sentiments généraux et communs à tous les hommes demeurent, il me semble, plus essentiels ici que là. Même en y mettant tout le poids de leur force créatrice, Michel-Ange ou Rembrandt ne sauraient modifier les courants intérieurs provoqués en nous comme en eux-mêmes par les siècles d'exaltation spirituelle que les morales, les religions, les philosophies successives ont accumulés autour de quelques sentiments qui mettent en jeu le développement et le sort de l'espèce entière. Je sais fort bien qu'une touffe d'herbe au bord d'une mare a autant de valeur plastique qu'une *Mise en Croix*, quand l'une et l'autre ont été peintes par Rembrandt. Mais comme elle a moins de valeur sentimentale, peut-être a-t-elle moins de chance que nous parvenions à saisir sa valeur plastique par la voie du sentiment.

II

C'est cette valeur sentimentale, par malheur, qui éloigne les créateurs du « sujet noble », quand le règne de l'anecdote succède au règne de la foi, et qui les pousse à chercher la loi de continuité et de constance dans les rapports de coloration et de forme où est le vrai sujet de l'œuvre d'art, en peignant un couteau et un verre sur l'évier d'une cuisine. Là, l'équivoque est impossible. Il ne peut plus s'agir que d'un édifice plastique élevé pour son exaltation propre par-delà le bien et le mal. Ce spectacle d'humilité – ou d'orgueil, si l'on veut – possède une puissance d'éducation telle qu'elle peut ramener, si on sait et veut la comprendre, aux effusions lyriques les plus chargées d'humanité. Une brioche de Chardin piquée d'un brin de laurier reconduit par des voies plus sûres une âme anxieuse à goûter l'émotion d'une mort ou d'une naissance, que telle toile du Guide ou du Baroche qui s'applique à représenter, avec toute l'éloquence possible, l'un de ces événements (5). Ces voies qui sont, je veux le répéter, celles de l'harmonie et du rythme, la portent à rechercher, dans le premier émoi sentimental qu'elle éprouvera sur sa route, une impression analogue à celle que la toile de Chardin lui donne, et il est nécessaire qu'elle l'y retrouve un jour. Le spectacle le plus humain ne reste humain, et même n'acquiert vraiment sa valeur humaine, que s'il nous est transmis par des moyens d'où l'anecdote qui fait rire ou pleurer s'efface. Si le peintre et le sculpteur sont profondément attendris par la mort d'un ami, par exemple,

(5) Fig. 154, 155.

ou l'apparition d'un enfant, ou quelque illustre supplice, ce n'est qu'en mettant en valeur impitoyablement, par de purs procédés plastiques, les saillies expressives qui rendent la scène sensible, les profils qui l'arrêtent dans l'espace, les plans fuyants qui y font participer cet espace, tout ce qui en fait un bloc dont les éléments sont solidaires, et le rythme secret qui lui confère l'unité dans le mouvement. La rançon de cette attitude est de livrer à celui qu'y mène sa vue peu à peu impartiale du monde, l'accès d'une région spirituelle absolument pessimiste, d'où il ne considère plus la mort et la douleur, quand elles ne le touchent pas personnellement, que du point de vue esthétique, ce qui l'oblige à en regarder les images avec une volupté intellectuelle ne laissant plus aucune place à la pitié. Je me suis surpris à souhaiter la continuation de tel spectacle de guerre, à cause de sa beauté. Et j'ai compris à ce propos pourquoi le *Massacre des Innocents* de Breughel ou de Poussin, le *Deux mai* ou le *Massacre* de Goya, les *Massacres de Scio* ou la *Médée* de Delacroix, la terrible effigie équestre que Titien fit de *Charles Quint,* les *Horreurs de la guerre* de Rubens, toutes les mises en croix de Rembrandt et des primitifs des Flandres, de France ou d'Italie, les sanglantes idoles des Aztèques, des Hindous, des Nègres, les bas-reliefs assyriens de chasse ou de guerre, tant d'autres œuvres où le carnage et la violence sont étalés et décrits, ne laissent qu'une impression de certitude, d'allégresse calme, de sécurité (6). L'anecdote sentimentale s'en efface complètement, et le créateur et le spectateur y respirent une atmosphère d'indifférence vis-à-vis des

(6) Fig. 55, 69, 80, 156, 157, 163, 193.

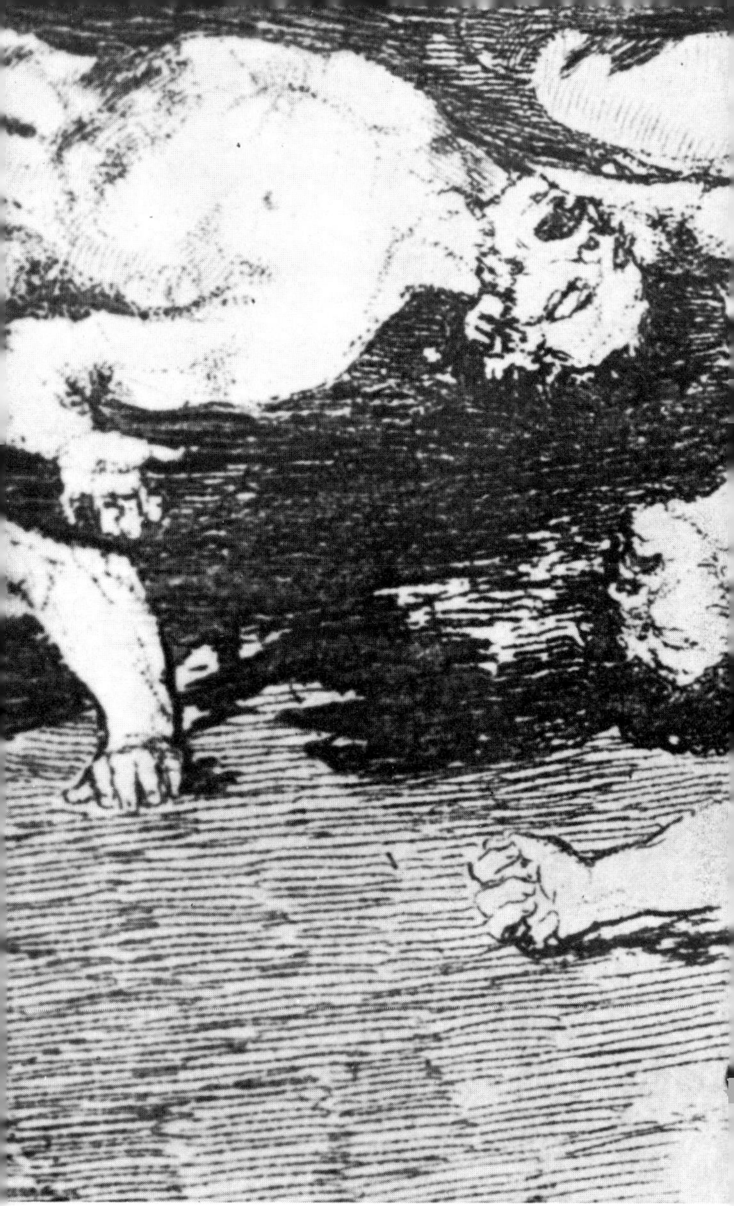

156 

157 

Fig. 156. (Pages 130 et 128-129). PESSIMISME *(Goya)*. Ph. Giraudon.
Fig. 157. (Pages 130 et 132-133). PESSIMISME *(Delacroix)*. Ph. Archives photographiques.

fins optimistes que l'homme prête à la vie et d'acceptation définitive de la cruauté de Dieu. J'ai lu, je ne sais où, que Michel-Ange, un jour, avait percé un portefaix d'une lance, pour étudier son agonie. Il est inutile d'affirmer l'absurdité de l'anecdote dès qu'on prétend en faire de l'histoire. Mais, si l'on veut bien la maintenir sur le terrain de la légende, il est utile d'en souligner la vérité symbolique.

C'est en regardant, certain jour, une opération chirurgicale (7), que j'ai surpris le secret de la « composition » qui confère à n'importe quel « sujet » la noblesse et peut assurer au « sujet noble » sa prééminence apparente sur n'importe quel sujet. Le groupe formé par le patient, le chirurgien et ses aides, les spectateurs, m'apparut comme un organisme unique en action. Tout de suite je m'aperçus que chacun étant à sa tâche, tous réunis autour d'un même centre où se passait l'événement, ceux-là par leur métier, ceux-ci par l'intérêt passionnant du spectacle, cet autre parce qu'il constituait le prétexte capital de l'événement, il était impossible qu'il n'en fût pas ainsi. C'était l'événement lui-même, le centre de l'événement qui provoquait dans toutes les dimensions et sous tous les aspects du groupe la position des corps, des bras, des mains, des épaules, des têtes, dont aucune ne s'écartait et ne pouvait s'écarter de son attraction invincible sans rompre l'harmonie et le rythme de ce groupe du même coup. La lumière tombait où il fallait qu'elle tombât pour que chacun des acteurs vît ce qu'il avait à faire. La disposition des surfaces, l'étagement des plans, la rotation des volumes,

(7) Fig. 159.

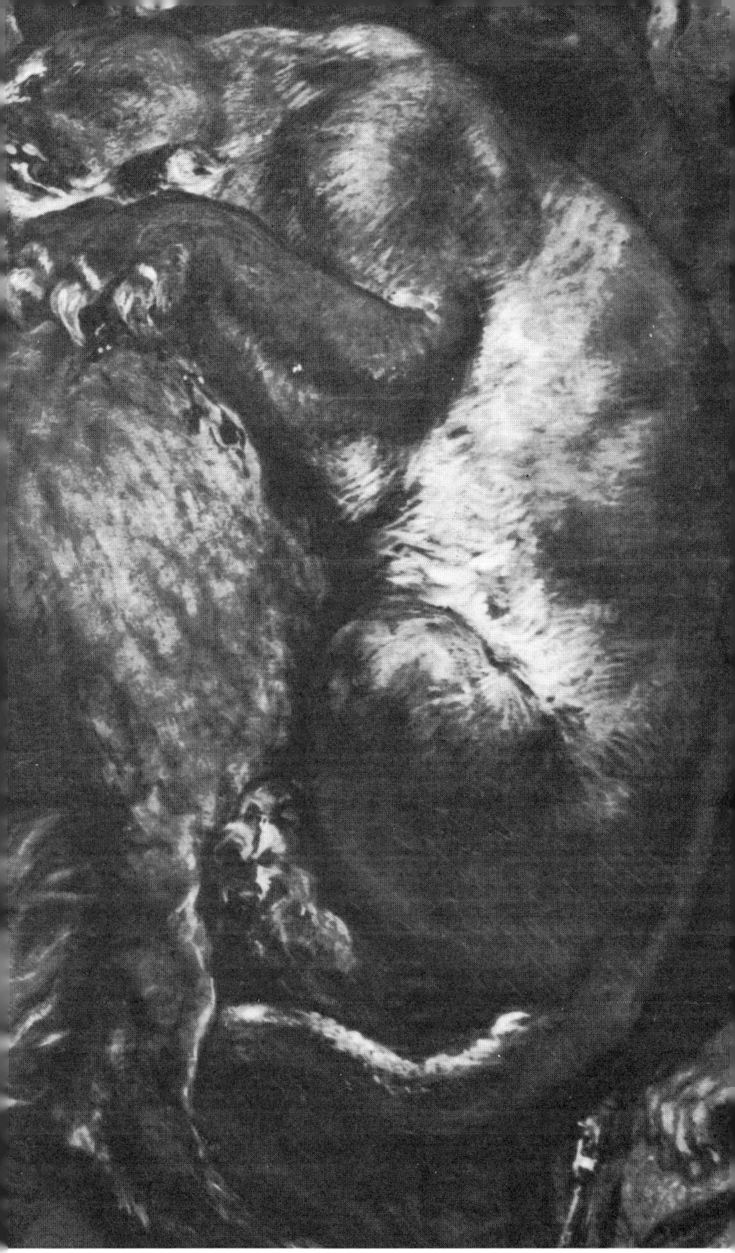

l'avancement, le retrait des saillies étaient voulus par la fonction. Une logique fonctionnelle intérieure déterminait rigoureusement une logique structurale visible dont rien ne pouvait être modifié sans que la logique fonctionnelle même cessât tout d'un coup de tendre à sa fin. Si un peintre avait été là, s'il avait demandé aux différents acteurs du drame de ne pas bouger pour qu'il copiât le drame, l'ensemble se fût disloqué, l'organisme eût cessé d'être, l'émotion eût disparu avec la fonction elle-même. L'erreur de toutes les écoles est de faire « poser » la scène. Or, un portrait même ne se pose pas. Il se fait dans les intervalles des séances, quand le peintre dîne, discute, se promène avec son modèle, ou même quand il ne le voit pas. A plus forte raison un événement capable de révéler son unité plastique par la multiplicité des éléments qui l'animent. Toute composition qui n'est pas organique a la raideur, le froid, le vide de la mort. Je me trompe, car la mort vit. L'homme, au moyen de l'art, a réussi, la plupart du temps, à être plus mort que la mort.

Arabesque intérieure, en somme, dont bien peu jusqu'ici soupçonnèrent l'existence dans la réalité, et dont la « composition » n'est guère qu'un symbole inconscient, et trop approximatif. Organisme complexe, fait d'éléments indépendants d'habitude, qu'une force morale seule peut unir, qu'une force esthétique seule peut traduire, bien qu'il ne puisse être exprimé que difficilement et plutôt théoriquement par la sculpture, bien que la ligne ne puisse faire autre chose que l'évoquer, et dont seule la grande peinture symphonique, jouant à sa guise des formes, des valeurs, des couleurs, des reflets, des passages, des lumières et des ombres pour exprimer l'univers dans toutes ses dimensions, peut parvenir à arrêter la vie éphémère, mais essentielle, pour toujours. L'accouchement, les soins à l'enfant, ses premiers pas, l'accident, la mort, la lecture ou la musique en commun, certains travaux d'industrie, d'agriculture ou de guerre groupant des êtres autour d'une action concentrique et profondément absorbante, révèlent de la sorte la loi du drame plastique à qui sait les regarder. Les Égyptiens avaient eu l'intuition de la chose, certes, mais ils ne disposaient guère que de la convention linéaire rythmée par un hiératisme social et religieux trop sévère pour qu'ils pussent en faire saillir dans sa profondeur et animer de sa circulation interne l'organisme complexe qui seul peut révéler la loi de la grande composition où le sentiment et la plastique fusionnent nécessairement. Les Grecs, par leur souci de la perfection anatomique, ne pouvaient guère qu'en soupçonner l'existence, ce dont le fronton d'Olympie et les *Parques* de Phidias semblent témoigner nettement (8). Il a fallu arriver à Giotto (9), où aboutit l'effort méditerranéen coïncidant avec l'éclosion de la tendresse chrétienne, pour voir ce sentiment capital se formuler pour la première fois d'une façon décisive dans l'intelligence, qui par malheur ne disposait encore que de moyens rudimentaires et ne pouvait qu'en projeter, avec une continuité d'ailleurs sans défaillances, l'ombre silhouettée sur le mur. Il a fallu en outre le lent travail de déblaiement de Masaccio et de Vinci, de Michel-

(8) Fig. 1, 14.
(9) Fig. 81, 158.

158

159

160

Fig. 158. COMPOSITION ORGANIQUE *(mélodie : Giotto)*. Ph. Anderson-Giraudon. – Fig. 159. COMPOSITION ORGANIQUE NATURELLE *(opération)*. Ph. Robert Doisneau-Rapho. – Fig. 160. (Pages 137 et 138). COMPOSITION ORGANIQUE *(symphonie : Rembrandt)*. Ph. Anderson-Giraudon.

Ange, de Raphaël, de Titien, de Tintoret, de Rubens, pour que Rembrandt, et Rembrandt seul jusqu'ici dans la peinture, ait fait converger vers le but à atteindre le maximum et la totalité de ses moyens (10). Chez lui, le « sujet » se trouve exactement là où est le point d'équilibre entre l'émotion humaine et l'impression plastique, et il saisit cette minute fugitive avec une telle puissance que le monde entier, à ce moment-là amalgamé par la lumière et présent par tous ses éléments dans quelques épaules penchées, quelques fronts inclinés, quelques mains tendues vers un berceau ou une tombe, semble un seul organisme agissant dans l'espace occupé par cette tombe ou ce berceau. C'est l'événement même qui compose les groupes, et délègue au symbole plastique sa puissance de sentiment. Dans l'instinct des imagiers de la cathédrale française et des sculpteurs bouddhiques de l'Inde, surtout du Cambodge et de Java, apparaissait déjà une impulsion irrésistible vers un ordre organique analogue à celui-là (11). J'ai remarqué, à propos de Giotto, qu'il fallait voir dans cette conception nouvelle et si féconde des ensembles, le signe de la rencontre de l'architectonique ancienne et du sentiment chrétien à son apogée. On connaît les analogies du christianisme et du bouddhisme : elles se poursuivraient, pour le réconfort de notre unité spirituelle, jusque dans la forme que l'émotion visuelle prend dans le secret des cœurs.

Tout cela est très simple, au fond. Il ne s'agit jamais pour nous d'inventer des événements, mais de combiner avec sobriété et de traduire avec force

(10) Fig. 160.
(11) Fig. 15, 97, 219.

l'ordre selon lequel nous apparaît n'importe quel événement. C'est le cas, je le crois bien, de tous les créateurs de race. Rembrandt prend la plupart de ses « sujets » dans l'Écriture. Michel-Ange aussi. Villon, Pascal, Baudelaire semblent à peu près incapables d'inventer des événements, privilège appartenant presque toujours à la basse littérature romanesque ou dramatique. Shakespeare s'adresse à l'Histoire, comme les tragiques grecs ou français, comme les lyriques juifs. Peut-on dire que tous ceux-là aient manqué d'imagination? Rembrandt à part, et Rubens, connaissez-vous un peintre doué d'une imagination plus grandiose que Tintoret? Cependant il empruntait à Titien ou à Michel-Ange la plupart de ses « sujets ». Le véritable créateur combine, autour de ses émotions immédiates, les événements que la tradition lui impose l'obligation ou plus simplement l'habitude de célébrer. Et ce n'est pas l'événement qui en est le départ réel, c'est l'émotion immédiate : la femme nue, la naissance, la mort, l'homme à sa tâche, les rapports de toutes ces choses avec la lumière, l'espace, les agitations de son cœur. Alors, il suffit de copier? Sans doute. Encore faut-il savoir copier. Savoir copier, c'est savoir résumer, simplifier, choisir, accentuer. Copier, c'est dégager d'un chaos de sensations confuses les cimes expressives où s'attache l'émotion et que réunit la pensée par des passages assez subtils pour ne laisser émerger que ces cimes tout en montrant avec évidence leurs rapports de continuité.

Fig. 161. COMPOSITION NATURALISTE *(Gervex)*. Ph. Hachette.

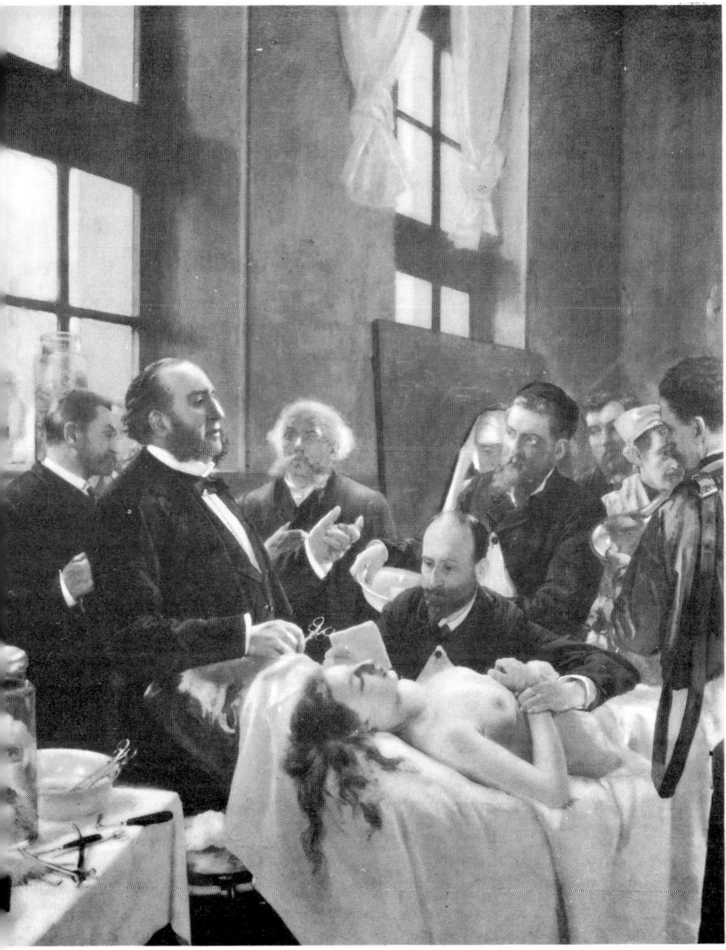

III

On ne peut vraiment s'entendre sur ces questions-là qu'aux heures où quelque grand sentiment commun porte une foule entière, préparée au préalable par une éducation collective séculaire, vers les symboles matériels de l'image à réaliser. Si ce sentiment et cette éducation manquent, il faut que l'individu, par une sorte de miracle qui est celui de l'élection, possède ce sentiment lui-même et qu'il ait envers lui-même la cruauté de contrôler, en remontant aux sources naturelles, ses émotions sentimentales par ses émotions esthétiques, ses émotions esthétiques par ses émotions sentimentales dans un échange réciproque et continu. L'éducation artistique est la plus ardue de toutes, car elle ne consiste ni à enregistrer, ni à classer, ni à exposer des faits. Or, la valeur d'une telle éducation n'a pour moyen et pour sanction que la sensibilité du maître et de l'élève, et la sensibilité, n'admettant aucun instrument de mesure, ne souffre qu'on lui impose aucune sélection.

L'art plastique, entre tous, est le moins compris et le moins aisé à comprendre. Par l'oreille, nous recueillons les opinions des autres, ce qui n'exige à peu près aucun effort personnel. Par l'œil, il nous est imposé de nous en faire une à nous-même. Pour cela nous ne croyons pas à l'éducation de l'œil devant qui nous préférons reculer instinctivement, parce qu'elle exige un effort personnel dont peu d'entre nous sont capables. Nous admettons volontiers que l'algèbre ou la musique nous obligent à une initiation préalable, parce qu'ils s'expriment à l'aide de signes symboliques résolument conventionnels et présentant une infinité de combinaisons possibles. Mais dès que nous savons distinguer un éléphant d'un parapluie, nous regardons comme faite l'éducation de notre œil. Nous nous jetons dès lors à corps perdu dans le sentiment sans contrôle que le tableau ou la statue est désormais réduit à la fonction servile d'exalter, et que le symbolisme le plus puéril – celui qui précisément se contente de distinguer un éléphant d'un parapluie – suffit à traduire. Tout le monde, ou presque tout le monde, sait que le mot, et en tout cas le son ne représentent qu'indirectement l'objet, ce qui donne au poète, et surtout au musicien, une liberté sans bornes. Tout le monde, ou presque tout le monde, croit que l'image c'est l'objet, et se déclare satisfait si l'objet est reconnaissable. Personne, ou presque personne ne se doute que le contrôle permanent du monde figuré par le monde réel représente un travail incessant qui ne souffre pas de défaillance, et que la sculpture et surtout la peinture se tiennent à un point d'équilibre particulièrement instable entre le sujet et l'objet. Ceux qui sont incapables d'apprendre ce langage – le plus intellectuel de tous –, le croient du premier coup intelligible. Ceux qui seraient capables de l'apprendre le croient le moins intellectuel de tous et réservé à quelques-uns dont le don visuel est sans doute estimable, mais insuffisant à éduquer et à mûrir la pensée. Nul ne s'est demandé pourquoi, par exemple, la plus belle période de production du musicien, surtout de l'écrivain, se place presque toujours entre la quarantième et la cinquantième

Fig. 162.(Pages 144 et 146-147). PEINTURE DE TITIEN A 95 ANS.
Ph. Anderson-Giraudon.

année, alors qu'à peu près tous les grands maîtres de la peinture – l'éducation du cerveau par l'œil étant lente, pénible, ne devant rien qu'à elle-même et ne cessant pas de se faire – ont produit leurs plus belles œuvres à partir de cinquante ans, et, quand ils ont vécu très vieux, n'ont cessé de monter jusqu'à la fin dans la révélation de leur liberté et la possession de leur force. Je songe, pour ceux-là, à Véronèse, à Rubens, à Rembrandt, à Velazquez, à Poussin, à Delacroix, à Cézanne, et pour ceux-ci à Cranach, à Franz Hals, à Goya, à Hokusaï, aux exemples sublimes de Titien (*) et de Renoir (12). L'éducation plastique, plus encore que les autres, ne s'adresse qu'à ceux qui désirent l'acquérir, non par mode ou pédantisme, mais par passion.

Quand on a médité le mot de Spinoza : « Les idées que nous avons des corps extérieurs indiquent plutôt la constitution de notre corps que la nature des corps extérieurs », quand d'autre part on sait que la peinture, presque au même titre que l'al-

(*) Quand j'ai voulu choisir un tableau de la vieillesse de Titien pour en appuyer ce texte, je me suis trouvé en présence d'une difficulté singulière. Résolu à ne donner ici que des gravures ne figurant pas dans les quatre volumes précédents de l'*Histoire de l'Art*, j'ai constaté que les tableaux de Titien qui les illustrent, et que j'avais rassemblés alors sans tenir compte de leur ordre chronologique et en me basant uniquement sur mes préférences, avaient tous été peints après la soixantième année du maître : le doge *Gritti* à 64 ans, *Paul III* à 69 ans, *Salomé* à 74, *Diane au bain* à 83, l'*Éducation de l'aurore* vers 90 ans, la *Nymphe et le Berger* et le *Péché originel* vers 92, le portrait de *Titien* entre 90 et 95, le *Christ aux outrages* vers 94 ans ! C'est l'un des nus plus haut cités que j'eusse voulu reproduire pour montrer quelle rayonnante jeunesse spirituelle avait été celle du maître approchant de sa centième année. A leur défaut, j'ai choisi la resplendissante toile du Prado, qu'il commença de peindre vers 90 ans et n'acheva peut-être qu'à 98 !

(12) Fig. 105 bis, 162, 212.

gèbre ou la notation musicale, est un langage dont les éléments conventionnels se peuvent grouper selon des combinaisons infinies qui n'ont d'autre objet que la mise en évidence d'une harmonie formelle et colorée tendant à recréer l'unité de l'espace, et d'un rythme formel et coloré tendant à recréer la continuité du mouvement, tout change. La compétence innée et unanime semble risible, l'ésotérisme irritant, l'humilité nécessaire. Je me souviens du temps où je regardais les Égyptiens comme des enfants, les Chinois comme des magots, les Dravidiens comme des fous. L'époque n'est pas si lointaine où je considérais les Toltèques comme des monstres, les Nègres comme des gorilles. Et c'étaient là, pourtant, des formes depuis longtemps arrêtées, que je pouvais regarder de très haut et de très loin, et qui eussent pu entrer, par l'éducation et l'atavisme, dans la norme et la nécessité de ma vision moyenne. Convention toujours, non pas même universelle, et dont il faut connaître les signes suivant l'époque et le lieu. Comment un homme sans culture concevrait-il des formes à naître, comment comprendrait-il des formes naissantes même, quand des formes séculaires échappent si souvent à la compréhension de l'homme le plus cultivé? J'ai ouï dire que les Chinois, qui sont des civilisés supérieurs, ne comprennent absolument pas ce que représente un tableau européen, fût-il un portrait, et le regardent aussi bien la tête en bas. Et j'imagine que le jour où Paolo Uccello introduisit dans ses œuvres la perspective, pourtant destinée selon lui à se rapprocher le plus possible de la réalité, les spectateurs habitués aux conventions de l'école giottesque trouvèrent ses travaux tout à fait inintelligibles (13).

Il faut apprendre. Et même, et peut-être surtout apprendre qu'un même langage peut exprimer des époques différentes, des idées différentes, des caractères différents, indépendamment, par surcroît, de sa qualité. Non seulement Racine et Baudelaire, mais Racine et Vaugelas, Baudelaire et mon charbonnier se servent des mêmes mots. Et l'on considère comme des historiens, parce qu'ils emploient des matériaux analogues, Michelet et Victor Duruy. Cependant, Jean-Paul Laurens, bien que parlant la même langue que Delacroix, est plus près de Victor Duruy que de Delacroix, et Delacroix s'entendrait mieux avec Michelet, bien que parlant une autre langue, que Michelet avec Victor Duruy. « La peinture est chose mentale », disait Vinci. Il faut le savoir, si l'on veut lui restituer sa dignité en l'arrachant aux Béotiens. Mais il faut savoir aussi qu'elle est chose poétique pour ne pas s'imaginer que deux hommes qui s'expriment au moyen de la peinture sont tous deux peintres pour cela. Il y a des grammairiens de la peinture qui ne sont pas plus des peintres que les grammairiens de la langue ne sont des écrivains. Mon charbonnier parle le français, mais Baudelaire est un poète du français. Cabanel parle la peinture, mais Renoir est un poète de la peinture. Nous marchons « à travers des forêts de symboles », certes. Encore faut-il savoir que tels de ces symboles, semblables dès l'abord, cachent un esprit différent, et que tels autres, dès l'abord dissemblables, recouvrent un même esprit. Il y a moins de distance

(13) Fig. 141.

entre Homère et Corot, que près de trois mille ans séparent et qui s'expriment par des signes sans analogie, qu'entre Corot et tel illustre professeur de peinture qui vivent à la même époque et usent de signes pareils.

Ceci dit, et une fois supposée connue la convention qui prétend enfermer le monde, soit dans le jeu roide ou sinueux des lignes sur un plan, soit dans la saillie mouvante des volumes sur une surface irrégulière, soit dans une forme isolée de partout imitant la forme réelle, que l'on accepte la symbolique égyptienne, la symbolique hindoue, la symbolique grecque, que l'on consente à la représentation plus conventionnelle encore où l'arabesque linéaire, la teinte plate, l'intervention des valeurs et des demi-teintes reproduisent à volonté tous les effets précédents accrus de l'immense ressource mélodique ou symphonique de la couleur, il reste à pénétrer l'esprit même de l'œuvre, c'est-à-dire sa qualité. Tâche moins ardue que la première, tout langage portant en lui une harmonie secrète qui lui est propre et qui n'est précisément sensible que si elle s'unit à l'harmonie spirituelle de l'homme par des passages si subtils que l'une et l'autre fusionnent dans une irrésistible unité. Mais moins aisée, par cela même, à définir, et qui, en dernière analyse, n'a de comptes à rendre qu'au sentiment individuel. Sans parler du rendu anatomique – convention, lui aussi, et peut-être plus dangereuse que toute autre, puisque l'art occidental, grâce à elle, a failli s'enliser dans la recherche de la perfection physique alors que l'art oriental, qui n'en avait pas souci, pénétrait de plain-pied, par son symbolisme constant, dans l'empire de la pensée –, on peut dire que c'est de l'esprit seul que la ligne, la masse, la couleur tiennent leur sens conventionnel et qu'aucune n'a le droit de se dire plus proche de la réalité que les autres, même si l'on admet que l'art vise à rendre la réalité. Ni la ligne, ni la masse, ni la couleur n'existent par elles-mêmes. Toutes, une fois leur langage fixé, sont fonction de la force interne qu'est l'enthousiasme de la foule artiste au travail ou du poète isolé. Tous les moyens créés pour symboliser la forme n'ont de réalité que par leurs rapports spirituels avec une idée à traduire dont l'ensemble est tout entier dans l'intention du créateur.

C'est cet ensemble, d'abord, qu'il faut chercher à comprendre. L'opération chirurgicale dont j'ai parlé plus haut m'a immédiatement révélé le rôle capital et à peu près unique qu'il joue, en même temps que les moyens dont il faut user pour parvenir à l'exprimer. Il n'est pas un détail qui n'en dépende, aussi insignifiant qu'il paraisse, et qui ne soit déterminé par sa fonction essentielle, comme la forme du plus modeste organe par la fonction d'un organisme dont il n'est que l'un des moyens. Le détail nuit, s'il n'est indispensable au rayonnement de l'ensemble. Il ne rayonne que si l'ensemble forme un tout dont on ne peut distraire rien. L'étroite lueur du couteau, dans la *Médée* (14) de Delacroix, prend une signification tragique parce que le mouvement entier du drame, le visage terrible qui se retourne en faisant voler les cheveux, le torse gonflé de fureur, le bras crispé sur les

(14) Fig. 163.

enfants qui pendent, aboutit, par le jeu des lignes, à cette lueur de couteau. Les bois sembleraient moins profonds, dans la *Fête champêtre* (15), et l'ombre verte qui flotte entre les troncs noirs moins mystérieuse, si, par telle rose dans le lierre, tel ruban cramoisi sur le satin gris d'un corsage, Watteau n'en avait fait valoir le silence et le recueillement. Je me souviens, dans tel ensevelissement de Rembrandt, d'un liseré bleu presque imperceptible qui court sur le linceul du Christ. Quoi, cette note presque gaie dans le plus grand drame de l'Histoire? On ne la voit qu'en analysant le tableau, l'ensemble seul apparaît dès l'abord, le poids du cadavre aux bras des amis, la douleur des femmes, les plaies saignantes et l'inertie du dieu. Elle ne s'impose pas. Seulement, dès qu'on l'a vue, on sait pourquoi la chair du Christ est si livide, pourquoi cette odeur de sépulcre flotte sur toutes ces blancheurs suspectes, pourquoi ce cri de flûte à peu près effacé introduit dans la plainte des hautbois et des violoncelles comme un rappel des joies du monde qui la rend plus désespérée. Dans un portrait de femme de Goya, il est impossible de voir autre chose qu'une bouche où le sang bat sur des dents qui luisent, des yeux de flamme, des bras chauds, quelques fleurs ou joyaux étincelants çà et là, parce qu'il n'y a pas autre chose, et que tout cela est nécessaire pour exprimer et suffit à exprimer l'image de sa luxure. Je sais un Bouddha javanais (16) lisse et nu, où les surfaces glissent les unes dans les autres comme une eau pure et sans rides, une sorte de bloc de lumière uniforme dont toute l'onde unique aboutit à deux mains manié-

(15) Fig. 57.
(16) Fig. 164.

Fig. 163. SUBORDINATION DU DÉTAIL AU MOUVEMENT *(Delacroix)*. Ph. Hachette.

Fig. 164. SUBORDINATION DU DÉTAIL À LA FORME *(Java)*. D'après W. Cohn, *La plastique indienne* (Cassirer éd.).

rées et charmantes, soignées, pulpeuses, pleines de replis et de cachettes comme des fleurs. La courbe d'une main prise au hasard, dans les *Apsaras* d'Angkor, se prolonge (17), par le serpentement du torse, jusqu'au pied de la danseuse, parce que rien de superflu ne s'interpose, ni bijou mal placé ni saillie musculaire excessive, pour rompre le flot continu qui les unit et retentit, tout le long de la frise, en invisibles échos. Il faut regarder un tableau ou une statue comme on regarde un monument, non par telle feuille sculptée, mais par la logique structurale qui en assure l'assiette et en accuse les fonctions. C'est cette logique même qui ramènera les yeux sur la feuille sculptée pour qu'ils puissent en admirer jusqu'aux nervures. L'absence de cette logique expliquera pourquoi cette feuille perdue dans cet énorme édifice suffisait seule à fixer le dégoût. Une erreur ne choque pas dans un ensemble harmonique. Dans un ensemble inharmonique, on ne voit que des erreurs, même si tout n'est pas erreur. Je prie qu'on jette alternativement les yeux, si l'on veut bien se placer à Chantilly entre le château moderne et les communs du vieux château, sur l'un et l'autre édifice. Si l'on ne comprend pas encore, je demande qu'après avoir longuement regardé l'église de Brou, ou même l'église d'Abbeville, ou même la cathédrale de Reims où tant de détails splendides attirent, on se tourne une seconde vers le palais des papes d'Avignon (18).

(17) Fig. 219.
(18) Fig. 125, 165.

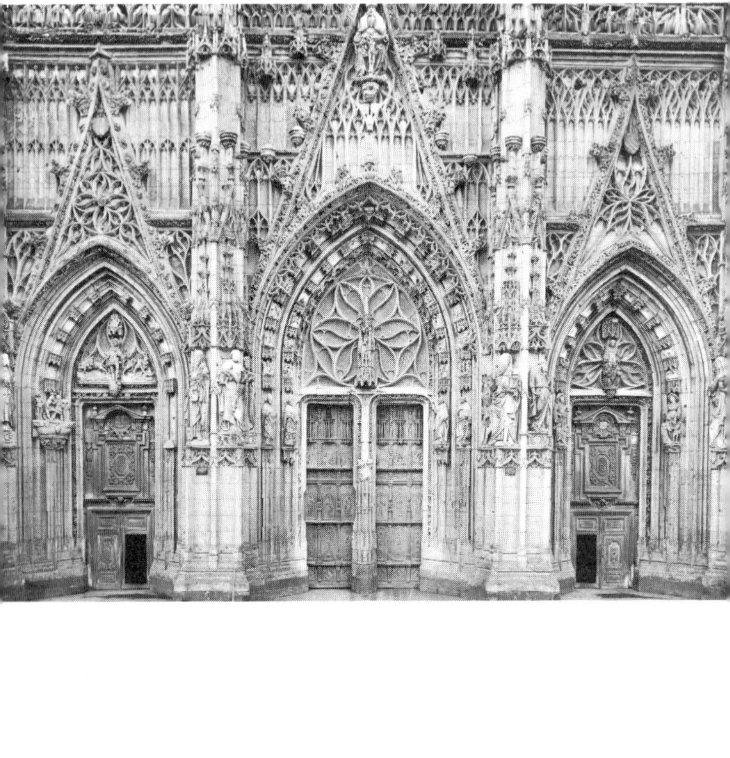

Fig. 165. TYRANNIE DU DÉTAIL *(France, Abbeville).* Ph. ND-Viollet.

IV

Cependant, la profusion ornementale des architectures en dégénérescence, profusion qui correspond, dans le tableau, à sacrifier à des détails anecdotiques ou pittoresques inutiles un ensemble que son peintre se montre, de ce fait, incapable de concevoir, acquiert une saveur singulière chez le primitif qui en use aussi – je veux parler surtout du primitif d'Allemagne ou de Flandre, car l'Italien manifeste une admirable intelligence plastique dès les débuts de la peinture. C'est que cette profusion ne répond pas, chez le primitif d'Allemagne ou de Flandre, au souci d'éblouir le spectateur par une fausse science, une virtuosité servile, l'étalage d'une érudition aussi désordonnée que creuse, mais à un scrupule candide, celui de ne rien oublier de ce qu'il sait et de ce qu'il sent. Ce qui le sauve, c'est la fraîcheur de ce qu'il sent et la naïveté avec laquelle il raconte ce qu'il sait. L'ensemble qui a, chez lui comme chez le plus épanoui des maîtres, une existence spirituelle profonde, n'est pas mis uniquement en valeur, comme chez celui-ci, par des procédés plastiques, subordonnant l'émotion éprouvée à la conscience de cette émotion et aux moyens de l'exprimer fournis par l'intelligence. L'émotion éprouvée, où le sentiment l'emporte, s'exprime précisément par l'accumulation de tout ce qui peut aider à rendre la ferveur de ce sentiment. Si le détail domine, ici, il ne nuit jamais à l'ensemble, qui n'est lui-même qu'un amas de détails ordonnés tant bien que mal autour d'une émotion unique qui leur transfuse confusément sa puissance. Alors que chez celui qui parvient aux cimes de la peinture l'équilibre est réalisé entre l'instinct et la raison, il est rompu chez le décadent, qui ne s'en doute même pas et tâtonne en aveugle, du bout de son épée d'Académie, dans un univers anarchique. Chez le primitif il se cherche, et c'est à la passion de cette recherche même que l'œuvre emprunte son caractère touchant. D'abord le commencement de l'amour, puis sa pleine possession, enfin sa dissolution dans le dégoût et la lassitude du geste. Comparez, de ce point de vue, Gentile da Fabriano, Raphaël et Baroche, ou, pour choisir encore trois noms dans une même école, Carpaccio, Titien, Bassan. Et vous apprécierez ce qui distingue le détail envisagé comme fonction logique de l'ensemble, là du détail et de l'ensemble se subordonnant l'un et l'autre à leur fonction sentimentale, ici du détail et de l'ensemble l'un et l'autre privés de logique et de sentiment.

C'est là qu'on prend sur le fait le procédé de l'École, que Rembrandt jeune utilisait encore dans la *Leçon d'anatomie* (19) de La Haye, et qu'il abandonna soudain avec le succès et la fortune pour regarder, dans les logis du quartier pauvre, travailler, agoniser, mourir les hommes, travailler, pleurer, enfanter les femmes, naître ou jouer les enfants. L'École substitue à la conception organique des maîtres, qu'elle est incapable de comprendre, ce qu'elle appelle la « composition », collection de recettes empruntées à l'aspect extérieur de leurs ouvrages, au groupement des objets et des

(19) Fig. 102.

figures dont la disposition concentrique ne lui échappe pas, mais dont la source humaine lui est absolument inaccessible. C'est pourtant simple, encore un coup, bien plus simple que de découvrir des formules rythmiques. Plus simple est de partir du dedans de soi-même pour contempler un spectacle vivant, que de partir, pour rendre ce spectacle, du soi-disant arrangement que présente une toile de Raphaël, de Titien, de Rubens ou de Poussin. Il s'agit de souffrir, de sentir, d'aimer, de confronter son amour, ses sensations et sa souffrance avec les impressions qu'on reçoit du monde visible et de les relier par des lignes de force qui obligent la forme et le cœur à tomber d'accord. Le mystère, c'est que ceci ne soit donné qu'à un très petit nombre d'hommes. Presque tous feront resservir au « *Repos du modèle* » les polygones et les pyramides qu'ils ont découpés sur un calque de la *Messe de Bolsène* ou de la *Transfiguration.*

Est-ce à dire que la tradition n'existe pas dans les formes d'art d'un même peuple, que la technique ne puisse se transmettre, se perfectionner d'âge en âge, le métier d'architecte, de sculpteur ou de peintre s'enseigner? C'est si peu cela que je crois, bien au contraire, la tradition des grandes civilisations artistiques étroitement liée à la découverte progressive et à la conquête joyeuse du caractère organique de l'art. La tradition naît, croît, se fortifie, mûrit, décroît et meurt en même temps que naît, croît, se fortifie, mûrit, décroît et meurt la vie spirituelle d'un peuple. Les hommes d'un même métier, parlant une même langue, travaillant dans un même chantier, un même atelier sous les ordres d'un même maître, se servent des mêmes outils, broient les mêmes couleurs, remuent les mêmes matières, étendent sur les mêmes pierres le même enduit pour y fixer la peinture par les mêmes procédés, articulent des échafaudages faits avec les mêmes bois selon les mêmes principes, avec les mêmes cordes et avec les mêmes clous. L'instrument joue un rôle humain dans la formation de l'artiste. Il modèle sa main. Il attaque la matière, différente suivant le lieu, suivant l'époque, avec un fer plus ou moins fort, plus ou moins tranchant, plus ou moins dur. Les formes géologiques, la qualité de la lumière interviennent à chaque instant, pendant plusieurs générations, pour orienter le maître et ses disciples vers une façon de voir qui modifie peu à peu leur façon de sentir et d'être. Ceci est bien connu pour la langue proprement dite qui façonne peu à peu la forme du raisonnement. Un homme, aussi grand qu'on le veuille, ne s'évade pas de son métier, de sa corporation, de sa race et des impulsions qu'ils lui donnent sans s'évader du même coup de l'universalité des hommes que ce métier, cette corporation, cette race ont contribué à modeler et qui leur transmet des confidences, des sentiments, des idées venus d'ailleurs. Et c'est si vrai que les plus grands reviennent aux traditions réelles, méconnues ou falsifiées par l'École la plupart du temps.

C'est le rôle de Rubens ramenant la peinture de son pays à ses sources flamandes contre les romanisants de Flandre, après avoir, selon les conseils de ces mêmes romanisants, étudié, mais compris mieux qu'eux les Italiens. C'est celui de

Fig. 166. ASSIMILATION *(Poussin)*. Ph. Hachette.

Poussin accomplissant en Italie la même tâche pour la France. C'est celui de Delacroix rétablissant, parmi les clameurs des professeurs d'académie, la grande forme animée d'un mouvement organique contre la tradition dévoyée par les élèves de David. Et de Cézanne reconduisant au seuil de l'avenue monumentale du monde à trois dimensions l'impressionnisme perdu dans la danse des atomes et le flottement des reflets. L'apparition de l'individu héroïque a toujours marqué la rupture d'un rythme ancien fatigué qui s'essouffle et perd de vue ses sources, et l'introduction d'un jeune rythme dans les cadres traditionnels, qui sont partout le caractère national, les enseignements du milieu historique et géographique, l'évolution sociale et idéologique qui a circulé souterrainement dans l'âme des dernières générations, la volonté de maintenir l'esprit au niveau de la vie montante pour la comprendre et au besoin la maîtriser. Ce sont ces choses-là qu'un maître digne de ce nom enseigne à ses élèves. La lettre de la tradition, qui enchaîne et pervertit les faibles, n'empêchera jamais les forts d'en rétablir l'esprit de temps à autre par l'intervention révolutionnaire de la puissance propre qui les anime et qu'ils ajoutent à l'édifice séculaire comme une flèche ou une tour. Ce qui révolte le troupeau, c'est que l'organe, toujours changeant dans sa fonction avant de changer dans sa forme, il ne s'aperçoit jamais que la fonction s'est modifiée, et que la forme nouvelle, qui est le poète lui-même, est précisément l'annonciatrice de la nouvelle fonction. Le créateur traditionnel – le poète – ce n'est pas le professeur qui emploie ses plus habiles recettes à construire un palais gréco-renaissant à la gloire de tous les Arts : c'est l'ingénieur qui expose un aéroplane dans le hall de ce palais (20).

Le palais n'a pas de style, l'aéroplane a un style. Tout est là. La tradition, s'il le faut par la révolution, a pour objet de maintenir ou de rétablir le style dans les formes expressives d'une époque, d'un peuple, d'une fonction, d'un homme. C'est-à-dire un édifice pris à la vie et rendu à la vie par le passage dans l'esprit et dont l'unité dans l'espace et la continuité dans la durée restituent leur apparence et leur signification générales à l'homme, à la fonction, au peuple, à l'époque dont il s'agit. Qui veut tenter de défendre l'École ne peut fournir qu'un argument non tout à fait dépourvu de valeur : l'École a peut-être pour tâche d'ébaucher faiblement dans la durée, afin de manifester selon ses modestes moyens la continuité de notre effort entre les grands moments de notre vie spirituelle séparés par des périodes critiques où tous les rythmes sont perdus, l'arabesque que les maîtres ont tracée hier ou traceront demain dans l'espace : peut-être, sans les Bolonais, n'aurions-nous pas eu, par exemple, les XVIIe, XVIIIe et même XIXe siècles français. Le malheur, c'est qu'il n'y a rien de vivant sous cette arabesque, c'est qu'elle dévie très vite de sa route pour aboutir à des recettes misérables contre lesquelles l'homme fort vient protester, procédant ainsi à l'inverse des grandes traditions qui introduisent peu à peu le style dans la vie : il réintroduit brusquement la vie dans le style, en faisant craquer de partout les cadres frêles établis par les Écoles, ce qui soulève contre lui tous leurs adeptes, et la

(20) Fig. 167, 168.

167

168

multitude derrière eux. Ce sont les maîtres qui nous ont infligé nos habitudes au cours de l'histoire. Quand ils en sortent eux-mêmes, nous ne leur pardonnons pas l'effort auquel ils nous obligent pour les comprendre, sinon pour les suivre. Et c'est si vrai qu'une fois habitués, et habitués par eux à leur propre style, nous ne leur permettons pas d'en développer les conséquences pour aller plus haut, ou ailleurs. Nous avons vu cela de nos jours avec Renoir par exemple, auquel les puristes ont cité gravement ses premières œuvres pour lui reprocher d'en faire d'autres qui ne leur ressemblent pas. Sentiment d'une honnêteté incontestable, mais d'un comique achevé.

En somme, ce qui produit ces alternances de tradition et de révolution qui nous frappent dans le développement d'une grande époque d'art à laquelle participent plusieurs générations, c'est d'une part l'établissement d'un équilibre organique entre la vie affluant dans l'émotion de l'homme et le style selon lequel son siècle, sa race, sa nature propre le poussent à l'exprimer, et d'autre part la rupture de cet équilibre due à la décrépitude du siècle ou de la race ou à l'introduction trop brusque ou violente d'éléments étrangers au siècle et à la race que la foule des artistes a perdu le pouvoir d'assimiler. La vie est toute découverte, couleur, mouvement, expansion, conquête. Le style hiérarchie, défense, subordination. Certaines choses assez vivantes, comme la *Victoire de Samothrace,* sont presque dépourvues de style. Certaines choses très stylisées, comme les *Archers de Persépolis,* sont presque dépourvues de vie. D'autres, comme l'*Au-*

Fig. 167. LA CAGE. Ph. ND-Giraudon. – Fig. 168. L'OISEAU. Ph. Vie aérienne

des préoccupations eurythmiques qui régnaient chez les précurseurs de Phidias (23); le style bouddhique, né d'une réaction morale contre le brahmanisme et retrouvant l'orgie sensuelle du brahmanisme à l'extrémité de sa route par les artistes du Cambodge et de Java sculptant jusqu'au parfum des fleurs, au murmure des arbres, au frisson de l'eau (24); le style ogival français, définitivement brisé par l'ébranlement formidable des XVe et XVIe siècles rués à la conquête de la liberté dans la sensation et la critique et reparu, pour qui sait voir, selon ses rythmes essentiels du temps des cathédrales primitives, dans l'ordonnance symétrique des châteaux d'Hardouin-Mansart. On pourrait aller beaucoup plus loin dans la démonstration de cette constance d'un même style à travers les siècles bouleversés par les invasions guerrières, les religions nouvelles, les changements soudains des institutions politiques, l'édification et l'écroulement successifs de la puissance nationale dans l'ordre matériel et moral. Dans telle usine française d'aujourd'hui, on retrouve l'aspect général des palais de Louis XIV. Dans tels automobile ou navire italiens on reconnaît la manière tranchante des architectes de Sienne (25) ou de Florence cinq ou six cents ans avant nous. La mégalomanie du style romain n'a pas varié, des travaux cyclopéens des Étrusques à ceux des ingénieurs actuels, en passant par les bâtisseurs de Colisées, par Michel-Ange, par les constructeurs de palais au cours des deux siècles qui précédèrent la Révolution. On peut remonter plus haut, même, comparer par exemple le style des cathédrales anglaises et françaises du XIIIe siècle au style des pierres levées immémoriales

(23) Fig. 171, 172.
(24) Fig. 91, 97, 188, 202, 219.
(25) Fig. 71, 79.

de la Bretagne insulaire et de la Bretagne continentale : ici l'animation, l'irrégularité savoureuse des surfaces et des profils; et là leurs lignes droites, leur froideur, leur rigidité.

Le style ne peut se définir que par la constance de ses rapports avec le pays et la race, dont l'effort séculaire va parfois jusqu'à créer des formes si éloignées de leur origine vivante qu'on ne la reconnaît presque plus et qu'elle demeure inconnue du créateur lui-même, ou plutôt de l'exécutant, tapissier, potier, ébéniste, décorateur. La stylisation n'est que la systématisation schématique d'un style, à laquelle l'Europe répugne en général – si l'on en excepte le meuble, la poterie, le bijou, l'architecture, qui en est après tout la plus noble modalité – et que l'antiquité égyptienne et l'Asie ont étendue à toutes les manifestations de l'art, des plus humbles aux plus grandioses. Besogne ouvrière, anonyme, obscure de dix, vingt, cent générations appliquées à la tâche de conserver la seule ossature symbolique de l'émotion initiale, et qu'on retrouve dans l'ensemble du monument comme en ses plus minces détails, aboutissant parfois, chez les décorateurs arabes par exemple, à la géométrie pure, et le plus souvent, par bonheur, tantôt à cette sorte d'immobile danse rythmique des motifs ornementaux tendant à la symétrie qui caractérise le décor byzantin ou roman, péruvien ou polynésien, tantôt à cette inépuisable liberté d'arrangement de la forme schématisée où les artisans japonais sont passés maîtres. Ici, l'espèce domine, tout ce qui tend, dans le domaine religieux ou politique, à obéir à une loi consentie une fois pour toutes parce qu'elle a été reconnue favorable

170

171

Fig. 170. LE STYLE. *In* F. Sarre, *L'art persan* (Cassirer éd.).
Fig. 171. (Pages 170 et 173). PANATHÉNÉES HELLÉNIQUES.
Ph. Mansell-Giraudon.

173

172

Fig. 172. (Pages 171 et 174). PANATHÉNÉES BYZANTINES, Ph. Alinari.
Fig. 173. PERSISTANCE DU RYTHME ARCHITECTONIQUE *(Égypte saïte)*, *in* Fechheimer, *La plastique égyptienne* (Cassirer éd.).

au développement du type social. L'individu, et c'est ce qui donne à l'Europe sa physionomie originale aussi bien dans l'ordre lyrique que dans l'ordre moral, vient pour l'arracher à la somnolence où la répétition monotone d'un même rythme l'entraîne invinciblement. Entre cette vie qui s'insurge d'être endiguée et cet endiguement même qui lui donne tant d'expression, une contradiction singulière existe, qu'on ne résoudra jamais. Il semble que plus longtemps persiste le roc du style dans le torrent de la vie qui s'écoule, plus la conception de la vie qu'il représente a chance d'être près d'elle, mais plus aussi il risque d'en entraver le cours. L'Égypte, la Chine nous offrent les exemples les plus illustres de ces civilisations complètes, et stylisées d'un bout à l'autre, qui préfèrent la mort sur place au renouvellement. Le style, qui est un outil d'affranchissement pour celui ou ceux qui l'imaginent, est un outil d'asservissement pour celui ou ceux qui le respectent. Là sont la source et le secret de la tragédie permanente que l'âme de l'homme ne cessera pas d'abriter : c'est en maîtrisant sa vie spirituelle qu'il crée sa propre liberté, mais il ne crée sa liberté qu'au détriment de la vie spirituelle de ceux qui n'ont pas la puissance de discipliner la leur. L'obéissance est la loi de la libération morale. La grandeur et l'esclavage se conditionnent réciproquement. Une civilisation est d'autant plus durable qu'elle sait maintenir cette dépendance réciproque avec plus de constance, de rigueur, et, si l'on veut, de cruauté.

V

Les civilisations résolument symbolistes peuvent seules opposer cette longue résistance aux empiétements incessants des images qu'apportent du dehors les autres civilisations, et de la curiosité qu'attisent au-dedans les individualités puissantes. Mystère singulier, qui creuse entre l'âme orientale et l'âme occidentale un abîme franchissable certes, puisqu'elles n'ont cessé de réagir l'une sur l'autre, mais bien difficile à combler. L'une tend constamment à rester en elle-même, à ne voir dans le monde des phénomènes qu'un trésor symbolique inépuisable destiné à représenter ses vastes mais obscures aspirations. L'autre tend constamment à sortir d'elle-même, à contrôler ses aspirations de conquête positive par la définition jamais satisfaite de la nature de ces phénomènes, sur lesquels elle prétend se modeler. Le langage dans lequel l'âme occidentale s'exprime est symbolique aussi, sans doute, comme tout langage humain, mais il vise sans cesse à calquer le symbole sur l'objet même, au lieu que l'âme orientale, une fois supposé conquises les apparences essentielles de l'objet, ne vise plus qu'à l'absorber dans la vie flottante du symbole. Celle-ci poursuit *sa* vérité, et celle-là *la* vérité (26). Si l'une et l'autre résistent, dans leurs grandes heures, à d'aussi redoutables intransigeances, c'est qu'il y a un déplacement constant, selon les besoins de ces heures, des vérités que nous poursuivons en nous-mêmes et hors de nous-mêmes, et que l'une, en saisissant l'objet, aperçoit son propre mystère, comme l'autre, en voulant dire ce mystère, est forcée de saisir

(26) Fig. 174, 177.

l'objet. Il n'en est pas moins vrai qu'un Occidental ne comprendra pas l'art de l'Orient, qu'un Oriental ne comprendra pas l'art de l'Occident s'ils se refusent à explorer les deux bords de l'abîme où fleurissent deux illusions d'une fécondité égale, celle qui définit le monde par ce qui se passe dans l'homme, celle qui définit l'homme par ce qui se passe dans le monde. Si les Égyptiens me paraissent avoir réalisé un accord miraculeux de ces deux illusions grandioses (27), c'est peut-être que les éléments géographiques, ethniques, culturaux de l'Orient et de l'Occident fusionnaient en eux à une égale profondeur, avec une égale puissance. L'accord ne s'est pas reproduit, sauf peut-être dans la musique. Qui sait si un jour ou l'autre, grâce à l'initiation de la musique, il ne se reproduira pas?

L'étrange, c'est qu'aussi loin qu'on remonte, soit dans le passé de l'Asie, soit dans celui de l'Europe, on retrouve ces caractères, même avant que l'Égypte, par l'intermédiaire de la Grèce, se soit répandue sur ces deux versants du vieux monde pour leur transmettre les principes où chacun d'eux allait fixer ses aptitudes et les développer logiquement jusqu'à se définir par elles. Les œuvres assyriennes, qui ne visent qu'à l'expression, montrent déjà des monstres combinés en vue d'affirmer quelque idée centrale dont les formes de la nature ne servent qu'à souligner le caractère, en l'espèce la violence et la cruauté. Les œuvres mycéniennes, par contre, ignorent les monstres composites et visent à la vérité. Que dis-je? Cent siècles, deux cents siècles avant peut-être, les troglodytes du Périgord et des Pyrénées ne songent qu'à repro-

(27) Fig. 175.

Fig. 174. OBJECTIVISME OCCIDENTAL (*Vermeer*). Ph. Alinari-Giraudon.

duire, avec autant d'énergie, mais d'exactitude que possible, les images de l'animal et de l'homme dans leurs gestes et leurs occupations de chaque jour (28). Le rôle de la Grèce, éveillant de nouveau la sculpture asiatique qui poursuivra désormais son chemin seule, pour fabriquer partout des êtres imprévus à corps d'homme et tête de bête, à corps de bête et tête d'homme, ou armés de vingt bras, sommés de sept visages (29), munis des attributs infiniment combinés de la force, de la tendresse, de la mort, de l'amour, sera de confirmer l'Occident tout entier dans son attitude primitive, en éduquant de proche en proche, directement ou non, soixante générations d'architectes, de peintres et de sculpteurs. Vue schématique, à coup sûr, sans cesse contredite par des interpénétrations soudaines, la conquête arabe, les invasions mongoles, la Croisade, les navigations des XVe et XVIe siècles, les flux et reflux incessants des deux mondes en guerre ou matérielle ou spirituelle. Répondant à la réalité générale pourtant, montrant chez l'un un univers figuré peuplé de formes naturelles, toujours près de l'homme et de la vie et racontant l'homme et la vie, même dans les œuvres les plus mystiques du symbolisme religieux, avec une fidélité, une conscience, une exactitude sans défaillances, et se refusant à abdiquer son optimisme intéressé, chez l'autre forçant l'homme et la vie, même dans les objets familiers de la maison, du vêtement, à prendre les aspects de son rêve sans limites, boursouflant les rochers de figures fantastiques, infligeant l'apparence formelle à ses cauchemars grandioses, et se refusant à abdiquer son pessimisme

(28) Fig. 176.
(29) Fig. 177.

Fig. 175. ÉQUILIBRE *(Égypte)*. Ph. Giraudon.

sans espoir. Victime, dans le premier cas, quand la foi l'abandonne devant l'invasion périodique de la critique et de la négation, de son incapacité à voir et à chercher l'esprit au-delà de la forme ou en dehors d'elle, et dans le second, quand la foi somnole ou s'empoisonne de trop de miasmes et d'énervantes voluptés, de son refus d'interroger cette forme pour elle-même et de son consentement à s'immobiliser devant la prétendue immatérialité de l'esprit.

Cette obstination de l'Orient à ne pas sortir du symbole se retrouve dans son architecture même, qui en souffre, il faut le dire, et ne présente nulle part, sauf dans quelques édifices civils ou militaires de la Chine ou de l'Inde du nord, cette nudité de surface, cette pureté de profils, cette densité dans les masses, cette simplicité dans les proportions et les rythmes qui ont fait la grandeur, par la Grèce, l'Italie, la France, de l'architecture de l'Occident, où le souci de la fin à réaliser l'emporte par bonheur aux grandes époques. En Chine, au Japon, en Indo-Chine, en Insulinde, dans l'Inde dravidienne entière, un symbolisme évident règne du haut en bas de l'édifice, déterminant jusqu'au moindre de ses détails, ici accumulant les unes sur les autres des forêts de bas-reliefs et de statues étagées en cônes, en pyramides, en bulbes dans une fièvre ornementale qui rappelle la boursouflure malsaine des plantes grasses hérissées de dards empoisonnés (30), et là superposant, sur des charpentes compliquées, des corniches et des toits inutiles au point de vue fonctionnel. Au contraire, même aux heures où le symbolisme religieux s'em-

(30) Fig. 131.

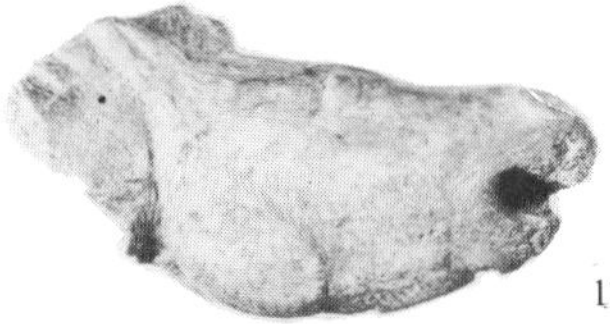

176[1]

176[2]

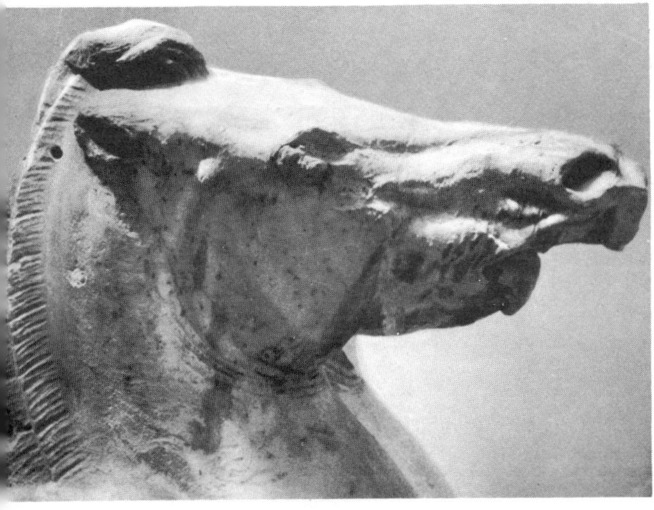

176[3]

Fig. 176. OBJECTIVISME PERMANENT.
1. Tête de cheval préhistorique. –
2. Tête de taureau égéenne. –
3. Tête de cheval, art grec. Ph. Boudot-Lamotte.

Fig. 177. SUBJECTIVISME ORIENTAL *(Indes).* Ph. Archiv. Survey of India.

pare de l'architecture occidentale, elle reste fidèle, dans ses grandes lignes, à une simplicité de conception et de structure qui équilibre l'édifice entier autour d'une fonction précise, foule à abriter, lourdes cloches de bronze à élever sur les villes, défense contre la surprise ou l'assaut, définition de l'organisme, même spirituel, par l'organe d'utilité, distribution rationnelle des masses en vue d'une solidité de construction et d'une harmonie d'ensemble satisfaisant à la fois les besoins pratiques et logiques qui caractérisent l'esprit (31). Ce sont, il est vrai, ces qualités même, ou plutôt le souci trop constant de ces qualités même qu'on peut reprocher à la peinture et à la sculpture occidentales et qui lui donnent je ne sais quel aspect de sagesse bureaucratique, que limite de toutes parts la peur du ridicule, de l'étrange, de l'excessif. Comme les défauts monstrueux de l'architecture d'Asie peuvent prendre, dès qu'il s'agit de sa peinture et de sa sculpture décorative, une grandeur lyrique capable de modeler ou d'évider les montagnes et presque inconnue de l'Occident.

Presque inconnue, bien qu'il ait traversé, du XIe au XIVe siècle, surtout en France, une heure très analogue à celle-là (32). Moins enivrée, à coup sûr, puisque, nous l'avons vu, l'architecture résiste jusqu'au bord de la décadence au pullulement démesuré des formes qui ne parviennent qu'après trois cents ans à en faire plier et finalement à en rompre l'ossature sous leur poids. Mais cependant tout à fait résolue, ainsi que l'Asie, à ne considérer l'univers matériel que comme une pensée de Dieu. Je sais bien que c'est là l'idée théologique, je sais bien

(31) Fig. 30, 53, 88, 124, 125, 129, 195, 206, 217.
(32) Fig. 178.

que le christianisme ne peut faire entrer ses symboles dans l'âme populaire qu'en invoquant précisément le témoignage de cet univers matériel, je sais bien que l'imagier apporte sa plus candide application à copier les scènes et les êtres qui sont le prétexte constant de ses émotions quotidiennes, si le philosophe y voit la représentation du drame spirituel qui détermine ses concepts. Cependant, la symbolique chrétienne vit dans le cœur de l'imagier comme dans l'esprit du philosophe, elle n'est qu'un écho prolongé d'un lointain ébranlement d'âme devenu commun au monde chrétien presque entier. Comme en Asie, toutes les scènes de la vie sont désormais d'obscurs symboles, et l'émotion que l'imagier éprouve est son « sujet ». Quand une longue étude de ces scènes substituera chez l'imagier – comme d'ailleurs chez le philosophe – le besoin d'exprimer cette réalité de plus en plus étroitement, au besoin de se servir d'elle pour traduire une émotion morale, les formes, vidées de leur sens symbolique pour la multitude, retrouveront un sens symbolique nouveau dans la pensée conquérante de quelques grands individus. A ce moment, on verra, en Occident comme en Grèce après le IIIe siècle, et dans la sculpture romaine presque entière, l'allégorie (33) tenter de remplacer, pour les besoins des âmes pauvres, l'émoi symbolique perdu. Au lieu d'émerger du dedans même de la forme, de la fleurir pour ainsi dire, de s'unir à la lumière même par les passages insensibles du plan au plan, du profil au profil, de la masse à la masse, l'allégorie se plaquera sur elle, comme une orthopédie morale destinée à soutenir son archi-

(33) Fig. 179.

tecture intérieure oubliée en même temps que l'émotion mystique qui attacha sur elle les regards. Je ne sais guère, dans la peinture, que Rubens qui ait eu de la vie un sentiment assez puissant pour entraîner dans son mouvement général les figures allégoriques, et Giotto qui ait eu l'âme assez pure et l'intelligence assez souple pour les leur prêter.

VI

Je crois que ce sont en partie les méfaits de l'allégorie qui ont déterminé l'Occident, privé une première fois après Phidias, une seconde fois après Giotto et la cathédrale française, du symbolisme universel selon lequel il se représentait le monde des apparences, à rechercher les éléments d'un symbolisme individuel dans cette conception naturaliste de la forme qui l'a le plus éloigné de l'Orient. Le besoin gréco-chrétien de vérité, qui s'est traduit deux fois, grâce à la Grèce et à Rome d'abord, grâce à la Renaissance italienne ensuite, par la poursuite de l'expression anatomique, a déterminé partout ce rationalisme naturaliste qui a sauvé l'architecture de l'Europe et, en introduisant le modelé dans sa peinture, lui a conféré en fin de compte le privilège parfois grandiose et le plus souvent terre à terre de transporter l'illusion de la vie – par la valeur et la perspective – dans un espace à deux dimensions. L'art grec, et avec lui une grande partie de l'art européen après le XIVe siècle, est plus monstrueux, en vérité, que ces monstres égyptiens, chinois, hindous, aztèques même qui combinent, pour d'horribles ou tendres communions mystiques, les formes de l'homme

178[1]

178[2]

179

aux formes de la bête, les formes de la bête aux formes de la plante, les formes de la vie aux formes de la mort. Monstrueux, parce qu'il n'ose pas, comme eux, transporter la vie spirituelle dans une forme résolument et pleinement symbolique qui l'intronise sur un plan mystique, hors du réel, et qu'il nous enchaîne ainsi à une vision optimiste des choses où nous cherchons à prolonger la vie réelle en vue d'un perfectionnement déterminé qui nous interdit l'ivresse lyrique. Les grandes divisions – idéalisme, réalisme – qu'on a infligées à l'art occidental entier, et auxquelles l'art oriental échappe à peu près complètement, se ramènent, en somme, à cet unique souci de perfection descriptive qui lui a été si souvent funeste, s'il a déterminé l'émergence de quelques grands individus. Déterminé, je le dis bien. On s'expliquerait mal Rembrandt et Michel-Ange, par exemple, si le besoin de vérité de l'Occident ne pesait sur eux depuis plus de vingt siècles – que dis-je? depuis les vingt mille ans qui les séparent des chasseurs de rennes sans doute – et n'infligeait à la conquête incessante de leur équilibre moral cette allure pathétique d'une âme qui veut briser sa gangue tout en se modelant sur la forme de cette gangue, ici avec fureur et là avec humilité.

Chacune de ces divisions répond, il est vrai, à quelque chose d'exact. Elles sont les expressions complémentaires l'une de l'autre du naturalisme européen. Elles n'ont pas cessé de se pénétrer l'une l'autre, comme chez Rubens et les romantiques français, de s'engendrer l'une par l'autre quand l'École bolonaise se greffe sur Rome et Venise par

Fig. 178. ANALOGIES. 1. Objectivisme occidental *(France)*. Ph. Giraudon. – 2. Subjectivisme oriental *(Indes)*. Ph. Musée Guimet.
Fig. 179. ORTHOPÉDIE ALLÉGORIQUE *(Rome)*. Ph. Alinari-Giraudon.

CONTEMPORAINS. Fig. 180. *(Ghirlandajo).*
Fig. 181. *(Botticelli).* Ph. Anderson-Giraudon.

exemple, ou quand Praxitèle et Lysippe succèdent à Phidias, d'alterner l'une avec l'autre, comme en France si l'on passe des Clouet à Poussin, de Poussin à Chardin, de Chardin à David, de David à Corot, de Corot à Courbet, ou même de coexister, si l'on veut bien confronter dans le même pays et à la même époque les Clouet avec Jean Goujon, les frères Le Nain avec Le Brun, Ghirlandajo avec Botticelli (34), Carpaccio avec Giorgione, Tiepolo avec Guardi. Cependant, les deux courants qui les poussent sont faciles à déceler si l'on veut bien, ici encore, se pénétrer des mœurs du pays et de la race, de leur histoire spirituelle, de leurs réactions spéciales vis-à-vis des événements. Le naturalisme européen mènera presque à coup sûr à l' « idéalisme » plastique ses peuples méridionaux qui tendent à définir l'espèce, presque à coup sûr au « réalisme » ses peuples septentrionaux qui tendent à définir l'individu (35). Tâche, ici et là, qu'on s'en rende compte, acceptée par la presque unanimité des êtres et qui se traduit socialement ici par le protestantisme et la liberté politique, et là par le catholicisme et la tendance à s'en remettre, sur le terrain de l'organisation sociale, à l'autocratie ou même au césarisme convulsif. Car il faut ici susciter, développer, réchauffer, orner la vie intérieure qui voudrait étouffer les instincts plus sourds, les passions moins brûlantes, l'imagination moins mobile, et par suite chercher l'homme réel, décrire et caractériser les formes, vues de plus près dans les pièces où l'on se tient l'hiver, ou dehors noyées dans la brume et n'affectant de l'une à l'autre que des rapports incertains, brouillés, sans

(34) Fig. 180, 181.
(35) Fig. 183, 184.

continuité, plus sentimentaux que plastiques. Et là comprimer, unifier, simplifier la vie intérieure ravagée par des instincts plus précoces, des passions moins contenues, une imagination disposant de plus d'aliments, et par suite définir l'homme type, l'homme fonction de l'intérêt social, établir l'unité des formes apparues dans la lumière et révélées par la lumière, plongées dans un espace où tout se solidarise, affectant de l'une à l'autre des relations de contiguïté et de continuité qui tendent obstinément à la généralisation plastique. On a dit de l'art hellénique, père du naturalisme européen, en usant d'ailleurs à son propos d'un singulier langage, qu'il mélange l'idéal au réel, comme si l'idéal et le réel étaient deux sauces à peu près d'égale consistance qu'on tourne dans un pot jusqu'à les lier l'une à l'autre. Et pourtant, il y avait là le sentiment exact de cet équilibre qui en fait le monstre impossible et parfait que nous avons déjà croisé sur notre route. Est-ce la rudesse directe et la puissance descriptive du Dorien descendu du Nord, est-ce la subtilité et la mémoire généralisatrice du Ionien venu d'Asie à travers le crible des îles qu'il faut invoquer pour en expliquer le miracle? Toujours est-il que les éléments jamais oubliés d'une forme sans cesse et amoureusement scrutée impriment à ses généralisations un caractère d'exactitude immédiate qui nous donne l'impression que nous venons d'en croiser un exemple réel quelques minutes auparavant, quand nous tournions le coin de la rue qui mène au musée ou montions le sentier qui conduit à l'Acropole, et que ses descriptions les plus fouillées, les plus fidèles ont quelque chose

183

184

Fig. 183. IDÉALISME *(Raphaël)*. Ph. Anderson-Giraudon.
Fig. 184. RÉALISME *(Rembrandt)*. Ph. Alinari-Giraudon.

d'universel et de typique qui, dès que nous sortons de l'Acropole ou du musée, nous montre un monument d'architecture dans presque tous les passants.

Le réalisme sauvage qui caractérise l'Espagne, méridionale et catholique, constitue une exception singulière à ce naturalisme fait de deux visages complémentaires qui définit en fin de compte l'Occident en regard du symbolisme asiatique où l'individu et l'espèce roulent confondus dans le flot d'une fièvre spirituelle dont l'univers même est fonction. Une espèce de fureur le pousse à poursuivre la forme jusqu'en ses plus affreuses déviations, jusqu'en ses lèpres, à introniser dans l'art non seulement l'individu sous l'apparence qui lui est propre et l'aspect qu'il prend au milieu de ses actes quotidiens – tâche où le Flamand, l'Allemand, le Hollandais, le Français du Nord excellent –, mais l'individu anormal, l'aveugle, l'idiot, le boiteux, et à ouvrir à la guenille, à l'ordure, à la crasse, l'accès des illusions que les idéalistes disent avoir été créées pour oublier la crasse, l'ordure, la guenille, l'existence de l'aveugle, de l'idiot ou du boiteux. Sans doute, pour expliquer cette contradiction frappante, faudrait-il rechercher des causes ethniques et géographiques mêlées, peut-être l'aspect chaotique d'un sol discontinu, sauvage, escarpé, dégradé, dépourvu d'harmonie formelle, peut-être la vieille hérédité ibérique inconnue, et presque sûrement le fatalisme arabe infligeant à la discipline catholique la résolution farouche de transporter le surnaturel dans la vie et par cela même d'accepter fanatiquement cette vie jusqu'en ses pires horreurs. En tout cas, ici, comme en Hollande ou en Allemagne, l'idéa-

Fig. 185. MONSTRE D'ESPAGNE *(Velazquez)*. Ph. Hachette.

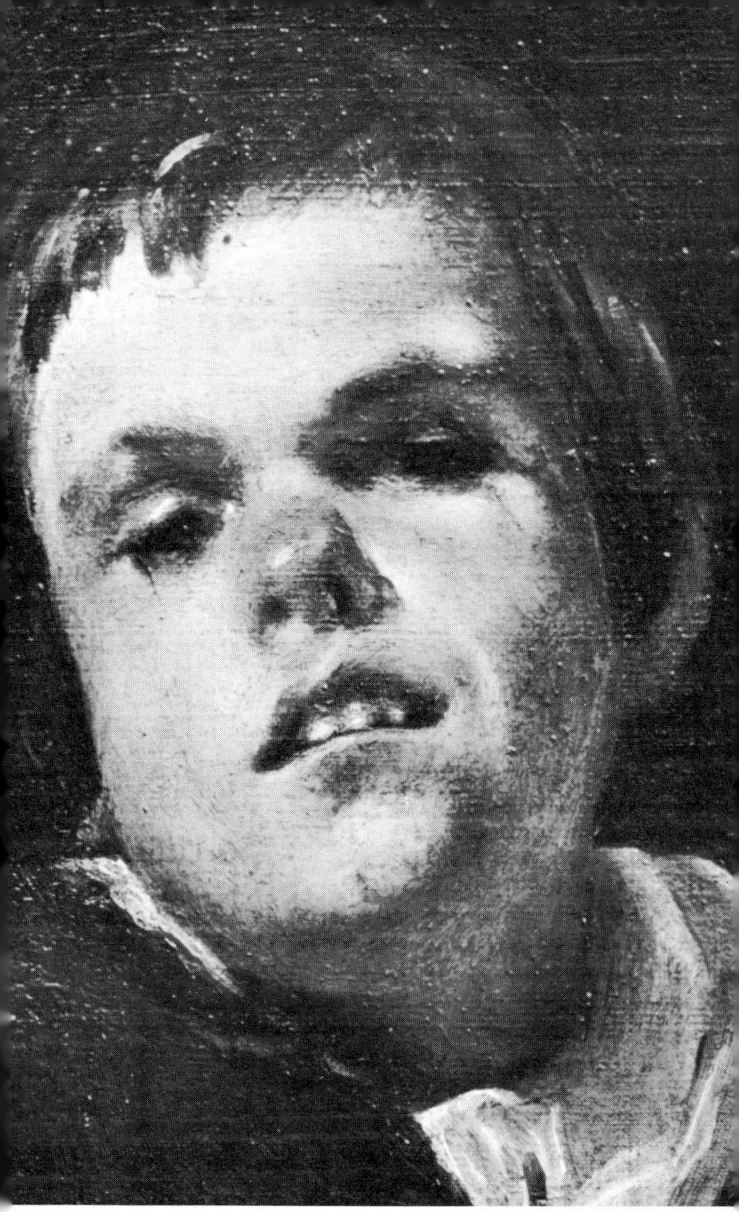

Fig. 186. HARMONIE D'ESPAGNE *(Goya)*. Ph. Giraudon.

lisme formel est inconnu des artistes qui ne déforment jamais pour plus embrasser et mieux séduire, mais pour insister davantage et mieux caractériser. Ils ne peuvent s'évader de ce réalisme implacable qu'en y introduisant une unité harmonique qui est réalité aussi, mais que quelques hommes exceptionnels seuls ont su découvrir dans cette cruelle nature – accords subtils de l'argent tremblant dans l'espace avec le noir des cheveux et des capes, la perle des bijoux, le rose des roses, le rouge des grenades, des œillets, des rubans dans les cheveux (36).

C'est donc, en dernière analyse, la peinture symphonique ouvrant la voie aux musiciens, qui, par l'Espagne et Venise, par la Flandre et la Hollande, par la France, sauve ainsi l'Occident mieux encore que l'idéalisme formel des Grecs et des Florentins, de ce besoin de vérité réaliste d'où cependant l'architecture, la méthode, la science, l'industrie sont sorties progressivement. Autour de la sculpture anatomique projetée par l'imagination visuelle sur un plan, elle a créé un espace artificiel qui la relie à tous les points de l'étendue et de l'esprit. Ainsi la vérité, poussée jusqu'au bout d'elle-même, mène fatalement à une illusion nouvelle qui est le sentiment mystique de la continuité de l'univers. C'est le mysticisme asiatique qui conduit l'Occident à l'amour de la vérité. Pourquoi la vérité ne reconduirait-elle pas l'Occident qui l'a conquise au mysticisme de l'Asie? Ce serait une justification suffisante du symbolisme universel dont l'art ne peut sortir que par l'émancipation de quelques âmes d'élite qui le ramènent invinciblement au symbolisme universel.

(36) Fig. 33, 185, 186.

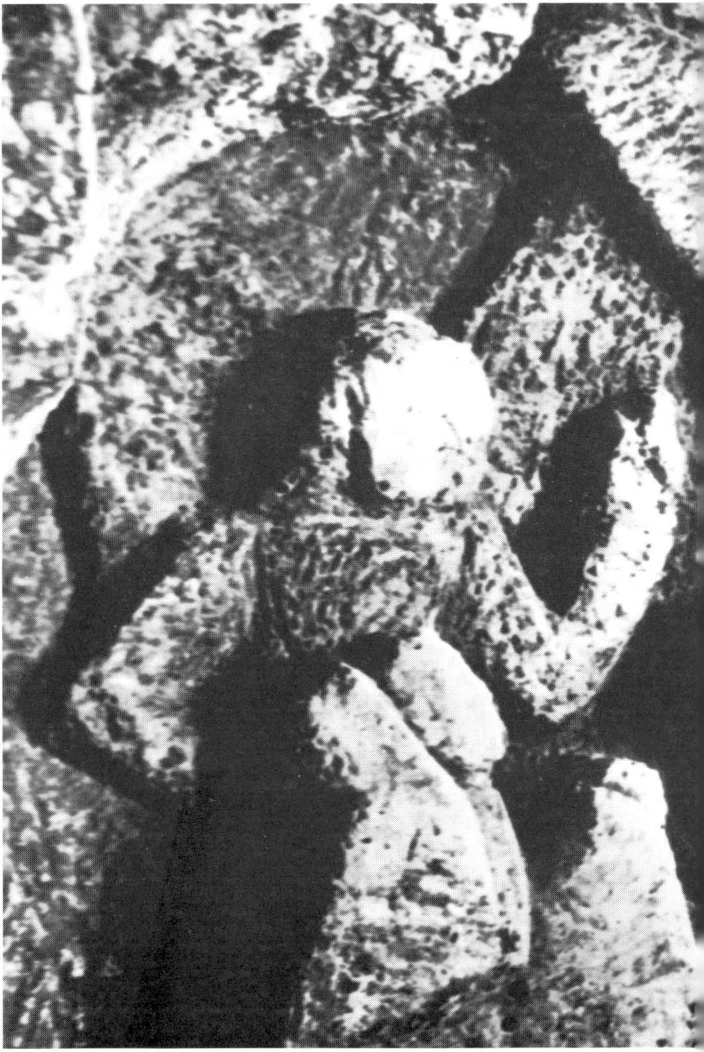

ig. 187. *(Brantôme, France),* ci-contre et ci-dessus. Ph. Archives photographiques.

Puissance de l'idole

I

Une religion, ou plutôt un amas assez informe de croyances qui s'ajoutaient ou se juxtaposaient les unes aux autres et fusionnaient souvent les unes avec les autres, a duré cinquante siècles. Elle a peuplé la vallée d'un fleuve africain de temples, de tombeaux, de colosses, de pylônes, de pyramides, d'obélisques, comme si la vie et la mort n'eussent eu d'autre fonction que de démontrer la vérité et la puissance constructive de ces croyances autour de qui toute la vie sociale et domestique et politique se groupait. Un art aussi catégorique que subtil, où l'esprit de finesse et l'esprit géométrique se confondent, comble le vaste espace de l'oasis et du désert et cinq mille ans d'histoire à peu près inconnue hors des témoignages qu'il en laisse, d'une sorte de bercement musical qui porte, à la surface de son onde, une fraîcheur inépuisable d'impressions, de sensations, de sentiments aussi frémissants que la vie dans le murmure de l'aurore, aussi fermes que la logique dans la rumeur de l'esprit. L'âme de l'homme circule dans les formes combinées des dieux hors lesquels ne se peuvent concevoir les travaux des champs et du fleuve, le symbolisme universel qui fait planer les éperviers dans la formidable lumière, bâtir un temple monstrueux pour déposer dans son centre le plus obscur la momie d'un crocodile, élever pierre à pierre une montagne de granit qui fixe les coordonnées du mouvement unanime des cieux.

Une autre religion a couvert, pendant cinq siècles, les promontoires roux qui fendent les flots comme une étrave, de petits temples harmonieux qui semblaient construits à l'échelle de l'intelligence et concilier sans effort toutes les contradictions de la vie morale et sociale, divinités antagonistes, intérêts ennemis, partis en lutte, en un équilibre éternel. Ici se rencontraient, dans le monument tout entier comme dans son moindre détail, dans la statue du dieu comme dans la métope où se déroule l'aventure de la Cité, un accord paraissant immédiatement accepté entre les éléments concrets du monde et les tendances idéalistes et généralisatrices de l'esprit, entre la sensualité la moins dissimulée et la raison la plus décidée à persister dans ses conquêtes, entre les frémissements les plus fugitifs de la surface mouvante des formes et les lois les plus permanentes de leur structure interne qui peu à peu détermine notre édifice spirituel. Les flancs, les bras des dieux s'exposaient au glaive des hommes, les seins, les cuisses des déesses se plongeaient, à côté des femmes, dans les rivières transparentes bordées de bois de lauriers.

Une autre religion, immémoriale, et qui vit encore, ou plutôt un mélange confus de cent mythes profonds que porte une marée commune, comme le jusant laissant sur le rivage des poissons morts, des méduses vivantes, les fleurs des algues et des couches de sel, a évidé, sculpté, modelé des montagnes, poussé, parfois pendant un siècle ou plus, quatre ou cinq générations à pénétrer dans leur granit pour y vivre, y aimer, y naître, y mourir, y faire fleurir chaque jour des formes innombrables où les accouplements et les apostolats voisinent. Une autre, sortie d'elle comme un enfant vermeil du rut le plus délirant, a couvert toute l'Asie orientale et les îles des mers illuminées de l'Est, d'édifices que les fauves, les oiseaux, les reptiles envahissaient du haut en bas comme s'ils reconnaissaient dans les troncs, les branches, les feuilles, les corolles et les pollens qui y poussent et y volent en tourbillonnant, les odeurs de la forêt natale et sa verte obscurité. Comme les brahmanistes repoussaient du dedans des pierres les croupes en mouvement, les mille bras divins portant le lotus ou la hache, les poitrines calmées et les paupières appesanties par le sommeil, l'incessante ascension des instincts animaux dans l'homme, les bouddhistes ont sculpté le vol, sculpté la danse, sculpté le balancement et jusqu'à la fraîcheur des palmes, sculpté les rumeurs même, les spasmes, et les soupirs et les parfums (1). Et si Brahma (2), dans ses quatre faces écrasées accueille, matrice inépuisable, la profonde vie matérielle accourant de toutes parts pour participer à modeler son front, à faire battre ses narines, trembler sa bouche, noyer ses yeux de somnolente volupté, la robe du Bouddha semble, entre ses genoux, une coupe ciselée où vient dormir la lumière. Le confus univers est présent partout où est l'homme, même si la forme de l'homme est seule sur le rocher. L'homme est présent partout où est le confus univers, même si les végétations et les eaux ciselées représentent la forêt ou les tourbières fiévreuses qu'il n'a pas pu traverser.

Que cette autre religion, proscrivant l'image de toute chose vivante pour mieux s'isoler dans la contemplation de l'invisible, ait couvert les déserts de coupoles légères, de minarets pointant comme

(1) Fig. 202.
(2) Fig. 188.

des cris d'extase, tout un mouvement spirituel qui tourne et fuse, entraînant dans sa giration comme une odeur de roses et la palpitation colorée prise à la gorge des colombes (3);... que cette autre, au contraire, ait entassé pêle-mêle, dans le même amas titubant, toutes les formes possibles, surtout celles de la mort, griffes et crocs, orbites vides, mâchoires de serpents (4), là comme ici l'idée d'une divinité partout agissante et présente règle l'accord de l'homme avec elle dans une exaltation que la multitude éprouve et qu'elle traduit en un langage émouvant par son unanimité. C'est le même spectacle en Occident quand le monde chrétien prend conscience de l'unité spirituelle conquise sur le chaos des sensations et la tragédie de l'Histoire par quelque race élue qui propose son image morale à l'avenir sous les apparences splendides d'une image matérielle où l'homme le plus enfoncé dans l'animalité et sa vision divine de la vie vont se reconnaître une heure. Est-il besoin d'évoquer, sous les voûtes compactes et les piliers trapus amassés par l'orbe des sphères au-dessus d'une ombre dorée, les mosaïques miroitantes où des formes grêles s'étirent, où s'ouvrent des yeux immenses au fond desquels se tapit une mystique compliquée qu'environnent des lueurs suspectes, mouches bleues, mouches vertes autour des eaux croupies, poisons cachés sous la luxuriance des fleurs (5)? Est-il besoin surtout de rappeler la vaste floraison qui fit monter, au-dessus du pavé des villes de quelques provinces de France, comme germant de ce pavé et des campagnes d'alentour, – bois clairs, eaux murmurantes, cultures maraîchères, vignes sur la pente des coteaux (6), –

(3) Fig. 70.
(4) Fig. 55.
(5) Fig. 89, 172, 204.
(6) Fig. 191.

tant de bêtes, tant de légumes, tant de pampres, tant de visages familiers pour escorter d'une foule fervente l'élan des piliers, le planement des voûtes qui berçaient dans le ciel la vaillance de l'homme en divinisant ses travaux?

Si, des Andes à l'Himalaya, du Pacifique aux oasis africaines et du Nil à la mer du Nord on tente d'embrasser d'un coup d'œil le poème plastique universel dans celles de ses manifestations où l'homme s'est le plus constamment et le plus magnifiquement défini, on le trouve presque partout lié à un support mystique d'autant plus impressionnant qu'il traduit presque partout un sentiment unanime. L'art ne paraît jamais avoir atteint des cimes comparables à celles qu'il a gravies, d'un seul élan presque toujours, de concert avec la religion alors confondue avec lui d'une façon si étroite qu'il est impossible de séparer l'une de l'autre sans anéantir l'une et l'autre du même coup.

II

Et cependant, si l'on pénètre plus profond dans ce mystère esthétique, bien des faits viennent au-devant de l'investigation inquiète pour s'opposer à cette conception simpliste qui lie le développement de l'art au développement de la foi et affirme sans hésiter que l'art ne se développe pas ou languit ou tombe dès que manque ou oscille ou défaille la foi. L'art hellénique à son déclin, l'art hellénistique à peu près entier, même et peut-être surtout dans leurs manifestations les plus saisissantes, belles

Fig. 188. (Pages 204-205). IDOLE BRAHMANIQUE *(Cambodge).* Ph. Roger-Viollet.
Fig. 189. STATUE PROFANE *(Art hellénistique).* Ph. Giraudon.

déesses nues qui ne sont plus que des femmes (7), statuettes innombrables de courtisanes et de mondaines, portraits tourmentés de poètes ou de penseurs, danses sur la vendange, ne sont qu'un passage sensuel, plein de regrets et de promesses, entre l'unité du paganisme à l'agonie et le pressentiment d'une mystique nouvelle qui ne se formule nulle part. Pendant trois ou quatre siècles, dans cet art nerveux, inquiet, souvent érotique qui fleurit sur tous les rivages de la Méditerranée, il est à peu près impossible de relever une trace quelconque du sentiment religieux. Même phénomène au moment de la seconde Renaissance, quand l'Italie a vaincu, avec Vinci et l'école romaine, l'équivoque platonicienne qui tenta, au xve siècle, de retenir le christianisme dans une forme morbide que son caractère mystico-sensuel allait, au contraire, entraîner hors du christianisme, pour lancer le monde moderne sur des chemins inexplorés. Venise peuple indifféremment les palais et les églises des formes les plus magnifiques qu'ait réalisées la peinture dans l'échange mutuel, enchevêtré et continu, des colorations et des reflets où les eaux, les terres, les cieux, leurs multitudes animales et végétales, apportent la plus puissante de ses voix au chœur qui monte de toutes les races pour affirmer leur prise de possession du poétique univers. Tout sentiment religieux avait à tel point disparu de ces formes, que des déesses nues s'apercevaient dans les sanctuaires et que, dans les salles de fêtes, des essaims d'anges et des familles saintes couvraient les murs.

Aussi bien en Italie qu'en Grèce, la religion, avant tout iconolâtre et visuelle, ne s'aperçut

(7) Fig. 189, 200.

presque pas de la substitution progressive d'une idole à une autre idole. L'idole gardait le même nom. Ses visages apparents ne changeaient qu'insensiblement d'une génération à l'autre à mesure que sa vie intérieure mûrissait et montait, comme le jus du fruit des profondeurs vers la surface, pour éclater et s'étaler sur elle en plein épanouissement. Ailleurs, dans l'est de l'Europe, et surtout dans le nord, il en fut tout autrement. A Byzance au VIIIe, au IXe siècle, l'Église et l'Empereur tentèrent de briser l'idole et de refouler le christianisme dans l'intérieur du sentiment mystique abstrait, comme, aux mêmes époques, l'Islam couvrait les terres conquises d'édifices où pas une figure humaine, pas une silhouette d'animal, pas une feuille d'arbre n'ornait les chapiteaux ni les autels. Et c'est précisément à l'heure où de pauvres et raides formes (8), partout prises dans la gangue du dogme le plus arrêté, apparaissent timidement sur les profils jusqu'alors à peu près nus des temples, que saint Bernard anathématise le bourgeonnement encore bien maigre et bien confus de la croyance populaire qui va submerger l'édifice et du même coup le soulever : « *...Si nombreuse, si étonnante apparaît partout la variété des formes, que le moine est tenté d'étudier bien plus les marbres que les livres et de méditer ces figures bien plus que la loi de Dieu.* » Le moine allait d'ailleurs cesser de détenir le privilège de l'édification et de la décoration de l'église et laisser aux corporations qui se constituaient dans le cadre de la commune, le soin d'élever et d'orner le monument religieux dans les mêmes conditions et selon les mêmes principes que le monument civil.

(8) Fig. 190.

Fig. 190. IDOLES CHRÉTIENNES *(France, Autun)*. Ph. Giraudon.

Il semble donc que l'apogée esthétique du christianisme occidental, entre la fin du XIe et la fin du XIIIe siècle, ait constitué dans son ensemble, malgré la signification symbolique des dispositions rituelles de l'architecture et des images, une protestation confuse des instincts d'un peuple croyant contre les commandements primitifs d'une mystique que les conciles et les évêques maintenaient tant bien que mal. L'incessant appel du christianisme à l'amour avait amassé tant de sève dans les imaginations comprimées en même temps par ses interdictions multiples, que le désir unanime de répandre cette sève sous la forme immensément variée des cent mille objets vivants ou inertes qui constituent notre univers, devait jaillir avec la force d'une lave contenue jusqu'alors par la croûte du volcan. Il ne faut pas oublier que les fondateurs de l'Église, le juif saint Paul, saint Augustin (*) étaient explicitement et farouchement iconophobes, et que le juif Jésus lui-même n'avait jamais fait appel à l'image pour émouvoir les cœurs. L'immense concentration en soi qui avait marqué, dans les consciences primitives, la naissance de la religion nouvelle, impliquait nécessairement la méconnaissance ou même le dégoût des formes visibles du monde. Elles ne pouvaient reparaître à Byzance d'abord, en Italie ensuite, en France enfin, que comme un symbole concret de la vie sentimentale et de l'imagination expansive cherchant, par leur contact avec l'univers oublié, à exprimer dans la fièvre de l'enthousiasme les plus sains, les plus animaux, les plus féconds

(*) Peut-être sémite. Il était de l'Afrique du Nord, antérieurement colonisée par les Phéniciens.

Fig. 191. IDOLES PROFANES *(France, Amiens)*. Ph. Giraudon.

des instincts. Le paradis et le mythe chrétiens étaient si réels et si beaux dans la candeur populaire, qu'elle devait faire appel aux formes, aux mouvements, aux couleurs pour les glorifier. Les grappes de la vigne et les salades du marché, l'étincellement des mers, l'or empourpré des cieux dans la forêt d'automne, tous les métiers qui, dans les champs, font pousser le pain de la terre et dans les villes fabriquent le bois des huches et le fer des outils, envahirent le monument pour porter l'homme plus près de l'œuvre de Dieu. Ce n'est la faute ni de saint Paul, ni de saint Augustin, ni de saint Bernard, mais peut-être un peu celle du poète Jésus, si l'homme, grâce à cette orgie sensuelle même, allait, en étudiant son œuvre, oublier Dieu. Car la cathédrale, mourant de l'excès qui l'avait fait naître mais éveillant du même coup la curiosité de quelques esprits dans la multitude, écrasa dans sa chute le christianisme épanoui.

Du moins, ici, un miraculeux équilibre avait pu maintenir un siècle, entre la religion abstraite venue du cerveau des prophètes modelé par le désert et l'amour des formes charmantes qui caractérisent le sol dans l'Europe occidentale, l'idée puissante d'un symbolisme universel exprimant l'unité de l'âme par la multiplicité des aspects de ce sol. Il se maintenait dans le cœur d'un peuple, comme est aussi la terre qu'il habite, à une distance égale du paganisme catholique oubliant la loi chrétienne pour imaginer le poème des formes comme une expression indépendante des prétextes qui l'inspirent, et du puritanisme protestant oubliant, pour revenir à cette loi, l'immense variété et le charme immense des formes où le théâtre anglais et la peinture et la gravure germaniques et les Niebelungenlied s'étaient pourtant alimentés. Ici, par conséquent, se produisait un phénomène inverse de celui qui arrachait en Italie la forme à la religion. Le puritanisme arrachait la religion à la forme. On a dit que Rembrandt et la musique allemande exprimaient le protestantisme du Nord. Mais toute la peinture hollandaise, et avant tout et par-dessus tout la peinture de Rembrandt sont une protestation instinctive, et probablement inconsciente, contre l'iconoclastie des gueux : c'est le pieux transport de l'image de l'église dans la maison. La musique allemande entière, celle de Beethoven au premier rang, apparaît, après deux siècles de carnages, comme une vengeance secrète de l'esprit protégé par l'hermétisme du langage musical contre la fureur puritaine et le retour aux abstractions et aux prohibitions primitives condamnées d'avance dans le Nord par Shakespeare, par Dürer, par le choral de Luther lui-même, nourri de viande et de bière, et qui conduisait en chantant la foule au combat. Le protestantisme et le catholicisme sont des moyens de gouverner plus ou moins heureux, plus ou moins durables, convenant plus ou moins aux peuples qui les adoptent, et l'un n'a pas plus voulu la musique allemande que l'autre n'a voulu l'église ogivale des provinces françaises du Nord. Quant au christianisme dans sa pureté primitive, il a fallu son contact profond et prolongé avec les âmes populaires formées par leur sol et leur mystérieux atavisme, leurs joies, leur nourriture, leurs malheurs, pour qu'il se transformât, dans l'intimité de ces âmes, au point de les exprimer par des moyens dont l'usage et l'abus avaient précisément, par réaction, suscité sa naissance.

III

Mais il y a plus. Il s'en faut de beaucoup que la plus haute et la plus pure tension de l'esprit religieux coïncide partout avec la plus haute et la plus pure expression du sentiment esthétique d'un peuple. Les exemples en sont innombrables, du polythéisme égyptien aux monothéismes modernes, de la religion de Brahma à l'anthropomorphisme grec. La religion ritualisée et hiérarchisée par un puissant sacerdoce n'existe réellement en Égypte qu'après les grandes invasions, c'est-à-dire au cours de la décadence artistique du Nouvel Empire. Le fétichisme rudimentaire, assez confus et multiforme des Ancien et Moyen Empires y a vu naître les plus belles œuvres dont la plupart, d'ailleurs, n'ont aucun caractère religieux (9). C'est l'époque qui s'étend entre les grandes pyramides et le grand temple de Karnak, celle de ces hypogées innombrables qu'ornent des fresques de vermillon et d'émeraude où le geste est si pur qu'il semble exprimer le silence, celle de ces scribes assis et de ces statues en marche auprès de qui tout paraît mort. La religion, en Grèce, est beaucoup plus fervente avant le VIIe siècle, alors que l'ordre dorique n'a pas encore enfoncé dans le sol ses racines et que quelques poupées informes, quelques pauvres vases de terre expriment les croyances et les besoins primitifs, qu'aux temps où le Péloponèse et la Sicile se

(9) Fig. 27, 38, 65, 173, 175, 192.

Fig. 192. STATUE PROFANE *(Égypte, Ve Dynastie).* Ph. Alinari-Giraudon.

couvrent de temples trapus. Près de mille ans avant que les premières montagnes de l'Inde accueillent dans leurs entrailles un peuple de peintres et de sculpteurs, le brahmanisme est constitué, et le brahmanisme continue d'agir, toujours vivant dans la profondeur des âmes, alors que, depuis quatre ou cinq siècles, l'art hindou a perdu cette vaste mobilité, pleine de houle et de rumeurs, qui fait songer à la mer. Les petites pratiques du fétichisme chinois, survivantes à la crise mystique du bouddhisme et surnageant sur un grand fond de tolérance et de modération dans le sentiment religieux, n'ont pas empêché les sculpteurs de dresser sur le désert des avenues de guerriers et de monstres si majestueuses qu'elles semblent contemporaines des plus anciennes solitudes. L'Islam, qui est aussi robuste que jamais dans la foi populaire, a perdu depuis cinq cents ans le secret de la vie mystérieuse que la formule géométrique a glacé dans l'arabesque, et de la légèreté fantastique de la construction. D'ailleurs l'Arabe, son créateur et son propagateur, n'a lui-même rien construit. Il a délégué cette tâche aux peuples conquis, déjà artistes et producteurs dans le passé et apportant à le servir la fraîcheur d'un sentiment renouvelé au contact d'un mythe inconnu. Il a fallu les Hindous, les Égyptiens, les Persans, les Berbères pour fertiliser la foi de l'Islam. Et le Turc n'a pas su construire, bien qu'animé de cette foi.

Ces éclipses, ces hésitations, ces silences sont peut-être plus frappants dans le christianisme qu'ailleurs. Cette religion, qui persiste depuis dix-huit cents ans, n'a produit une efflorescence vraiment spécifique, de style vivant et multiforme, novatrice et conquérante chaque jour et en tous lieux, que durant quatre siècles au plus. L'art chrétien a disparu d'Italie avant même que tombât la Cité libre, de France quand la Commune a fléchi. Aux époques les plus ferventes, le XVe siècle par exemple, alors que le drame des temps produit dans toutes les âmes un afflux sans contrepoids de mysticisme éperdu, que la religion de Jésus est moins discutée qu'à l'époque où elle montait joyeuse de toutes parts sur les villes et les campagnes, l'esprit chrétien n'est plus, dans ses manifestations figurées, qu'une chose tourmentée dont les supports se dérobent, dont l'armature se disloque, dont les profils disparaissent sous la profusion de l'ornement (10). En Espagne, aux siècles les plus catholiques, alors que la Réforme a fait lever le fanatisme, que les soldats, le chapelet au poing, portent la croix et les supplices dans tout l'Occident, et plus tard, quand une ville entière se fait égorger homme par homme, femme par femme, incendier ou démolir maison par maison pour défendre une pauvre idole nichée dans un vieux pilier, les grandes formes d'art – Velazquez, Goya – sont à peu près complètement profanes, pas du tout mystiques en tout cas. Le seul mystique, le seul qui donne cette sensation de surnaturel réalisme qu'est le christianisme espagnol – cadavres vivants habillés de pourpre et de fer sous la lampe sépulcrale, cendres froides, lèvres livides, étroite idée montant très haut – n'est pas un Espagnol, mais un demi-païen d'Orient que le peuple appelle « el Greco » (11).

Certaines formes du christianisme même, sorties les unes du catholicisme romain, les autres de l'orthodoxie byzantine, d'autres encore, il est vrai, du

(10) Fig. 165.
(11) Fig. 210.

Fig. 193 (Pages 220 et 222-223). IDOLE COMPOSITE *(Assyrie).*
Ph. Mansell Giraudon.

puritanisme iconoclaste, n'ont eu qu'une expression plastique insignifiante, inexistante parfois. L'art polonais, ou prussien, ou hongrois, ou autrichien, ou russe, ou yougoslave n'a pas dépassé la première étape populaire, l'hispano-américanisme ne l'a même pas atteinte, le rite oriental n'a pas renoncé à l'icône byzantine indéfiniment répétée, le quakerisme américain et à sa suite la multitude des sectes religieuses de ce peuple vigoureux ont longtemps gardé un silence que leurs essais européanisants ont fâcheusement rompu. Ce n'est pas là, d'ailleurs, un phénomène nouveau. De vieilles religions sont restées silencieuses. Celle de l'Iran, par exemple, si pure au point de vue moral et sur qui s'est greffé, sans être pénétré par elle, un art hybride, héraldique et monarchique (12) dont tous les éléments venaient d'Assyrie, d'Égypte, de Grèce, des Indes et qui n'a jamais pris racine dans le sol. Celle d'une région voisine, la Chaldée, l'Assyrie surtout, dont l'art direct, terrible (13), s'est développé presque tout entier en dehors de l'esprit religieux, le mythe inspirant seulement des monstres composites dont le caractère cruel souligne la violence des inspirations coutumières, la chasse, la guerre, les supplices, bourreaux, victimes, vautours sur des charognes, hommes et lions au combat. Celle de Rome, dont l'expression plastique n'est qu'imitation et redites alors qu'une admirable architecture civile, cirques, théâtres, routes, aqueducs (14), affirme la grandeur et la permanence d'un dessin où n'apparaît aucune trace, aussi fugitive soit-elle, du sentiment religieux. Cette architecture, de plus, se développe en pleine anarchie mythique, au moment où le paga-

(12) Fig. 170.
(13) Fig. 69, 193.
(14) Fig. 34, 127, 213.

nisme agonise, où le christianisme balbutie, où les nouveaux cultes d'Asie, titubant et se coudoyant, envahissent confusément le monde latin qui laisse faire : impressionnant maintien de l'unité et de la majesté de l'esprit avançant seul, pour des fins d'ailleurs utilitaires, comme un navire sur les flots.

Pourtant, il faut le dire. Quelque chose manque à cet art-là, comme aussi à l'art grec surtout après Phidias, à l'art japonais (15) qui se développe à peu près exclusivement en dehors de la religion, à l'art européen depuis le XVIe siècle, si l'on met à part les âmes héroïques qui ont eu assez de continuité et de constance dans l'effort pour supporter les colonnes du temple et maintenir en eux une religion survivant aux formes confessionnelles : Michel-Ange, Vinci, les symphonistes de Venise, Rubens, Poussin, Rembrandt, Velazquez, Watteau, Goya, Delacroix, quelques autres. Mais même alors une tristesse immense plane sur leur solitude. Réellement, à l'heure où coïncide une fois, – rien qu'une fois dans le développement historique d'un groupe, – la maturation soudaine du sentiment religieux et le plus haut moment d'énergie de ce groupe, quelque chose de surnaturel semble non pas tomber de Dieu sur l'homme, mais monter de l'homme vers Dieu. La foi est toujours égale à elle-même, sans doute, depuis que la religion formulée et ritualisée a rassemblé tous les cœurs dans une croyance commune. Mais une chose imprévue s'est produite. Des forces historiques ont agi pendant des siècles, le plus souvent par hasard, désignant tel peuple plutôt que tel autre parce que sa position géographique est favorable à sa fécondation, parce que le drame

(15) Fig. 194.

guerrier ou politique, plus terrible chez lui qu'ailleurs, est plus vaillamment accepté, parce qu'enfin, et surtout, un génie particulier qu'il tient de son sol et de ses secrets atavismes l'a formé pour ce rôle-là, et que soudain, dans un grand et large courant d'enthousiasme, il a lancé sa croyance, comme un germe viril, dans les flancs de l'univers. Telle est la crise d'amour des grandes races, leur virilité organique au cours de qui leur puissance mystique, multipliée par cette virilité même, cherche et trouve son aliment. C'est du plus grand moment d'énergie, non du plus grand moment de foi, que jaillit le plus grand moment de création de l'espèce. Du XIe au XIVe siècle, en France, l'édifice civil vaut l'édifice religieux. La plus belle cathédrale du Nord n'est pas d'une qualité supérieure, du point de vue de la structure, au pont Valentré de Cahors ou au château des papes d'Avignon (16). Et n'importe quel édifice civil français du XVe siècle, le plus pieux de notre histoire, est supérieur à l'édifice religieux du même temps. Quelle que soit l'ardeur de la foi de l'espèce, si l'énergie spirituelle l'a quittée à ce moment-là, l'art, expression de cette énergie spirituelle, la quittera du même coup pour se réfugier dans le cœur de quelques individus.

Ce qui crée l'art, en somme, c'est la rencontre de la virilité et de l'amour. Il est naturel que, jusqu'ici, les grandes religions en aient été le prétexte. Mais elles ne l'ont pas toujours été, et il n'y a aucune raison pour que des mouvements unanimes nouveaux ne viennent, dans l'avenir, favoriser cette rencontre. La Renaissance italienne, épousant l'univers une deuxième fois dans l'enthou-

(16) Fig. 195.

Fig. 194. ART PROFANE *(Hokusaï)*. Ph. Giraudon.

siasme de la connaissance, offre l'admirable spectacle d'une crise amoureuse analogue à ce que pourrait être celle-là. Sans doute, le premier contact de l'énergie égyptienne avec le monde prodigieux des formes encore inexploré alors que la religion égyptienne balbutie encore, sans doute la statuaire monumentale des Chinois après la disparition du bouddhisme, sans doute l'art féroce d'Assyrie constituent-ils, eux aussi, malgré leur caractère séculier, des miracles comparables à la fécondation d'un grand sentiment religieux par une énergie nationale ou spécifique exceptionnelle. Je le crois, pour ma part. Mais je crois aussi que, en général, l'âme humaine, dans le passé, a presque partout éprouvé le besoin instinctif de confier sa ferveur vitale à des véhicules symboliques maintenus par un dogme étroit en des formes rituelles capables de satisfaire l'unanimité des cœurs. Jusqu'ici, la plus puissante unité du brusque élan qui porte ensemble l'enthousiasme mystique et la virilité d'un peuple animés d'ailleurs l'un par l'autre, à la conquête spirituelle du corps même de l'univers, s'est presque toujours et presque partout manifestée sous les apparences visibles et sensibles de la religion.

IV

C'est assez dire que je ne prends pas à mon compte le mot de Nietzsche : « *L'art relève la tête quand la religion perd du terrain* », à moins qu'il n'ait voulu signifier que l'art est souvent antérieur à la religion et lui survit et la remplace, dès qu'elle

Fig. 195. MILIEU SEC. ÉDIFICE CIVIL *(France, Cahors, XIVe siècle).*

déserte les cœurs, pour tenir dans quelques-uns d'entre eux son rôle, et souvent magnifier ce rôle quand ce cœur bat dans la poitrine d'un héros. L'idolâtrie, par bonheur, survit à l'idole, parce qu'elle mène l'esprit à l'esprit en traversant les apparences, et qu'elle est seule à y mener. Hors de l'idolâtrie – et la science est la forme actuelle de l'idolâtrie, la plus unanimement et candidement acceptée, la plus choyée, et donc la plus cruelle –, hors de la matière du monde interrogée pour découvrir ce qui lui donne la forme et le mouvement, tout n'est plus qu'abstraction aride, jeu dans l'inconsistant, cercle conduisant à la mort.

L'idole fétiche précède partout la religion. Partout elle renaît, quand la religion s'affaisse. Partout elle est aimée, scrutée, même hors de la religion. Il n'est pas vrai qu'elle naisse uniquement grâce à la religion, et à propos d'elle. Le totémisme n'est pas l'origine, mais l'une des origines de l'art. Il y a aussi – et sans doute d'abord – l'utilité qui crée la céramique, le vêtement, l'arme, l'outil. Il y a le sens obscur du rythme et le besoin de l'exprimer qui crée la musique et la danse – on le voit bien chez l'enfant. Il y a l'amour qui crée le tatouage, la parure, la coiffure, le bijou. Il y a la chasse et la pêche qui appellent le récit et la description, récit et description qui gagnent à être illustrés. Il y a le besoin de l'abri d'où est sortie l'architecture. L'immense sollicitation des formes, des mouvements, des couleurs, éveille en l'homme primitif une curiosité anxieuse dont il ne se peut délivrer qu'en imaginant une équivalence approchée qui lui prouvera sa puissance à recréer, pour sa joie et aussi dans son intérêt, un univers doté de formes, de mouvements et de couleurs.

Ni le spiritualisme pur ni la connaissance objective ne détruisent l'idolâtrie. Ils la déplacent ou la renouvellent, et voilà tout. Nous l'avons bien vu pour l'idée juive iconoclaste n'atteignant que par la fourmillante cathédrale le cœur de l'Occident. Nous l'avons vu pour le christianisme oriental décorant de noms nouveaux les processions panathénaïques et appelant Orphée « David » pour maintenir la lyre parmi nous. Nous le voyons au sein de l'Islam lui-même qui ne peut empêcher l'enlumineur persan de substituer aux idoles religieuses la peinture civile et mondaine la plus charmante qui soit (17). Nous l'avons vu par la Renaissance italienne couchant Vénus toute nue dans le lit encore chaud où Marie vient d'enfanter Dieu. Nous l'avons vu par l'idole sonore naissant du cœur des musiciens où les prohibitions puritaines avaient refoulé les images. Le symbole change, sans doute, et donc l'idole, afin que le spiritualisme pur ou la connaissance objective trouvent un port d'attache qu'une illusion trop longue n'ait pas encore comblé. C'est en renouvelant l'idole que l'homme reprend pied sur la terre ferme, que cette idole s'appelle Isis ou Brahma, Osiris ou Bouddha, Athéné ou la Vierge mère, Aphrodite ou Huitzilopoctli, Dionysos ou Jésus (18). Chacune est séparée de l'autre par des abîmes de sang. Et, cependant, quand l'une y tombe, celle qui l'y a fait tomber recueille l'amour des hommes. Les plus grands moments de l'esprit sont ceux de l'idolâtrie, parce que chacun d'eux

(17) Fig. 68, 196.
(18) Fig. 11, 15, 55, 164, 188, 197, 200, 201.

196

197

Fig. 196. PEINTURE MONDAINE *(Perse)*.
D'après E. Kuhnel, *Miniatures de l'Orient musulman* (Cassirer éd.)
Fig. 197. IDOLE ÉGYPTIENNE *(Isis)*. Ph. Mansell Giraudon.

nous révèle l'un des aspects de l'idole définitive que nous ne sculpterons jamais. Mais cette révélation même épuise et ruine cet aspect. Lui absorbé, assimilé et devenu invisible pour nous, l'abîme s'ouvre. L'esprit atteint un lieu où il n'y a plus nulle forme visible, où il en vient à s'adorer dans son essence immatérielle jusqu'au jour où, tournant à vide, consumé par sa passion, il saisit dans ses cendres chaudes des noyaux durs striés de feu où il entrevoit peu à peu des apparences nouvelles. L'âme de l'homme ne s'accroît, ou du moins ne se retrouve, que si la chair de l'homme lui transmet, par le contact sensuel de la chair universelle, l'âme de cette chair où la sienne se reconnaît. Ce qu'il adore dans l'idole, ce n'est rien d'extérieur à lui, rien non plus d'extérieur au monde sensible, fait pour lui révéler sa propre sensibilité. Elle incarne sa vie spirituelle dans sa forme toujours fuyante. Il y saisit sa puissance à renouveler sa vertu.

L'idole invisible des Juifs, des puritains, des Arabes, des savants, n'a pu s'imposer aux multitudes que par le moyen d'une littérature ou d'une musique grandioses, d'une architecture accumulant la fraîcheur, le repos et l'ombre à l'extrémité des déserts sans eau où la flamme interdit la vie, ou d'un système utilitaire capable de satisfaire, au moins provisoirement, les besoins de bien-être du corps et de conquête de l'esprit, – idoles, encore idoles, non moins décevantes que l'idole visible à la longue, et moins loyales je le crains, puisqu'elles promettent des solutions morales définitives qu'elles ne peuvent apporter. Incroyable misère des moralistes abstracteurs qui, des siècles durant, imposent par le glaive l'idole verbale biblique ou coranique à l'exclusion des autres et croient détenir l'esprit pur! L'iconoclastie révèle une méconnaissance étrange des conditions et des moyens et même de l'essence du spiritualisme supérieur. Elle anéantit une langue dont la lettre seule la frappe, et qu'elle ne comprend pas. Elle ignore que la forme est un instrument d'où l'on tire des harmonies spirituelles aussi pures que celles qu'on demande à la lyre, au livre imprimé, au silence d'une grande âme, ou à l'action libératrice d'un héros. Et peut-être bien trahit-elle ainsi sa haine de la connaissance, comme si elle pressentait que l'idole où se tient, dès qu'elle est vraiment accomplie, la plus haute cime humaine du sentiment religieux est aussi, parce qu'elle situe et décrit cette cime, le lieu même où la connaissance, c'est-à-dire l'aube première d'une idole en formation, prendra son vol. L'esprit, pour accroître sa force et la communiquer, a partout cherché des symboles matériels qui la rendent plus sensible. Quand il les a liés les uns aux autres, que son nouveau langage symbolique est absolument constitué, ce langage même l'amène à la révélation d'un univers phénoménal qui l'arrache à sa solitude. L'iconoclastie, en ce sens, est peut-être nécessaire, puisqu'elle tente de protéger le plus longtemps possible le tabernacle de l'esprit des contacts sensuels qui l'énervent et le dissolvent d'abord. Mais elle ignore que l'esprit a été créé par l'idole et que l'idole seule pourra le recréer. C'est quand l'idole cesse d'être belle qu'il conviendrait de la briser.

Une légende aymara – la plus belle des

légendes, – veut que le Créateur ait peuplé le monde de statues et les ait animées pour le civiliser. Est-ce vraiment une légende? Promenée partout, de ville en ville, de rivage en rivage, à travers les monts et les déserts, l'idole a insinué partout l'esprit. Elle est la civilisation même. Elle est le plus universel et le plus véridique des langages. Elle traduit sous une forme concrète immédiatement, vivante, existante, insistante, ayant une réalité propre indépendante des conventions qui président au langage articulé, les abstractions et les rapports qui révèlent la solidarité des choses entre elles et de ces choses avec nous. Un fétichisme dure encore de nos jours, qui peut-être a fécondé l'Égypte et par là la future et profonde humanité. L'idole nègre entrait, avec les caravanes, dans la haute vallée du Nil, l'idole fruste, taillée dans le bois à la serpe, sensuelle, terrible, barbouillée de rouge et de bleu, avec ses attributs sexuels visibles, l'idole ingénue et bestiale qui allait calmer ses profils, affermir ses plans, faire onduler ainsi qu'une eau limpide ses surfaces, monter pure dans la pensée d'une race charmante comme une fleur dans le matin (19). Si l'Égypte, maintenant rameau desséché, est sortie réellement d'elle, et par l'Égypte la Grèce et l'Inde, l'Asie, l'Europe, que ne lui devons-nous pas? Que n'eussions-nous pas dû un jour à sa sœur polynésienne avançant d'île en île à la proue des pirogues peintes, peuplant l'île de Pâques de colosses solitaires, éveillant sans doute l'Amérique, si l'idole espagnole, en heurtant l'idole toltèque, n'avait pas obligé, après l'avoir réduite en poudre, le nouveau monde à accueillir l'Occident? Il est des idoles qui

(19) Fig. 198, 199.

meurent, certes, et pour toujours. Mais tôt ou tard on les déterre, tôt ou tard elles déterminent, dans quelque civilisation séculaire, un ébranlement plus ou moins profond dont les échos résonnent dans le plus lointain avenir.

Voyez donc suivre leur chemin celles qui eurent la fortune de rencontrer des races vierges qui attendaient ingénument l'amour. Voyez le marin phénicien abordant sur tous les rivages sablonneux d'Afrique et d'Asie, sur toutes les criques rocheuses d'Europe, et installant sa pacotille au bord de l'eau. Voyez le cercle d'abord hostile ou craintif des indigènes armés de silex, nus ou vêtus de peaux de bêtes se rapprochant pas à pas, séduits par le sourire du visage gras et crépu qu'éclairent les lèvres rouges, les dents blanches de l'homme étrange habillé de pourpre et qui fait tourner, au bout de son bras cerclé de bracelets d'or, une petite figurine peinte d'azur, d'ocre et de vermillon. Des femmes sont dans ce cercle, ne l'oubliez pas, qui caressent et sollicitent, et aussi des êtres à part, moins bruyants que les autres, qui se demandent comment on a pu teindre cette robe, colorier cette statuette, fondre et ciseler ce bijou. Suivez aussi le pêcheur ionien sur sa petite barque, avançant prudemment d'île en île vers les rivages du Péloponèse où l'envahisseur blond a brûlé et rasé les villes, égorgé les hommes, capturé les femmes, brisé les vieilles idoles et que ce petit homme noir qui d'abord l'a fait rire étonne, puis captive en lui contant des fables merveilleuses à peu près semblables à celles que ses bergers rapportent des montagnes et qu'illustrent des images peintes

Fig. 198. PARENTÉS *(Art nègre)*. Collection F. F.
Fig. 199. PARENTÉS *(Égypte)*. D'après Fechheimer, *La plastique égyptienne* (Cassirer éd.).

198

199

taillées dans du bois d'olivier, des poteries où se tordent des tentacules, où commencent à danser des jeunes filles, à jouer des musiciens. Surveillez la croissance de leur accord jusqu'aux temples couverts de statues et de fresques où les philosophes vont surprendre des rapports et des équilibres permanents, le glissement de l'esprit de surface en surface, l'articulation de forme en forme de la logique et du calcul. Suivez le colporteur qui franchit l'Apennin, descend en Étrurie pour y montrer à des peuplades énervées par un mysticisme sans aliment des vases où, sur un fond de flamme rouge, s'agitent des formes noires, et qu'elles enferment dans leurs caveaux funéraires après avoir silhouetté leurs ombres sur les murs. Accompagnez l'architecte ou le statuaire d'Attique, pris au collet par quelque centurion et jeté dans la trirème militaire avec ses plans et ses maquettes qu'il aura désormais pour tâche d'expliquer à l'ingénieur et au marbrier romains. Installez-vous, derrière la phalange macédonienne, dans les chariots qui transportent, avec les bagages de l'armée, des femmes de marbre teinté dont les cheveux sont roux et les mamelles brunes, jusqu'au bord de l'Indus où des multitudes sans art, mais enivrées de légendes sensuelles, les attendent pour les féconder, peupler de leurs enfants l'immense péninsule, répandre leur génie, par les missionnaires bouddhiques qui croient n'apporter que leur douceur et leur dieu, dans l'Insulinde où vont monter des temples gigantesques, en Chine où vont remuer les cavernes, jusqu'aux îles japonaises où leur trace restera visible des siècles après Jésus. Suivez leur

Fig. 200. IDOLE PAÏENNE *(Grèce)*. Ph. Anderson-Giraudon.

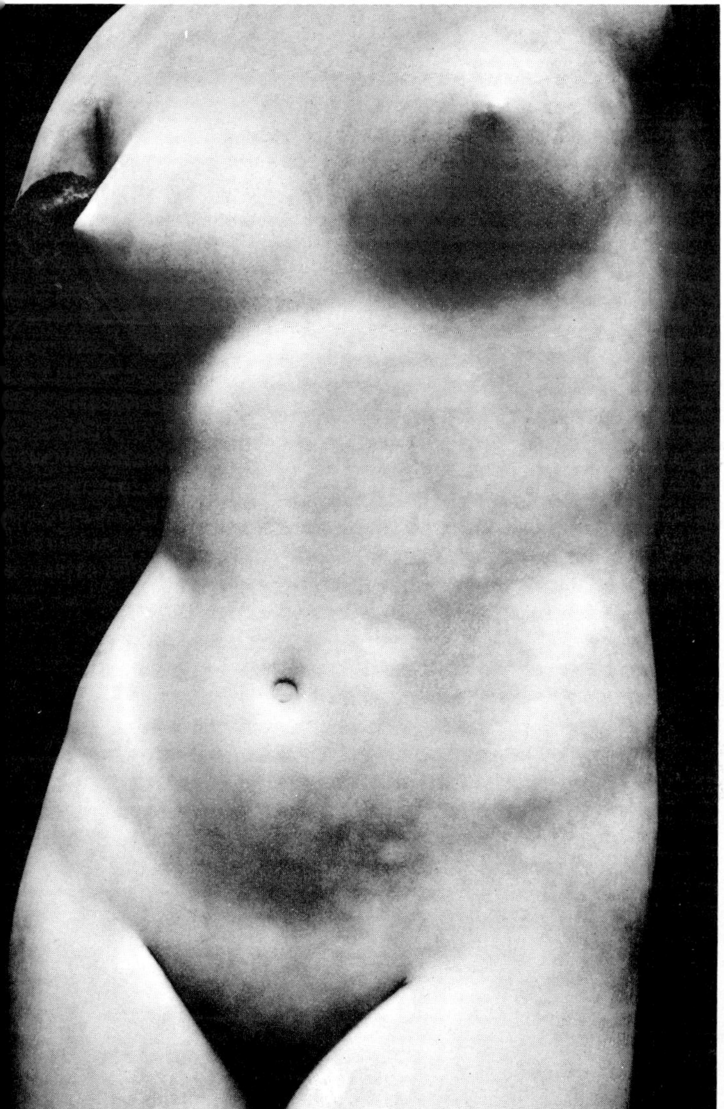

cheminement sur l'autre versant du monde, à Byzance d'abord, où elles imaginent de s'y vêtir pour devenir plus troublantes en concentrant leur terrible sexualité, mêlée et triturée d'esprit, dans leurs insondables regards, leur pâleur, leur bouche peinte, les bijoux sonnant à leur bras et luisant dans leurs cheveux. Vous les verrez atteindre ainsi les deux rives de l'Adriatique, rencontrer, vers Florence et Sienne, pour une ardente étreinte, d'autres images descendues des Gaules et portant, dans les plis de leurs robes, leurs sourires ingénus, leurs gestes directs et humains, leurs colorations discrètes, un reflet des vitraux laissés dans la cathédrale pour y remplacer les tapis entrevus au temps des Croisades, les tapis lointains de l'Iran où les fleurs de la Perse et les gemmes de l'Inde sont écrasées ensemble dans la profondeur du tissu. De là, vous les verrez confronter leurs maigres couleurs et leurs formes épanouies avec les formes maigres fixées sur des papiers en loque que les reîtres allemands qui descendent chaque jour des Alpes vendent pour quelques liards aux patriciens de Venise, avec les couleurs épanouies étalées sur de petites toiles que les banquiers florentins commandent à Bruges ou à Gand. Je n'en finirais pas de suivre leur odyssée. Aujourd'hui, par l'invasion brusque des idoles immémoriales d'Afrique, d'Asie, d'Amérique, le squelette spirituel que l'ancêtre helléno-latin nous avait légué presque intact se laisse rompre ou disloquer pour permettre à tous les fleuves de l'esprit de déposer leurs alluvions dans nos énergies défaillantes.

Fig. 201. IDOLE CHRÉTIENNE *(France)*. Ph. Giraudon.

V

L'idole poursuit donc sa marche, toujours renaissante, toujours une, silencieuse d'ailleurs et n'affirmant rien qu'elle-même, parmi les systèmes contradictoires ou même antagonistes qui meurent les uns après les autres en prétendant explicitement détenir la Vérité. Cette religion est iconolâtre, cette autre iconoclaste, celle-ci est matérialiste ou réaliste, celle-là idéaliste ou spiritualiste, telle est sensuelle, voire bestiale, telle morale, voire ascétique, telle ou telle exaltant ou flétrissant l'amour, condamnant ou glorifiant la guerre, avide du sang des victimes ou répugnant à le verser. Mais toutes, à leur grand moment, même quand elles brisent une image, se réclament d'une autre image ou verbale ou musicale ou le plus souvent plastique, et enfoncent au cœur des hommes, par le moyen de cette image, la forme définitive que l'Histoire leur reconnaît. L'idole n'est pas seulement le véhicule, elle est aussi le contrôle du mythe. Que dis-je? C'est elle, au fond, qui crée le mythe, ou tout au moins le rend vivant et enthousiaste dans nos cœurs. L'un de ces mythes – et sans doute le plus humain – n'est parvenu réellement à convaincre que leur dieu n'était qu'esprit ceux de ses fidèles qui lui ont assuré ses plus beaux moments d'énergie et de tendresse, qu'en faisant de chacun d'eux un idolâtre accompli. La naissance de la musique, s'emparant du torrent des images sourdes qui circulait souterrainement dans les cœurs pour l'épancher en tous sens sur ses ondes bondissantes, a recréé le panthéisme asiatique dans le nord européen. Le polythéisme méditerranéen a reparu en Italie en infligeant de merveilleux visages à toutes les passions moroses dont l'exploitation mystique avait brisé le monde ancien. A mi-chemin, dans la cathédrale française, tous deux se sont réunis pour revêtir le christianisme d'une telle rumeur de vie que ses idoles, qui croyaient enfermer la religion dans le temple, l'ont replongée dans l'univers.

Là, en effet, est la clé du mystère. Seules les religions polythéistes ou panthéistes créent les idoles et sont créées par les idoles dans un échange passionné et continu d'idées, de sensations, de sentiments. Les religions monothéistes, au contraire, hostiles à l'idole, ou bien triomphent avec le secours de l'idole, ou bien meurent sur place sans pouvoir se renouveler. Le monothéisme coupe le monde en deux formes irréductibles l'une à l'autre, aboutissant ainsi à une dualité sans issue qui, dans les oscillations de l'esprit à la recherche de ses sources, peut le redresser pour une heure et l'empêcher de périr en exerçant sur lui une sorte de dictature, mais est tout à fait incapable de réaliser à elle seule un de ces édifices poétiques par quoi l'homme, prenant conscience de son accord avec le monde, est consolé. Dieu, restant extérieur aux formes, est forcément l'ennemi-né des formes qui contrarient sans cesse son action et qu'il tend à anéantir. Sans doute il existe partout, ou du moins il semble exister partout deux forces essentielles en présence, qu'on appelle, suivant les temps, suivant les lieux, suivant les circonstances ou les besoins, dieu et nature, mâle et femelle, esprit et matière, âme et corps, bien et mal, raison et passion, intelligence et sentiment, mouvement et forme, style et vie. Mais le dualisme dogmatisé s'est toujours efforcé de les arracher l'une de l'autre, de les subordonner l'une à l'autre pour l'éternité. Tandis que l'art, et l'action qui est l'art de vivre, les conçoivent également toutes-puissantes et les font réellement divines aux instants exceptionnels où, dans le cœur du poète, du héros, parfois de la foule elle-même, l'état d'amour les multiplie l'une par l'autre dans un miraculeux accord. Ce sont précisément les religions éthiques qu'on dit si essentielles, si profondes parce qu'elles condamnent l'apparence, qui vivent selon l'apparence de deux forces antagonistes alors que l'art, à travers l'apparence qu'il aime, va droit à l'unité.

Cette unité même étant la forme la plus haute, et aussi la plus consolante du sentiment religieux, c'est donc l'art, en définitive, qui donne à la religion sa face la plus émouvante. La religion n'est que le cadre et le prétexte de l'énergie créatrice de l'homme parvenu à son sommet et lui prêtant l'enthousiasme qu'elle puise dans la conscience d'elle-même. Il n'y a pas d'« art religieux ». Tout art est religieux dans son essence, et, sans doute avec l'amour, dont il est la fleur spirituelle, il est le seul créateur et aussi le seul témoin viable de cette ivresse grandiose qui transporte les montagnes et qu'on appelle religion. Il affirme l'éternité de cet esprit religieux qui précède, englobe et enterre ses formes confessionnelles et montre qu'elles sont des masques placés sur son visage vrai par les besoins momentanés des instincts à développer et des directions à prendre. L'art joue des religions avec une tendre fureur. Il joue des religions ainsi que tel monstre divin, le seul aimé, le seul sachant aimer qui ne voit, dans toutes les femmes, que des incarnations successives de l'amour et qui laisse chacune d'elles brisée, meurtrie, quelquefois morte, mais portée par sa seule étreinte à la cime de sa véritable puissance durant le temps où elle lui appartenait. Il est, comme lui, immoral, étant indivisible et réalisant en lui-même, par ce seul fait qu'il est vivant, l'unité cruelle de la vie. Il est l'idole dure qui persiste sur le désert et les tombes parce qu'elle n'a pas placé l'aride idée de perfection morale au seuil de la connaissance des formes et, demeurant au centre des passions, des systèmes antagonistes, du drame pathétique de l'action et du mouvement, a cherché sa nourriture dans ces forces en lutte et tissé son bronze ou sa pierre de leurs contrastes consentis.

Fig. 202. Ci-dessus et ci-contre. D'après W. Cohn, La plastique hindoue.

Impuissance du gendarme

I

En effet, depuis que la force artiste de l'homme a laissé ses premières traces sur le silex éclaté et la paroi des grottes, nous ne connaissons pas un seul de ses grands moments qui coïncide avec l'apparition ou le développement de ce que nous appelons « la morale » selon saint Paul, ou Socrate, ou même le Zend Avesta. D'abord partout, à toute époque, ces grands moments éclatent sur un fond social terrible de violence, de conflits passionnels, de stupre et de duplicité. Féroce, comme l'art assyrien ou mexicain, sensuel, musical et charmant comme celui d'Égypte, exprimant des mœurs guerrières ou des mœurs amoureuses, allant du culte du phallus au culte de l'homme à tête d'aigle ou du monstre aux orbites vides tout revêtu de serpents sur qui les prêtres font gicler le sang humain, pas une seule fois il n'offre une protestation, même voilée, contre la puissance des femmes, l'injustice des hommes, l'indifférence des dieux. Ici et là, le sang nègre ou indien circule, brûlant et noir, déposant à la surface des idoles, comme des caillots desséchés, sa sombre trace, ou teintant de rose et de carmin les poitrines tendues et les lèvres offertes. L'art de la péninsule hindoue n'est qu'un immense accouplement où toutes les formes s'épousent comme la pourriture et la naissance, comme l'ascétisme et la luxure, comme la famine et l'orgie, lourd exhaussement de l'esprit hors de l'animalité sainte où il retombe sans cesse et qui le berce entre ses membres chauds. Le héros Rama, certes, vaincra les puissances du mal (1). Mais des danseuses nues l'y encouragent, et les forêts qu'il traverse font pleuvoir sur ses pas la neige empourprée de leurs fleurs. Il monte de cet art entier des odeurs de rut et de carnage. S'il passe en Chine, il s'aère, sans doute, et sa sensualité s'épure. Mais il ne sera pas question, dans ses formes monumentales, d'infliger aux lois de la vie un sens unilatéral, et, si les scribes et les moines s'en emparent, ce ne sera pas pour la réformer ni la maudire, mais la pénétrer de douceur, y faire promener les femmes, rire et jouer les enfants, voler les oiseaux, fleurir les jardins, ruisseler les eaux murmurantes (2) : qu'il constate ou se recueille, le sage laisse la morale se débattre contre les monstres sans qui la sagesse ne serait pas.

Nulle part en ces pays, à vrai dire, il n'était question de morale, sauf peut-être chez les Chinois où Confucius, quelque deux siècles avant Socrate, quelque dix siècles avant saint Paul, enseignait l'essentiel des disciplines qui allaient constituer l'ossature de l'éthique occidentale. En Grèce, non plus, jusqu'à Socrate, il n'en était pas question. L'unité de son art paraissait inébranlable. La forme humaine était divinisée dans le sens rigoureux de la beauté physique, que notre instinct sexuel nous définit sûrement. Dans les cités dévastées par les plus viles intrigues, par les drames les plus sanglants, entre les départs incessants des trirèmes chargées d'hoplites pour la bataille et le pillage, l'idéalisme plastique dressait la femme nue et l'homme nu comme une pieuse offrande à la sécurité du monde, maintenue par l'énergie amoureuse et guerrière de la race au-dessus des horreurs dont

(1) Fig. 202.
(2) Fig. 41.

elle la pétrit. On sait la suite de l'art grec en Égypte, en Sicile, à Ravenne, à Byzance, l'effroyable fermentation des vices du Bas-Empire sous les idoles chargées d'or qui semblent, de toute leur grande forme étirée, de leur visage asymétrique souligné par le fard, marqué par le mensonge et la luxure (3), distiller quelque poison en même temps que dispenser l'amour nécessaire au maintien de la curiosité et de l'inquiétude des esprits. On sait la licence des mœurs au siècle de la cathédrale, le concubinage des prêtres, le scandale permanent des couvents de femmes et d'hommes, la liberté des fabliaux et des mystères, le grouillement de la cour des Miracles, les rois faux-monnayeurs, l'épouvantable cruauté de la guerre et des supplices, la morale oubliée pour les batailles scolastiques et l'élan métaphysique des théologiens, tout cela montant dans la multitude de pierre pour envahir l'édifice du haut en bas, – et d'autre part la sagesse narquoise, la tendresse amusée, la bonté, la joie, souvent la gaillardise, quelquefois la colère, jamais la malédiction ni l'anathème ni le prêche du sculpteur. On ne retrouve un contraste pareil qu'à propos du christianisme encore, au moment où le théâtre anglais, berçant l'âme de Shakespeare dans la fumée des quinquets et l'énorme rumeur du peuple, jette trois drames par jour sur les planches, tandis que l'orgie fait fureur dans la rue où les assassinés et les ivrognes roulent pêle-mêle au ruisseau, que des têtes coupées ornent les créneaux de la Tour, et qu'une reine septuagénaire fait égorger ses amants de vingt ans quand ils ne veulent plus d'elle. Car il semble que les religions

(3) Fig. 89, 172, 204.

dites éthiques aient, plus encore que les autres, offert cette opposition surprenante entre le caractère explosif des instincts sauvages de l'homme et leurs prétendues intentions moralisantes, qui ne savent s'exprimer qu'en s'emparant des moyens de satisfaire ces instincts avec une espèce de fureur. Les musulmans, de l'Inde au Maroc et de l'Égypte à l'Espagne ont, sans doute, évité de faire appel aux formes de la chair pour décorer leurs sanctuaires : mais c'est que les riches pouvaient se les offrir à domicile et que les pauvres croyaient pouvoir se les offrir dans le ciel.

L'aventure du peuple italien est, de ce point de vue, la plus expressive de toutes. Il a, comme le peuple grec, et avec un élan premier de christianisme sentimental qui accentue chez lui, bien plus encore que chez le peuple grec, l'antagonisme intransigeant de la morale et du poème inauguré par le contact de l'âme de François d'Assise avec l'admirable univers, démontré que ce poème peut, et sans doute doit se développer sur le terrain social le plus ravagé par les passions sans mesure et le plus ensanglanté par les intérêts en lutte. A son insu, ici, et à l'inverse du paganisme antique animant l'idole chrétienne, il a transposé ce poème en introduisant l'amour chrétien avec toute sa frénésie dans l'idole païenne éclatante par qui les peintres de Venise, achevant l'effort de leur race, accroissaient la richesse spirituelle de l'humanité.

II

Quant à ces éclipses partielles, ou totales, que l'art subit parfois, même quand la religion continue, elles coïncident presque partout avec l'apparition de la morale. A dire vrai, je ne crois pas que la morale les provoque. L'art, en effet, tant qu'il est réellement l'art, est plus fort qu'elle et aussi plus innocent, étant si indépendant de la morale qu'il va jusqu'à l'ignorer, tandis que l'autre guette dans l'ombre et sait bien ce qu'elle fait... Dès qu'il a, pour un temps, épuisé son amour par la possession de la forme, la morale se met sur lui comme ces parasites qui sucent l'agonie de l'aigle ou du lion : « Toute sa vertu lui revint, dit Stendhal, parce que l'amour la quittait. »

Si la morale était, comme on se l'imagine, l'émanation la plus haute de la religion, comment cet accord si fréquent qu'on constate entre le sentiment religieux et le sentiment artistique disparaîtrait-il, ou même se résoudrait-il en une antinomie complète dès que la morale se dépouille du sentiment religieux? Car c'est un fait, et si constant qu'il marque de longues périodes d'histoire, celles précisément où les religions éthiques, écartelant l'unité conquérante des grandes civilisations, précipitent d'un seul côté l'un des deux pôles de l'âme qu'envahit soudain le froid. La haine de la forme n'est d'ordre spirituel que dans le monothéisme primitif des sémites – Juifs ou Arabes, – celui qui vient affirmer que l'esprit est hors de l'idole et doit se passer de représentations et de symboles pour conquérir et préserver sa pureté. Plus tard elle est d'ordre moral, dans le christianisme surtout, celui de saint Paul qui est le christianisme type, celui de la Réformation, celui des gueux, celui enfin et surtout des puritains d'Angleterre et d'Amérique. Le dogme terrible du péché originel aboutit à briser l'idole qui est chair, et donc malsaine. Chaque fois qu'il ressuscite pour les besoins ou les intérêts du moment, la corde et le marteau dépeuplent les linteaux, les chapiteaux, les niches. Les théâtres s'éteignent. La danse fuit. La musique se dépouille. Le verbe se glace ou expire sur les lèvres de la poésie. La tristesse de la vertu s'étend comme un voile noir.

Est-il indispensable d'insister? Nous avons déjà rencontré devant nos pas ces trous d'ombre, que l'idole réapparue parvenait seule à franchir ou que soudain l'onde de la musique, née dans le recueillement farouche de quelque cœur solitaire, emplissait de sa rumeur. L'art s'est sans doute quelquefois passé de la religion pour conquérir, dans un grand effort collectif, cette unanimité anonyme et fervente qui lui assure son plus pathétique accent. Mais jamais, quand règne la morale, il n'a pu se survivre qu'en demandant au héros solitaire d'abriter ses pas errants. C'est ce qu'on verra après la Réforme où l'individualisme, né, dans le Nord, de la Réforme même, protège parfois contre la Réforme, par Rembrandt et les peintres de la Hollande, par les poètes anglais, par les musiciens d'Allemagne, l'essor lyrique des cœurs. C'est ce qui s'ébauchait déjà dans la brusque individualisation du monde antique quand apparurent, depuis Socrate, les soucis de moralité qui allaient aboutir au stoïcisme

203

204

205

Fig. 203. SAGESSE *(France, Chartres* XIIIe *siècle).* Ph. Giraudon.
Fig. 204. ÉQUIVOQUE *(Byzance).* Ph. Anderson-Giraudon.
Fig. 205. ÉLOQUENCE. Ph. Hachette.

et au christianisme après lui : dans la pullulation des artistes arrachés à l'architecture et dispersés sur tous les chemins de l'idée et de la sensation, quelques-uns s'enfoncent sans détours en des recherches sensuelles charmantes, mais tous les jours un peu plus énervées, qui font jouer sur le corps féminin la couleur et la lumière. Les moins doués apportent aux idées à la mode le secours des draperies volantes, des cheveux épars, des yeux qui implorent, de l'éloquence en marbre et de l'honnêteté en bronze (4), jusqu'à ce que les idées à la mode, par haine de l'art amoureux qui persistait à côté de toute cette machinerie, les brisent l'une et l'autre et, s'emparant du cœur des femmes et des pauvres, demandent une mythologie nouvelle à des mirages nouveaux.

Nous avons vu les destinées du christianisme liées si étroitement à l'idole, que l'idole, aujourd'hui, le définit pour nous dans sa plus vivante expansion et sa plus large humanité. Or, l'idole recule chaque fois que la morale avance, et chaque fois que l'idole recule le christianisme, s'il gagne du terrain dans l'hypocrisie des lois, en perd une étendue égale dans l'ingénuité des cœurs. La réponse à l'orgie sensuelle et spirituelle du XVIe siècle anglais, c'est l'autre orgie du puritanisme furieux, la morale fermant la salle où le Roi Lear avait hurlé, où Lady Macbeth avait lavé ses mains sanglantes, où Coriolan avait affirmé son orgueil, où Cléopâtre et Desdémone avaient bouleversé tant d'âmes de désespoir et d'amour, où Hamlet avait enfoncé dans tant d'intelligences l'ivresse affreuse de douter. On sait le premier effet de la

(4) Fig. 205.

Réforme en Allemagne, arrêtant net l'essor de la peinture et des métiers. Et quant à la France, on y assiste à un effort continu de l'intelligence pour gagner du temps sur la morale, détourner sa sévérité en sécularisant l'idole selon les conseils italiens, la harceler de traits aigus avec Rabelais et Montaigne, jusqu'au jour où l'effort combiné des penseurs et des artistes aura organisé une architecture intellectuelle assez imposante pour lui interdire d'en fouler les parquets cirés, les belles et droites allées, les bosquets et les clairières où conduisent des statues et les bassins géométriques disposés symétriquement.

Cette façon de se soustraire au joug de la morale était d'ailleurs, qu'on le veuille ou non, un phénomène analogue à la morale même, mais transporté du plan social sur le plan intellectuel. Le jansénisme en fait partie. Une discipline collective ne pouvait prendre, en France, la même allure qu'en pays anglo-saxon. Le christianisme, en France, au XVIIe siècle aussi bien qu'au XIIIe, a toujours répondu à des fins plus esthétiques que morales. Et c'est le contraire qui se passe là où sévit le puritain. Mais la supériorité des Français sur ce terrain-là se paie cher : l'académisme correspond au puritanisme et tente de ramener à la règle commune, par la force s'il le faut, ceux qui rompent l'alignement. Colbert et Cromwell, Descartes et Hobbes, Boileau et Milton ne sont pas si loin l'un de l'autre : l'art poétique chasse du paradis parnassien ceux qui n'obéissent pas aux règlements administratifs de ce paradis, la subordination de la religion à l'État ne s'accorde pas mal avec la subordination des passions à l'intelligence, et si on ne va pas ici jusqu'à couper la tête d'un roi qui lit la Bible dans une autre langue que vous, on trouve naturel de bannir un artiste qui a parlé avec irrévérence de l'orthodoxie de Le Brun. La codification de certains accents prestigieux présentés par le héros, en art comme en psychologie, entraîne la méconnaissance de quelques autres accents sans lesquels ce héros ne serait pas. Jésus n'est pas plus un homme moral que Michel-Ange un esthète. L'un et l'autre est un créateur, donc un monstre, sur lequel il est impossible, sans le trahir et se trahir, de se modeler même approximativement. La morale et bientôt le puritanisme, le classicisme et bientôt l'académisme surgissent, selon les directions et les aptitudes spéciales de tel peuple, quand ce peuple n'a plus la force de supporter le poids grandiose de la vie et des actions atroces ou sublimes qu'elle accomplit d'un même élan.

C'est dire que ces codifications sont quelquefois indispensables au salut des multitudes. C'est un arrêt dans la déroute, qui permet de souffler et de retenir l'énergie et l'amour près de rouler à l'abîme. Si l'art nous apparaît comme une épée conquérante qui élargit à l'infini les territoires de la vie, la morale est un bouclier qui tente de s'opposer à l'avance de la mort. Mais ce bouclier étouffe aussi les restes de vie qu'il couvre et risque de masquer les germes de vie nouvelle qui apparaissent çà et là. La réforme anglo-saxonne et le classicisme de France n'ont eu pour but que de substituer à un organisme brisé par la Renaissance, pour arracher l'individu aux ruines de cet organisme, une règle de vie et de pensée destinée à donner pour quelques instants au monde l'illusion que cet organisme n'avait pas cessé d'exister. Quand un grand corps social ou religieux est en pleine puissance de création et d'expansion, il n'a que faire de règlements pour créer du « bien » et du « beau ». Il est un équilibre de forces où les antagonismes entrent avec la même nécessité, la même aisance, et aussi la même ivresse que, dans l'harmonie de la danse, les bras, les jambes, le torse et la tête du danseur.

Pour vivre, pour revivre, l'art, comme la conscience, conditionne avant toute chose le devenir éternel. La morale, comme l'esthétique, fait appel à la vérité éternelle. Là est le mouvement, la découverte par le risque, ici la certitude fixe dans le consentement à obéir. Ceux-là montent de nous. Celle-ci descend des autres. Ceux-là seuls touchent réellement les hommes parce qu'ils vont de cœur à cœur. Celles des œuvres « morales » qui parviennent à nous atteindre, les *Évangiles,* par exemple, ou les *Pensées* de Pascal, passeraient au-dessous de nous si une force artiste irrésistible ne les animait. Mais sont-ce des œuvres « morales »? Je n'en crois rien.

III

Il serait d'ailleurs imprudent de confondre « la morale », qui n'est que le transport sur le terrain social d'une métaphysique sexuelle fondée sur le péché originel, avec les disciplines prohibitives généralement attachées à la religion, dont nulle société n'a pu et ne pourra, on peut le craindre, se passer dans l'avenir. Celles-ci, portant toutes sur des gestes permis ou défendus sans raisons transcendantales et n'élevant pas leurs cloisons étanches entre deux régions du monde spirituel qui ne doivent plus communiquer, n'ont jamais gêné l'expansion artiste de l'homme. La plupart du temps, au contraire, elles ont exercé sur elle un effet bienfaisant, en évitant à son activité ces hésitations et ces recherches qui l'égarent sur un terrain où elle ne se reconnaît plus et ralentissent ou même brisent son élan : « Voici ton dieu... » ... « Ne prends pas ce champ, il est à ton maître, ou à ton voisin... » ... « Ne prends pas cette femme, elle est à ton frère... » ... « Reste dans la condition où tu es né, tu es fait pour elle... » Tout cela n'empêche pas l'homme qui a envie de tailler dans ce tronc d'olivier l'image d'une jeune fille, ou, dans ce bloc de lave, une tête d'épervier, de réaliser son désir. Au contraire, cela l'y pousse, en amassant toutes ses puissances d'amour sur le chemin de ce désir. Mais faire dépendre son salut dans ce monde ou l'autre du reniement même de ces puissances d'amour, c'est cela qui le désoriente. Il est vrai qu'on assiste alors, quelquefois, quand l'interdiction dure des siècles, à une sorte d'éruption irrépressible des poèmes accumulés dans le silence des aïeux. Ce qui tendrait à faire croire que le bonheur et la grandeur de la plupart des hommes sont fort indifférents à Dieu, puisqu'il sacrifie souvent dix ou vingt générations pour produire un de ces éclairs de miracle où l'une d'elles, soudain, semble d'accord avec lui.

De ce point de vue supérieur, qui embrasse notre aventure universelle comme un phénomène non isolé ct fragmenté dans le temps mais cheminant, évoluant, parfois régressant le long d'une durée indéfinie ainsi qu'un être vivant, il est bien difficile de déterminer quelle a pu être l'action de telle ou telle forme de discipline sociale sur la force créatrice des esprits. On la voit bien du dehors, certes. Il est tout naturel que le sar assyrien construise des palais dominant de loin le désert, et où il puisse entasser la multitude des esclaves, des femmes, des soldats destinés à servir, à assouvir, à protéger ses passions. Il est tout naturel que les prêtres de Chaldée fassent monter le plus haut possible au-dessus des tourbillons de sable les terrasses d'où ils observent, dans la pureté de l'espace, le mouvement circulaire des cieux. Il est normal que les Hellènes, assemblés pour les fêtes que reconnaissent toutes les constitutions particulières de leurs cités, surveillent avec passion le jeu des muscles sous la peau hâlée des athlètes et l'harmonie des mouvements dans la course ou le saut. On comprend sans peine pourquoi l'imagier du XIIIe siècle fait rentrer dans le cadre tantôt charmant, tantôt farouche de la mythologie judéo-chrétienne imposée peu à peu par les conciles et les évêques, les gestes des métiers de France et la forme de ses fleurs. Pourquoi l'autocrate romain fait daller les routes et élever les aqueducs qui amènent au centre de son empire, de toutes ses provinces disparates, la richesse et la vie. Pourquoi un château environné de jardins symbolise tout un système politique de l'intelligence autour de l'autocrate français. Et pourquoi les travaux de la maison et les paysages où le ciel et l'eau se pénètrent résument, dans la peinture, l'effort du bourgeois de Hollande à s'installer confortablement sur le sol qu'il a conquis. Mais il est impossible de prétendre que tel ou tel moyen de gouverner les hommes doive imprimer tel ou tel accent à tel ou tel de leurs moyens de s'exprimer. Sur ce terrain, l'enquête nous conduit à des résultats très variables. Si variables, en vérité, qu'on se demande si nos habitudes d'esprit nous permettent de comprendre la formation spirituelle qu'ont infligée aux hommes les modes de groupement et de gouvernement que nous appelons autocratique, théocratique, aristocratique, démocratique : ce ne sont que des étiquettes, sous lesquelles nous plaçons des formes qui ne répondent vraisemblablement qu'au sens actuel que nous prêtons à ces mots.

Quelques constatations pourtant s'imposent. La tyrannie n'empêche pas fatalement l'éclosion du poème. La liberté ne la favorise pas fatalement. Il plane bien plus haut sur l'Angleterre ensanglantée par la hache d'Élisabeth que sur l'Angleterre accablée de liberté et de richesses sous le trident de Victoria, sur l'Espagne de Philippe II où l'Inquisition brûle, tenaille et roue, que sur l'Espagne parlementaire où le livre et la presse sont libres de construire et de critiquer, sur la France de Louis XIV que sur celle du Directoire, sur le Japon féodal que sur le Japon libéral. D'autre part les villes libres allemandes du XIIIe siècle, ses petites principautés pacifiques du XVIIIe ont prodigué à l'Allemagne, là bourdonnante de métiers, ici fourmillante d'idées, ce que sa force militaire n'a pu lui donner, et les libertés albigeoises n'ont pas empêché la France du midi d'élever la majestueuse épopée de pierre (5) que

(5) Fig. 206.

Fig. 206. MILIEU ARIDE. CONTRASTES *(France, Albi).*
Ph. Archives photographiques.

d'autre part le despotisme ottoman anémiait sur les terres islamiques ou écrasait sur les terres chrétiennes qu'il occupait. Si le règne de Napoléon est silencieux, celui de Louis-Philippe se pare d'une floraison surprenante, et si la Russie autocratique écoute s'élever de ses villes où chaque maison porte le sceau de la police, de ses champs cultivés par des animaux humains, de ses ruines, de ses bagnes, la rumeur de la musique et des plus profonds abîmes moraux que le verbe ait illuminés, la Hollande libre, au moins depuis deux siècles, n'a rien dit.

Une seule chose, de ce point de vue tout au moins, paraît probable. C'est que les systèmes de gouverner où l'autorité domine – théocratie, autocratie, aristocratie – favorisent presque partout l'essor de l'architecture et subordonnent tous les arts à l'architecture, édifice central et primitif autour duquel les foules se rassemblent et sur lequel tous les yeux sont fixés : voyez les vieilles théocraties ou monarchies d'Orient, l'Islam, voyez la rencontre, au xe siècle, de la théocratie catholique et des monarchies d'Occident à leur aube dans le temple roman catégorique qui paraît sceller dans le sol la voûte impitoyable étendue sur le labeur des hommes, voyez le siècle classique des Français. D'autre part tous les systèmes où la liberté domine ou tend à se faire jour et qu'on nomme en général démocratie – à forme aristocratique ou corporative souvent – la Grèce après Périclès, la Commune française, les Républiques italiennes, les Pays-Bas après leur émancipation, la France depuis cent ans – voient la sculpture familière et surtout la peinture envahir, puis étouffer, puis oublier l'architecture, l'individu trouvant dans le jeu des formes, des lumières, des ombres et des mouvements un langage plus propre à suivre pas à pas les méandres infinis des sentiments et des idées que font lever en lui ses désirs et ses sensations. La démocratie ne contrarie pas le développement de l'artiste, que la liberté sans cesse aiguillonne, sollicite, inquiète, entraîne et lance sur des chemins inexplorés. Mais elle contrarie l'unité du style que l'égalité, en détruisant de fond en comble le principe de hiérarchie dans les fonctions et dans les aptitudes, ruine aussi dans le monument. Peut-être trouverait-on dans l'art des Indes une sorte d'oscillation tragique entre ces pôles opposés. Le régime des castes y règne, rigide comme le fer : mais la liberté des instincts laissés par lui aux multitudes qui emplissent ses compartiments comme une eau bourbeuse et fermentante, imprime à l'art entier une forme hybride où les procédés de contrastes, d'éclairement, de passages et de valeurs propres à la peinture forcent la pierre même, dans son cadre monumental, a obéir aux moindres impulsions sensuelles de tous les individus (6).

IV

Si l'ordre politique et moral peut être l'occasion de l'œuvre d'art, il n'est jamais, en aucun cas, sa cause déterminante. Il est, comme elle, l'effet de forces antérieures qui les baignent et les traversent l'une et l'autre pour leur survivre et s'incarner plus loin en des formes renouvelées. L'idée de perfection à atteindre, qui a animé tout l'art grec dans le plan

(6) Fig. 39, 131, 132, 177, 178, 207, 216.

Fig. 207. CONTRADICTIONS. CONCILIATIONS *(Indes)*. Ph. Goloubev ▷ archives du musée Guimet.

Fig. 208. FRONTIÈRES DE LA PERFECTION *(ve siècle athénien)*. Ph. Giraudon.

physique (7) et dont s'est emparé le christianisme pour la transposer dans le plan moral a sans doute, sur l'orientation des foules et l'effort qu'elle exige d'elles, une influence décisive. Mais, si elle a pu donner là à l'art grec, ici à l'énergie puritaine un accent singulier, et convenant pour une heure à la race ou à l'époque, elle est peut-être la plus néfaste qu'on ait imaginée si on prétend étendre à toutes les civilisations – à « la civilisation » même – son rôle trop limité. Elle retranche une moitié de notre univers spirituel, condamne l'anthropomorphisme à définir une image à coup sûr splendide mais destinée à rencontrer très vite de toutes parts d'infranchissables frontières, et la morale à nier la fécondité des passions pour atteindre à une vertu négative que la curiosité et l'imagination ne tardent pas à déserter. L'idée de progrès indéfini qui s'y attache est, par surcroît, en contradiction avec elle, puisque rien n'existe au-delà de la beauté parfaite et de la parfaite vertu. Et l'une est aussi impuissante que l'autre à justifier, et même à expliquer le rôle historique des civilisations grandioses – Égypte, Chaldée, Chine, Indes, Islam, Mexique, Pérou, Christianisme médiéval de l'Occident même – qui toutes leur ont prêté ou emprunté des éléments nécessaires, mais qui se sont développées et épanouies indépendamment d'elles et ont exercé une influence universelle au moins aussi profonde et durable que la leur. Que dis-je? Il y a entre les formes d'art et d'association sorties des civilisations à type oriental que l'idée fataliste domine et des civilisations à type occidental hantées de perfection et de progrès, une antinomie qui serait irréductible si les unes et les autres

(7) Fig. 85, 208.

tenaient rigoureusement dans les cadres de leurs systèmes et ne parvenaient, à leur insu, à les rompre à tout instant. Le fatalisme oriental, niant la nécessité de l'effort, doit logiquement aboutir à abolir l'idole civilisatrice qui demande bien du travail quand il s'agit de donner sa forme à un gigantesque rocher. Le progressisme occidental, niant la nécessité des imaginations mystiques qui dépassent la forme visible et la morale rigide pour élargir sans cesse l'association du symbolisme spirituel et du monde infini de formes qui remue dans nos désirs, doit logiquement aboutir à élever au rang d'idoles le rond de cuir du bureaucrate, la palme de l'académicien, l'habit noir du prédicant et le poêle de l'ingénieur.

Par bonheur, ici et là, il y a la force amoureuse des races, et c'est elle qui résiste à l'idée de perfection ou qui vainc l'idée fataliste pour réaliser son poème par n'importe quel moyen. C'est elle qui a créé chacune de ces épopées successives qu'est l'histoire des grands peuples et dont l'ensemble constitue l'Histoire elle-même se déroulant, grâce aux passions, contre les métaphysiques qui voudraient la condamner à l'inertie ou les morales qui voudraient la conduire à l'absolu. Ces épopées portent en elles leur passé et leur avenir. Non seulement elles ne se recommencent pas, mais elles ne se continuent pas. Quand un événement brutal – quelque guerre exterminatrice, par exemple – n'en tranche pas les racines ou n'en arrache pas les fleurs, elles croissent et disparaissent en laissant leur tâche achevée, et ce n'est pas en partant du point où elles se sont arrêtées qu'une autre les remplacera. C'est en rassemblant les éléments de nouveau dispersés du monde pour leur imposer un ordre neuf. Chaque forme d'art peut et doit tôt ou tard pénétrer la forme voisine, certes, ou la forme suivante, ou telle autre qui viendra dans le plus lointain avenir. Mais elle s'accomplit en elle-même, avec ses vigueurs et ses tares, ainsi qu'un être vivant. Elle naît, elle exprime, elle meurt. C'est tout. Elle n'est, en aucun cas, un progrès sur la précédente, et si parfois elle est plus belle que la précédente, c'est que la race qui l'impose a été plus favorisée. Elle peut être aussi moins belle, moins expressive plutôt – il faudrait, une fois pour toutes, renoncer à cette idée du beau, liée à l'idée du parfait, qui limite les sensations de l'homme et émascule la puissance du créateur. L'enfant aussi peut être supérieur à son père ou à son plus lointain aïeul, mais il trouve dans l'hérédité, le hasard, les circonstances, autant d'excellentes raisons pour leur demeurer inférieur. Le « progrès », somme toute, se réduit à des différences. L'art hollandais, dans son ensemble, et malgré sa vivante et truculente saveur, est certainement moins émouvant que l'art égyptien dans son ensemble; l'art japonais, enfant de l'art chinois, est mince et caricatural auprès de lui; l'art du conquérant britannique est maigre – poètes à part – si on le compare à celui de l'esclave hindou; l'art italien depuis Michel-Ange ne vaut pas ce qu'il est avant Michel-Ange et l'art chrétien, qui fut un être formidable, n'est plus qu'un employé malade accomplissant son labeur sans plaisir. Le « progrès », s'il existe ailleurs que dans l'outillage de l'homme, n'a rien de commun avec l'art qui peut certes acquérir d'âge en âge une complexité plus large et utiliser le perfectionnement de l'outillage pour explorer des sensations nouvelles et vivre des drames nouveaux, mais dont chaque manifestation collective ou individuelle se suffit et dresse sur la route des peuples les seules bornes vraiment visibles et expressives de leur tâche que nous y reconnaissions.

Si l'art demeure, en effet, c'est qu'il est seul à réunir, alors que la morale au contraire divise. Toute civilisation vraie est un phénomène lyrique où montent et règnent ensemble la connaissance et le devenir. L'art est sa cime la plus haute, qu'elle ne parvient à gravir que si elle accepte sans peur les éléments d'énergie et d'amour que tous nos instincts lui imposent. Les morales successives – et la morale même – n'existent qu'en fonction de ce poème qu'elles faussent, dès qu'elles prétendent le conduire et l'inspirer. C'est le poète – et le poète seul, si l'on accorde aussi ce titre à ceux qui œuvrent avec force dans l'idée ou dans l'action – qui trouve les analogies, hiérarchise les valeurs et découvre les passages conduisant à l'unité. Il n'est rien que le lyrisme n'accorde et n'élève avec lui. Et s'il le veut la morale elle-même, qu'il enchaîne en se jouant. Hors le lyrisme il n'est que servitude. Celui qui n'obéit qu'à la raison ignorera la sagesse. Celui qui n'obéit qu'à l'impulsion sensuelle ignorera la liberté. Le lyrisme est la vie ascendante où les puissances passionnelles et les puissances spirituelles, s'affirmant et se fortifiant les unes par les autres, lui livrent la flamme de l'autel. C'est lui qui est chargé d'abolir les contradictions en cherchant leur point d'équilibre autour duquel il oscille tragiquement durant toute la vie conquérante de la race et qu'il n'atteint et ne fixe que pour la durée d'un éclair.

V

Il s'ensuit nécessairement que l'art, qui se nourrit des passions pour les incorporer toutes vives à l'harmonie de sa substance, conditionne la tragédie. Nous avons vu, à propos de la morale, qu'il n'est pas un de ses grands édifices dont les assises ne plongent dans un abîme d'horreurs. Mais le fait devient plus impressionnant encore dès que nous entrons dans l'histoire chronologique et constatons que la naissance et la jeunesse des plus représentatifs entre les artistes de la race, coïncide presque partout avec les convulsions les plus sanglantes que cette race ait subies. Nous savons que l'art hellénique, qui germa de tout temps sur un terrain labouré par la fureur politique et guerrière, atteint son point d'équilibre le plus stable quand mûrit la génération qui assiste aux guerres médiques, dont l'enfance du grand sculpteur d'Olympie est d'abord impressionnée, puisque le *Combat des Centaures et des Lapithes* est hissé au fronton du temple quelque vingt-cinq ans après elles. Nous savons que Phidias naît l'année de Marathon où a combattu Eschyle et où aurait pu combattre Pindare, alors que Périclès et Sophocle avaient quatre et cinq ans. Nous savons qu'Euripide et Démocrite naissent l'année de Salamine, alors qu'Hérodote a quatre ans. Nous savons que Thucydide, Socrate, Hippocrate, Alcibiade,

Aristophane sont les fils de ceux qui ont vu l'incendie d'Athènes et jeté le Perse à la mer. Nous savons que la part la plus féconde de leur vie s'écoule pendant l'horrible guerre du Péloponèse, alors qu'apparaissent Platon, Xénophon, Parrhasios, Zeuxis, Scopas, et sur les ruines de laquelle surgissent Aristote et Démosthène. Nous savons que, plus près de nous, du XIVe au XVIe siècle, l'étonnante multitude des artistes italiens naissent, grandissent, œuvrent, meurent parmi les déchirements furieux des cités républicaines et au cours de l'expansion victorieuse de Venise sur les mers. Nous savons que l'art de l'Espagne, qui dure cent cinquante ans, a le caractère explosif de son expansion militaire et coloniale et s'affirme en même temps qu'elle, brusquement. Nous savons que « l'âge d'or » de la littérature anglaise est aussi l'âge le plus atroce de l'histoire des Anglais, guerre au dehors, guerre au dedans, croissance brutale de la Réforme, et que le berceau de Shakespeare flotte sur un fleuve de sang. Nous savons que tous les peintres de la Hollande, silencieuse avant et depuis, naissent entre les dates extrêmes de l'effroyable insurrection des Pays-Bas et dans les vingt ans qui suivent la reprise de possession de leurs foyers par les vainqueurs. Nous savons que la grande génération romantique, sans une seule exception, Stendhal, Ingres, Rude, Géricault, Corot, Barye, Balzac, Delacroix, Hugo, Berlioz, Dumas, Michelet, Comte, Daumier en France, et ailleurs, dans les pays qui subissent le même orage, Weber, Schopenhauer, Schubert, Mendelsohn, Schumann, Richard Wagner, Chopin, Byron, Shelley, Carlyle, naît ou grandit entre le début et la fin de l'expansion militaire de la Révolution et de l'Empire français. Ce sont des faits, dont je ne cite que les plus impressionnants (*). Il semble que chacune de ces crises poignantes, où l'existence d'un groupe d'hommes, de ses besoins, de ses mœurs, de ses modes d'association est mise en jeu soudain par le drame politique ou par le drame guerrier, soit suivie d'une explosion d'énergie spirituelle qui en ramasse en elle les fureurs et les inquiétudes pour créer et nourrir les grandes imaginations.

C'est naturel. Le danger, la terreur, l'angoisse, la souffrance morale et matérielle sont partout. Aimé convulsivement, témoin des ruptures violentes et des morts inattendues, de la tragédie quotidienne où les larmes de la mère coulent, où apparaît la lâcheté ou la vaillance du père, où le frère est livré au bourreau, la sœur livrée au soldat, l'enfant pousse hagard, replié sur lui-même, obligé de dissimuler ce qu'il sait et ce qu'il sent, d'accepter l'enthousiasme ou la catastrophe comme l'aliment ordinaire de son imagination, de choisir seul une route ardente à l'âge où d'habitude on choisit pour lui une route molle ou une impasse, d'accueillir la responsabilité et le risque comme compagnons de jeux. Très jeune il a acquis, en même temps qu'une insouciance souveraine vis-à-vis des événements dont les plus redoutables sont pour lui les plus normaux, une habitude de la méditation qui l'immobilise muet devant une fleur au bord de la route, et par surcroît ouvre en lui des abîmes étranges dès qu'il y croise l'amour. Et

(*) Je renvoie ceux qui voudraient suivre de plus près ce phénomène à mon livre *La Danse sur le Feu et l'Eau* (Crès, 1920) et plus spécialement au chapitre *La Tragédie mère des arts.*

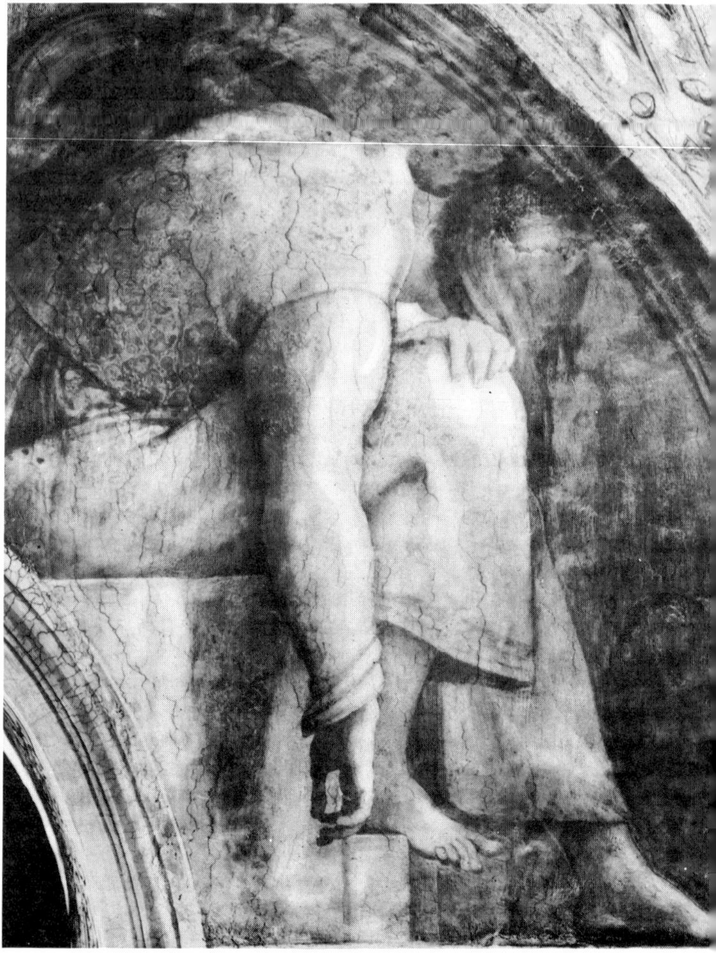

Fig. 209. TRAGÉDIE *(Michel-Ange)*. Ph. Anderson-Giraudon.

comment dire la subtilité et la puissance du ferment qui peut lever aux flancs de la femme et de l'homme dans l'étreinte parfois unique où tous les deux portés à la suprême exaltation du délire amoureux dans le désespoir et les larmes, sont arrachés l'un de l'autre par le tocsin ou le tambour?

Une objection, il est vrai, se présente. L'apogée de l'art et l'apogée de la violence ne dépendraient-elles pas des mêmes causes antérieures, l'irrésistible montée dans la race de l'énergie et de l'amour éclatant au même moment pour en exprimer l'unité suprême dans ses deux sens à la fois, celui des forces instinctives obéissant à leur fureur, celui des forces spirituelles obéissant à leur lyrisme? C'est possible, mais elles semblent se conditionner l'une l'autre, et si l'esprit de guerre et l'esprit de révolution disparaissent un jour de la cité des hommes, je me représente assez mal un drame collectif quelconque, écartant peut-être le meurtre, mais bouleversant les êtres d'enthousiasme, ou d'angoisse, ou de colère ou de douleur – un drame passionnel où la race entière participe – qui remplirait auprès de nous la tâche que l'esprit de guerre et de révolte a jusqu'ici si cruellement, mais si magnifiquement assumée. L'amour, même et peut-être surtout quand il ne verse pas le sang, est la passion qui joue le mieux ce rôle chez l'individu, par sa furieuse exaltation lyrique, ses alternatives poignantes de désespoir et d'ivresse, le vide immense qu'il laisse quand il tombe et que l'art ou l'action remplissent avec impétuosité. Mais cette sorte d'amour n'est pas connue de tous les êtres, il s'en faut, et elle ne peut remplacer auprès de l'espèce entière la tragédie unanime qui porte l'homme et la femme, par leurs actes, par leurs pensées, par leurs sensations, par leurs sentiments, par leur force génératrice, en des régions d'énergie et d'anxiété spirituelles dont la plupart n'eussent pas soupçonné l'existence auparavant.

Le drame, certes, est au fond de la paix, dans les passions et les intérêts qui se croisent, mais diffus, sournois, assoupi, sans retentissements profonds sur l'âme ouverte de l'enfant, qui ne le saisit pas beaucoup mieux que l'âme fermée de presque tous les hommes ne saisit le drame muet de la course des étoiles, par exemple, drame terrible cependant, le plus terrible de tous, – course interminable et sans but dans le vide et le froid et la nuit sans aucune aurore. Et le poète, même s'il souffre, même s'il sait parfaitement que chaque coup de ciseau, chaque strophe, chaque accord est une conquête sur le drame silencieux que représente sa pensée en lutte avec les sollicitations des choses, les tourments de l'amour et le sentiment du néant, – le poète se rend-il bien compte que chaque coup de ciseau, chaque strophe, chaque accord introduit, lui aussi, un drame nouveau dans le monde? Sensibilités qu'il éveille, intelligences qu'il déroute, enthousiasmes qu'il suscite, communions qu'il crée brusquement, rencontres d'esprits, rencontres de cœurs, discussions, théories, systèmes, un tourbillon de jeunes forces se lèvent sur ses pas. Des conflits naissent. De larges courants d'idées s'ouvrent, glissent du plan esthétique sur le plan sentimental, du plan sentimental sur le plan social ou politique, et des multitudes bougent parce qu'un seul homme a parlé. Il est aisé, certes, de voir que la parole de Jésus a lâché des torrents de sang qui s'élargissent encore. Mais comment ne voit-on pas que Michel-Ange aussi a fait d'innombrables victimes, non seulement en engendrant des imitateurs et des plagiaires, mais en plaçant au seuil du monde moderne, qu'il annonce, la tragédie (8) fondamentale de l'esprit, qui est d'épuiser la mystique par la connaissance et de n'avoir à choisir, au bout de la connaissance, qu'entre la mystique et la mort?

(8) Fig. 209.

Fig. 210. *(Greco).* Ci-dessus et ci-contre. Ph. Anderson-Giraudon.

Utilisation de la mort

I

Nous voici donc au bord du gouffre du pessimisme radical. L'art ne porte point témoignage de la vérité des religions, qui, bien au contraire, se nourrissent de sa substance et s'anémient ou meurent dès qu'il les quitte pour aller aimer ailleurs. L'art n'a rien à voir avec une finalité sociale quelconque puisque, aussi haut qu'il monte, il n'a jamais pu maintenir à cette hauteur l'équilibre politique dont il ne constitue sans doute qu'une image idéale impossible même à fixer et que l'instrument prétendu de cet équilibre, « la morale », ne règne que sur ses ruines et fuit dès qu'il reparaît. Si sa réalisation matérielle peut être favorisée, parfois, durant une ou deux générations, par la prospérité, la paix, le bien-être général, l'art plonge ses racines dans le drame de l'Histoire et ne paraît pas même concevable si l'homme ne vit constamment en état de guerre intérieure contre la violence excessive de ses instincts de conquête ou le calme excessif de ses besoins de sécurité. Il est antisocial du point de vue optimiste où la société – du moins la société occidentale – se place, je veux dire la poursuite du perfectionnement indéfini d'un bonheur unanime que ses constructions imaginaires troublent, et d'un repos unanime que bouleverse sa perpétuelle évolution. Il est immoral dans bien des cas, et avant tout par son exaltation inexorable de l'amour. Il est amoral toujours, puisqu'il cherche à tirer des événements et des objets des harmonies indifférentes à la qualité sentimentale que les moralistes prêtent à ces objets et à ces événements. Il est cruel, même quand il est tendre, et c'est le plus souvent le cas, cruel comme la civilisation qu'il représente et symbolise, puisqu'il accepte, comme elle, pour réaliser son équilibre propre, d'explorer en tous sens le domaine redoutable des passions. Il joue sans cesse avec la mort (1), devant laquelle seul il danse, alors que tout ce qui n'est pas lui tremble, recule, dissimule, ou laisse tomber ses outils de travail en la regardant. Il se nourrit de son propre enthousiasme à arrêter les apparences une seconde, et du désespoir que ces apparences s'écoulent à la seconde qui suit. Sa mystique épuisée, il aborde la connaissance dont il a vite fait de parcourir le cercle rigoureusement fermé au-delà duquel recommence l'empire de la mystique et du néant. Il n'y peut rien. Il est seul à savoir qu'il n'y peut rien, puisqu'il se contente d'être à condition de n'errer ni en deçà ni au-delà de lui. Il n'est grand que dans la mesure de sa ferveur lyrique et de sa puissance expressive à constater. C'est quand baisse l'énergie générale et la foi en sa propre force que l'art définit et démontre, et c'est alors que le héros dont l'énergie et la foi se maintiennent apparaît comme celui qui accepte sans conditions... L'art est le seul à ne rien attendre de la vie, que la vie même, et à ne chercher sa récompense que dans son propre exercice ou, à la rigueur, dans la mort.

Encore ne goûte-t-il, dans l'espérance des sanctions hypothétiques qu'elle apporte, qu'une consolation dérisoire, et dont l'accès n'est possible qu'aux âmes simples de ses grands moments de ferveur et d'expansion unanimes qui rencontrent sur leur route une quelconque religion. Dès qu'il

(1) Fig. 211.

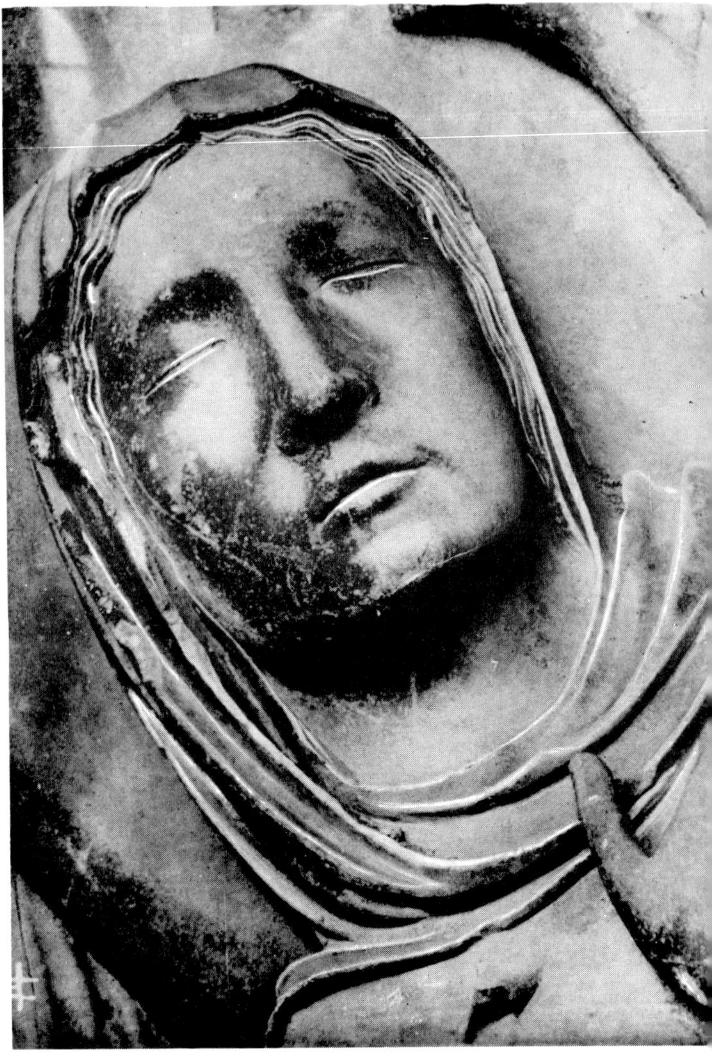

Fig. 211. LE JEU AVEC LA MORT *(France, Chartres)*. Ph. Houvet.

habite un cœur véritablement héroïque, c'est la vision du néant qui, montant de ce cœur en même temps que la vision des magnificences terrestres et spirituelles, s'y associe dans l'ivresse confondue de l'admiration et de l'horreur. L'idée même de la survie indéfinie de son poème ne peut que par instants très brefs consoler une grande âme. Elle sait que quelques siècles ou quelques millénaires suffiront à l'effacer, l'humanité grandît-elle encore en puissance et en devenir. Elle sait que les musées sont des lieux funéraires où la foule n'entre pas, que des fresques qui n'ont pas cinq siècles s'effritent de minute en minute sur le mur des Campo-Santo, qu'à chaque heure, de par le monde, la pierre d'un temple tombe, que tous les jours le lierre et l'herbe ensevelissent un dieu. Elle sait qu'un idiome change, puis meurt, et que l'esprit du verbe s'évapore en passant d'une langue dans une autre. Elle sait que la musique même exige des interprètes dont les associations futures feront dévier la symphonie en raison des besoins individuels ou collectifs qui se seront peu à peu modifiés. Elle sait que des œuvres les plus vivantes, il ne restera un jour que la biographie de leur auteur dans quelque encyclopédie, puis que les encyclopédies débordant de matières, le nom seul y surnagera. Et ce nom vécût-il autant que les hommes, – glacé d'ailleurs, dans sa sonorité devenue sans échos –, elle sait qu'un jour il n'y aura plus un seul homme pour s'en nourrir, quand la terre roulera morte autour d'un soleil mort.

En somme, l'art entier est une représentation symbolique, dans la vie de l'espèce, du drame d'amour qui transfigure et bouleverse la vie de l'individu. Par rapport à la durée de cette espèce, son illusion poignante dure ce que dure, dans la durée de l'individu, le formidable afflux de sensations, de sentiments et de puissance que lui apporte l'amour. Et cet afflux se produit, se renouvelle ou manque selon la qualité de l'imagination ou de la force amoureuse que l'hérédité, les circonstances et les hasards ont imposées à l'espèce aussi bien qu'à l'individu. Comme l'amour, dont il a la cruauté atroce, dédaignant aujourd'hui, pour chercher demain à aimer ailleurs, la forme la plus idolâtrée et la plus labourée par lui, il a la faculté de s'incarner dans plusieurs formes successives. Parfois, comme l'amour, il n'en rencontre aucune sur sa route, ou, monstrueux phénomène, ne tente pas d'en rencontrer : car certains peuples vis-à-vis de l'art comme certains individus vis-à-vis de l'amour, gardent leur vie durant le silence le plus morne. Comme l'amour, enfin, il cherche et transfigure les formes les plus dissemblables qui tour à tour n'obéissent et ne ressemblent qu'à sa propre qualité.

L'art possède, devant la mort, la même attitude que l'amour. Il a son inutilité et son importance terribles et cet accent mêlé d'ivresse et d'épouvante qu'il prend dans le cœur le plus haut. Ivresse que déchaîne en nous le pouvoir de donner la vie en communion avec toutes ses énergies errantes, mais qui ne dure dans les sens que l'espace d'une heure, dans l'âme que l'espace de quelques années et que sature d'épouvante la conscience de sa fin. Ainsi que la croissance de l'amour, la croissance de l'art est peut-être plus enivrante que sa fugitive mais totale possession. Ainsi que la décroissance de l'amour, la décroissance de l'art est peut-être plus triste que n'est douloureuse sa totale mais fugitive possession. L'acte de création, en chair comme en esprit, est le plus lyrique, et peut-être le seul vraiment lyrique de nos actes, et cependant cet acte, en fin de compte, n'est fait que pour nourrir la mort.

II

C'est donc un jeu, comme l'ont dit les philosophes. Il s'agit de danser sur le bord de l'abîme ou de le recouvrir de fleurs. C'est un jeu qui, toute qualité mise à part, ramène des êtres de la taille de Michel-Ange, ou de Shakespeare, ou de Rembrandt, ou de Beethoven, à l'impulsion irrésistible qui conduit le jeune enfant, comme le jeune animal, à gambader, à bondir, à s'ébrouer dans les prés et la lumière, le petit garçon à jouer aux barres, la petite fille à la poupée, l'homme d'État à flatter les passions des peuples pour ouvrir ou fermer la guerre, le soldat professionnel à la faire bien ou mal, le juge à réclamer des têtes et l'avocat à les lui disputer, le médecin à surveiller le rétablissement ou la rupture des équilibres fonctionnels qui font et défont la santé, le boursier à pousser ou à déprécier les valeurs, l'astronome à prévoir la date des éclipses, l'ivrogne à s'enivrer, le citoyen à voter, l'aventurier à s'élancer dans l'air ou à s'enfoncer sous les flots, l'oisif à rejoindre l'oisif autour d'une table verte où des râteaux ramassent des cartons coloriés de noir ou de rouge et des jetons d'ivoire au cliquetis desquels se mêle le froissement du papier. Il a été donné à quelques hommes de ma génération de connaître un vieillard tout à fait ossifié dans ses jointures, qui ne pouvait ni se lever, ni s'asseoir, ni se coucher seul et qui faisait naître sans cesse, d'un pinceau lié à sa main disloquée, des roses, des anémones, des fruits rouges, des chairs de femmes et d'enfants où le sang paraissait se mêler à la lumière pour en pétrir la pulpe et en caresser les contours. Ce vieillard cacochyme, qui n'avait jamais rien attendu de la mort, qui n'attendait plus rien de la vie, jouait, jouait seulement, et comme il lui était impossible de cultiver tout autre jeu, on eût dit qu'à mesure que sa ruine physique se faisait plus irrémédiable, la danse, les bonds, les caprices, la jeunesse irrépressible et la recherche ardente des voluptés égoïstes de son esprit croissaient d'heure en heure. Or, un vieux chien ne joue jamais... Renoir démontrait, simplement en jouant toujours, que le jeu seul situe et définit l'homme intérieur devant les regards de la mort (2).

Mais ce jeu est intéressé. Même si l'on s'en tenait à ce singulier exemple, on s'apercevrait vite que l'homme, par la seule raison qu'il pense, a acquis la faculté particulière de s'ennuyer. Que, pour ne pas s'ennuyer, bien avant le septième jour – dès le premier, je suppose – il a imaginé le jeu, et que même, à de certains moments où l'ennui était trop difficile à vaincre, il est allé jusqu'à accepter pour quelques heures la morale, qui n'est peut-être aussi qu'un jeu. Le jeu n'est même pas toujours immédiatement inutile. Quelquefois, n'en déplaise à Kant, il a ses fins. Il y a l'architecture, dont tous

(2) Fig. 105 bis, 212.

Fig. 212. LE JEU AVEC L'AMOUR
(peinture de Renoir à 78 ans). Ph. Bernheim jeune.

213

214

Fig. 213. ARCHITECTURE UTILITAIRE *(France, Orange).* Ph. ND-Giraudon. – Fig. 214. ARCHITECTURE MILITAIRE *(Vauban).* Ph. Compagnie Aérienne Française. – Fig. 215. ARCHITECTURE INDUSTRIELLE *(France, Orly).* Ph. Giraudon.

215

les arts sont sortis, comme les feuilles, les rameaux, les branches du tronc enfoncé à même le sol. Il y a l'abri des premiers hommes, perfectionné d'âge en âge, il y a la maison vénérable, berceau du feu, berceau de la famille, berceau du métier, berceau de la cité, berceau de la race, berceau de l'esprit. Il y a cet art de l'ingénieur romain (3) qui n'est beau qu'autant qu'il est utile, quand la route, le pont, l'aqueduc, le cirque, le théâtre étagent leurs plans nus et leurs masses catégoriques comme pour soumettre l'espace à la domination des besoins les plus impérieux de l'homme, alors que cet art devient laid et presque ridicule dès qu'il est désintéressé, dans le temple par exemple, qui ne répond, chez le Romain, ni à un sentiment populaire profond, ni à un système social cependant très défini. Il y a, de nos jours même, après ces bornes sûres déposées tout le long de l'aventure humaine par la nécessité pressante de durer, de communiquer, de résister, de conquérir – durs palais italiens hérissant de tours les villes, murs militaires de Vauban, ponts et routes de France (4), phares tournant au-dessus des eaux miroitantes, tunnels perçant d'énormes massifs de rochers –, il y a ces usines américaines qui dressent leurs profils tranchants et leurs coupoles géantes sur les plaines et les cités, chairs de ciment, os et muscles de fer, jointures exactes, silence bourdonnant et mécanique des fonctions. Il y a ce vol muet des courroies et des poulies, ce va-et-vient des pistons et des bielles, sûrs de leur harmonie inconsciente et enchevêtrée – musique, danse – comme le pouvaient être, sous les voûtes ogivales, les nervures de pierre dont les coordonnées légères

(3) Fig. 34, 127, 213.
(4) Fig. 214.

soutenaient et berçaient dans l'espace le vaisseau. Il y a cette architecture nouvelle, la seule vivante aujourd'hui, des machines qui effacent leur poitrail pour couper l'atmosphère, ouvrent leurs ailes pour dominer la pesanteur, cachent, dans leur ventre secret, sous leurs téguments métalliques, des viscères où le feu circule, ces monstres ajustés comme les pièces d'un squelette – locomotives, navires, aéroplanes lancés dans le crépitement des étincelles électriques et les fantastiques lueurs – qui possèdent et portent ensemble la vie ardente des organismes animaux et la rigueur du froid calcul (5). Science? Sans doute. Mais imposant des émotions comparables à celles qu'on obtient de quelque prélude de Bach ou d'un temple égyptien ou grec dont le dynamisme assoupi animerait soudain et ferait frémir les surfaces. L'architecture est science d'abord, rien que science, et tous les arts, en se détachant d'elle, perdent leur puissance expressive dans la mesure où l'esprit de finesse l'emporte sur l'esprit géométrique pour le détruire peu à peu, ce qui le mène à sombrer à son tour dans l'essoufflement et le truquage et à ruiner en fin de compte l'architecture avec lui.

Il semble que la machine et l'architecture, comme le meuble – architecture aussi, – comme le pot, comme tous les objets du ménage et de la maison, tirent d'une adaptation fonctionnelle aussi parfaite que possible l'impression d'harmonie qu'ils donnent, et que la biologie épouse ici l'abstraction géométrique pour créer un être moyen qui participe des deux. Mais il serait dangereux de faire entrer complètement dans ces cadres un peu raides toutes

(5) Fig. 35, 71, 168, 215, 218.

les floraisons ultérieures issues de la construction. La sculpture grecque, à la rigueur – c'est ce qui fait sa beauté et en même temps sa faiblesse – rentrerait à peu près seule, à son moment le plus haut, dans cette exigence de la fonction que sa perfection anatomique atteint sans doute, mais pour s'y heurter de partout à des frontières qu'elle n'a jamais pu franchir. Le reste, statuaire égyptienne dont les longues ondes rythmiques incorporent à la lumière toute la spiritualité du bloc, peinture chinoise où l'immensité s'assemble autour d'un oiseau ébouriffant ses plumes dans l'aurore, bas-relief des Hindous qui remue éternellement, grande peinture symphonique qui introduit en Occident le sens de la communion unanime des mouvements et des formes, musique entière, poésie, tout le reste monte et s'enfonce en des régions imaginaires bien plus complexes et confuses. On y pourrait tout au plus retrouver le principe d'adaptation dans l'ivresse qu'elles procurent à l'intelligence et à la sensibilité s'emparant en leur présence d'une brusque vue intuitive des conditions universelles de la vie. Toute grande œuvre, en effet, donne un sentiment de sécurité enthousiaste qui affirme l'accord de l'esprit évoluant de l'homme avec quelque apparence fugitive fixée pour l'éternité. L'esprit et l'apparence changent, mais l'artiste a fixé un point de rencontre si stable que, trente siècles après comme le lendemain, l'homme a l'impression fulgurante qu'il a possédé l'univers à la seconde où il passait par ce point-là.

III

On peut donc affirmer que l'art, dont le théâtre est l'amour de la vie et l'instinct de sa vanité, est à la fois le plus tragique et le plus utile de nos jeux. Plus tragique que la faim, qui ne tord que nos entrailles. Plus utile que le pain, qui ne fait que nourrir sa flamme, dont s'éclaire la route qui mène où pousse le pain. Même quand le peintre égyptien travaille dans les ténèbres à décorer de peintures rutilantes des murs que ne verra pas le jour, même quand le tailleur d'images enfouit des figurines et des urnes en des caves funéraires, même quand l'architecte borde un fleuve gigantesque de deux allées de tombeaux, même alors ils jouent, et même alors leur jeu est d'autant plus nécessaire à maintenir et à accroître la spiritualité de l'homme qu'il paraît plus vain, plus paradoxal, plus édifié sur l'abîme, plus décidé à s'acharner dans la hantise de la mort. Les pyramides même sont utiles. Non pas seulement parce qu'elles ont constitué, sans doute, un instrument cosmographique pour les prêtres égyptiens, mais par la qualité même de leurs proportions harmoniques, par l'effort de science et de patience que représente leur édification et parce qu'elles expriment l'empire de l'intelligence sur le désordre originel. L'art n'a point pour objet de vaincre les passions, ce qui est l'affaire de la morale, mais bien de les ordonner, par un besoin profond de notre esprit de conquête qui constitue précisément une passion. Là où sont la discontinuité et le chaos des apparences, là où sont la discontinuité et le chaos des impulsions,

Fig. 216. (Pages 295 et 296). TRANSMIGRATION PLASTIQUE. MILIEU PANTHÉISTE *(Indes)*. Ph. Goloubev, archives du musée Guimet.

l'art intervient pour organiser un ordre spirituel qui fait de la vie morale et sociale entière un édifice cohérent, depuis la danse primitive jusqu'à la grande poésie, en passant par tous les jeux ou violents ou paisibles du corps individuel ou collectif, la sculpture et la peinture, l'architecture et la musique, la guerre même et le gouvernement. Que le polythéisme grec invente, par la tragédie et la plastique, un système de relations qui donne à la vie universelle l'apparence d'un monde bâti comme un raisonnement, que le panthéisme hindou (6) fasse naître et mourir les forces les unes des autres dans le mouvement sans arrêt des formes surgissant de l'immensité confuse pour y rentrer aussitôt, que le transformisme des Vénitiens et de Rubens retrouve, dans chacune des mille sonorités d'une gigantesque peinture, un écho de toutes les autres, que Rembrandt mêle et torde ensemble, dans un seul regard d'homme, la chair, les os, le sang du corps avec la flamme de l'esprit, il reste que là où était l'anarchie règne l'ordre, là où était la sensation règne l'idée, là où était l'incertitude règne la sécurité. Il n'importe guère, après tout, que l'unité et la continuité de style qu'un artiste, une génération d'artistes, une race entière inflige à la vie ne soit qu'une illusion introduite par nous dans le monde pour notre usage personnel, car c'est cette illusion qui édifie notre puissance. Cette illusion, qui constitue l'objet de notre amour et le but que nous lui croyons, n'est qu'un fantôme certes – un prétexte, si vous voulez – mais c'est à coup sûr le plus nécessaire de tous. Cette illusion nous mène

(6) Fig. 216.

ainsi à l'unique réalité, j'entends par là l'énergie qui nous pousse à rechercher cet amour pour l'épuiser jusqu'au fond.

L'unique réalité. Notre puissance est un être vivant, elle seule n'est pas un leurre, elle nous fait ce que nous sommes et ce que nous devenons. Mais ses prétendues fins sont chimériques. Au moment même où nous la divinisons en lui édifiant des temples, en lui dédiant des statues, en tirant d'elle des symphonies et des peintures, nous croyons extérieur à elle ce dieu que nous créons. Il est en nous, et tout entier. Les formes que notre désir lui impose ne font qu'extérioriser pour une heure l'exaltation dont sa présence nous emplit. L'art n'est que le symbole d'une image fuyante que nous n'atteindrons pas, mais dont le désir maintient notre cœur au niveau d'une vie universelle qui ne cesse de monter. Notre effort, grâce à elle, est probablement immortel. Il subit des éclipses certes, mais il reprend là quand il tombe ici, il s'exaspère ici soudain quand il doute ou hésite ailleurs, et assure à l'illusion lyrique, par sa nécessité vitale, le rôle qu'a l'art dans le monde de l'imaginer tous les jours. L'homme doit persister sur sa route tragique, cela pour vivre seulement, car il importe peu que la mort l'attende au bout de cette route, lui-même et tous ceux qui seront, s'il a l'énergie de la suivre avec les pieds sanglants et les deux yeux levés vers la source sur la hauteur. Il ne voit le sang sur ses pieds que quand il ne voit plus la source, et la vérité qui détruit le mirage est tellement insupportable qu'il tire d'elle et d'elle seule le mirage nouveau qui la lui fera supporter. Les plaies du Christ étaient les plaies du monde antique, et pourtant le monde chrétien a bâti sur elles sa féerie monumentale et la poésie prodigieuse de l'amour qu'il y a puisé, comme le monde bouddhiste a élevé sa puissante douceur sur la poitrine de Brahma ravagée par le carnage, comme le monde futur édifiera son poème inconnu sur les impitoyables vérités révélées par les monuments issus de la Renaissance et portés par la science, l'industric et la guerre à leur paroxysme de cruauté.

La conquête d'un équilibre est bien plus émouvante que sa pleine possession. La vie de Michel-Ange, par exemple, ou de Beethoven, est un admirable symbole de cette poursuite acharnée qui interdit à l'homme de s'arrêter dans sa marche sous peine de déchoir et de mourir sur place environné d'ennui. Jamais ils ne touchaient qu'une seconde à cette harmonie supérieure où la paix du cœur commence, et fait ruisseler d'elle des fleuves de félicité. A tout instant, une force en eux en dépassait et en brisait une autre et le formidable édifice n'élevait qu'en chancelant et en croulant par places ses tours spirituelles et ses bannières sans cesse agitées par l'orage où le destin dramatique de l'humanité monte et frémit avec l'orgueil de se savoir sans espérance et cependant nécessaire à sa propre consolation. La grandeur de l'homme est précisément dans cet orgueil invulnérable qui le pousse vers un sommet par bonheur inaccessible et lui procure l'ivresse de l'âme assurée de vaincre, mais dont la victoire n'a pas encore apporté avec elle la lassitude du combat.

IV

L'homme, pourtant, n'est pas cruel. Mais il ne parvient à la hauteur de ses plus nobles ressources qu'en obéissant aux forces obscures qui l'obligent sans cesse à exercer un contrôle inexorable vis-à-vis de sa paresse naturelle et de la fausse sécurité qu'éprouvent ses semblables à demeurer dans l'ornière creusée par ceux qui ont vécu. L'amour, l'art, la science, l'idée, l'action, la civilisation, ce sont ces idoles-là qui fouaillent et tourmentent l'homme, et non l'homme. La cruauté des dieux s'exerce dans la nécessité perpétuelle d'effort qu'ils infligent à son esprit. De ce que les Noirs, par exemple, sont frappés de mort quand les Blancs arrivent, cela ne veut point dire que les Blancs tiennent à tuer systématiquement les Noirs. Cela veut dire qu'un mode de civilisation a perdu la force de résister à un autre, à ses coutumes, à ses travaux, à sa morale, à ses poisons, parce que toutes ses puissances de lutte, de résistance et d'expansion ont été dirigées dans un autre sens, et employées en d'autres circonstances. Quand un poète hindou accuse la brutalité de l'Européen, sa fureur de guerre et de destruction extérieures, a-t-il suffisamment médité sur la fureur de guerre et de destruction intérieures de sa propre race, – cette redoutable indifférence à toute fin utile d'où germent le fanatisme et l'épidémie, la famine, la pullulation démesurée et dévastatrice de la vie et de la mort? Est-ce la faute de l'Europe qui bouge, si la Chine ne bouge pas? Et si le Japon arrache à l'Europe ses armes pour l'en frapper, est-ce la faute du Japon? Quel est le coupable, du Mexique ancien arrosant de son propre sang ses idoles, ou de l'Espagne arrosant les siennes de ce même sang? Et laquelle doit-on louer, de la Rome républicaine imposant la paix et l'ordre par la guerre, ou de la Rome impériale provoquant le désordre et la guerre par la paix? Faut-il invoquer la liberté pour justifier la révolution qui exerçait la terreur au nom de la liberté? Ne doit-on pas, quand on condamne la terreur, songer à ces autocraties qui menacent de la terreur pour protéger la liberté? Il y a des forces en présence, et voilà tout. Si l'une d'elles l'emporte, l'autre flétrit ses vices. Mais, si elle n'avait eu ces vices, eût-elle exercé ses vertus? Et si les vertus de l'autre eussent égalé les siennes, eût-elle vaincu? La cruauté des dieux est sainte. Et nous le savons bien, nous tous, puisque nous inventons les dieux. L'idole grecque succède à l'idole africaine, l'idole asiatique et européenne succèdent à l'idole grecque, l'idole européenne et l'idole asiatique s'influencent tour à tour pour ranimer en ceux dont l'héroïsme à vivre baisse, la flamme de l'illusion. L'homme ne peut choisir qu'entre le suicide et l'effort : l'utilité supérieure de l'art, c'est de donner à cet effort un accent d'enthousiasme dont la morale le prive et de replacer sans lassitude un cœur vivant dans la poitrine de la mort.

Wagner, je crois, parvenu à mi-route du pessimisme radical de Schopenhauer et de l'optimisme tragique de Nietzsche, laissait la religion et la morale au peuple et livrait l'art aux âmes fortes qui repoussent le bonheur comme indigne d'elles

Fig. 217. (Pages 302). MEMBRES DE PIERRE *(France, Chartres)*. Ph. René-Jacques.
Fig. 218. (Page 303). MEMBRES DE FER *(Tour Eiffel)*. Ph. Claude Mézier.

Fig. 219. (Pages 304-307). ÉQUILIBRE RYTHMIQUE *(Cambodge)*. Ph. Giraudon.

et se forgent à leur usage un système d'illusion édifié sur le désespoir. Ce n'est exact que pour les temps analogues à celui où il vivait lui-même, quand toutes les valeurs sont remises en question et que de rares hommes clairvoyants font face à la sombre vérité. Cependant, il est des heures dans la vie des peuples où, parvenus à la cime de l'énergie créatrice, ils possèdent à la fois l'enivrement incomparable de l'activité esthétique et l'illusion que l'exercice de cette activité leur assure le bonheur par-delà la tombe. Ces miracles unanimes qui répondent, nous l'avons vu, aux crises d'amour qui transforment la vie des individus et font jaillir des plaines et des coteaux boisés, des déserts, des forêts marécageuses la cathédrale, la mosquée, la pagode, expriment la plus haute puissance à laquelle une multitude puisse atteindre. C'est sans doute pour les retrouver que des générations entières s'immobilisent hébétées dans une obéissance abjecte qui entretient les mirages les plus grossiers de la félicité ou les plus mornes de la tristesse, tandis que quelques cœurs ardents consentent à souffrir sans espérance pour accueillir les formes dispersées et les rumeurs errantes avec lesquelles ils prépareront le retour d'un de ces miracles-là. Ce sont les créateurs de mythes – les poètes – qui jouent, dans l'univers moral, le rôle de la plus haute utilité, puisqu'ils relient l'illusion unanime morte à l'illusion unanime naissante par une chaîne d'illusions personnelles auxquelles ils consentent à sacrifier leur repos.

Il est impossible de considérer sans ivresse à quels témoignages paradoxaux de confiance en l'homme et la vie a partout et depuis toujours abouti le sentiment pessimiste du monde. Qu'il en a donc fallu de consciences épouvantées pour qu'un potier tourne son pot et y fasse entrer par le feu des fleurs fraîches, pour qu'un tapissier écrase dans la profondeur des tissus la chair fruitée de l'atmosphère et des prairies, en chantant, le cœur léger et libre, dans l'inconscience du néant! De la lumière éclatante du Nil qui sculpte en profils tranchants mille colosses de porphyre à l'atmosphère rousse piquée de lumignons fumeux où le théâtre anglais fait dialoguer avec les vents et les étoiles les assassins et les rois, du golfe Saronique bordé de petits temples réguliers aux jardins qui enchevêtrent leurs bassins géométriques, leurs allées d'arbres taillés et leurs murailles d'eau comme des figures de danse, des avenues de monstres qui guident, dans le désert jaune, vers les tombeaux des princes mandchous à la vaste rumeur de la musique allemande, des cavernes du Dekkan où grouillent les figures innombrables de la luxure, du carnage et de la tendresse aux bulbes, aux fuseaux tournant comme un soupir dans le tremblement de l'air chaud, des grandes nefs de France bercées sur leurs membres de pierre aux usines d'Amérique bercées sur leurs membres de fer (7), toutes les voix des hommes se répondent et se soutiennent, affirmant la continuité et l'unanimité de leur aspiration vers un dieu imaginaire qui ne leur accorde en retour que la puissance incomparable d'aborder d'un cœur ferme leur épouvantable destin. Le but de l'art, en fin de compte, est de nous arracher

(7) Fig. 217, 218.

notre consentement à la vie, puisque l'enivrement que, grâce à lui, elle nous donne, est conditionné par son horreur.

Que le drame et la douleur et la mort s'acharnent. Le christianisme, qui en avait vu nettement la nécessité, s'est trompé, je le crois bien, sur leur véritable sens. Le drame n'est pas un châtiment. La douleur ne signifie pas la déchéance de l'homme. Ni la mort son avènement à la vie. Les uns et les autres dénoncent et suscitent en lui une imagination inépuisable qui crée de la puissance en vue de les surmonter et va jusqu'à fertiliser les cendres de ses passions. Si terrible que soit la vie, l'existence de l'activité créatrice sans autre but qu'elle-même suffit à la justifier. Le jeu, évidemment, paraît, au premier abord, le moins utile de nos gestes, mais il en devient le plus utile dès que nous constatons qu'il multiplie notre ferveur à vivre et nous fait oublier la mort.

DOSSIER

Poésie de la connaissance (pp. 9-39)

Ce chapitre, l'un des rares à n'avoir pas d'abord été publié en revue, suit logiquement le précédent puisqu'il s'étend sur une spécialisation de « la connaissance ». Il revient par ailleurs sur l'évolution du « grand rythme » entre la mystique et la science.

Dès ses débuts à *L'Aurore*, Élie Faure avait défini ce rythme décrit dans le premier chapitre de *L'Esprit des Formes*, et en cherchait le témoignage dans la culture de son temps où il voyait, avec le néo-impressionnisme et le pointillisme, l'aboutissement d'une *analyse* ouverte par la Renaissance, mais également, avec Cézanne ou Carrière, le début d'une *synthèse* à laquelle tendait aussi la science :

> L'analyse touche à sa fin. Notre inquiétude, nos élans épuisés trop vite, notre besoin mal défini de communion universelle, et surtout cet abîme ouvert entre la société qui meurt et celle dont s'accroît le germe, tout nous annonce l'approche de l'une de ces heures graves où l'humanité va tenter encore une fois d'effectuer du monde idéal et formel une synthèse provisoire. La science poursuit son enquête, mais ce qu'elle nous a révélé

paraît déjà suffire à justifier les grandes intuitions panthéistes de l'homme aux prises avec les apparences multiformes de la vie. La biologie tend à réaliser la démonstration de l'unité substantielle de la matière et de la force et à nous procurer la base, peut-être cette fois solide, où nous édifierons l'harmonie causale et effective de la conscience et de l'instinct, de l'individu et de l'espèce, du réel et de l'idéal [...] L'artiste de demain n'aura plus, pour combattre la tyrannie spiritualiste, à appuyer sur le savant la justification de son effort, car il n'est plus seulement son collaborateur, mais bien le fruit héréditaire de sa méthode et de sa foi.

(« L'archaïsme scientifique », *Les Arts de la Vie*, mai 1904)

Aussi avait-il développé le parallèle entre l'art et la science en avril 1905, dans *Les Arts de la Vie*. On trouve déjà dans cet article les idées de *L'Esprit des Formes*, mais avec des précisions et des références que le livre, plus synthétique, négligera. On comprend mieux, à le lire, les allusions de la p. 13 à Claude Bernard et Le Dantec* :

L'ART ET LA SCIENCE

Qui possède l'art et la science
possède la religion.

GOETHE

Un siècle plus tard, Goethe eût sans doute écrit : « Qui possède la *connaissance* possède la religion. » Les philosophes modernes ont repris la parole d'Aristote : « Il n'y a de science que du général. » Par là ils ouvrent à l'artiste, bien qu'ils s'en

* Nous donnons la seconde version de ce texte, celle de *Formes et Forces* (1907).

défendent très fort, l'accès de la république moniste qui s'établit sur le désert religieux.

Qu'est-ce que la science ? Spencer écrit que « nulle part on ne peut dire : ici commence la science », et Rau que « toute science est, en dernière analyse, une connaissance sensible ». C'est l'avis des savants capables de généraliser, entre autres M. Poincaré qui reconnaît implicitement l'origine expérimentale de la mathématique[1].

Quel que soit le degré de précision et de certitude que nous puissions atteindre dans l'énoncé des lois naturelles, la vérité scientifique reste subordonnée au contrôle de nos sens éclairés par notre logique. Là-dessus, tout le monde est d'accord. M. Le Dantec écrit même, après M. Poincaré : « Les rapports véritables entre les objets réels sont la seule réalité que nous puissions atteindre ; — j'irai plus loin, et j'affirmerai que ce que l'homme connaît, ce sont seulement les rapports des choses avec l'homme : ce que nous appelons les choses, ce sont les éléments de la description *humaine* du monde, et ces éléments dépendent, non seulement de la nature du monde, mais aussi de la nature de celui qui le décrit[2]. » N'en déplaise à M. Le Dantec, ennemi déclaré de l'œuvre d'imagination dont il annonce, dans son dernier livre[3], la faillite prochaine, j'avoue ne pas pouvoir donner de l'art une définition plus rigoureuse.

L'art, pas plus que la science, ne peut s'en tenir à la représentation purement objective des faits, en admettant qu'une telle représentation soit possible. « Une accumulation de faits, dit M. Poincaré, n'est pas plus une science qu'un tas de pierre n'est une maison. » Une juxtaposition de couleurs ou de sons ne peut pas davantage passer pour une symphonie. S'il n'y a pas, de la forme à la forme et de la forme à son milieu, des rapports de continuité, l'œuvre n'est pas une œuvre d'art.

C'est sa logique rigoureuse qui fait l'éternité et l'universalité de l'art antique. Cinquante siècles avant la science, l'art a trouvé, entre les formes, des relations si générales, qu'on peut paisiblement affirmer, quand on comprend la langue des statuaires, que la science moderne ne l'a pas rejoint. « Le but de la science, dit encore M. Poincaré, c'est l'unité. » Le sculpteur Phidias savait certainement que c'était le but de son art.

L'art, avant la science, était la science. Il formulait, dans un langage dont la sûreté n'a pas faibli, les conclusions que la science moderne balbutie. Phidias, avec des faits épars, a construit des synthèses viables. Pourrait-on en dire autant de certains dogmes scientifiques qui régnaient il n'y a pas dix ans ?

La science naissante n'a pas ébranlé d'une ligne les conclusions philosophiques des bâtisseurs de Parthénons. En revanche, à mesure qu'elle sortait par bribes des laboratoires et imprégnait l'esprit humain de ses premières constatations, elle balayait sans pitié tout le fatras sentimental du romantisme pour ne laisser subsister de son effort que la vérité objective des images qu'il apportait. Elle enchaînait en même temps tout le mouvement artistique à l'hésitation de ses pas : tant que dure la période analytique des sciences du dix-neuvième siècle, l'art reste analytique ; il ne s'essaie à la synthèse qu'avec le mouvement actuel qui entraîne la science vers l'unité. Nous allons, par la science et l'art, vers une conception unitaire des choses.

Ainsi, même origine, l'expérience. Même but, l'unité. Où est la différence ? Dans la méthode ? Je n'en suis pas bien sûr. Je voudrais que l'*Introduction* de Claude Bernard, préface de la philosophie moniste de demain, devînt le livre de chevet des peintres, des sculpteurs, des poètes. Elles les préserverait des entraînements sentimentaux et réglerait leur imagination au rythme des lois naturelles. Ce qu'il y dit de l'observation et de l'expérience, du sentiment et de la raison, de la non-soumission de l'homme aux autorités antérieures, tout ce qui constitue pour lui les principes fondamentaux de la méthode scientifique, pourrait tout aussi bien définir une méthode artistique qui ne sera jamais fixée parce que l'enthousiasme que soulève la création et la contemplation de l'œuvre d'art déborde de toutes parts les éléments analytiques qu'il a fallu réunir pour l'édifier et la comprendre. Le savant ne peut pas plus se passer de l'intuition que l'artiste de l'expérience. Le savant appelle hypothèse le fruit de son intuition, et Claude Bernard en proclame la nécessité et la puissance. D'autre part, l'observation et l'expérimentation sont indispensables à l'artiste. Les ébauches successives qui le conduisent à l'édification de l'œuvre définitive représentent pour lui ces « expériences provoquées » que réclame Claude Bernard. « Créer, dit Raphaël, c'est comparer. »

Claude Bernard, il est vrai, s'insurgeait contre tout essai de parallèle. Il y avait même pour lui, entre les deux souffles de l'esprit, une sorte d'antagonisme. C'est qu'il ne pouvait faire une autre réponse à ceux qui s'appuyait sur ses propres travaux pour chercher les rapports de la science et de l'art non pas dans une unité de conclusions, non pas même dans une analogie de méthodes, mais dans une identité de procédés. « La méthode expérimentale, dit-il, puise en elle-même une autorité impersonnelle qui domine la science... Pour les arts et les lettres, la personnalité domine tout. Il s'agit là d'une *création spontanée de l'esprit*, et cela n'a plus rien de commun avec la constatation des phénomènes naturels, dans lesquels notre esprit ne doit rien créer... Les productions littéraires et artistiques ne vieillissent jamais, en ce sens qu'elles sont des expressions de sentiments immuables comme la nature humaine. »

Ainsi, Claude Bernard accorde à l'art un caractère d'éternité, et par suite de certitude, qu'il refuse à la science. Aveu singulier, du moins dans la bouche d'un savant. Que dirait un mathématicien ? Et lui-même, d'ailleurs, ne se contredit-il pas à trois lignes de distance ? Si la science est, comme il le dit, rigoureusement impersonnelle, comment pourrait-elle vieillir ? La géométrie est toujours jeune. Et si l'art est rigoureusement personnel, comment ne vieillirait-il pas ? Expression d'une personnalité inférieure, il ne durera pas plus qu'elle. D'autre part, des sciences sont mortes avec l'homme qui les professait, et l'art n'a point vieilli qui part du sentiment personnel pour aboutir à la raison impersonnelle, et qui trouve des rapports fixes entre les faits qu'il étudie.

Chaque œuvre nouvelle de l'artiste, dit-on, marque une évolution sur l'œuvre qui vient avant elle ; ses conclusions se modifient. Mais le savant n'a pas non plus au commencement de sa vie la même conception des choses qu'à l'instant où il disparaît. Claude Bernard n'écrit-il pas que « les grands hommes ne sont jamais, dans les sciences expérimentales, les promoteurs de vérités absolues et immuables », « qu'il faut modifier la théorie pour l'adapter à la nature et non la nature pour l'adapter à la théorie » ? Rembrandt n'eût pas mieux dit, ni

Vinci, ni Velazquez, ni Corot, ni Puvis de Chavannes, ni Carrière. C'est le temps, c'est l'expérience héréditaire qui se chargent de faire le départ entre l'œuvre de science ou d'art qui ne répondit qu'à un sentiment passager et celle où vint s'écrire la vraie loi.

C'est que Claude Bernard, qui se garde bien de confondre la science et le savant, confond l'art et l'artiste. Or, que reste-t-il de l'artiste, si nous considérons l'art égyptien dans son ensemble ? Peu de chose. Et que reste-t-il de la science, si nous effaçons de la science Képler, Lavoisier, Darwin, Claude Bernard lui-même ? À peu près rien.

Les mots « personnalité, impersonnalité » sont comme tous les mots : ils exigeraient une définition nouvelle toutes les fois qu'on les emploie. On ne cesse pas de confondre l'homme qui crée, les éléments de sa création et sa création elle-même. Je répète après M. Le Dantec : « La science est humaine », et je réponds à M. Brunetière qui prétendit un jour que la science existe hors de l'homme, et non l'art : le réel n'est pas scientifique par lui-même. Il est. La science, c'est l'interprétation que nous prétendons lui donner. Hors de l'homme, il n'y a que des faits ; ces faits deviennent Art et Science après avoir traversé l'homme. L'art est aussi impersonnel que la science dans ses éléments, la nature, et sa conclusion, l'unité ; la science est aussi personnelle que l'art dans son instrument, l'homme. L'art grec, créé par des hommes dont nous avons gardé les noms, revêt pourtant, dans le recul du temps, un caractère impersonnel, obéissant ainsi à la destinée magnifique que Claude Bernard assigne à la découverte de science : « Les noms des promoteurs de la science disparaissent peu à peu dans la fusion des vérités particulières en vérités générales, et plus la science avance, plus elle prend la forme impersonnelle et se détache du passé. »

Il avoue lui-même, il est vrai, que la science ne serait pas sans de grandes personnalités. Il y a des degrés dans l'admiration que nous accordons aux savants comme dans celle que nous accordons aux artistes. Il y a des degrés dans l'importance de la découverte de science comme dans l'importance de la création d'art. Une bibliothèque d'observations physiologiques, accumulées par mille observateurs, ne saurait constituer la science physiologique : Claude Bernard paraît et la fonde, à lui seul. Le savant n'est pas l'homme qui sait beaucoup de choses, c'est l'homme qui généralise et saisit la loi sous l'accident.

Le savant doit être un poète, le poète un savant. Quand Claude Bernard définit l'œuvre d'art « une création spontanée de l'esprit », il commet un non-sens bien étrangement mystique pour un esprit positif et sûr comme le sien. L'esprit de l'artiste ne crée ni plus ni moins que l'esprit du savant. Au sens étroit du mot, l'artiste ne crée rien puisqu'il trouve autour de lui tous les éléments de son œuvre ; au sens large du mot le savant crée, puisqu'il édifie sur des faits des théories abstraites. Créer, c'est généraliser, découvrir des rapports, faire appel à l'hypothèse que l'expérience provoquée viendra confirmer ou détruire. Ceux qui prédisent la fin de l'art croient-ils possible la fin de l'hypothèse ? Toute beauté brille dans l'hypothèse appuyée sur les faits admis par la raison. Elle peut seule satisfaire la soif d'unité de l'esprit. C'est par l'hypothèse que Newton et Rembrandt se touchent. Et j'éprouve la même joie héroïque, la même révélation de ma véritable nature, quand je lis le *Système du Monde* de Laplace, les quatre simples pages où Lamarck expose l'origine de l'homme, quand j'ouvre Homère, Shakespeare ou Cervantes, quand j'écoute chanter Beethoven, quand je vois Phidias sculpter. Cette joie héroïque, c'est le sentiment des réalités supérieures où aboutissent à coup sûr tous les chemins de la pensée, et que l'homme ne peut conquérir qu'en oubliant le langage qu'il parle pour laisser en lui comprendre et chanter l'esprit pur.

M. Le Dantec a traqué tous les mensonges du langage verbal. Pourquoi n'a-t-il pas poursuivi plus loin son enquête ? Si les mathématiques n'étaient pas, l'homme serait trahi par toutes les langues qu'il parle. Je ne crois pourtant pas qu'il soit permis d'en conclure que la mathématique, langage conventionnel chargé d'exprimer absolument des vérités de conquête expérimentale, constitue toute notre science. Faut-il attendre que l'anatomie, la zoologie, la botanique, la géologie, et même la biologie et la chimie s'expriment en langage mathématique avant de leur accorder le droit de cité scientifique ? Et s'ensuit-il que les lois de Claude Bernard, de Darwin, de Hæckel, parce qu'elles ne sont pour le moment pas exprimables en symboles algébriques, doivent être bannies du territoire de la science ? M. Poincaré n'en a pas chassé les naturalistes, bien qu'il ait constaté qu'ils étaient obligés « de recourir à d'autres modes de généralisation que les physiciens ». Les modes de généralisation artistique seraient-ils les seuls à être frappés d'interdit ?

Nous ne devons pas prendre le langage que nous parlons pour les vérités qu'il traduit. Une formule algébrique ne nous dit rien par elle-même, si nous ne savons pas l'algèbre. Elle ne constitue pas en somme un langage plus absolu que les rapports mathématiques des sons et des couleurs. Mais, comme ces rapports, elle n'est pas science par elle-même. Comme eux, elle nous sert à établir entre le monde et notre intelligence, des liens de continuité. On entend dire trop souvent que la science part du concret pour atteindre des lois abstraites, tandis que l'art ne sort pas du concret. Rien de plus arbitraire et de plus faux. Un rapport est toujours abstrait, qu'il soit établi par un artiste ou découvert par un savant. Mais le savant, aussi bien que l'artiste, ne peut le communiquer aux autres hommes qu'en le traduisant en langage concret : la parole, l'écriture, le livre, la formule de chimie, l'équation algébrique, la figure de géométrie, correspondent à la langue de pierre, de couleurs ou de son.

M. Le Dantec semble croire — et il faut bien qu'il le croie s'il veut exclure l'art de sa république moniste — que l'art réside seulement dans le mensonge et les artifices du verbe. C'est, encore une fois, au temps, qui n'accepte de l'œuvre humaine que ce qui est conforme à la logique humaine, de lui répondre sur ce point. La langue de La Fontaine est plus simple, c'est-à-dire plus étroitement adaptée à l'idée, que celle de M. Le Dantec. Claude Bernard, qui ne se croyait pas artiste, l'est beaucoup plus que M. Gérôme, qui croyait l'être, et la langue de pierre du statuaire égyptien, absolue comme un théorème, ne le cède guère en rigueur à celle d'Euclide lui-même. D'ailleurs, M. Le Dantec ne reconnaît-il pas que le langage mathématique n'est que l'expression la plus précise du monisme universel ? Alors ?

Alors, où est le fossé ? Si toute forme d'art n'est qu'un langage particulier qui exprime *en humanité* des rapports permanents perçus par l'intuition et vérifiés par l'expérience, où finit l'art, où commence la science ? La science, dont l'origine est sûrement utilitaire, n'est en fin de compte qu'un instrument destiné à conduire à notre profit les phénomènes naturels. Mais l'art n'a-t-il pas la même source et la même destination ? Le premier artiste c'est le tailleur de pierre, c'est le potier, c'est le dégrossisseur du bois qui sert à édifier la maison primitive, c'est le graveur candide qui enseigne à l'enfant, pour le préserver du péril, la forme des bêtes méchantes ; ce tailleur de pierre, ce potier, cet architecte, ce graveur est aussi le premier savant... Et le suprême artiste, utilitariste au sens supérieur du mot, se rencontre avec le suprême savant pour dégager des lois du monde complexe des phénomènes et nous montrer par quelles voies nous pourrons nous y adapter.

Mais ici surgit l'argument le plus sérieux des esprits trop positifs. L'œuvre d'art, disent-ils, échappe au contrôle déterministe. Le savant peut démontrer expérimentalement que les mêmes causes produisent les mêmes effets, l'artiste n'en est pas capable. Dix savants, se livrant à la même expérience, aboutiront à la même conclusion ; dix artistes aboutiront à dix conclusions différentes.

Il est vrai que que tous les savants aboutiront à la même conclusion, mais s'ils ne peuvent disposer des symboles mathématiques, ils l'exprimeront de dix manières différentes, suivant leur tempérament propre et la langue qu'ils parleront. Faut-il rappeler à M. Le Dantec son aveu ? « Les éléments de la description *humaine* du monde dépendent non seulement de la nature du monde, *mais aussi de la nature de celui qui le décrit.* » Le résultat d'une expérience de chimie exprimé à Tokyo par un professeur japonais, reste inintelligible au plus grand chimiste de France ou d'Allemagne s'il ne regarde pas l'expérience et se borne à écouter l'expérimentateur. Par contre, quand on étudie la langue des artistes, on constate qu'Hokusaï ou Korin arrive aux mêmes conclusions que Raphaël ou Rubens ou Giotto. Un jour, à Arcachon, je regardais la mer de ma fenêtre, à travers de grêles troncs nus : une dure nappe bleue, ravinée d'argent par la brise, ourlée d'or, de verdure noire par la ligne mince et précise des dunes couvertes de pins. J'étais presque aux Antipodes du Japon, et j'avais sous les yeux une estampe japonaise. Parce que j'entendais la langue de ses artistes, je constatais qu'elle exprimait des rapports permanents dans le temps et dans l'espace, les mêmes près de l'Atlantique qu'au bord des mers orientales. La langue dans laquelle on traduit un rapport ne change rien à sa signification véritable qui prend, aux yeux de ceux qui la saisissent, un caractère impératif.

Malheureusement, la plupart des hommes se figurent que le langage de l'artiste est accessible du premier coup, alors que tous avouent ne pas pouvoir comprendre le langage du savant sans initiation préalable. Sans doute, l'identité des conclusions formulées par Phidias, Rembrandt, Dante, Wagner, n'éclate pas aux yeux de tous. Mais la vérité d'un théorème est-elle immédiatement accessible à qui ne possède pas la clé du langage géométrique ? Et puis les éléments de la création artistique sont infiniment plus complexes, plus dispersés, plus changeants que ceux de l'expérience scientifique. Les artistes n'ignorent pas que les mêmes causes produisent les mêmes effets, et c'est ce qui pousse le peintre, par exemple, à rechercher pour son travail des conditions d'éclairage, de distance et de position de l'objet analogues à celles où il était placé lors de leur plus émouvante rencontre. Mais ces conditions sont encore plus difficiles à réaliser pour l'artiste que pour le savant, bien que M. Poincaré nous apprenne que « les circonstances où l'on a opéré ne se reproduiront jamais toutes à la fois », que « le fait observé ne recommencera donc jamais » et que « la seule chose que l'on puisse affirmer, c'est que, dans des circonstances analogues, un fait analogue se produira ». C'est l'immense étendue de son champ d'expérience qui fait l'immense variété des apparences de l'art ; et ce n'est pas de l'expérimentateur minutieux, selon la théorie de Taine et de Zola, — qu'ils ont l'un et l'autre, d'ailleurs, magnifiquement oubliée — que l'on doit rapprocher l'artiste, mais du savant généralisateur qui sait tirer une synthèse de l'accumulation désordonnée des analyses d'autrui et de ses propres analyses.

Ce qui sépare le savant de l'artiste en somme, c'est exclusivement une différence de nature. Quand l'artiste étudie le monde, il sent avec plus d'intensité et de passion ses propres rapports avec lui, et il les transporte d'instinct dans l'énoncé des lois qu'il y découvre. Le savant va vers la raison pure à travers les hésitations et les révoltes de l'instinct. L'artiste, où domine l'instinct, le dompte peu à peu et le dirige, jusqu'à ce qu'il rencontre la raison pour s'identifier à elle. Mais la splendeur de la langue parlée n'altère pas la vérité qu'elle proclame.

Pour découvrir la différence fondamentale de ces deux natures supérieures, il faudrait peut-être descendre jusqu'aux racines des grands instincts originels. Chez le savant, l'instinct conservateur domine, chez l'artiste l'instinct reproducteur, l'un et l'autre bien entendu cérébralisés et portés au degré le plus haut de transformation idéale. Le savant est retenu dans la raison pratique qui porte l'individu à utiliser immédiatement les énergies de la nature, l'artiste se laisse entraîner, par le besoin irrésistible de faire partager aux hommes l'enthousiasme que lui impose une vérité soupçonnée, dans le sacrifice à l'espèce. Ce prétendu antagonisme irréductible se borne sans doute à l'existence d'une lacune dans le génie humain, où les éléments instinctifs de la vie supérieure ne s'équilibrent pas absolument.

Cet équilibre ne s'est guère manifesté dans le monde moderne que chez quelques hommes exceptionnels, dont était notre grand Carrière, homme de raison absolue et d'instinct demeuré vierge, et dont Léonard de Vinci, peintre, sculpteur, architecte, anatomiste, botaniste, ingénieur, géomètre est un si merveilleux exemple. Mais il se réalisa totalement chez l'architecte et le statuaire grec, qui formula la loi dans le langage le plus humain et le plus émouvant. Peut-être, à dire vrai, l'intuitif grec n'affirma-t-il les conclusions provisoires de l'expérimentateur moderne que parce que la science avait à peine ébauché son enquête ? On a dit que Tycho-Brahé avait fondé l'astronomie grâce à l'imperfection de ses instruments et au peu d'étendue de ses connaissances. Inapte à pénétrer la complexité enchevêtrée des révolutions planétaires, il en synthétisa intuitivement les caractères essentiels. M. Le Dantec, observant que l'absolu géométrique ne pouvait germer dans notre intelligence qu'à cause même de la faiblesse de notre appareil visuel, qui nous montre une ligne absolument droite là où les instruments d'optique nous révèlent une ligne infiniment brisée, ne conclut-il pas que c'est « l'imperfection de nos moyens d'observations personnels qui détermine la perfection et la pureté de nos concepts » ? C'est ainsi que Phidias trouva, dans la vie la plus immédiate, le vrai rythme de l'univers. Sa route n'était pas fermée par le réseau de l'analyse.

À l'heure présente, l'enquête est loin d'être close ; elle ne sera jamais close, et ses résultats ne pourront jamais avoir pour nous qu'une valeur relative. Mais les hommes du dernier siècle l'ont conduite avec tant de méthode et de persévérance dans l'effort qu'il nous est permis d'entrevoir par instants sa signification réelle. La science générale s'établit sur la base des sciences spéciales dont les conclusions provisoires convergent irrésistiblement. Elle renverse les uns après les autres tous les dogmes sentimentaux et introduit peu à peu son esprit dans le patrimoine atavique des générations montantes. L'art fut, *avant* la science, moniste et général ; il redevient, *avec* la science, moniste et général. L'art purement sentimental se meurt, je l'accorde à M. Le Dantec. Mais l'art humain, celui que la Chaldée, l'Assyrie, l'Égypte transmirent à la Grèce où sa fleur la plus somptueuse s'épanouit dans la lumière, l'art où l'intuition et la méthode, le sentiment et la raison s'épousent pour affirmer l'unité de notre nature, cet art renaît. Pour qu'il mourût, il faudrait que le mystère sans cesse ouvert, sans cesse déplacé se fermât, il faudrait que notre soif de le pénétrer un peu plus s'éteignît, il faudrait que notre faculté divine d'édifier sur les réalités associées le temple d'or de l'hypothèse nous abandonnât tout à coup. Ce jour-là, certes, l'art mourrait, mais la science avec lui et l'esprit de l'homme avec elle.

L'homme vivra dans la beauté, la vérité et la justice, le jour où il aura compris et réédifié en lui-même la trinité indissoluble du dieu qu'il conçoit peu à peu. Il possédera la religion de Goethe le jour où lui apparaîtront en synthèse profonde les rapports des faits avec les faits, les rapports des faits avec l'homme, les rapports de l'homme avec l'homme, ce qu'il appelle la science, et l'art, et la morale. Ce jour-là, ayant réalisé l'équilibre de sa nature avec l'ordre de l'univers, l'homme suprême sera né.

Marchons, les yeux ouverts, à l'unité de notre esprit.

1. H. Poincaré, *La Science et l'Hypothèse*.
2. Le Dantec, *Les Lois naturelles*.
3. Le Dantec, *Les Influences ancestrales*.

On reconnaît, dans la fin de ce texte, l'esthétique encore idéaliste que le jeune critique gardera jusque dans la première version de *L'art antique* (cf. le dossier de cette édition, collection Folio/Essais). Il croit encore à l'équivalence de l'art, la science et la morale, à leur réalisation dans l'art grec, et à leur prochain avènement dans « l'homme suprême » que Carrière annonce. La partie III de « Poésie de la connaissance », qui critique la notion de progrès moral, illusoire pour la science et mortelle pour l'art, montre combien Élie Faure a évolué depuis.

Mais la conception qu'il a de la science, en ce début du siècle, est déjà celle de *L'Esprit des Formes*, avec sa réaction à un positivisme étroit. Insistant sur le rôle de l'intuition et de l'hypothèse, donc de l'imagination, dans les grandes découvertes scientifiques, il limite aussi le rationalisme pur en le relativisant. La science n'est pas plus que l'art un absolu, elle dépend du savant, c'est-à-dire de l'homme, avec son histoire personnelle (l'exemple que Faure donne de Kepler sera, avec d'autres, développé par Arthur Koestler dans *Les Somnambules*), et surtout, elle dépend, comme l'art, de son temps. Il n'y a pas une raison pure, mais une raison fluctuante, qu'il faut situer dans l'histoire. À un correspondant* qui lui reproche d'être anticartésien, il rappelle, le 17 mai 1936, qu'il y a eu un rationalisme grec, comme il y a une raison chinoise, et que « la raison a des raisons que le rationalisme, voire le cartésianisme, ne connaissent pas » :

* Le brouillon de cette lettre a été retrouvé dans les archives d'Élie Faure par Yves Lévy, qui l'a publié en 1965. Voir ses *Écrits sur Élie Faure*, éd. Plein-Chant, 1988. La note de la p. 137 identifie en ce correspondant N. Mattei, collaborateur d'*Oran Républicain*, mais il pourrait s'agir plutôt de Robert Kemp (cf. *Œuvres Complètes*, Pauvert, 1964, t. III, p. 1127, lettre n° 532 à D. Braga).

Je persiste à croire que Descartes, placé sans préparation en face de la radio, du cinéma, des rayons de Roentgen y verrait des trucs appartenant à la magie et extérieurs à la raison. Connaissez-vous la physique et la physiologie de Descartes ? Si non, prenez-en connaissance, elles révèlent chez ce très grand esprit une puérilité étrange. Il n'avait aucune idée, aucun souci de l'expérimentation scientifique, pas plus que de l'humble expérience humaine, et il nous a fallu depuis trente ou quarante ans faire appel à une raison plus large, plus profonde et plus sensible que le cartésianisme pur, pour en faire entrer les constatations immensément variées et contradictoires dans le courant de nos méthodes de penser. Son mécanisme lui-même est périmé. Il n'avait aucune idée du temps. Il ne comprendrait rien aux modifications qu'il inflige sans cesse à l'espace. Il eût sans doute repoussé le transformisme par raison. Le miracle de la raison, et ce pourquoi je resterai toujours attaché, ne vous en déplaise, à cet admirable instrument de *contrôle*, c'est précisément que les conclusions anciennes de la raison sont à tout instant condamnées par les constatations récentes de la raison même. J'ai souligné le mot *contrôle*. C'est qu'il est la clé du problème. La raison est un instrument de contrôle admirable, un instrument d'investigation ordinaire, un instrument de découverte médiocre. L'intuition et l'expérience lui sont infiniment supérieures dans ce dernier domaine. Ne croyez pas que la raison précède toujours l'expérience. Elle la précède rarement. Là encore, elle ne peut que contrôler. Son rôle — il est capital certes — est de mettre de l'ordre dans l'esprit. Elle est un moyen. Elle ne constitue ni la substance, ni la totalité, ni la fin de l'esprit.

Par sa relativité, par le rôle qu'y jouent l'intuition et l'imagination, la science fait donc partie des grandes constructions de la culture. À ce titre, elle est aussi « un système d'illusion » (p. 16) — un mythe, dit-il dans *La danse sur le feu et l'eau* :

N'est-ce pas un mythe, et l'un des plus hardis, sinon des plus séduisants, que cette croyance en une organisation rationnelle qui, poussée à ses conséquences dernières, supprimerait jusqu'à l'effort ? Ce mythe n'a-t-il pas déjà ses martyrs, sa légende ? La civilisation dite scientifique n'offre-t-elle pas, à sa base, d'indémontrables hypothèses, d'où sont sortis des monuments dont les fondations conceptuelles sont aussi dépourvues de réalité objective que les mythes artistes des commencements de l'Égypte, de l'Inde, de la Grèce, créateurs d'indestructibles temples et de dieux matérialisés ? La mathématique tout entière n'est-elle pas un mythe, une manière symbolique de parler ? Et la plus mythique, peut-être, parce que la plus symbolique ? Les grandes constructions cosmiques, le système de Copernic, le système de Newton, le système de Lamarck, le système de Laplace, ne sont-elles pas des intuitions artistes, des langages nouveaux dont nous ne pouvons nous passer, et qui, par cela même, acquièrent une réalité seconde ? En quoi sont-ils plus vérifiables, en quoi même sont-ils plus vrais que le mythe de la Genèse, par exemple, dont tout un peuple s'est nourri pour élaborer des notions dont nous vivons encore ? Et des mythes qu'aujourd'hui nous considérons comme entièrement détruits par la science, le système de Ptolémée, par exemple, ont-ils empêché la civilisation grecque d'atteindre au plus décisif, au plus harmonieux équilibre ?

Le mythe, qui est à la base de toute civilisation, est la première œuvre d'art collective résumant l'effort primitif, une transposition poétique des luttes de l'esprit contre le mal et le désordre. Je n'en excepte, il va sans dire, ni le mythe de Copernic, ni le mythe de Newton, ni le mythe de Lamarck, ni le mythe de Laplace, destinés à établir, dans l'apparent chaos de la matière et de la vie, une continuité et un mythe dont l'homme a besoin pour croire à l'existence du monde sensible et l'utiliser à son profit.

Entre le premier article de 1905 et ce chapitre de *L'Esprit des Formes*, deux influences ont pu conforter Élie Faure dans ses convictions. Celle de Nietzsche d'abord, avec la critique de « l'homme théorique » dans la *Naissance de la Tragédie* ; la dénonciation de notre « civilisation alexandrine » moderne, scientifique et savante ; la reconnaissance de quelques grands esprits, comme Kant et Schopenhauer, qui ont su « employer les armes mêmes de la science pour démontrer la relativité de la connaissance et nier catégoriquement les prétentions de cette science à la valeur universelle et à des fins universelles » (*Naissance de la tragédie*, § 18) ; et même le projet d'« examiner la science à la lumière de l'art, mais l'art à la lumière de la vie » (*Essai d'autocritique*, 1866). Mais Élie Faure garde en la science, à condition de ne pas la réduire au positivisme, une confiance que Nietzsche n'a pas.

La seconde influence, celle de Baudelaire, est contemporaine de la rédaction de ce chapitre. À partir de 1922, Élie Faure dirige chez Crès une collection d'écrits sur l'art, la « Bibliothèque dionysienne » — à laquelle aurait dû faire pendant une « Bibliothèque apollinienne » de classiques scientifiques, dont on trouve le projet dans ses brouillons, mais qui n'a jamais vu le jour. Après la *Vie de Benvenuto Cellini par lui-même* et les *Œuvres littéraires* de Delacroix, il publie, en 1924, les *Variétés critiques* de Baudelaire. C'est pourquoi « Poésie de la connaissance » s'ouvre sur une citation du poète. Il la coupe pour limiter la question aux relations de l'art et de la science, sans introduire encore la religion qui fera l'objet du chapitre « Puissance de l'idole ». Baudelaire ajoutait en effet : « [...] l'analogie universelle, ou ce qu'une religion mystique appelle les correspondances » (lettre à Toussenel, 21 janvier 1856). Mais on retrouve cette triade dans *Les trois gouttes de sang* : « [...] la science, qui n'étant qu'intuition du possible, comme la poésie et la religion même, *est* religion ».

Après avoir montré combien l'art et la science peuvent se rejoindre, Élie Faure suit l'histoire de leurs relations à partir de la Renaissance, leur divergence progressive, puis leur accord rendu possible par la conception dynamique du monde, notamment dans le transformisme. On retrouve avec Lamarck une vision esthétique de l'univers dont les artistes ont eu l'intuition bien avant que ce savant, « poète » comme tous les vrais savants, ne la réintroduise dans la conscience moderne :

> L'idée était dans l'air depuis les commencements de l'esprit. Pour en douter, il faut ne pas avoir compris ceux dont la fonction est de résumer dans l'image toutes les intuitions incomplètement formulées que les primitifs faiseurs de légendes se transmettent au long des siècles et dont les pasteurs de peuples s'emparent pour les environner de solitude et de silence. Il faut ne pas avoir senti par quelle pente naturelle, en suivant le cours de l'onde musculaire, de l'influx nerveux et du sang, les statuaires égyptiens fixaient un crâne d'homme ou de bélier à un corps de lion ou sommaient des épaules humaines d'un mufle de panthère ou d'une tête d'épervier. Il faut ne pas avoir rencontré sur sa route les taureaux ailés de l'Assyrie regardant de leurs yeux durs de sars tiarés passer les armées d'Alexandre que suivaient des sculpteurs d'Athènes à l'aller et qui ramenaient des brahmanes au retour. Les religions de l'Inde avaient affirmé tour à tour l'instabilité de la forme et l'éternel cheminement de la force et de la pensée à travers les aspects périssables qui sortent du chaos pour y rentrer, passent incessamment de l'un à l'autre par d'invisibles degrés et vont fournir par leur dissolution à la matière universelle de nouveaux éléments de vie et de nouveaux germes de mort. Depuis que les bergers du Pinde avaient surpris dans les grottes et près des sources ou sur la lisière des bois des hommes à jambes de bouc, depuis qu'ils avaient vu dévaler par les prairies en pentes des troupeaux de centaures ou poursuivi sur le gazon des jeunes filles qui se changeaient soudain en arbres pour leur échapper, depuis que les marins de l'archipel attendaient les clairs de lune ou les nuits phosphorescentes pour entrevoir, au creux des vagues, des femmes à queue de poisson tendre vers eux leurs seins en soulevant les algues qui leur servaient de chevelure, les poètes

grecs et latins n'avaient pas renoncé à magnifier dans la métamorphose la loi centrale de la vie. Hésiode, les tragiques, Lucrèce, Ovide, tous la voyaient passer derrière le voile mobile et nuancé de l'intuition poétique qui précède partout la mise en lumière du fait et le passage dans la science du phénomène rigoureusement observé. Ceux qui furent chargés de décorer les temples qu'érigeaient les cités sur leurs citadelles pour s'attirer la protection d'un dieu, virent la forme retentir dans toutes les formes, et quand une impulsion partait de l'angle d'un fronton, ils surent retrouver à l'autre angle le volume imposé nécessairement par la chaîne des attitudes, la parenté des gestes et la continuité des mouvements. Depuis Héraclite, affirmant que le monde est un ruissellement, l'idée était partout prête à jaillir de la pensée grecque sous la forme positive qu'exige la critique historique pour la reconnaître tout à fait.

Le jour où Aristote lui fit dépasser le symbole en enseignant que « la nature passe d'un genre et d'une espèce à l'autre par des degrés insaisissables » et que « de l'homme aux êtres les plus insensibles, toutes ses productions paraissent se tenir par une chaîne continue », elle eût pu féconder l'avenir, si le profond naturaliste avait soupçonné l'action que méritait de prendre sur l'esprit des hommes cette affirmation formidable, et surtout s'il fût venu plus tard, à Alexandrie peut-être, à la fin de la phase analytique ouverte par l'enquête grecque, et s'il l'eût livrée à Plotin. Mais l'esprit grec était brisé, incapable de conquérir par ses propres moyens un nouvel équilibre, et l'esprit juif, tendu vers le dedans, impropre à demander à l'observation même partiale et passionnée de la nature, le contrôle de son désir jaloux. D'autre part, les foules réclamaient le bonheur dans un tumulte sentimental où les voix des savants et des artistes se perdaient. L'idée sombra. Le dualisme chrétien ne retint de la pensée antique que la conception du héros arrachant la substance humaine à l'animalité pour l'acheminer vers le dieu. Il trancha le monde en deux corps irréconciliables que le dogme allait ossifier pour tenter d'extirper de l'esprit isolé de toutes parts des choses le sens de leur solidarité agissante et de leur perpétuel devenir. C'est seulement quand il fallut bâtir la cathédrale que l'humanité replongea ses racines dans la matière de la vie pour redonner à l'esprit l'aliment qu'il réclamait.

Dès que la sensualité des peuples eut entassé pour se satisfaire cette moisson de formes, de couleurs et de poésie, l'idée réapparut. Pas un philosophe, à vrai dire, n'osa tenter de mettre de l'ordre dans le chaos splendide où le génie du Moyen Âge avait mêlé aux réalités de sa vie quotidienne les matériaux fournis confusément par la légende, la symbolique, les voyages, la mythologie chrétienne et tout ce qui survivait des vieilles civilisations. Mais, dans les compositions plastiques nées du besoin d'unité morale que l'Italie éprouvait avec passion, le sentiment de la parenté et de la continuité des formes se faisait jour. Quand Titien, résumant l'effort de Masaccio, de Piero della Francesca, de Raphaël, de Michel-Ange, créait la grande peinture symphonique en révélant la solidarité de tous les points de l'étendue qui retentissent l'un dans l'autre par l'échange constant des reflets colorés, des vibrations lumineuses, des gestes correspondants, il introduisait dans les réalités virtuelles de l'esprit le sens de la filiation universelle avec une bien autre puissance que Vinci lui-même essayant d'en donner l'expression directe en brisant les œufs qui contenaient les enfants du cygne et de Léda. Et lorsque Rubens eut fait entrer dans les cadres de la pensée italienne l'épaisseur même et le mouvement et la circulation profonde de la vie, quand il eut entraîné dans le flot de sa prodigieuse arabesque toute la matière entassée par le Moyen Age et le Nord pour la transmettre à l'avenir dans l'ordre même et la hiérarchie spontanée de la nature, rien dans ce sens ne pouvait plus être dit par ce moyen-là. Il appartenait aux savants et aux philosophes de s'emparer de l'idée et de réaliser vis-à-vis du monde moderne la tentative qu'Aristote n'avait même pu entreprendre vis-à-vis du monde ancien.

(« Lamarck », *Portraits d'Hier*, 1er déc. 1910 ; et *Les Constructeurs)*

L'histoire des relations de l'art et de la science jusqu'à l'époque contemporaine a déjà été tracée dans « Esthétique du machinisme », paru dans *La Revue de*

Genève en avril 1921, et repris dans *L'Arbre d'Éden*. Élie Faure ouvre ici un débat qui prendra plus d'acuité dans les années trente, lorsqu'il engagera la « querelle du machinisme » avec Georges Duhamel.

« Esthétique du machinisme », en 1921, s'oppose à Ruskin qui maudit la machine. Non qu'Élie Faure ignore les méfaits de celle-ci, et en particulier l'avilissement de la classe ouvrière, il le dit sans ambiguïté — ni qu'il confonde machinisme et civilisation. Mais il pense que le jour où l'homme se sera vraiment emparé de la machine au lieu d'en être l'esclave, elle changera les esprits, puisqu'elle a déjà modifié nos rapports à l'espace et au temps ; et elle changera l'art, à condition que nous l'ayons assimilée, ce qui n'est pas encore le cas —, il en voit la preuve dans la peinture contemporaine :

> J'ai pensé à ces choses, un jour, en regardant, dans une exposition de peinture, un « tableau » fort singulier fait de combinaisons géométriques, ou pseudo-géométriques, de rouages de métal réels, de sections de solides matériels ou figurés. Et aussi, un autre jour, en essayant de pénétrer le sens d'une succession kaléidoscopique du même geste, immobilisée sur la toile pour y transporter la sensation visible, et non plus symbolique, du mouvement. Il m'a semblé, ces jours-là, que ceux qui se réclamaient le plus évidemment des notions neuves que le mouvement transformé et les outils nouveaux du mouvement nous dictent, en étaient à peine effleurés. Ils imitaient, au même titre que les plus sages parmi les bons élèves des ateliers officiels. Ils imitaient avec affectation des formes neuves, au lieu d'imiter avec résignation des formes vieilles. Ils restituaient ces idées et ces formes sans les avoir digérées. Ils combinaient des images qui ne faisaient pas partie d'eux. Ils imprimaient à ces images des rudiments de rythme que les battements de leur cœur ne faisaient pas passer dans les mouvements de leurs doigts. Ils se trompaient. Il convient de se pénétrer des nécessités organiques à quoi répondent des machines,

des besoins qu'elles satisfont et des lois vives que révèlent leur conception et leur fonctionnement. Le jour où le rythme de la machine sera fonction de notre esprit, nous laisserons à leur place les bielles et les pistons, nous ne verrons plus des fragments de machines sur nos tableaux et nos statues, nous n'entendrons plus des halètements de machines dans nos symphonies et nos poèmes : seulement des profils purifiés, des contours nets, des mouvements précis, des gestes catégoriques associés en combinaisons absolument imprévisibles, mais débarrassées de nouveau du sentimentalisme anecdotique et de l'incident pittoresque, exprimeront l'éternel sentiment de l'homme dans un langage que la fréquentation familière de la machine aura transformé. Phidias n'a jamais essayé de faire passer dans ses statues la métaphysique d'Anaxagore. Mais il en était imprégné. C'était la sienne. Et parce que c'était la sienne, il n'y songeait pas plus, quand il travaillait le marbre, qu'à la forme de sa main ou à l'énergie de son cœur. Sans que lui-même s'en doutât elle passait dans le marbre comme la forme de sa main et l'énergie de son cœur.

« Esthétique du machinisme » prend donc ses distances avec « l'art mécanicien » de l'époque, celui des cubistes, des futuristes, des dadaïstes, de *L'Esprit nouveau*, de Duchamp, Picabia ou Fernand Léger, et la musique de Milhaud, Antheil ou Varèse. Tant que la machine reste *représentée*, c'est qu'elle n'a pas encore été assimilée, qu'elle est encore extérieure à notre sensibilité.

Le débat ne s'ouvre vraiment qu'en 1930. Duhamel publie alors les *Scènes de la vie future* où, après un voyage aux États-Unis, il instruit le procès du machinisme. Coïncidence, Élie Faure vient de rédiger « L'âme américaine », qui doit faire partie d'un ouvrage sur la psychologie des peuples, *Découverte de l'archipel*. Les deux hommes, sans être vraiment amis, se connaissent et échangent depuis 1920 une correspondance courtoise, emplie d'éloges mutuels. Le 8 juin 1930, après avoir lu

Scènes de la vie future, Élie Faure écrit à Georges Duhamel qu'il a déjà rédigé, par avance, la réponse à son livre, avec le chapitre sur l'Amérique :

> […] Et vous avez raison de déplorer la brutalité matérielle de la civilisation américaine. Et moi d'affirmer que ces *Scènes de la vie future*, évoquées par vous d'une manière si poignante, sont en réalité les « conditions » de la vie future. Je jure qu'il en sortira de l'esprit.
>
> Merci de m'aider si efficacement à penser. Je vous embrasse
>
> Élie Faure
>
> Vous ne vous étonnerez pas, quand mon livre paraîtra, de lire sous le titre d'un chapitre : « L'âme américaine, ou conditions de la vie future », et qu'il soit dédié à Georges Duhamel. Votre génie me donne, par contraste, un peu de confiance en moi.
>
> (lettre inédite)

Le texte d'Élie Faure paraît dans *Art et médecine* en février 1931. Et comme il accuse les moralistes hostiles au « matérialisme » américain d'avoir « la sénilité des peuples impuissants », de n'être que « l'engeance vaniteuse des esthètes européens » — et que par ailleurs Duhamel collabore à cette revue, Élie Faure se hâte de lui écrire qu'il ne le vise pas, puisque cet article est antérieur aux *Scènes*, et qu'il le respecte malgré son désaccord. Duhamel se dit navré par l'article mais accepte les protestations d'amitié*. Et puis, le 9 juillet 1931, Faure embarque à son tour pour l'Amérique, première étape de son périple autour du monde. Il exprime son enthousiasme dans un nouvel article d'*Art et médecine*, « Premier regard sur l'Amérique » (décembre 1931), où il compare la vitalité de ce pays à celle de la Renaissance.

* Les lettres de Duhamel à Élie Faure ont été publiées par Patrick Vieuville dans le n° 2 des *Cahiers Élie Faure*, 1983.

Finalement, « L'âme américaine » ne paraîtra qu'au début de 1933, dans ce qui est en fait le second tome de *Découverte de l'archipel*, mais s'intitule *D'autres terres en vue*. Mais dès l'introduction de l'*Archipel*, paru en mai 1932, Élie Faure interpelle Duhamel :

> « *Toute la philosophie de cette dictature industrielle et commerciale,* dit Duhamel à propos des États-Unis, *aboutit à ce dessein impie : imposer à l'humanité des besoins, des appétits.* » Mais, mon cher Duhamel, ce dessein est de Dieu même, et c'est vous qui blasphémez. Sans besoins ni appétits, nous n'aurions jamais franchi l'étape du troglodyte. Que serions-nous, Seigneur, vous et moi, et nous tous, sans besoins ni appétits ? Un marécage encore en dessous de la vie du marécage, aux profondeurs duquel, au moins, se déroulent les drames de la fermentation. Ce sont les besoins, ce sont les appétits qui tiennent nos facultés vivantes et créent de temps à autre au sommet de la subconscience d'un homme ou d'un groupe en activité, ce sens de nouveaux rapports spirituels que vous appelez « l'harmonie ». [...] Quand vous stigmatisez la brutalité américaine au nom de nos vieilles valeurs, vous semblez croire que Venise et la moisson des cathédrales ont poussé seules — sans besoins ni appétits. Vous n'avez pas aperçu, au pied de l'une, le pilori et le bûcher, et, à peine hors de son ombre, les bandes de pillards faits comme des loups affamés qui courent les bois et les plaines, brûlent les fermes, tuent les hommes, violent les femmes, coupent les poignets des enfants. Vous n'avez pas assisté, sur le quai des Esclavons, à l'arrivée des tartanes vidant sur les dalles leurs flancs gorgés de pilleries, y débarquant des esclaves noirs enchaînés, vous n'avez pas surpris le greffier du Conseil des Dix recueillant au guichet de la porte maudite le papier du délateur. Pourtant, mon cher idéaliste, cela ne serait pas si ceci n'avait pas été. Entre nous, la machine, si cruelle qu'elle soit, est-elle plus impitoyable que l'homme féodal et sa réserve de reîtres, ou que la corporation des bourreaux ? [...]
>
> Je crains que votre effroi de l'Amérique ne vous incline à regarder l'Europe, et la Chine, et la Sibérie comme un parc de

Touraine où le paysan n'a guère qu'à conduire aux prairies en fleurs ses brebis enrubannées, les *Fables* de la Fontaine ou *Andromaque* sous le bras.

La controverse entre les deux hommes se poursuit en lettres amères mais toujours polies, et se continue surtout sur la place publique. Dans *Mon périple**, en juillet 1932, où il raconte son tour du monde, Élie Faure enfonce le clou. Oui, les Américains sont des barbares, mais comme tous les barbares de l'histoire, ils font un monde nouveau. Décrivant les tout récents gratte-ciel de 1930 et 1931, dont l'*Empire State Building*, il avertit Duhamel :

> Devant ce spectacle inouï, j'ai sans cesse éprouvé quelque chose de comparable au drame qui naquit dans le cœur des prophètes d'Israël quand ils aperçurent pour la première fois les monuments de Babylone. Seulement, plus humble, j'admire. Et mieux, je consens. Je préviens les anxieux et les phobiques modérés dont mon cher ami Duhamel a si bien su remuer les humeurs avec sa baguette magique que nous assistons à la naissance d'un miracle. Dans la confiance de l'homme en lui-même réside l'esprit religieux. Le pont du Gard témoigne de plus de piété que l'église Saint-Augustin.

Il avait déjà dit, quelques pages plus haut :

> Je sais bien. On me dit que le Parthénon ou la Cathédrale sont d'essence spirituelle, et non le théâtre d'Orange ou l'aqueduc de Ségovie. Mais ce théâtre, cet aqueduc empruntaient à l'utile les éléments d'une harmonie où justement le christianisme, en s'emparant de tous les instruments matériels légués par Rome et la Grèce, allait souffler son esprit. Le pont de Cahors n'est-il pas construit selon les mêmes principes, par les mêmes architectes et par les mêmes maçons que les cathé-

* Voir la récente édition commentée par Juliette Hoffenberg, Seghers/Michel Archimbaud, 1987.

drales voisines ? Le Parthénon n'a pas d'autre origine que ces maisons de paysans dont quelques troncs d'arbre supportent le toit débordant, qu'on trouve encore dans le Péloponèse ou les Cyclades. Bien que je sache presque aussi bien que lui discerner ce qu'il y a d'intéressé dans l'un, de désintéressé dans l'autre, je mets au défi l'esthéticien le plus subtil de me tracer la frontière entre l'un et l'autre, et où commence « l'âme », et où finit l'utilité.

Il ne s'en tient pas à l'architecture. Il ne craint pas d'affirmer que « la machine est esprit » ; que la science, avec l'astronomie et la biologie modernes, ébauche une mystique et recrée la poésie du monde ; et que si « l'Esprit », c'est la religion dans l'état où elle se trouve en Inde, dégradée en fétichisme, avec ses nouveaux temples qui paraissent en carton et son art brahmanique « descendu plus bas que l'imagerie sulpicienne », il préfère « le bourdonnement d'un moteur et son exacte architecture ».

Duhamel réplique par l'article « Sur la querelle du machinisme », dans *La Revue de Paris* du 15 avril 1933, en se moquant de cet « enthousiasme évangélique ». Sa conclusion — « la lutte est désormais entre l'humaniste et l'automate » — fait écho au titre de son livre, *L'humaniste et l'automate*, paru la même année. L'exemplaire offert à Élie Faure porte cette dédicace qui résume parfaitement le problème : « Pour Élie Faure, humaniste avocat de l'automate, son ami, Georges Duhamel, mai 1933. »

Pour Élie Faure en effet, il ne fait aucun doute que la machine et plus généralement la science contemporaine puissent fonder un nouvel humanisme. Il s'en explique dans deux articles du *Mercure de France* : « Défense et illustration de la machine », 1er juin 1933, et « Trinité

Sainte », le 15 octobre 1934 — qui seront repris dans *Regards sur la terre promise*. La version du second, que nous donnons telle qu'on peut la lire dans le *Mercure*, complète aussi bien le chapitre « Poésie de la connaissance » que le suivant, « Le clavier », avec sa dernière partie sur le cinéma :

TRINITÉ SAINTE

Je me risquai naguère à présenter, ici même, une *Défense de la machine* qui provoqua des controverses assez vives. Elle tombait au beau milieu d'une querelle dont mon ami Duhamel était l'animateur le plus ardent et, il faut le reconnaître aussi, le plus humain. Il est malaisé de se déprendre de sa grâce, de son argumentation constamment et volontairement sensible, surtout peut-être de chercher dans sa culture biologique des pièges qu'on voudrait lui tendre et qui vous ouvrent au contraire un passage sournois vers une sorte de physiologie sentimentale dont il est, je le crois bien, l'inventeur. On ne peut guère échapper au plan affectif sur lequel il place, avec une douceur obstinée, les questions les plus abstraites. Dois-je l'avouer ? Au risque d'y glisser des deux pieds ensemble, je ne puis pas ne pas le suivre sur ce plan même, où il m'a si malicieusement attiré. Je ne réponds pas ici à ses arguments, que je ne crois pas décisifs, bien qu'ils soient irrésistibles. Le bruit de la querelle s'éteint, — et la machine continue. D'autres voies s'ouvrent malgré lui, malgré moi, malgré tous ceux qui ont combattu pour ou contre elle —, malgré elle à n'en pas douter. La plus subtile des attaques, grâce précisément à sa subtilité, offre à celui qui en étudie les méthodes et les feintes, les possibilités d'une tactique nouvelle qui se retourne contre l'agresseur, à condition de ne pas quitter le terrain qu'il a choisi lui-même et qui lui est par conséquent trop familier pour qu'il l'imagine si riche encore en ressources dissimulées.

La victoire de la sorcière, dont Michelet dénonçait déjà le rôle émancipateur, me semble plus que jamais certaine. « La sorcière », c'est-à-dire la science, dont l'apothéose fut le cliché d'hier, dont la haine, qui prend le masque du dédain, est le cliché d'aujourd'hui, et dont l'acceptation sereine sera sans doute la réalité de demain. S'il est un phénomène incontestable pour ceux dont le monde contemporain constitue le plus passionnant des sujets d'études, c'est bien le caractère de plus en plus méthodique que prennent tous ses moyens d'investigation et de volonté constructive. Et cela dans tous les domaines, y compris l'éducation physique et morale de l'homme, y compris l'exploration de sa propre « âme », auparavant réservée aux entreprises intéressées des théologiens et des philosophes qui détachaient délibérément cette âme du champ de l'enquête objective pour la situer en des régions accessibles à la seule révélation. Le plus grand reproche qu'on puisse faire au christianisme, c'est d'avoir soustrait l'« Esprit », par un escamotage transcendant, à l'étreinte fécondante de l'intelligence critique et de l'épreuve sensuelle. Par là, il avait gagné momentanément en force ascensionnelle, en puissance d'illusion, en réserves refoulées de concentration et de passion. Mais il avait perdu en étendue et en prolongements, méconnu ses assises charnelles, c'est-à-dire ses moyens de renouvellement indéfinis et infinis, brisé, à force de les tendre, les ressorts de l'idéalisme et du lyrisme, oublié l'unité consolante du monde d'après lui partagé en deux parts inconciliables, en fin de compte arrêté sa croissance pour avoir voulu l'alimenter aux dépens de son éternelle substance qui est d'os, de chair et de sang.

L'origine des anathèmes que l'avènement de la science, comme instrument humain de conquête matérielle et peut-être surtout de conquête métaphysique, a provoqués, n'est pas ailleurs. Oubliant que la science est esprit, on l'accuse de tuer l'Esprit. On affecte de prendre l'évolution de l'esprit pour un recul de l'Esprit. On prétend que l'Esprit faillit à sa tâche parce qu'en s'annexant un domaine immense et jusqu'ici inconnu, il a courageusement mis de côté des méthodes qui s'avéraient insuffisantes pour commencer par le commencement l'exploration de ce domaine, comme un homme fort et calme qui refuserait de se laisser écraser sous les ruines de son palais et construirait de ses mains, après avoir craché dedans et retroussé ses manches, une maison dont il se saurait destiné à ne pas voir l'achèvement, mais dont il choisirait et éprouverait avec amour les matériaux sains et jeunes pour abriter un jour les enfants de ses enfants. Oubliant que la science est curiosité du monde, recherche passionnée des lois qui le construisent dans l'intelligence humaine, on affecte de voir en elle l'ennemie née de la recherche soi-disant désintéressée qui consistait à donner une forme sensible aux rêves, aux émotions, aux espérances de l'homme, et que la poésie et la peinture, la sculpture et le roman, la musique et le drame ont exprimés. On oublie même que l'architecture, l'aïeule, la source et l'exemple de tous les arts, n'a jamais été, aux origines, quand justement elle réalisait ses plus solides créations, qu'une application parfois rigoureuse et toujours approchée des lois de nombre et d'équilibre que la science s'efforce de dégager des conquêtes de l'intuition pure pour leur donner un caractère plus stable et plus dynamique à la fois. On oublie même que la science a déjà amassé un trésor immense, l'architecture *mobilière* qui, non contente d'affirmer, comme les constructions antiques, la domination de l'esprit sur le monde, promet à l'esprit une prise de possession infiniment plus large et plus complète de ce monde qu'il a désormais le pouvoir de modifier, de modeler, de reconstruire à son image et d'introduire, avec une rapidité croissante, dans sa propre éternité.

Il n'est pas vrai que l'imprimerie ait tué la cathédrale. Elle mourait de sa mort naturelle quand l'imprimerie naquit. Prenez, si vous le voulez bien, cette affirmation pour un symbole. Nous usons tour à tour, par leur propre action, nos meilleurs outils de conquête, comme nous usons l'amour par l'amour. Nous changeons d'objet pour que le sujet reste vierge. Nous cherchons des sources nouvelles quand une source est tarie, parce que nous ne cessons pas d'avoir soif. Notre soif, c'est l'unité du monde, dont l'unité de l'homme intérieur est à la fois le reflet et le facteur. Et l'art, aussi bien que la science, n'ont d'autre but que de nous la rendre sensible, par des méthodes qui ne sont pas opposées, mais différentes, et que nous utilisons avec une passion qui ne cesse que lorsqu'elles se sont avérées impuissantes à aborder les problèmes nouveaux dont notre soif exige la solution. Nous cherchons sans lassitude un accord non seulement entre le monde et nous-mêmes, mais entre les moyens qui s'offrent pour explorer et le monde et nous-mêmes. Et nos plus grands moments sont précisément ceux où cet accord est obtenu.

De ce que les méthodes de la science étaient différentes — au Moyen Âge ou dans l'antiquité égyptienne ou grecque par exemple — de celles que nous utilisons aujourd'hui, il ne s'ensuit pas que la science médiévale ou la science antique n'étaient pas. La mathématique existait déjà dans ses éléments fondamentaux. La construction atteignait une rigueur logique qu'elle n'a jamais retrouvée. L'intuition, le bon sens, la coutume, agissaient là où œuvrent de nos jours la méthode et l'expérience rigoureusement contrôlée. Il n'est même pas interdit de penser qu'un individu pris au hasard aux temps de Ramsès, de Périclès ou de saint Louis possédait plus d'intuition, de bon sens, de réalisme coutumier qu'un individu pris au hasard au siècle de celui des deux Poincaré qui n'est pas le mathématicien. À mesure que se développe la rigueur de l'expérience et la sévérité du contrôle, les hommes paraissent chercher des refuges en ruine, parce qu'ils se sentent conduits vers un ordre extérieur et intérieur nouveau qui les effraie, et que leur paresse d'esprit leur interdit d'accepter. Par bonheur, quelques-uns d'entre eux n'ont pas peur de le construire.

Le drame de la Renaissance, comme le drame de la fin du monde antique, est précisément dans cette rupture de l'unité de l'âme humaine et de ses moyens d'investigation. Toute l'histoire de l'Italie, ou pour n'en prendre que l'exemple le plus impressionnant, des trois siècles les plus vivants de l'activité toscane, en témoigne. Comme Duccio représente, à Sienne, l'effusion mystique d'une unité conquise par la science et l'art chrétiens ayant trouvé leur accord spirituel, Giotto représente, à Florence, l'apparition de l'intelligence critique dans l'acte de création, et la réunion, par l'arabesque linéaire, de tous les éléments formels, jusqu'ici soumis aux certitudes intuitives de l'impression sentimentale. Ce désaccord d'instinct s'accentue d'œuvre en œuvre jusqu'à Vinci et Michel-Ange, où le drame spirituel entre dans la conscience même et écartèle jusqu'à la plus déchirante douleur l'unanimité des esprits. Visiblement, ils tentent de réunir les deux grands courants dont l'un s'accélère et dont l'autre se ralentit, et qui représentent respectivement la puissance naissante de la méthode expérimentale d'investigation et la puissance déclinante de l'élan mystique et sensuel. Ils réussissent ce miracle, le second surtout, à mon sens. Ils réussissent, par là même, à nous démontrer sa possibilité indéfinie, puisqu'il a vécu normalement dans l'instinct des multitudes avant de se réaliser par exception dans l'intelligence des individus. Ils devancent non seulement l'angoisse de Pascal qui, lui aussi, pour respirer librement l'atmosphère de l'intuition mystique, tentera de briser les barreaux de sa cage géométrique et réussira, au moins, à accorder dans le verbe les deux cultures soi-disant antagonistes, mais les tendances actuelles de la science appliquée qui aboutit, par le moyen du cinématographe, à recréer un univers sensible où fusionnent tous les arts. L'unité de l'esprit s'affirme une fois de plus. Nous sommes à la veille d'une époque où l'instinct et l'intuition réabreuveront leurs racines dans la science positive, comme la science positive, aux débuts de la Renaissance, a pris sa source dans les réalisations formelles des artistes et l'inquiétude féconde des théologiens.

L'« art », la « science », et jusqu'au « travail », ne sont que des mots qualifiant les divers modes de l'activité créatrice désintéressée. L'atelier a gardé son nom, qui est encore le même pour le peintre, le menuisier, le serrurier et le sculpteur. Et si le laboratoire — le lieu où l'on travaille, — est apparu, il s'applique indifféremment à abriter les recherches biologiques, les recherches techniques, ou chimiques, ou physiques ou physiologiques, et nul ne sait trop s'il faut qualifier d'atelier ou de laboratoire la pièce où Forest a construit le moteur, et Lumière le cinéma. Les qualifications de « manuel » et d'« intellectuel » pour désigner les catégories du travail n'ont exactement aucun sens. Elles viennent du dualisme chrétien qui a coupé en deux l'activité vivante, et doivent disparaître devant l'unité substantielle que la science expérimentale est en train de reconstituer. Quand j'étais jeune, je croyais — et je sais encore des gens qui le croient — je croyais que la peinture était un art manuel. Pourquoi pas la littérature, qui met du noir sur du blanc ? Pourquoi pas la géométrie, qui consiste à tracer avec la main des lignes et des cercles sur un tableau ? Et pourquoi la serrurerie ou la menuiserie ne seraient-elles pas, par contre, des travaux intellectuels ? Où commence l'un, où finit l'autre ? Il y a une hiérarchie dans les métiers, je le veux bien. Mais cette hiérarchie est d'abord dans l'homme, et c'est l'homme qui la projette et l'établit dans le métier. Tous les métiers jouent entre les extrêmes de deux éléments théoriques créés pour la seule commodité du langage, et que les théologiens avaient fait passer dans l'« Esprit » pour la commodité de ses intentions métaphysiques, — l'âme qui, dit-on, est le but, la matière qui, dit-on, est le moyen. Mais ces extrêmes se rencontrent et fusionnent dans *le travail*, qui consiste à les modeler sans lassitude l'une sur l'autre et l'une par l'autre, parce qu'il n'est pas possible de faire autrement. Les différences *uniquement sociales* qui séparent encore l'ouvrier de l'ingénieur, le décorateur du peintre, le maçon de l'architecte, le praticien du sculpteur, le préparateur du professeur, disparaîtront peu à peu, à mesure que l'unité d'éducation et l'égalité de départ ménageront les passages ininterrompus qui solidarisent en profondeur au travail de la main le travail de l'intelligence pour ne laisser vivante que la qualité du cerveau[1].

Quelles que soient les différences d'expression et de procédé par quoi la science et l'art se distinguent l'un de l'autre, il est toujours aisé de trouver dans leurs conditions de naissance et de développement des identités de sources et d'objets qui les associent et condamnent l'antagonisme où la Renaissance les avait réduits à vivre, pour mieux forger le nouvel instrument que l'apparition de la méthode exigeait. La curiosité passionnée, l'hypothèse vingt fois abandonnée et reprise dans l'activité du travail mental et manuel, l'imagination créatrice qui progresse de proche en proche et tantôt s'abandonne à l'éclair qui la traverse pour exiger d'elle-même une nouvelle épreuve représentée par l'expérience à tenter ou la forme à animer, tantôt se soumet à la méditation critique pour renoncer à explorer telle impasse ou se décider à suivre tel chemin, appartiennent en commun au poète, à l'artisan, au savant, au technicien, à l'ouvrier et même au manœuvre. Les véritables créateurs, nous le savons depuis longtemps, se rejoignent tous dans la qualité même de l'élan intuitif et de l'autocritique où il serait bien malaisé de séparer Newton de Sébastien Bach, par exemple, ou Lamarck de Rubens, ou

Rembrandt de Spinoza, ou Pascal de Pascal. Il est rigoureusement impossible de faire la part, dans la genèse d'une œuvre originale — de quelque nature qu'elle soit — de l'intelligence analytique et de l'intuition synthétique qui tantôt alternent, tantôt s'opposent, tantôt même marchent de pair, mais concourent sans jamais cesser d'agir l'une sur l'autre, à l'édification d'un monument dont rien, en fin de compte, sinon l'épreuve du temps, ne peut démontrer le bien-fondé, la solidité, ni la vérité transcendante.

Claude Bernard nous dit bien que l'art est personnel et la science impersonnelle. Mais la science et la technique ne sont impersonnelles que dans leurs méthodes, — et encore ! la méthode, il a bien fallu l'inventer — nullement dans leur application, pas davantage dans l'activité intérieure de l'individu qui s'en sert. L'art n'est personnel que dans ses moyens, point du tout dans les grandes lois harmoniques qu'il dégage du chaos et qu'on réduira peut-être un jour à des rapports mathématiques. Leur commune tendance à l'unité, dont la conquête n'est que le résultat d'un incessant échange entre les exigences du monde intérieur qui interroge et choisit et les enseignements du monde extérieur qui propose et contrôle, parvient tôt ou tard à un accord intime qui justement conditionne l'harmonie d'une culture ou d'une civilisation et l'efficacité plus ou moins immédiate, plus ou moins lointaine et plus ou moins durable de l'effort humain.

Enfin, de nos jours même, nous assistons dans cet ordre d'idées à quelque chose de nouveau, et même d'inespéré, qui donne à l'accord devenant entre toutes les formes de l'activité, qu'on les qualifie de scientifiques, de techniques, d'esthétiques ou de manuelles, un accent que je qualifierai volontiers de mystique si vous n'y voyez pas d'inconvénient. Et ce ne serait pas la première fois que la science précéderait, préparerait, charpenterait la religion, toute religion, à l'origine, n'ayant jamais été qu'une science plus ou moins primitive généralisée, sublimée et divinisée pour le bien et le mal de tous. Il n'est pas une religion qui n'ait une mythologie à ses sources, pas une mythologie qui ne représente un essai poétique d'explication de l'univers, pas un essai d'explication de l'univers qui ne soit une science rudimentaire. La science moderne, de ce point de vue-là, ne diffère de la science antique que par le renouvellement, d'ailleurs prodigieux, de ses méthodes et un élargissement immense de son champ d'action. Une science systématique conduit nécessairement à une mythologie rationnelle. C'est déjà de la poésie et presque de la mystique que l'infinie complexité des rapports qu'elle nous révèle, l'identification de l'infiniment petit à l'infiniment grand, la constatation de l'identité, de jour en jour plus probable, de la matière et de l'énergie, le prolongement, indéfini dans la durée, de la vie qui se trouvait trop à l'étroit dans l'espace, le passage de l'infini mathématique à l'infini biologique et de la connaissance au devenir. Et cet approfondissement soudain des sources de l'âme humaine, qu'elle accomplit en même temps par le moyen de la psychologie expérimentale, de la psychanalyse, de la physiologie, de la biochimie. Cette acquisition progressive par tout être vivant du droit et même du devoir d'être lui-même par-delà les restrictions des confessions et des morales périmées, et, pour être mieux lui-même, de s'intégrer à une vie universelle et à une vie sociale obéissant aux mêmes lois que lui. Si l'art, et même le plus humble travail, ont jamais eu d'autres sources et d'autres fins que cet accord sollicité par nos plus profonds instincts entre toutes nos activités d'intuition et de recherche vers la conquête d'une harmonie universalisée par l'esprit même, je demande qu'on me les montre.

Quand on parle de l'ouvrier moderne, avec une sollicitude hypocrite par ailleurs décidée à maintenir ou à accroître son exploitation, pour condamner la vie à quoi le machinisme l'asservit, il est presque de règle qu'on oppose à ce machinisme l'exemple réconfortant de la cathédrale. Par malheur, on néglige là la beauté de la machine à laquelle aboutit, en fin de compte, le travail de l'ouvrier, comme on néglige ici la peine du maçon et du manœuvre qui est la condition et l'origine de la beauté de l'édifice religieux. On oublie aussi que, la plupart du temps, ce maçon et ce manœuvre, non plus que le verrier, l'imagier ou même le maître d'œuvre, ne pouvait guère espérer voir le temple s'achever, alors que l'ouvrier est à peu près certain d'assister à l'éclosion de l'être admirable qu'il contribue à créer. La malédiction originelle du travail pèse encore sur ces jérémiades, alors qu'il serait si simple, en modifiant non la nature, mais les conditions du travail, de lui rendre sa qualité profonde d'activité désintéressée. On croit — ou on feint de croire — que le machinisme est responsable de la désaffection pour son métier qui caractérise si souvent l'ouvrier moderne, alors que la culpabilité en cette matière appartient exclusivement aux conditions sociales périmées où il est contraint de travailler et que le machinisme a précisément pour tâche de renverser. Le travail désintéressé et joyeux ne peut commencer vraiment que quand l'appétit est satisfait, la respiration libre, le repos et le bien-être possibles, l'avenir immédiat assuré. Mais nous avons tous été témoins de l'intérêt profond que prend tout de même si souvent à son travail l'ajusteur, le metteur au point, l'électricien, le mécanicien, l'homme de laboratoire, intérêt qui ne se différencie en rien, parce que l'imagination et le sens harmonique ne cessent de travailler, de l'activité esthétique dont l'artiste et l'artisan ont joui durant tant de siècles, alors que la vie économique et le métier s'équilibraient tant bien que mal. Ne voit-on pas que la machine vise précisément à réserver à la machine même tout ce qui n'est pas, dans la construction et l'utilisation de la machine, de l'ordre de l'intelligence, de l'initiative, de l'imagination ? Oublie-t-on que la durée des heures de travail, au cours du dernier siècle, a diminué en raison directe de la généralisation et des progrès de la machine ? Il y a une tâche immense à poursuivre dans ce domaine, mais il faut prendre garde que cette tâche doit s'accomplir non sur le plan de la machine, dont l'automatisme même aboutira à la libération du travail, mais sur le plan des conditions économiques que la machine, plus que n'importe quel autre organe de la vie moderne, contribue à renouveler. On me demande avec candeur ce que deviendra, dans cette société mécanisée, l'aventurier, l'imaginatif, le poète... Ingratitude. Méconnaissance de notre nature profonde. Il restera celui qui invente les rapports nouveaux entre les rouages, celui qui brise les rouages faussés, ou nettoie les rouages rouillés, celui qui en forge d'autres. Celui qui y introduit le grain de sable pour faire une bonne farce à la société trop confiante en ses destinées nouvelles, et qui éveille périodiquement au cœur des foules soit l'angoisse nécessaire, soit l'enthousiasme somnolent, soit l'indispensable douleur.

J'ai parlé du cinéma. C'est qu'il constitue l'antichambre de l'accord chaque jour plus évident qui s'établit entre la science, la technique et la poésie. L'usage de ces mots doit suffire à le démontrer. Grâce à des moyens mécaniques, il réalise des images qui raniment ou éveillent non seulement notre lyrisme, mais qui nous introduisent, par les révélations inouïes que nous apportent l'analyse du mouvement, le ralenti, l'intensité des éclairages, l'agrandissement prodigieux de la vie microscopique, les mille rapports nouveaux de la forme, de la lumière, de l'ombre, de toutes les figures de l'espace et de la durée dont la quantité et la complexité croissent de jour en jour, dans un univers poétique d'une richesse immense, et hier encore insoupçonnée. Sa puissance d'éducation et de communion, qui peut atteindre, par le même langage et à la même seconde, dans des milliers de salles dispersées sur le globe entier toutes les races, toutes les classes, toutes les confessions, tous les individus, tous les métiers, dépasse tout ce que l'homme avait imaginé et même rêvé jusqu'ici. Par les conditions même de son développement technique, social et humain, il rejoint et surpasse les moyens d'expression collectifs qui ont donné leur signification aux plus émouvantes périodes des civilisations unanimes, — Égypte, Grèce, Inde, Chine, Europe médiévale. Tous les métiers contribuent à le créer, les décorateurs, les habilleurs, les historiens, les romanciers, les dramaturges, les acteurs, les figurants, les spectateurs, dix groupes de techniciens s'y rencontrent, comme dans la cathédrale où l'architecte, le verrier, le plombier, le maçon, l'imagier, le sonneur, le prêtre, les acteurs du mystère, ses spectateurs, la multitude des marchés et de la prière, participaient au même accord. Tous les arts s'y réconcilient, l'artiste, le savant, l'ingénieur, l'ouvrier y collaborent. La peinture, reine ancienne de l'espace, s'y empare de la durée. La musique, vieux roi du temps, s'y empare de l'espace. Le rythme et l'image s'y confondent, l'objet et le sujet s'y rencontrent dans le même élan révélateur de ce qui est et de ce qui devient. Le cinéma démontre, par sa seule existence, que « le spirituel » n'a jamais été que l'entente harmonieuse de ce qui se croyait concret et de ce qui se disait abstrait, le point de fusion absolu de l'intelligence qui choisit et de la sensualité qui œuvre. Il résume et destine aux résurrections perpétuelles la poésie géante de cet esprit humain qui passe alternativement de l'intuition lyrique à la raison mathématique, pour ramasser en des formules neuves les impératifs de cette intuition, ou exalter en des poemes inédits les nourritures de cette raison et revenir, par une sorte de gravitation de la conscience autour de ses éléments les plus inexplorés et les plus humbles, à leur harmonie périodique.

1. H. Dubreuil, dans *Nouveaux Standards* (Grasset), a écrit là-dessus des pages très pénétrantes.

Le clavier (pp. 41-115)

Revenant sur les relations entre les arts dont « Le grand rythme » avait déjà tracé la généalogie, les quatre parties centrales de ce chapitre sont encadrées par une première qui insiste sur la matérialité de l'œuvre, et une dernière qui décrit les correspondances entre les formes d'art et les formes naturelles.

« Impératifs de la matière » commence par une profession de foi moniste (cf. dossier du tome I, à propos de l'introduction) qui précise assez l'interdépendance de la matière et de l'esprit pour qu'on ne se trompe pas en interprétant des titres comme « l'esprit des formes » ou « la recherche de l'absolu » en un sens idéaliste. La spiritualité de l'art, sur laquelle reviendront les derniers chapitres, est plus intense et plus authentique que celle des religions parce qu'elle se nourrit de la matière du monde où se manifeste « l'Esprit » ou « Dieu », cette force qui n'est accessible que dans les formes.

Les analyses de cette partie préfigurent celles qu'Henri Focillon développe dans *Vie des formes* en 1943, en particulier dans son chapitre « Les formes de la matière » (« la matière impose sa propre forme à la forme »), ou celles d'Étienne Gilson quand il étudie « la cause matérielle de l'art », c'est-à-dire la façon dont telle matière détermine telle forme (*Peinture et Réalité*, 1958). Sa nature, sa densité, sa résistance à l'outil, son grain entraînent des styles particuliers. Dans toute l'*Histoire de l'art*, Élie Faure a été attentif à ces qualités de la matière, aux gestes qu'elles imposent, et jusqu'à la vision du monde qu'elles suscitent. Bien qu'il n'ait pratiqué lui-même aucun art, son imagination le rend capable de se mettre à la place de l'artiste pour se représenter les sensations qu'il a dû éprouver au contact de ses matériaux et les orientations qu'ils lui ont indiquées. Il faut relire par exemple les pages de *L'Art médiéval* sur la Chine (pp. 99-103), qui sont parmi les plus belles par leur lyrisme sensuel, bachelardien avant la lettre.

C'est Élie Faure qui a inventé le nom de *matiériste*, qui devait s'imposer quelque soixante ans plus tard dans le vocabulaire de la peinture. Il le propose dans un compte rendu du Salon des Indépendants publié par *L'Aurore* le 1er avril 1903, en demandant la permission de créer ce néologisme pour distinguer les *coloristes*, comme Bonnard et Vuillard, et les *matiéristes* qui sont plus attentifs aux qualités de la matière. Mais c'est en 1926 qu'il rencontre avec Soutine le plus matiériste des peintres d'alors. Il trouve en lui un rappel nécessaire à la matière, au moment où la peinture « patauge dans ses abstractions alambiquées dont les meilleurs ne parviennent à dégager que d'agréables associations de lignes et de tons » :

> Je sais qu'on m'accusera de manquer de « spiritualité », si j'écris que la matière, en peinture, *est toute la peinture*, par conséquent tout l'esprit. Je l'écris quand même, avec une sorte

> de désespoir, bien qu'étant sûr d'avoir raison. Justement parce que j'en suis sûr. Parce que je sais que si ce feu brûle au foyer de la matière, aussi vile qu'elle soit, c'est qu'il rayonnera jusqu'aux limites de l'espace spirituel, étant l'étincelle de vie. Soutine est l'un des rares peintres « religieux » qu'ait connu le monde, précisément parce que la matière de Soutine est parmi les plus charnelles que la peinture ait exprimées.
>
> (« Soutine », *Ombres solides**)

Cette première partie du « Clavier » prépare également la dernière, ainsi que le chapitre suivant, en précisant que l'artiste n'imite pas des formes extérieures mais en dégage « des rapports, des analogies, des mesures, des groupements de nombres et des valeurs » (p. 43). Il y a donc correspondance de structure entre les formes du monde et celles de l'art, et là encore, l'artiste, qui cherche intuitivement les lois sous les apparences, rejoint le savant. Le texte et les illustrations de ce chapitre ouvrent la voie à René Huyghe qui, dans un ouvrage plus documenté et plus moderne — en 1971 —, mais sous le titre *Formes et Forces* qui fut d'abord celui d'un livre d'Élie Faure (1907), étudie systématiquement ces analogies.

Des autres parties de ce chapitre, on retiendra surtout « L'architecture » (II) et « La danse et le cinéma » (V) parce qu'elles prolongent les brèves réflexions qui terminaient dans *L'Art moderne* « La genèse contemporaine » (t. II, pp. 252-255).

Dès ses premiers articles, en 1902-1905, Élie Faure a vu dans la peinture de l'époque un besoin de construction et de synthèse qui lui paraissait l'annonce d'une nouvelle société, — il n'avait pas encore adopté le nom de

* Ce passage a été ajouté au texte de 1929 sur *Soutine*, coll. « Les artistes nouveaux », Crès & Cie.

« période organique » pour la désigner. Lorsqu'il a redécouvert Cézanne, vers 1910, il a cru apercevoir dans ses tendances architecturales l'ébauche symbolique d'une synthèse sociale à venir. En 1920, après avoir parcouru toute l'histoire de l'art et constaté « le grand rythme », il fait un pas décisif en suggérant que Cézanne, qui restitue aux formes leur place monumentale dans l'espace selon un procédé d'architecte, marque peut-être le passage de la peinture à l'architecture. S'agit-il encore de construire la peinture, se demande-t-il, « ou tout simplement des maisons ? » (*L'Art moderne*, t. II, pp. 363-368). La question laisse très vite place à des affirmations dans les textes de 1921 : la fin de *L'Art moderne*, l'article « Esthétique du machinisme », ou « La crise de l'individualisme » repris dans *L'Arbre d'Éden* sous le titre « Architecture et individualisme », disent clairement désormais que pour Élie Faure l'art dominant du XXe siècle sera l'architecture, qui a donc été préparée par la peinture mais va la détrôner.

> Quant au « cubisme », issu de la poussée vers les structures intérieures que font prévoir les plans abrupts et les édifices colorés de Cézanne, les volumes tournants de Renoir, les formes monumentales de Seurat, il va si loin dans sa tentative d'anonymat architectonique qu'il supprime jusqu'à la raison d'être de la peinture, art avant tout individuel, et situe les expressions réelles des « équivalences plastiques » dans le travail des simples bâtisseurs. L'œuvre de Braque donne la parole aux maçons, l'œuvre de Léger aux ingénieurs, l'œuvre de Jeanneret aux architectes de l'école Le Corbusier.
>
> (« 1895-1937 », *Le Point*, juin 1937)

Élie Faure a acquis le goût de l'architecture moderne auprès de ses amis Frantz Jourdain, qui utilisait le verre et le fer dans ses constructions, et son fils Francis Jourdain, créateur de meubles, qui l'a convaincu que « le meuble est architecture et rien qu'architecture » (*supra*, p. 61). Élie Faure parle à ce propos d'« architecture mobilière ».

La rédaction de l'*Histoire de l'art* l'aide ensuite à comprendre l'évolution des styles, telle que « Le grand rythme » la décrira. Il a déjà des idées bien arrêtées en 1913, lorsqu'il écrit à George Besson pour protester contre un article d'Adolf Loos, « Ornement et crime », paru dans *Les Cahiers d'aujourd'hui* de juin. Loos a publié sous ce titre *(Ornament und Verbrechen)*, en 1908, un livre qui fait date parce qu'il s'élève contre les arabesques ornementales du *modern style*. Là-dessus, Élie Faure ne peut qu'être d'accord. Mais Loos lui paraît prendre l'histoire à l'envers quand il voit dans l'ornementation un besoin primitif et prétend qu'elle disparaît avec le développement de la culture :

> Quant à votre Loos, c'est un Allemand. Quand les Allemands auront fait de la bonne architecture, peut-être sauront-ils en parler. Je n'en ai, quant à moi, jamais vu un vrai specimen en Allemagne. Et que son argumentation est fausse !
>
> D'abord il serait, j'imagine, facile de lui démontrer qu'à mesure que les Papous avancent en civilisation Papou leurs tatouages se compliquent. Mais je connais les Papous moins bien que lui. En revanche j'ai quelque peu étudié les Grecs, les Italiens et les Français, sans compter les Arabes, les seuls qui aient eu une architecture en Occident — et peut-être en Orient. Or j'ai constaté chez tous que l'ornement se multipliait à mesure que vieillissait le peuple, ou la race, ou la classe, ou la nation, désignez le groupe du nom qu'il vous plaira. Comparez chez les Grecs le Dorique presque nu du 7e siècle à l'Ionique si orné du 4e, et méditez sur la chute corinthienne. Voyez les municipes italiens du 14e, purs comme une hache, et les églises surchargées du 16e, du 17e. Voyez le Roman français, si net et dépouillé au 12e, et le gothique d'abord si sobre à Sens, à

Chartres, et surchargé comme un bibelot d'ivoire au 15e. Suivez l'arabesque arabe, qui finit par envahir jusqu'aux toits des mosquées.

A. L'architecture se complique au fur et à mesure que se compliquent ceux qui la conçoivent.

B. Elle redevient pure et une chaque fois qu'ils retournent, par suite d'une révolution, d'une ruine universelle, d'un changement de religion, à l'état d'innocence.

Votre Loos est un pédant qui ferait bien d'aller chez les Papous réapprendre son métier.

Mais sa réflexion sur l'architecture va surtout se développer après 1920. Car il rencontre cette année-là Le Corbusier, qui fonde alors la revue *L'Esprit nouveau*, où le célèbre texte d'Élie Faure sur Charlot paraîtra le 15 mars suivant.

L'Art moderne n'évoque l'architecture contemporaine qu'en conclusion, sans référence précise. Le Corbusier n'y est cité que dans l'appendice, et sous son nom de Jeanneret, en tant qu'écrivain d'art. Mais dans les éditions de 1924 et 1926, de nouvelles illustrations compensent le silence du texte. On peut alors voir, dans la partie V de « La genèse contemporaine », la maquette de la *Ville contemporaine de 3 000 000 habitants* qui avait été présentée au Salon d'Automne de 1922, et trois photos empruntées à *L'Esprit nouveau* : un silo aux États-Unis, les hangars d'Orly en construction (on les retrouvera dans *L'Esprit des Formes*, ill. n° 215), et une automobile Voisin. Mais dans l'édition qu'il prépare en 1935 et qui sera posthume, tous ces clichés sont supprimés, — alors pourtant qu'il publie un article élogieux sur *La Ville radieuse* en novembre de la même année.

Élie Faure approuve la réaction contre le « style nouille » dont l'ornementation et l'esthétisme, qui se réclame de Ruskin et W. Morris, lui paraissent le symptôme d'une décadence. Il approuve aussi l'assimilation par l'architecture de la technique industrielle, et sa collaboration avec l'ingénieur, — comme Freyssinet, inventeur du béton précontraint, concepteur des hangars d'Orly ou du pont de Saint-Pierre-du-Vauvray (tome I, fig. 35). Dans « Agonie de la peinture », en 1931 (cf. *L'Art moderne*, II, dossier, pp. 501 *sq*.), qui montre d'ailleurs une photographie de la Halle Tony Garnier à Lyon, il précise ses choix :

> Ce n'est pas d'hier qu'on s'est aperçu de la beauté croissante, preuve d'une soumission de plus en plus consentie à son rôle, de l'architecture immobilière et mobilière que les ingénieurs substituent de plus en plus rapidement aux bâtisses extravagantes des architectes proprement dits, perdus, noyés, submergés comme les peintres eux-mêmes dans les imitations composites de l'art grec, égyptien, romain, byzantin, ogival, arabe, mésopotamien, aztèque, renaissant, et dont quelques-uns, en Hollande, avec Berlage et ses élèves, en Allemagne avec Loos et ses élèves, en France avec Auguste Perret et plus récemment avec Le Corbusier, sont allés demander aux ingénieurs du ciment armé et du fer des leçons de logique, de simplicité, de probité, d'adaptation de l'œuvre à sa véritable fin. Comme toujours quand le chaos règne, il s'agit de conquérir une nouvelle innocence, et la science et ses applications, avec les leçons d'honnêteté intellectuelle qu'elles nous donnent, constituent le meilleur instrument dont nous disposions aujourd'hui pour procéder à cette besogne d'hygiène mentale. Il y a plus de pureté vraie et d'ingénuité créatrice dans les hangars d'Orly et le pont de Plougastel, dus à l'ingénieur Freyssinet, que dans tous les efforts, aussi sincères qu'on le veuille, des théologiens clercs et laïques assemblés.

Mais si les pages du « Clavier » sur l'architecture ne proposent aucun nom, on y devine cependant une discussion indirecte avec Le Corbusier, qui lui paraît soumettre l'architecture à l'abstraction des sciences pures alors que lui-même, plus attiré par la biologie (comme le montre le chapitre précédent), ne veut voir dans cet art qu'une approximation mathématique et une « géométrie vivante » (p. 56). Le Corbusier part de données concrètes et de problèmes sociaux auxquels Élie Faure est tout aussi sensible, mais il les perd de vue en les ramenant à des schèmes abstraits, ce qui risque de susciter un nouvel académisme. Faure le met en garde le 7 février 1931, à propos de *Précisions sur un état présent de l'architecture et de l'urbanisme* :

> Je n'ai pu relever, au long de ces 268 pages, que le prétexte d'une seule objection à vous faire. Encore n'est-elle peut-être de ma part que l'effet d'une fausse interprétation d'une pensée que vous exprimez avec votre absolutisme habituel, lequel nous est si nécessaire. « La nature, dites-vous, n'a rien apprêté. Dresser une splendide création de l'esprit. » Or, cette phrase suit à 10 lignes de distance votre démonstration de l'urgence qu'il y a à élever vos tours de cristal au-dessus de la Plata pour contempler ses eaux rouges et fuir la stagnation de l'air humide. Et tout le long du livre vous parlez des ordres que vous dicte la nécessité de l'aération et de la circulation dans la Machine à habiter. En réalité, positivement ou négativement, la nature a *tout apprêté*, et « la création de l'esprit » me semble d'autant plus « splendide » qu'il tient compte, exclusivement compte, des *apprêts* de la nature. Sinon, par une voie différente de la sienne, vous retombez dans un nouvel académisme, après avoir terrassé l'ancien. Je ne crains certes rien pour vous. Mais gare à vos disciples !
>
> L'académisme, vous l'avez dit, redit et démontré, est l'ennemi de l'urbanisme biologique (la Biologie est-elle donc hors-nature ?) Il relève d'une abstraction. Il est une « création de l'esprit ». Il place au commencement un absolu spirituel, alors qu'au commencement il n'y a et ne peut y avoir que des nécessités biologiques dont le matériel et le spirituel ne sont que les modalités indéfiniment réversibles. La machine obéit à des ordres biologiques et est construite, dans le but d'y satisfaire, sur le plan des

> êtres organisés. La machine est engendrée par la machine, l'esprit n'y est pas pour grand-chose. Le « *beau* », « création de l'esprit » est exclusivement responsable de l'*anurbanisme* moderne, avec l'individualisme qui est son rejeton romantique. Chacun travaille à créer dans la ville son *petit* absolu (voir la reconstruction des régions envahies), alors qu'elle exige impérieusement un *grand* relatif. Chacun vit soi-disant et crée soi-disant en fonction d'un apriorisme accommodé à sa propre sauce, sans souci aucun d'un ensemble organique, le seul qui doive intéresser non seulement la collectivité, mais l'individu.
>
> Prenez garde à un malentendu — car ce n'est qu'un malentendu — qui pourrait jeter dans une impasse la multitude d'élèves que je vous souhaite pour notre bien à tous. D'ailleurs, si vous deveniez le point de départ d'un académisme nouveau, ce serait dans l'ordre des choses (Ex. : Phidias et Ictinos, Guillaume de Sens, Brunelleschi, Michel-Ange, etc.).

Il est plus explicite quand il écrit à son fils Jean-Pierre*, qui vient d'entendre les conférences du Corbusier à Alger :

> Sans être très liés, nous sommes fort bien ensemble [...]. Je ne crois pas que mes idées l'aient influencé. Il lit fort peu, ou pas du tout. C'est plutôt moi qui aurais subi son action, du moins en un certain sens, plus littéraire qu'architectural, car j'aime sa façon de s'exprimer et ses théories plus que ses réalisations. Il en arrive à une formule bien sèche et à une construction assez pauvre. Parti du terrain utilitaire — qui était celui des Romains, ces très grands architectes — il en revient au décor. Ses façades démontrent ses principes plus que ses intérieurs ne satisfont à nos besoins. Il n'en est pas moins vrai qu'il exerce une grande, légitime et salutaire influence.
>
> (à Jean-Pierre Faure, inédite, 30 mai 1931)

* Agronome de formation, plus tard fondateur d'*Alger Républicain* où il devait engager Camus, Jean-Pierre Faure s'est aussi occupé d'urbanisme. Il a publié à ce sujet *Alger capitale*, éd. Malfère, 1936.

Il craint aussi, comme il le dit dans la note du tome I, p. 148, et dans la préface de 1923 à *L'Art moderne* (I, p. 24 *sq.*), que l'internationalisation d'un style unique n'aboutisse à l'uniformisation de l'architecture, ne la coupe des milieux avec lesquels elle doit garder une relation vivante, et ne la réduise à l'application des mêmes recettes partout.

Il développe sa conception dans le chapitre « Naissance de l'architecture » d'*Ombres solides*, en 1934 :

NAISSANCE DE L'ARCHITECTURE

I

Après plus de cent ans d'une éclipse à peu près totale provoquée par des causes multiples, et complexes, dont la suppression des corporations par la Révolution française demeure la plus évidente, l'architecture reparaît. C'est un symptôme social d'une importance extrême. Car si l'architecture a pour tâche de satisfaire aux exigences physiques et spirituelles du plus grand nombre possible d'*individus*, elle se doit à elle-même d'ignorer radicalement les fantaisies de l'*individualisme*. En fait l'architecture, avec la musique et la danse, est l'art social par excellence. Avant la musique et la danse, puisqu'elle ne se borne pas à exprimer les besoins de l'organisme commun, mais s'efforce à leur obéir. En outre, son caractère collectif n'apparaît pas seulement dans ses buts, il s'accuse dans ses moyens. C'est elle qui occupe les corps de métier les plus nombreux et les plus dissemblables. Comme l'orchestre, et mieux que lui, sous l'autorité indiscutée du maître d'œuvre, elle associe les éléments les plus divers, et même les plus contradictoires, puisqu'elle doit vaincre les phénomènes physiques de pesanteur, de poussée, de portée, de qualité des matériaux, des terrains, les circonstances de climat, de saisons que l'orchestre ignore. Art essentiellement statique, et cependant celui de tous les arts qui nous offre le spectacle le plus dramatique, justement parce que sa fonction est d'exprimer, de dominer, de maîtriser tous les éléments du drame, elle est le témoignage le plus sûr, mais aussi le plus poignant que toute civilisation nous laisse de la puissance de l'esprit à dompter et à organiser les forces qui constituent son dynamisme et dont l'anarchie de la construction, hier encore, nous montrait la déchéance.

Elle ne se borne pas à constituer le meilleur enseignement de la solidarité nécessaire entre les hommes. Elle est le résultat le plus incontestable de cette solidarité. Si la danse signifie pour nous la joie commune, et unanime, l'architecture est donc une danse immobile. Elle est ce qu'il y a de plus désintéressé, c'est-à-dire de plus utile dans la vie. Elle est impossible ou même inconcevable hors du social, ou en tout cas du mystique et du hiérarchique — qui sont le social des âges révolus. L'architecture romaine, l'architecture cartésienne n'ont représenté que des réactions grandioses, mais momentanées, là de l'esprit administratif et politique, ici de l'intelligence, contre l'effondrement des subordinations et des disciplines nécessaires à la croissance et à la conservation des sociétés. C'est par l'une qu'a passé l'Église, par l'autre qu'a passé la Science. Et la Science édifiera sa maison sociale, comme l'Église a bâti la sienne. Car le Symphonisme nouveau dont témoigne la renaissance de la construction était attendu. Il devait se produire. Il n'est que l'aboutissement des efforts accomplis au siècle dernier pour substituer au règne d'une collectivité sentimentale et mystique le règne d'une collectivité logique et expérimentale. La grande architecture est toujours contemporaine, et annonciatrice, des grandes sociétés unitaires, elle est le premier art à apparaître avec elles, le premier à disparaître d'elles, parce qu'il n'est pas de grande société où ne s'accordent tous les éléments que l'architecture exprime. Sans besoins nouveaux, point d'architecture nouvelle. Et tout besoin nouveau exige une architecture nouvelle. Inutile d'insister sur l'imbécillité vraiment inexplicable qui consiste à infliger à une gare l'aspect d'une cathédrale ou à un Hôtel des Postes la disposition d'un temple grec. L'homme d'hier était parvenu à dépasser son propre illogisme. Il semblerait en effet mathématiquement impossible à première vue de construire des apparences anciennes sur des besoins inédits.

Avec l'avènement du machinisme et de l'architecture si je puis dire « mobilière » qu'il a créée, nous avons vu passer peu à peu les grandes constructions utilitaires des mains de l'architecte d'École dans celles de l'ingénieur. Le fer et le ciment armé ont contitué les moyens de cette transmission progressive et salutaire des pouvoirs. Il est étrange, d'autre part, qu'on puisse contester sérieusement que l'architecte doive être et soit avant tout un ingénieur. Aux temps de la grande construction religieuse, sociale et hiérarchique en Égypte, en Grèce, à Rome, en Chine, sous le règne des grands Mogols aux Indes et des Khalifes en Islam, l'architecte et l'ingénieur ne faisaient qu'un. Viollet-le-Duc, dans son admirable *Dictionnaire* qu'on ne relit pas assez, parce qu'on est défavorablement impressionné d'avance par ses restaurations trop savantes, opposait déjà la science de l'un aux caprices sentimentaux de l'autre. C'est la Renaissance, individualiste et anarchisante, — et d'autre part nécessaire à l'enquête que l'homme entreprenait dans toutes les directions de l'esprit à ce moment-là, c'est la Renaissance qui les a séparés l'un de l'autre malgré l'effort désespéré des grands Italiens, Alberti, Brunelleschi, Bramante, Vinci, Michel-Ange, pour faire du premier un artiste. Le règne de l'ornement, l'exclusivisme politique ou mondain de l'édifice religieux ou d'apparat à partir du seizième siècle, ont tout remis en question. L'École a oublié — peut-être ne l'a-t-elle jamais su — que le maître d'œuvre des cathédrales primitives était un maçon, un ouvrier parvenu. Elle n'a jamais songé que le Parthénon n'est qu'une stylisation, dans un matériau plus résistant, des maisons de paysans qu'on voit encore dans les campagnes du Péloponèse ou des îles. Il est de mode d'affirmer, dans le monde des artistes « spiritualistes » et même chez quelques-uns d'entre les architectes les plus hardis de nos jours, dont la clarté d'intelligence a cependant peu d'égales, que l'architecture est abstraction pure, pleine création de l'esprit, que la colonne dorique, par exemple, ne saurait venir de l'arbre, sous prétexte qu'il n'y avait en Grèce « que des pins rabougris et des oliviers tordus » (Le Corbusier). Ils oublient simplement qu'elle a été précédée par la colonne égyptienne, laquelle avait pour origine le palmier dont son chapiteau reproduit jusqu'aux bouquets de feuilles. Ils oublient même que ces cabanes qui préfiguraient l'image du Parthénon étaient construites non *d'après* des troncs d'arbre, mais *avec* des troncs d'arbre, les plus droits qu'on pouvait trouver dans ces contrées à végétation tortueuse. Le péristyle et l'architrave y constituent déjà, avec ces matériaux réalistes, le principe premier de l'architecture des Grecs. « L'architecture ? Construire un abri », dit encore Le Corbusier. Ceci résout la question. Voici la grotte primitive, toute faite, mais aménagée, percée d'orifices, fermée avec des rochers à peine équarris ou des palissades, ou bien la hutte de branchages, ou la cabane de troncs et de roseaux élevée au-dessus des lacs.

La grande architecture classique n'est donc, dans quelque pays qu'on le veuille, qu'une « décantation » pour user d'un mot à la mode, des origines naturelles et expérimentales de la construction. Ceci posé, on peut admettre que la transposition complète de la « nature » dans l'intelligence ordonnatrice qui prend dès lors la direction et le commandement, doit s'imposer tôt ou tard. Mais le fait même de reconnaître, comme y consent Le Corbusier, que l'harmonie ainsi conquise est un accord de l'esprit avec l'ordre de l'univers, implique la reconnaissance d'un échange continu et réciproque entre cet univers et nous. L'unité n'est pas dans l'esprit, si elle n'est pas dans le monde. Mais précisément pour cela, elle exclut l'imitation servile, puisque cette unité ne se révèle dans le monde que si l'esprit fait abstraction, lors de sa prise de possession du monde, d'une infinité de détails et d'incidents qui ne servent qu'à nous en masquer la loi. L'imitation ne peut porter que sur des rapports généraux, la ligne droite que nous révèle l'horizon, la ligne courbe que nous révèle le cercle du soleil ou de la lune, le mur que nous enseigne la falaise, le dôme que la voûte des cavernes ou celle du ciel même imposait à nos départs. L'architecture, qui est l'art le plus conscient de tous comme conception et exécution, est donc le plus inconscient comme sources. Mais ainsi précisément, par un voyage circulaire dans l'imagination et ses supports naturels, devient-elle le plus logique de tous les arts, et celui qui s'accorde le plus étroitement à la vie, et aux conditions cosmiques de la vie des hommes. On pourrait même soutenir sans paradoxe que les arts dits « d'imitation » se font plus accomplis à mesure que disparaît l'illusion de l'imitation qui en est cependant la source reconnue et que les arts dits « d'invention » sont d'autant plus parfaits qu'ils parviennent mieux à nous imposer l'illusion d'une chose naturelle. Ainsi la grande architecture nous apparaît-elle comme un organisme en activité. Son appropriation à l'apparence et à la forme du paysage l'intègre à tel point au caractère même de ce paysage, que pour peu que la lumière et la pluie et les vents s'en mêlent, elle semble émaner très vite, comme le paysage lui-même, des forces aériennes ou souterraines qui l'ont modelée. Mais il est bien certain que cette appropriation ne saurait être complète que si une armature sociale puissante et cohérente en toutes ses parties, a poursuivi dans la construction même, son intuition des rythmes cosmiques qui se retrouvent en elle, par l'intermédiaire des métiers et de leur connaissance des matériaux et des lois de l'équilibre statique. Cela grâce à l'observation de nos conditions d'existence les plus nécessaires et les plus permanentes, celles que déterminent les climats, les nuits et les jours et qui s'accordent, pour notre joie la plus intime, avec les battements de notre cœur, les heures de nos repas, de notre sommeil, la satisfaction de nos appétits légitimes, l'ordre, la succession et la cadence de nos exercices et de nos jeux.

II

Où donc commence l'art dans toute œuvre humaine, et où la science ? Là est la clé du grand mystère, et l'architecture puise justement, dans la possession inconsciente de cette clé, sa dignité éminente. Reposant tout entière sur un groupe de sciences positives ou d'empirismes éprouvés, nature des matériaux et des terrains, minéralogie, physique, mécanique, elle ne peut être, dans ses réalisations même, qu'une approximation intuitive des lois géométriques qui président à la structure et aux mouvements de l'univers, d'une manière relative d'ailleurs, puisque l'univers lui-même ne paraît être qu'une approximation mathématique et biologique. Nous connaissons des faits certains. C'est par exemple que l'architecture hellénique repose sur le nombre, l'architecture romaine sur la pesanteur, l'architecture française médiévale sur les poussées obliques déterminées par la nécessité d'obtenir un maximum de lumière dans un maximum d'espace et que l'architecture byzantine reproduit la gravitation des sphères célestes à l'aide d'un symbolisme suffisamment approché. Mais il est des faits non moins certains. C'est, par exemple, que les colonnes du temple grec se rapprochent l'une de l'autre au fur et à mesure de leur ascension et que leur architrave est courbe, et que les faisceaux qui soutiennent les gerbes des nervures de la nef dans l'édifice ogival, s'écartent progressivement vers le haut pour paraître parallèles. On pourrait multiplier ces exemples à l'infini. L'approximation est prouvée. « Le fait, écrit Viollet-le-Duc, précède la loi... Mais lorsque la loi est connue, elle sert à expliquer le fait. » Appliquée à la construction de l'édifice, la science pure le glacerait. Elle doit rester une *tendance*. Le fameux « tracé régulateur » n'est qu'une intuition analogique de l'harmonie géométrique où notre instinct nous avertit que tend l'unité des formes et des forces qui constituent notre univers. Le Nègre, le Polynésien ne soupçonnent même pas l'existence de la géométrie. Or, leur art est celui de tous qui obéit le plus fidèlement à des rythmes géométriques, et il est remarquable que cet instinct infaillible existe même chez les insectes, guêpes, abeilles, termites, etc. Et c'est précisément depuis que la géométrie s'est complètement constituée — depuis la Renaissance — que ses impératifs ont abandonné notre instinct et déserté l'architecture. Les commencements de la Science ont brisé l'unité de l'homme. C'est à son épanouissement actuel qu'il appartient de la refaire.

Viollet-le-Duc savait déjà que la cathédrale de Cologne était passée à côté de l'effet harmonique que produit celle d'Amiens, dont elle n'est cependant qu'un commentaire scientifique parce que son « architecte (en) a suivi rigoureusement les données géométriques » selon « une formule qui ne tient compte ni des effets de la perspective, ni des déformations que subissent les courbes en apparence à cause de la hauteur où elles sont placées », et que « le géomètre a supprimé l'artiste ». Et il ne faudrait pas se livrer à de bien longues recherches pour découvrir que le groupement eurythmique des nombres obéit aux mêmes lois que le « tracé régulateur », qu'il n'est pas et ne saurait être un postulat de la raison, mais une conquête empirique du besoin d'harmonie que la contemplation désintéressée du monde nous dicte. Le lyrisme est une intuition du réel, non une connaissance exacte de ses lois. Le versificateur brise le rythme parce qu'il part de la métrique qu'il possède parfaitement, le poète anime la métrique parce qu'il part du rythme qui le soulève à son insu. Et je ne puis imaginer un musicien qui connaîtrait d'avance, au lieu de les saisir par intuition, les rapports mathématiques existant entre les sons. L'homme est un animal cosmique, prenons-en notre parti. L'exemple de la Renaissance prouve que les sources les plus constantes de la raison, au moins pratique, celle qui sait s'adapter aux circonstances et aux besoins sont dans l'instinct, et que rien ne vaut la raison, même pure, pour nous ramener à l'instinct. Le développement de la méthode cartésienne, qui prétend écarter l'instinct, nous y reconduit de nos jours même par le plus bref et le plus sûr des chemins. De là l'appel peut-être exagéré mais nécessaire à la science la plus rigoureuse que nous entendons aujourd'hui pour retrouver les fondements de nos postulats intuitifs les plus nécessaires. L'ingénieur est venu non pour remplacer l'architecte, mais pour lui montrer de nouveau, avec une infaillible autorité, les avenues qui mènent au réel.

Le système harmonique que toute grande architecture constitue, ne saurait donc dériver de telle ou telle conception de la forme en elle-même et pour elle-même, mais de telle ou telle conception de la société et du monde transportée du plan humain et spirituel sur le plan plastique. Ce principe primordial stérilise d'avance toute tentative d'imitation — je ne dis pas toute influence — et ramène la beauté de l'architecture à une question de proportions qui n'est le plus souvent qu'une projection sur les surfaces expressives et les profils dominants d'une adaptation organique de l'édifice à sa fonction. Si les besoins et les destinations diffèrent, les organes doivent différer, mais cette différenciation est déterminée justement par le principe intérieur qui commande d'y obéir. L'ornement, à condition qu'il serve à masquer ou à souligner une des fonctions utiles de la construction — ce qui fut, au Moyen Age, son rôle si manifeste n'est pas condamnable en soi, si toutefois il ne déborde pas sur les proportions harmoniques. L'anathème qui le frappe aujourd'hui vient de ce qu'il avait envahi toutes les surfaces au détriment de ces proportions tout à fait oubliées, qu'une réaction vigoureuse devenait nécessaire, et aussi que l'apparition de la machine, des matériaux nouveaux ou transformés tels que le fer, le verre et le béton ont facilité le retour aux fins utilitaires que l'immense et universelle transformation de nos besoins nous dicte impérieusement. Il n'est même pas niable que la disparition de l'ornement intelligemment conçu de l'édifice utilitaire moderne, après nous avoir procuré une profonde sensation de soulagement et nous avoir rendu si chère l'apparence pure, nette, organique des usines, des silos, des ponts, des barrages, des automobiles, des locomotives, des avions, nous laisse un certain degré de vide intérieur quand nous considérons les maisons d'habitation par exemple, ou les édifices publics construits selon les nouveaux principes. C'est que l'architecture industrialisée, quels que puissent être les services qu'elle nous rend, quelque salutaire que soit le goût des proportions qu'elle nous restitue le plus souvent à son insu, et simplement parce qu'elle adapte l'organe à la fonction sans se préoccuper du sentiment esthétique, ne réalise qu'assez exceptionnellement ce que j'appellerai l'animation des surfaces, ce corollaire nécessaire de la beauté des proportions.

Une révolution quelconque n'a jamais été viable que si, avant de s'exprimer dans les lois et les formes, elle a grondé avec la faim, le désir, le désespoir et l'espérance dans les profondeurs populaires, et c'est à peine si la révolution à laquelle nous assistons commence à glisser du plan économique sur le plan social où naît la flamme mystique. La forme de civilisation particulière qui élève tel édifice, est responsable de cette animation des surfaces que l'instinct du constructeur rattache à leurs proportions harmoniques, et sa science au jeu complexe des fonctions qu'il se propose de remplir. Si les proportions diffèrent les unes des autres, quand on compare les unes aux autres les œuvres des Égyptiens, des Grecs, des Romains, des Chinois, des Persans, des Français du Moyen Âge, c'est qu'elles expriment des groupements de rapports logiques, mais variables, ce qui est précisément le contraire de la formule, du canon. Dès que la formule est fixée, l'architecture est perdue, parce que l'immobilité survient. C'est l'histoire de l'architecture arabe en particulier, et mieux vaut, à tout prendre, la décadence ogivale, parce que du chaos social surgissaient des éléments de construction imprévus. Quand le renversement des valeurs — bouddhisme, christianisme, islamisme, Renaissance, Réforme, Révolution française, japonaise, russe, etc. — est prêt, je ne dis pas dans les esprits, mais dans les besoins de tous, c'est lui qui inflige la vie aux formes expressives de l'organisme social qui en est la conséquence. Il appartient dès lors au maître d'œuvre de mettre d'accord avec les principes permanents et la logique éternelle de l'architecture ce qui, dans le monument, représentera les impératifs économiques, puis sociaux, puis moraux de l'heure. J'ai écrit ailleurs, et je le répète, que « l'architecture marque le passage de la géométrie du plan architectural dans le plan sensible ». Cela suffit à condamner la géométrie pure, mais à marquer le rôle immense de l'intuition géométrique dans la satisfaction de nos besoins spirituels.

Rien de plus éducateur, dès qu'on est pénétré de ce principe très simple que la destination humaine et sociale de l'édifice détermine son aspect, ses proportions et sa vie corporelle, qu'un musée d'ostéologie. Ici tout appartient à la logique fonctionnelle qui crée l'organe, la forme et les différences de forme de l'organe selon l'espèce, et qu'on retrouve partout identique à elle-même, du mastodonte à la souris, mais infiniment variée dans ses apparences, parce que variée dans ses fonctions. Nécessité inéluctable de la disposition des éléments, de l'imbrication des articles, de la longueur et de l'épaisseur des leviers, de leur torsion plus ou moins forte, de l'atrophie ou de la puissance des crêtes musculaires ou des mâchoires ou des carapaces qui explique, quand l'animal nous apparaît vivant, les diversités morphologiques infinies que la série animale entière nous offre, — comme la série architecturale suivant l'époque et le climat et la forme du groupe social — alors que nous retrouvons dans les milliers de squelettes appartenant à cette série les mêmes éléments, et le plus souvent le même nombre d'éléments. Si nous pouvions tous apercevoir la charpente de bois ou de fer d'un édifice quelconque, le plus réfractaire d'entre nous à la logique architecturale reconnaîtrait bien vite l'absurdité de l'apparence extérieure imposée depuis si longtemps à la plupart des édifices, car c'est sa charpente qui le définit, comme le squelette le corps. En Chine, au Japon, en Polynésie, l'édifice qui est le plus souvent de bois constitue sa propre charpente, et l'appareil de pierre ne fait souvent que reproduire, comme dans le temple dorique, les formes et les saillies de la charpente primitive, inutilement même parfois comme dans certains temples gothiques, les chaityas hindoues, les portes chinoises, ce qui suffit à expliquer que l'obsession ornementale soit si souvent sortie inconsciemment des destinations utilitaires de certains organes dans l'édifice primitif. Perdre de vue la fonction, c'est conserver l'organe inutile, ou le transformer sans motif, ou même l'inventer pour les besoins du caprice individualiste ou de l'illogisme d'école, et c'est ce qui permet d'affirmer que l'église Saint-Augustin, par exemple, est beaucoup plus éloignée par l'esprit de la cathédrale de Chartres — édifice religieux comme elle — que les hangars d'Orly ou le pont de Plougastel — édifices industriels — ne le sont de cette même cathédrale. Il y a bien plus de rapports entre le palais des Papes d'Avignon et le théâtre d'Orange dont la fonction est différente, qu'entre le théâtre d'Orange et l'Opéra de Paris, qui ont la même fonction. La raison pratique a créé l'architecture religieuse du Moyen Âge, mais cette même architecture religieuse, en voulant trop exprimer, a détruit, par des procédés romantiques, le principe qui l'avait fait naître.

Si l'architecture militaire est restée belle à toute époque, c'est qu'elle n'a jamais perdu de vue sa destination réelle. Tel bastion de la forteresse d'Agra aux Indes, qui date du quinzième siècle, rappelle la tourelle des plus modernes cuirassés, et la tour de Constance d'Aigues-Mortes, bien que différente d'aspect, produit une impression aussi puissante que le fort d'Antibes de Vauban, parce que les organes des deux édifices sont étroitement adaptés aux conditions d'attaque et de défense de leur temps. Alors pourtant que tous avouent sans difficulté qu'une forteresse doit n'être qu'une forteresse, ne semble-t-il pas extravagant qu'on puisse encore discuter qu'un théâtre ou un cinéma doive être construit *d'abord* pour qu'on y voie de partout, une salle de concert *d'abord* pour qu'on y entende de partout, une gare *d'abord* pour qu'il soit aisé d'y gagner sans guide des trains qui y circulent aisément, un pont *d'abord* pour résister aux crues et laisser passer le plus d'eau et s'écouler le plus de monde possible dans le plus bref délai possible, une bibliothèque *d'abord* pour qu'on y soit vite servi et qu'on y puisse travailler, une maison d'habitation *d'abord* pour que les servitudes de la vie y soient réduites au minimum — et que l'apparence de ces différents édifices risque d'être d'autant plus harmonieuse qu'elle réalise mieux la projection sur leurs plans expressifs des conditions internes de leurs fonctions et des conditions organiques exigées par ces fonctions ? La destination d'un édifice est tout à fait indépendante de sa spiritualité, et aussi de sa beauté. L'une et l'autre ne sauraient traduire que l'accord le plus étroit entre les aspirations unanimes du peuple et du temps qui le construisent et le jeu harmonique des éléments de l'édifice dans le cœur et la tête de ses constructeurs. « Les styles, dit Le Corbusier, n'ont rien à voir avec l'architecture. » Parole décisive, alors que depuis quatre ou cinq siècles, les styles seuls ont été poursuivis au détriment des principes humains et positifs de l'architecture elle-même.

III

Or, grâce aux matériaux modernes et aux machines, jamais l'homme ne fut mieux armé pour retrouver ces principes et s'y tenir avec la rigueur que l'évolution scientifique du monde exige jusqu'à nouvel ordre. La plasticité du ciment armé, par exemple, permet à la construction qui est l'art d'assembler les masses expressives des fonctions de l'édifice comme la musique fait appel à toutes les ressources de l'orchestre pour traduire des sentiments affectifs, de se rapprocher plus encore du poème sonore en accroissant sa faculté de varier sans cesse les rythmes et de transporter en des équilibres nouveaux des groupes jusqu'ici condamnés à la symétrie. Il y a là comme une sorte de fusion possible de l'esprit du classicisme antique ou cartésien et de l'esprit romantique de l'architecture chrétienne. À la suite du mouvement social qui ramène au premier plan les besoins impersonnels des collectivités, et du mouvement scientifique qui offre les moyens de les satisfaire avec une exactitude rigoureuse, une poussée vers des principes de simplification et d'austérité s'est nécessairement produite, mais peut-être nous a-t-elle conduits à des horizons trop abstraits. Ne nous en plaignons pas. L'ascétisme architectonique de ces dernières années joue sans doute un rôle analogue, dans l'évolution de nos idées et de nos mœurs, à celui de l'ascétisme spirituel dans l'avènement du christianisme. Mais l'architecte de demain, délivré par l'ingénieur comme Prométhée par Hercule, ne devra pas oublier que la matière tient une grande place dans la construction, non par sa richesse certes, mais par sa qualité tactile. On voit Le Corbusier par exemple, après nous avoir dit que l'architecture appartient à l'ingénieur, nous affirmer que le Parthénon ne peut être l'œuvre que d'un plasticien, et même d'un sculpteur, et le retirer à Ictinos pour le restituer à Phidias. Et je crois bien qu'il a raison, car la contradiction n'est qu'apparente, le principe de l'unité organique dominant et déterminant tout, et tout organisme animal, végétal ou minéral résumant dans sa réalité même l'accord original et spontané entre sa logique structurale et la densité charnelle, ou pulpeuse, ou géologique des tissus qui le constituent. Voyez par exemple une quelconque de ces jeunes Négresses nues que l'écran nous a révélées et dont la perfection formelle égale ou dépasse celle des plus belles statues antiques. Quelques bijoux lourds sur les membres ronds où le soleil fait couler des lueurs de bronze, une coiffure échafaudée qui prolonge la colonne du cou, la masse du crâne, le prognathisme bestial dans la même masse serrée d'une implacable harmonie. Tout y est, profils majestueux, rythme des formes ondulantes, ornement accusant le volume fonctionnel, matière charnue où le grain de la peau recueille et transforme la lumière par le miracle continu que provoque l'association de l'espace et du plan. L'abstraction pure conduirait vite à un néo-romantisme glacé du seul effet linéaire à obtenir, et l'amour exclusif des matières sacrifierait aussi vite au seul effet sensuel les cadences architectoniques et la conception globale de la construction. Il est aussi grave d'arracher de notre unité organique la sensibilité que la raison. L'homme ne peut couper sans briser son vol l'une de ses deux grandes ailes. L'équilibre, pour ce qui regarde tout au moins l'architecture, est dans l'union irréductible de la mathématique et de la vie, de l'individuel et du social.

Or le social, grâce à la Renaissance, à la Réforme, à la Révolution française, au développement inouï des sciences exactes, des sciences appliquées et des sciences morales, a perdu pour toujours la forme dogmatique qu'il avait encore au Moyen Âge asiatique et européen pour s'édifier sur les besoins de l'individu même, besoins rendus infiniment plus complexes et plus enchevêtrés par leur solidarité croissante, et irrésistible, avec ceux de tous les autres individus. L'architecture, comme toutes les manifestations de l'esprit, et au premier rang de leur cortège étant donné son rôle même, ne peut pas ne pas obéir aux lois de groupement que détermine la concentration de tous les moyens de la production et de la consommation modernes. Elle ne peut donc pas ne pas adopter la forme entièrement nouvelle qui réponde à la forme entièrement nouvelle que la rigueur scientifique et les impératifs économiques de la société en genèse doivent lui imprimer. Il n'est plus un événement dans la cité, dans la nation ni même dans le monde, qui ne trouve en chacun de nous un écho intéressé. Il n'est plus une seule de nos fonctions, si humble soit-elle, qui ne soit désormais liée à celle de tous les autres par les nécessités de la faim, de l'hygiène, des nouvelles exigences des échanges multipliés, communications, transports, force, combustibles, lumière, travail, divertissements, sports, conditions de la construction elle-même auxquelles la série et l'action d'ensemble président, étant donné la ductilité jusqu'ici inconnue des matériaux et la facilité de leur manipulation. Pour que l'urbanisme renaisse, ou même naisse — car l'urbanisme des Ming en Chine, des grands Mogols aux Indes, d'Abbas en Perse, de Louis XIV et de Napoléon n'étaient que des pressentiments d'ailleurs grandioses de la nécessité des vues générales qui doivent désormais présider à la construction des villes — l'architecture et l'homme de la rue doivent se libérer de tous les préjugés ethniques ou pittoresques qui s'opposent au règne de la machine, du standard, des matières nouvelles, à l'ajournement des ornementations parasites, à la nécessité de modifier, souvent de supprimer le meuble, à la disposition inédite des pièces qu'entraînent de plus en plus vite les modifications profondes du chauffage et de l'éclairage, à la substitution des fenêtres horizontales aux fenêtres verticales pour élargir l'accès de la lumière et de l'air, à la mise en commun de tous les services publics, et aussi à la concentration, dans la construction même de l'édifice moderne, des corps de métier compromis par la Renaissance et dispersés par la Révolution. Une symphonie nouvelle naît du fracas produit par l'effondrement d'un monde et commence à recouvrir les ruines par l'orchestration de ses rumeurs.

On a dit bien des fois que la suppression de l'esclavage, puis du servage, avaient modifié à tel point les conditions de l'architecture, que la disparition de cette immense main-d'œuvre la condamnait à déchoir. Mais les standards et les procédés mécaniques de transport, de construction et d'assemblage, suppléent à cette disparition. Le gratte-ciel américain, les hangars d'Orly, les énormes travaux d'art du monde moderne sont d'aujourd'hui, n'en déplaise à ces négateurs obstinés. Il n'est que d'ouvrir les yeux et de chercher l'architecture non pas là où elle n'est plus, mais là où elle renaît. Les anathèmes dont les artistes couvrent la standardisation en architecture, pour ne prendre qu'un exemple, le plus typique il est vrai, car le standard est le signe le plus manifeste de la substitution du collectif à l'individuel non seulement dans la construction mais dans les profondeurs même de la substance sociale, semblent d'autant plus singuliers que l'esprit du standard a toujours été présent, sinon tangible, dans les plus hautes manifestations de l'architecture, et surtout en France qui est peut-être, entre tous les peuples modernes, celui qui montre aujourd'hui le plus de répugnance à l'adopter. La colonne, la voûte, le berceau, le mur, toutes les grandes inventions de l'architecture eussent pris le standard pour moyen, si le ciment armé et le fer avaient été utilisés au temps où elles apparurent. La colonne grecque, à notre époque, eût été construite en série. La règle monastique est une conception qui répond, dans l'ordre intérieur, à l'ordre extérieur que la série conditionne, et elle a précisément servi d'armature à l'architecture romane qui l'a transmise à l'esprit corporatif. La France a toujours montré, au moins jusqu'à la Révolution, un esprit standardisateur pour ainsi dire obstiné : la croisée d'ogive, le jardin français, le génie militaire avant même Vauban, l'alexandrin, le régime administratif et routier, le système métrique en procèdent. L'essentiel, en architecture, n'est pas l'élément caractéristique de la construction, mais bien la proportion et le rythme observés dans le groupement de ces éléments caractéristiques. Et c'est un jeu de nombres, comme pour le verbe ou le son. « L'un le place mieux », eût dit Pascal. Mais à condition précisément que toutes choses soient égales par ailleurs.

IV

C'est par cette égalité en profondeur, qui prend son point d'appui sur « l'utile », — et par « utile » j'entends utilité morale aussi bien que matérielle — de tous les facteurs du problème, qui sont d'ordre social à l'heure actuelle, que s'effectuera et que déjà s'ébauche la résurrection de l'architecture. Car c'est à l'architecture nouvelle, malgré la résistance des Écoles, des Académies, et, dans la plupart des pays, des pouvoirs publics qui leur obéissent, que la victoire est promise. Cette résistance, elle aussi, est d'ordre social. J'entends par là qu'à son insu, elle exprime presque toujours, devant les inconnues redoutables que soulève l'anarchie économique et politique de la plupart des nations, l'effroi de leurs dirigeants. Nous ne construisons presque partout que des essais architecturaux, qui témoignent de nos besoins croissants, et expriment parfois de grands architectes, mais pas encore une grande architecture, parce qu'ils ne sont pas encore à même de traduire les exigences d'un organisme social dont tous les éléments soient solidaires. On dirait un peu partout l'effort d'un titan écrasé sous une accumulation séculaire de préjugés intéressés et dont on voit surgir des décombres tantôt un poing crispé, tantôt une poitrine haletante, tantôt un visage anxieux, mais résolu. Il y a des exceptions heureuses. L'Amérique tâtonne dans l'ordre architectonique comme dans l'ordre social même, mais une vie si forte la soulève, que sa puissance industrielle a crevé déjà sur plusieurs points l'écorce de la routine et qu'une adaptation réciproque commence à se manifester entre les besoins concrets qu'expriment ses constructeurs et les exigences des fonctions sociales collectives qui l'emportent peu à peu sur les organes individualistes en voie d'atrophie de sa forme économique agonisante. Phénomène analogue en Allemagne avec un reste — même dans les constructions les plus pratiques — de ce romantisme forcené qui la hante depuis toujours et tend à faire dominer dans son expressionnisme artistique, ou même utilitaire, l'affirmation transcendante de la force, de l'énormité ou même de l'étrangeté. La Russie, passée sans transition de l'empirisme autocratique le plus aveugle à l'édification la plus clairvoyante, mais la plus abstraite, de l'organisme collectif qui s'impose, subit au point de vue architectural les bénéfices douloureux parce que quelque peu incohérents, de la contradiction qui ne peut pas ne pas surgir entre des principes féconds et leur réalisation parfois trop hâtive. La Hollande, par une sorte de miracle, est la seule nation qui semble devancer, avec l'unité, la variété, l'ordonnance ferme et logique, l'ingéniosité dans l'invention de son architecture nouvelle, la cohérence nécessaire des éléments sociaux de la construction économique attendue. Nation petite par le territoire, ce qui permet de coordonner les efforts et de conserver dans le champ du regard les exemples traditionnels d'une architecture adaptée depuis toujours aux besoins de tous, classe dirigeante encore énergique, gardée d'un optimisme social trop candide et des abdications morales qu'il entraîne nécessairement par sa lutte séculaire contre les grands États et la mer, où l'entente de tous était et reste nécessaire, agriculture et commerce puissants par leur volume, mais restreints dans leurs éléments et leurs débouchés et par là rigoureusement solidaires, merveilleuse unité plastique et chromatique réalisée par le polder, la pénétration de la mer, la monotonie délicieuse des pâturages et des cultures baignés dans la même vapeur d'eau dont les irisations imposent le goût des couleurs variées, de leurs rapports sûrs, de leurs associations pimpantes que les canaux et les façades peintes réfléchissent, longue tradition qui persiste du constructeur de digues et de navires nécessairement associés à l'architecture des maisons qu'il faut protéger des flots, des boues mouvantes, et d'autre part destinées à abriter le marin, le pêcheur, le cultivateur dont les terres trempent dans les canaux et les sous-sols qu'imbibent l'eau de mer et l'eau de pluie... Ici, le règne plus ou moins occulte de l'ingénieur n'a pas cessé — comme il avait duré pour des raisons analogues cinquante siècles en Égypte. Il n'a pas eu à lutter contre celui de l'artiste, il n'a pas ce caractère qu'a pris par ailleurs, en France et en Italie surtout, la lutte contre le préjugé esthétique et bourgeois pour transmettre à la révolution économique naissante l'armature architecturale destinée à le soutenir et à l'exprimer dans la satisfaction des besoins qui s'imposent comme dans l'expression symbolique de son esprit. Enfin, l'universalisation croissante du machinisme doit conduire nécessairement l'Asie entière à une régénérescence architecturale analogue à celle de l'Europe et de l'Amérique. Les ingénieurs ont déjà conquis le Japon consentant et l'Inde récalcitrante, et malgré les essais américanisants un peu trop précipités dont les architectes japonais ont recouvert les ruines de Tokyo et de Yokohama, il n'est pas douteux que la tradition japonaise de la maison d'habitation si méthodiquement ouverte à l'air, à la lumière, si pratiquement disposée, si préparée depuis des siècles par sa simplicité, sa netteté, son goût à des charpentes directrices et des ajustages précis, son horreur de l'incorporation ornementale, à accueillir le standard, ne s'accorde plus vite qu'ailleurs avec les idées claires, les rapports logiques et les matériaux préconisés par les ingénieurs de partout.

Voici quelles sont, à mon sens, les réflexions sommaires sur l'évolution historique de l'architecture que peut nous suggérer l'étude de la construction actuelle, contrôlée par l'assimilation des formes anciennes de l'art de bâtir. Mon opinion, sans doute, peut différer de celle de certains architectes[1] que je sens le plus près de moi sur quelques points de doctrine, et quelques appréciations de détail dans les résultats obtenus. Le praticien rencontre des difficultés et poursuit parfois des fins qu'ignore le philosophe, si le philosophe a le droit de confronter des systèmes et de résoudre au moins théoriquement des problèmes que le praticien n'a même pas toujours le devoir de soupçonner. Un avenir sans doute proche se chargera alors de nous mettre d'accord, en lui donnant raison sur quelques points, en m'approuvant plus ou moins sur d'autres. Ni lui, ni moi ne sommes aptes à prévoir tout ce que nous apportera une société dont une genèse économique et scientifique immense se déroulant d'autre part dans le drame, prépare l'avènement, et sans doute serait-il disposé à reconnaître à l'architecture une puissance d'annonciation dont l'organisme social que je prévois me semblerait plus apte qu'elle à mettre au point les formes et les fonctions que cette architecture doit réaliser. Un sage nous dirait que nous nous rencontrons à mi-route, que les besoins unanimes du monde ont désormais déterminé dans notre subconscient la logique embryonnaire de la construction nouvelle déjà réalisée en partie, et que cette réalisation même a provoqué déjà en matière sociale des réactions et des désirs hier encore informulés. C'est ce qui se passe en Hollande, précisément. Mais ces légères divergences d'opinions et de méthodes ne sauraient que souligner l'harmonie interne qui règne entre les esprits aventureux dont nous sommes, une harmonie en quelque sorte dynamique, qui projette dans la réalité en formation les idées, les nécessités, les joies, les souffrances que nous croyions naguère individuelles et souvent antagonistes, et dont la solidarité commence à nous apparaître aussi évidente que peut l'être du tourment de tous les autres, la soif de chacun des soldats d'une armée en marche dans le désert.

1. Cet essai a servi de préface à un volume de M. Raymond, architecte à Tokyo. Né dans cette Europe centrale qui fut l'une des premières à adopter les techniques nouvelles, formé en Amérique même à l'école des constructeurs industriels de New York et de Chicago, pénétré par son expérience et sa culture des principes abstraits qui président à la régénérescence de la construction, obligé par surcroît, à la suite du tremblement de terre au Japon, de travailler dans le concret et, pour des raisons positives, d'accord avec les ingénieurs de ce pays, il était admirablement armé pour entrer dans les voies de la synthèse architectonique qui se fait entre les divers peuples du globe, et mieux placé que quiconque pour la réussir.

Il ne semble pas que Le Corbusier ait réagi aux objections de cet article. Elles sont d'ailleurs si discrètes que c'est Frantz Jourdain qui s'en offusque, n'y voyant que les éloges. La réponse d'Élie Faure clarifie ses positions :

Mon cher et vieil ami

Vos deux bonnes et belles lettres m'ont contraint à une corvée que je ne remplis pas souvent : j'ai relu mon chapitre consacré à l'Architecture.

Je l'ai même re-relu, extrêmement surpris de vous voir l'interpréter de la sorte. Me serais-je donc si mal exprimé ? Ou plutôt ne l'auriez-vous que très légèrement parcouru ? Je préférerais, bien entendu, m'en tenir à cette hypothèse quelque peu irrévérencieuse pour l'admirable conscience que je vous connais. Mais tout de même, il est si rare que mes idées soient discutées avec cette probité et cette compétence, si rare même que mes livres éveillent un écho quelconque, que je me vois obligé d'adopter la première. Je n'ai pas su me faire comprendre.

Mais, mon cher maître, mon cher ami, nous sommes presque en tous points du même avis. Imaginez donc ma surprise, quand, après avoir lu votre lettre, je me suis reporté à ses débuts et ai pu constater que je n'avais pas rêvé, et que vous regrettiez de n'être pas de mon bord !

J'ai pour Le Corbusier une très haute estime. Je suis convaincu qu'il a joué un rôle éminent, et utile, en ramenant à ses éléments les plus simples le problème de l'architecture. Mais, comme vous, je le considère bien plutôt comme un métaphysicien que comme un architecte, un praticien. Et la lecture attentive d'un texte que j'eusse désiré plus clair vous eût sans doute ramené à une appréciation plus exacte et de mes idées et du jugement que je porte sur celles de Le Corbusier.

Je le cite, en effet, trois ou quatre fois dans mon texte. Mais est-ce à dire que ce soit pour l'approuver aveuglément ? La première des citations (p. 194, ligne 12) porte précisément — pour la combattre — sur sa conception trop abstraite — métaphysique comme vous le dites si bien — de l'architecture. La page entière, d'ailleurs, est une protestation contre ces idées trop unilatérales, ainsi que les pages 196 et 197 où je combats la marotte Le Corbusiéresque (si je puis dire) du « tracé régulateur ». Voir aussi les pages 198, 199, où je proteste contre l'*industrialisation excessive* de l'architecture et demande qu'on songe à en « animer » les surfaces. N'avez-vous pas remarqué que, dans mon argumentation, je m'appuie continuellement sur l'autorité de Viollet-le-Duc, que je cite à plusieurs reprises ? Reportez-vous aussi à la dernière ligne de la page 203 et au début de la page 204 où j'expose pourquoi est apparu « l'ascétisme architectural » et dénonce, tout en admettant sa nécessité, son caractère provisoire. La page entière est un hymne à la beauté de la matière et de la sensibilité tactile qui ne doit jamais quitter les préoccupations du constructeur.

Dans une ou deux autres citations, certes, je m'avoue d'accord avec lui. Mais ne l'êtes-vous jamais vous-même ? « L'architecture, dit-il : Construire un abri. » Tout le monde, sur ce point-là, doit être d'accord. Et cela n'écarte-t-il pas brutalement l'enseignement de l'école — les styles — contre quoi vous vous élevez vous-même ? Quant au passage où il est question du Parthénon, si je semble être de son avis, ce n'est que symboliquement, si j'ose dire, d'autant plus qu'il se montre là en contradiction flagrante avec lui-même. Ce sont les qualités tactiles et sensuelles du Parthénon qui l'incitent à l'attribuer à Phidias par une boutade paradoxale. Mais il sait aussi bien que moi et que vous-même que le Parthénon est d'Ictinos et que c'est une œuvre d'architecture au premier chef. Il l'a écrit cent fois.

Le caractère d'*utilité* de l'architecture que vous me reprochez de défendre ?... Lisez les lignes 2 et 3 du chapitre IV (page 207) où j'aurais d'ailleurs dû écrire « esthétique » au lieu de « morale ».

Enfin, mon cher ami, où trouvez-vous que j'aie condamné le gothique ? Je vous renvoie à la dernière ligne de la page 193, à la fin de la page 197, à la dernière ligne de la page 201 et à la 25e de la page 203.

Je crois que si vous preniez soin de relire mon article en vous pénétrant d'abord de l'idée que je partage à peu près votre avis sur Le Corbusier et que j'aime les choses que vous aimez, vous arriveriez à une appréciation plus juste — aux deux sens du mot — des idées que je soutiens dans ce chapitre et qu'il est facile de résumer en une ligne : l'architecture est le point d'équilibre de la raison et de la sensibilité. C'est d'ailleurs ce qui en fait le plus élevé et le plus émouvant de tous les arts.

Je conclus en vous suppliant de vous infliger à vous-même la corvée dont vous m'avez gratifié : relire le chapitre en question. Peut-être vous apercevrez-vous que nous sommes beaucoup plus près l'un de l'autre que vous ne vous l'imaginiez et l'un et l'autre assez loin de Le Corbusier.

Il fait une autre mise au point lorsque, en 1935, ce texte paraît au Japon comme préface à l'album *Antonin Raymond. His work in Japan. 1920-1935*, pour lequel d'ailleurs il a été écrit. Élie Faure apprécie l'effort de Raymond pour concilier les techniques modernes et les traditions japonaises, mais il exprime des réserves sur ses tendances trop abstraites. Il le dit d'abord à Mme Antonin Raymond, le 7 décembre 1934 :

J'ai cru comprendre que votre mari n'attachait pas une importance assez grande à l'élément tactile, sensuel en architecture et qu'il la considérait comme un art trop exclusivement soumis à la raison pure. S'il relisait attentivement mon article, il s'apercevrait que le désaccord — si désaccord il y a — ne porte que sur ce point-là. J'ai combattu toute ma vie pour maintenir dans l'esprit de l'homme les deux tendances dont l'accord a toujours fait sa grandeur, je veux dire son goût de l'abstraction et sa faculté de recréer à son image le monde sensible. J'ai toujours cru que le spirituel était justement la rencontre en lui du sensuel et du rationnel. J'ai toujours dit qu'il était condamné à tomber quand on coupait l'une de ses deux ailes, dont l'envergure et l'essor communs constituent sa puissance lyrique. Et je le répète, une ou deux conversations avec M. Raymond, qui d'ailleurs contredisaient son œuvre, m'avaient paru dénoncer chez lui une tendance à dégager l'architecture de toute préoccupation — mettons charnelle. Au fond, mon article entier est une tentative de mise au point de cette question capitale. Je voudrais que vous le compreniez bien, vous et lui.

Je suis tout à fait d'accord avec vous sur le caractère traditionnel de la véritable architecture moderne. J'ai dit cent fois et écrit souvent que les hangars d'Orly étaient plus près du Parthénon que la Madeleine et de Notre-Dame que Saint-Augustin. À coup sûr, une salle de bains moderne touche à l'idéalisme de bien plus près que le Château de Chantilly.

Puis à Antonin Raymond lui-même :

Les différends auxquels vous faites allusion dans votre lettre ne portent que sur des nuances bien légères. Si j'ai pris la précaution de prévenir nos lecteurs que nous avions, vous et moi, le droit de ne pas être absolument d'accord sur tous les points, c'est que vous m'aviez paru, au cours de nos conversations, manifester une tendance à entraîner l'architecture vers des concepts un peu trop abstraits — comme Le Corbusier par exemple. C'est contre cette tendance qu'il m'a semblé nécessaire de réagir, et c'est cette réaction qui m'a conduit à prendre à parti Le Corbusier une ou deux fois au cours de ma préface. J'ai cru qu'il était nécessaire de rétablir l'équilibre de l'âme humaine en présence de la plus équilibrée de ses hautes expressions, ou du moins celle qui devrait tendre à l'être le plus obstinément. Notre accord se rétablit pleinement, comme d'ailleurs je le prévoyais dans ma préface, dès que je feuillette votre album et me trouve en présence de vos réalisations. Comme vous le dites de l'architecture japonaise elle-même, vos maisons ont l'air de produits naturels. C'est dire que l'élément organique, ou même sensuel s'y accorde avec l'élément abstrait de la manière la plus étroite.

(lettre inédite, 14 juin 1935)

Tout cela ne l'empêche pas de rester en bons termes avec Le Corbusier, mais ce sont surtout ses réflexions sur l'urbanisme qui l'intéressent dans les années trente, quand lui-même fait une conférence sur ce sujet à *Radio-*

Paris (9 mai 1933)*. Aussi salue-t-il, dans *L'Architecture d'aujourd'hui* de novembre 1935, la parution de *La Ville radieuse***. On le retrouve le 27 mars 1936 aux côtés du Corbusier, avec Francis Jourdain, Fernand Léger et Jacques Lipchitz, dans un débat de la Maison de la Culture organisé par les « Jeunes Architectes, Urbanistes et Décorateurs », sur « Architecture et civilisation »***.

La quatrième partie du « Clavier » ferme le cycle des arts avec la danse et le cinéma, mais ils ont inspiré trop de textes à Élie Faure pour qu'on puisse les reproduire ici. Ils ont été partiellement rassemblés par Jean-Pierre Faure dans *Fonction du cinéma* (Éditions d'Histoire et d'Art — Librairie Plon, 1953, 2e édition 1963), avec une préface de Charlie Chaplin ; et dans *L'homme et la danse* (éd. Pierre Fanlac, Périgueux, 1975). Jean-Paul Morel, co-auteur de la biographie d'Élie Faure à la Librairie Séguier (1989), prépare une édition beaucoup plus abondante des textes sur le cinéma.

Élie Faure en a eu la révélation avec Charlot lors de ses permissions, en 1916-1917. Et c'est sur Charlot qu'il écrit, en 1919, sa première page de cinéphile inconditionnel (« Liminaire » de *La Danse sur le feu et l'eau*). Il fera d'autres articles sur des films ou des réalisateurs, Abel Gance, Eisenstein, Jean Vigo, mais il aborde plus le cinéma comme esthéticien que comme critique.

Il insiste d'abord sur sa valeur plastique pour le distinguer du théâtre. « Symphonie visuelle » (il invente l'expression avant Vuillermoz), « cinéplastique » (« De la cinéplastique », *La Grande Revue*, nov. 1920), le

* Voir *Œuvres complètes*, Pauvert, 1964, t. III, p. 839.
** *Ibid.*, p. 845.
*** *Ibid.*, pp. 852-854.

cinéma réalise les promesses de la grande peinture symphonique et « la prescience du Tintoret » (cf. *L'Art renaissant*, pp. 397-401). Le rapprochement s'impose avec tant de force que dans le manuscrit et la dactylographie du « Clavier », rédigé en 1923, il a commis un lapsus prophétique en écrivant que le cinéma précipite « dans la durée le drame mouvant de la forme *et de la couleur* » (cf. p. 97). La revue *Europe* a passé le texte avec le lapsus en septembre 1924, et Élie Faure ne s'en est avisé qu'en préparant *L'Esprit des Formes*, où il a supprimé les derniers mots. Mais très vite, dès 1921, il s'est reproché d'avoir trop ramené le cinéma aux arts plastiques, alors qu'il réalise une synthèse inouïe entre les arts statiques et les arts dynamiques, peinture, architecture, danse, musique, et qu'il les concilie avec la technique et la machine. Aussi le rangera-t-il parmi « Les trois miracles » (*Europe*, 15 février 1928) avec le moteur et la radio, — les trois miracles qui permettent de communiquer dans le monde entier et créent ainsi « un système nerveux du globe ». « Langue universelle » et art collectif, le cinéma sera à la civilisation mondiale ce que la cathédrale fut au Moyen Âge — et là-dessus Élie Faure rejoint Eisenstein —, l'expression d'un nouvel unanimisme. À condition, cependant, qu'il ne tombe pas sous la coupe des capitalistes qui risquent d'en faire un pur produit commercial : Élie Faure voit ce danger dès 1922 et en parle encore l'année de sa mort en dénonçant la vulgarité des producteurs et des « marchands d'images ». Il faudra un terrain social renouvelé de fond en comble pour que le cinéma accomplisse son destin. Mais Élie Faure garde confiance, tout comme il a confiance en la machine dont on ne sait pas encore faire bon usage, et malgré les anathèmes de son ami Duhamel, qui persiste à voir dans le cinéma « un divertissement d'ilotes, un passe-temps d'illettrés » (*Scènes de la vie future*, 1930). Ce sera, c'est déjà par certaines réalisations, un art majeur. Et *« la peinture peut faire ses malles, en tant qu'art impérial tout au moins »*, comme il le dit dans « Introduction à la mystique du cinéma » qui reprend, dans *Ombres solides*, plusieurs articles parus en 1928-1930.

Divagations pédagogiques (pp. 117-197)

Les quatre premières parties de ce chapitre ont été publiées dans *L'Amour de l'Art*, que dirigeait alors Louis Vauxcelles, en novembre et décembre 1923, janvier et mars 1924, sous le même titre. Le mot de « divagations » inspirait Élie Faure en 1923, puisqu'il envisageait alors d'introduire dans *L'Art moderne* un chapitre intitulé « Divagations sur le futur », où il aurait sans doute développé ses considérations sur la fin de la peinture et l'avenir de l'architecture et du cinéma. On le retrouve en 1935 avec le dernier chapitre de *Regards sur la terre promise*, « Divagations métaphysiques ».

Le titre de « Divagations pédagogiques » évoque la liberté que se donne l'écrivain dans ce chapitre à la composition plus lâche que les précédents, mais aussi ses incertitudes et ses doutes. La première partie, « Du sujet », est en effet émaillée de « peut-être » et « il semble », et tourne autour de l'aveu : « Je dis " il semble ", n'en étant pas tout à fait sûr... ». C'est qu'il s'agit d'avancer prudemment entre deux écueils : croire que le sujet a une importance essentielle, et croire qu'il n'en a pas du tout.

Ses attaques contre l'obsession du sujet, qui réduit l'œuvre à un intérêt anecdotique, pittoresque et sentimental, ont été précoces parce qu'elles visaient l'art officiel du début du siècle, quand Élie Faure défendait les Indépendants. Dix jours après ses débuts à *L'Aurore*, il rend compte de l'exposition de la Société des Artistes Français, où la foule se rue vers des gloires consacrées :

> C'est ici que s'étale le triomphe stupide du *sujet*. Ces artistes comprennent bien cette foule, parce qu'ils sont construits comme elle. Ils savent qu'elle ne vient pas chercher ici des expressions de sensibilité susceptibles d'éveiller en elle des émotions correspondantes, mais qu'elle vient leur demander les spectacles comiques ou sentimentaux capables seuls d'intéresser l'incurable médiocrité de son esprit.
>
> Ici, c'est le sujet pour le sujet, et le public ne veut pas autre chose. Il ne sait pas que le sujet n'a qu'une minime importance, que la valeur d'une œuvre dépend toute du degré de sincérité et de la force de la nature de l'artiste qui la conçoit ; que l'histoire d'un grain de blé contée par un maître est plus passionnante mille fois que celle d'une montagne balbutiée par un imbécile et que le monde sensible, dépourvu de signification éternelle, n'est intéressant que par l'interprétation qu'en donne, en lui-même ou hors de lui-même, l'individu sensitif.
>
> (*L'Aurore*, 30 avril 1902)

Il répétera maintes fois que « le sujet n'a pas d'importance », et le dit même à propos de la littérature dans l'étude sur Shakespeare qui fera partie de *Montaigne et ses trois premiers-nés*, mais qu'il rédige au même moment que « Divagations pédagogiques » :

> Le « sujet » existe-t-il, d'ailleurs, dans la haute littérature ? Qu'est-ce donc qui sépare, dans la trame des événements, le plus stupide mélodrame d'un roman de Dostoïevski ? L'imagi-

> nation n'est pas l'art d'introduire l'exception dans l'événement, mais de découvrir la répercussion de l'événement sur les âmes. Il y a plus d'imagination dans telle phrase de Pascal que dans cinquante romans de Walter Scott, dans un dessin de Rembrandt que dans cinq cents tableaux de Delaroche, dans une seule image de Shakespeare mort que dans toutes les aventures de deux milliards d'hommes vivants.

Dans ce chapitre de *L'Esprit des Formes* où il est exclusivement question d'art plastique, il insiste d'abord sur l'opposition entre la trop facile « séduction du fait » (le sujet) et « la puissance éducative des rapports » (le rythme, l'harmonie, la composition). Il formulait déjà cette distinction dans sa préface au catalogue du Salon d'Automne de 1905 — celui qui révéla les Fauves —, quand il écrivait que l'art cherchait alors « des rapports plutôt que des faits ». Quoique partisan d'un art figuratif, il a toujours dit qu'il ne s'agit pas de représenter des objets mais des relations : « le " sujet " n'est en aucun cas dans le fait, mais dans l'ordre que l'esprit sait établir entre les faits » (p. 125).

Mais comme les chapitres 3 et 4 assignent au poète la fonction d'ordonner une vision du monde, le monde ne saurait en être exclu, sans quoi l'art fait naufrage contre le second écueil, celui de l'abstraction (p. 119). Élie Faure a très tôt pressenti l'avènement de l'art abstrait, puisque dès 1903 il écrivait que si les néo-impressionnistes ne voulaient voir dans le monde que de la lumière et de la couleur, il fallait qu'ils « laissent de côté les formes organisées et se contentent de couvrir leurs toiles d'harmonies chromatiques pures » (cf. *Art moderne*, t. II, dossier, p. 338). Son étude de 1910 sur Cézanne, reprise l'année suivante dans *Les Constructeurs*, met déjà en garde contre l'abstraction alors qu'elle n'est pas encore née, ou plutôt qu'elle est en train de naître, sans qu'il le sache, avec la première aquarelle abstraite de Kandinsky (1910) :

> Cézanne ramenait à la sphère, au cône et au cylindre tous les aspects de la nature. Mais bien que synthétisant toujours les images sous lesquelles ils s'imposaient à lui, jamais il n'allait dans ses toiles jusqu'à l'abstraction linéaire. Quand il réduisait le monde en parole à ces figures simplifiées, il empruntait seulement au langage mathématique le plus pur symbole qu'il pût trouver pour exprimer ses tendances. Mais il restait peintre, et ne voulait être que peintre. S'il apercevait au monde sensuel des correspondances spirituelles, c'est par le monde sensuel seul qu'elles se révélaient à lui, et c'est toujours à lui qu'elles le ramenaient. Il était peintre. Ses harmonies intérieures, quand il rouvrait les yeux, retrouvaient toujours dans la nature leur contrôle et leur appui. S'il n'eût pas pris conscience, au contact des poètes classiques et des héros de la peinture, d'un monde imaginaire plongeant de partout dans le monde réel et où il tenta de se hausser en de terribles efforts quand il groupait des êtres nus sous la cathédrale des arbres, il eût trouvé une joie suffisante à peindre tout le jour un bout d'étoffe, un tapis pendu à la muraille, quelques fruits dans une assiette posée sur un coin de table. Jamais, depuis Vermeer de Delft, jamais artiste ne sentit mieux que celui-là l'identité de son sang avec la matière des choses. Les natures mortes de Cézanne, une bouteille, quelques pommes, un bol peint de fleurs bleues ou rouges, un couteau, ont la pesanteur de la vie arrachée à ses racines.

Cézanne indiquait une tendance, « dont l'image réalisée ne pouvait dépasser, ni même atteindre la limite abstraite, à cause de l'afflux immense et continu des sensations données par la forme vivante, qui en modifie à tout instant la disposition et l'apparence ». (« Toujours Cézanne », *L'Amour de l'Art*, déc. 1920, et *L'Arbre d'Éden*.) Mais on a commis l'erreur de prendre à la lettre son mot fameux sur le cône, le cylindre et la sphère.

Élie Faure s'arrête donc avec Cézanne au bord de l'abstraction, et conserve le sujet, c'est-à-dire les formes existantes que l'art a pour vocation de réordonner afin de témoigner de la relation au monde qu'a son époque, et de la transformer. La préface d'*Ombres solides*, en 1934, quand Élie Faure est déjà engagé dans le débat politique et culturel du moment, se félicite donc de la résurrection du « sujet » :

> C'est la résurrection du « sujet », dont il était de mode naguère, aux temps où « le social » tombait sous le dédain volontaire de l'artiste, de nier la puissance de suggestion, et même la légitimité. J'ai cru longtemps moi-même, je l'avoue, à l'indifférence du « sujet », jusqu'au jour où j'ai compris que « le sujet », et lui seul, à condition que l'artiste fût un homme et un créateur, pouvait rendre à la liberté ce créateur et cet homme, en le réintégrant dans la symphonie unanime hors de laquelle il n'est que misère et dégoût. Sans doute il fut un temps, à partir de la Renaissance, où l'artiste avait toute la matière du monde à repenser, à recréer, à parfaire. Mais il nous l'a reconquise. Notre fonction est de l'incorporer vivante dans le chœur qui s'organise. Nous devons nous libérer des recherches objectives qui ont abouti dans l'œuvre de Cézanne par un effort de Titan, pour accroître notre pouvoir d'une entière obéissance aux commandements plus impérieux qui naissent et nous ordonnent d'accomplir notre tâche à notre rang — ni devant lui, ni derrière lui, ni à côté de lui. Croyez-vous donc que les cathédrales françaises seraient aussi émouvantes qu'elles le sont si la mort du Christ, ou la naissance de la Vierge, ou le chœur des Anges musiciens, ou les mille métiers des villes et des campagnes s'en effaçaient pour faire place à de simples natures mortes, aussi belles qu'on le veuille, légumes du marché, fruits du verger, pampres des vignes ? Non.

Il donne alors l'exemple des muralistes mexicains, Orozco et surtout Diego Rivera, qui incorporent aux vieux mythes les nouveaux « sujets » du monde moderne.

Or il se trouve que la seconde partie de ce chapitre, « De la composition », décrit une opération chirurgicale exemplaire, du point de vue plastique, par la « logique structurale » qui unifie le groupe. Et que Diego Rivera a peint en 1925 une fresque, intitulée *L'opération**, qui lui a été suggérée par son ami Élie Faure. Celui-ci était en effet l'anesthésiste de son frère, le chirurgien célèbre Jean-Louis Faure — à qui est dédié *L'Esprit des Formes* —, et il aura probablement invité Rivera à suivre l'une de leurs interventions. Si Élie Faure n'a pas vu cette fresque quand il écrit ces pages, puisqu'il n'ira au Mexique qu'en 1931, il en a sans doute connu la première étude, peinte à l'huile en 1920.

Le souci de la composition est ancien chez lui, car il prédomine dès son second article dans *L'Aurore*, le 21 avril 1902. Il prouve chez ce débutant, qui n'a aucune formation théorique, et qui s'est éduqué en autodidacte par la fréquentation assidue des musées, une compréhension très juste de l'œuvre d'art. L'article rend compte du Salon de la Société Nationale des Beaux-Arts, en opposant Carolus-Duran à Vélasquez :

> Les grands premiers rôles. M. Carolus-Duran, à n'en pas douter, admire infiniment Velasquez. Il a raison. Mais s'il veut poser sa grande toile *En famille* en rivale des *Menines* de ce souverain maître, il a tort.
>
> Velasquez a groupé les princesses et leurs suivantes d'après un rythme déterminé, pour en obtenir des volumes nécessaires et de telle sorte que chaque figure fît valoir la figure voisine ;

* On peut en voir une reproduction, à côté d'une photo où Élie Faure participe à une dissection, dans *Élie Faure, biographie*, par Martine Courtois et Jean-Paul Morel, librairie Séguier, 1989, p. 43.

M. Carolus-Duran a réuni en une pièce de sa demeure tous les membres de sa nombreuse famille sans qu'on puisse deviner la cause des attitudes qu'ils ont prises. Aucun lien, si ce n'est celui de la parenté, n'unit les uns aux autres ces personnages assemblés ; aucune raison autre que celle de venir poser devant un peintre ne détermine leurs gestes. Velasquez a employé, comme tous les vrais peintres, des couleurs sobres et rares où chante, dans le demi-jour assourdi de la pièce, la même harmonie argentée ; M. Carolus-Duran a éparpillé des couleurs, comme ses personnages, sans choix, au hasard, peu soucieux d'obtenir un effet harmonique déterminé. Velasquez a donné à ses figures une charpente osseuse revêtue de muscles et de peau, les a fait tressaillir et vivre sous la lumière éparse qui précise les dépressions, les méplats et les saillies ; M. Carolus-Duran a campé en d'instables équilibres des mannequins à la chair cotonneuse. Velasquez a rendu avec une incomparable justesse la qualité particulière des vêtements et des bijoux ; M. Carolus-Duran, étoffier célèbre, a habillé sa famille de papier glacé et de carton. Le premier a puissamment concentré ses sensations ; le second les a mollement dispersées.

La définition de la « composition organique », dans ce chapitre, est citée par Céline, à propos de *Mort à Crédit*, dans une lettre de 1936 à Henri Godard :

Connaissez-vous, cher Ami, cette admirable phrase d'Élie Faure :

« Toute composition qui n'est pas organique a la raideur, le froid, le vide de la mort. Je me trompe car la mort vit. L'Homme, au moyen de l'art, a réussi, la plupart du temps, à être plus mort que la mort. »

Effrayante condamnation de tant d'efforts !

(Céline, *Romans*, t. I, Bibliothèque de la Pléiade, p. 1508)

Céline parle aussi d'écriture « organique » dans *Bagatelles pour un massacre*.

La troisième partie de ce chapitre, « De l'éducation », revient sur la composition avec des analyses précises (p. 151 sq.), mais après avoir montré que pour la saisir, il faut d'abord une éducation de l'œil. Or elle ne va pas de soi, comme on le croit trop souvent, car l'art est un langage, qui s'apprend, une convention dont il faut connaître les codes, variables selon les cultures.

Dans les confidences publiées par *Verve* en décembre 1937, deux mois après sa mort, sous le titre « Équivalences », Élie Faure se plaint qu'on n'enseigne pas l'histoire de l'art en France, alors qu'elle compléterait l'histoire tout court :

> Michelet à part, du moins en France, pas un historien n'a paru comprendre que l'art plastique — l'architecture en particulier — constitue à la fois la plus profonde expression et la plus substantielle nourriture des peuples, leur vie, leur pensée, leur tourment, leur subconscient de chaque jour. À la fin d'un chapitre, parfois, à peu près tous les siècles, quelques lignes rappellent, après qu'on a donné la liste des écrivains et des savants, mais qu'on s'est longuement étendu sur les maîtresses des rois, leurs grands commis, leurs guerres heureuses, qu'il y eut aussi sous les rois en question, trois ou quatre peintres, deux ou trois sculpteurs, un ou deux architectes qui méritent d'être mentionnés. Jamais on ne les associe aux souffrances, aux espoirs, aux créations de leur époque. Ils occupent dans l'Histoire la place du professeur de dessin vis-à-vis du professeur de philosophie au Lycée. C'est l'une des explications du dédain qui les suit plus tard dans le développement général de la pensée, du peu de place qu'y occupe un Rembrandt à côté d'un Spinoza, un Delacroix près d'un Hugo, un Daumier près d'un Balzac.

Mais on verra plus loin, à propos de « Impuissance du gendarme » et du rôle de l'État, ce qu'il pense des écoles des Beaux-Arts.

Précisant ici comment il conçoit cette éducation de

l'œil, il fait remarquer qu'une fois connues les conventions plastiques, encore faut-il distinguer les usages qu'on fait de cette langue pour ne pas confondre un Cabanel qui « parle la peinture » et un Renoir qui est « poète de la peinture ». C'est toute la différence qui sépare le grammairien et le poète, — et qu'Élie Faure a déjà soulignée pour sa propre défense dans la préface de 1921 à *L'art antique*, où il se justifie d'avoir écrit une sorte de poème à propos de l'histoire de l'art : « Au fond, nous avons été, depuis plus d'un siècle — depuis Winckelmann à peu près —, beaucoup trop enclins à établir une confusion grandissante entre l'histoire de l'art et l'archéologie. Autant vaudrait confondre la littérature et la grammaire. » Dans l'article du 21 avril 1902 que nous avons cité à propos de Carolus-Duran, il exécutait Dagnan-Bouveret avec une variante de cette antithèse, en opposant le calligraphe et l'écrivain :

> Que dire maintenant d'un peintre sur lequel il n'y a rien à dire ? M. Dagnan-Bouveret est un professeur de calligraphie qui se prend pour un grand écrivain. En possession d'un métier prodigieux, il n'a aucune personnalité. Il est aussi impossible de lui faire un reproche que de lui faire un compliment.

La quatrième partie de ce chapitre, « Du style », revient encore sur la composition pour distinguer celle du primitif, qui n'a pas le sens de la synthèse et accumule les détails, mais les unifie par leur fonction sentimentale, et celle de l'académicien, qui applique artificiellement des recettes. Est-ce à dire que la tradition, à laquelle ce dernier s'asservit, doive être balayée ? Élie Faure introduit alors une nouvelle dialectique en suivant le rythme alternatif de la tradition et de la révolution, du style et de la vie.

Il avait déjà écrit un article de *L'Aurore*, le 11 février 1903, sur « Tradition et Révolution » :

> [...] Dans l'histoire des sociétés humaines, le déluge s'appelle Révolution. Pour la plupart de ceux qui les composent, la tradition est faite d'attachement aux gestes ataviques, de foi dans la durée de vérités sociales définies. C'est par elle, à leur sens, que se conserve l'énergie, comme si la loi d'énergie n'était pas le mouvement même.
>
> Seuls, les révolutionnaires représentent la tradition. Ils sont, au moment où ils apparaissent, les seuls êtres conscients des directions nouvelles où les foules profondes marchent confusément, et des besoins obscurs qui troublèrent la croissance lente des hommes au cours des âges précédents.
>
> Dans l'insondable obscurité des flux et des reflux ethniques, des organismes disparus, des axes idéaux brisés, que *pèse* une révolution ? Malgré les ruines qu'elle fait et les autels qu'elle édifie, elle n'est pas même une bulle à la surface d'un étang dont les eaux dormantes recouvrent des fermentations incessantes. La tradition reposant toute sur l'immobilité substantielle du monde et sur l'ascension continue de la pensée des hommes, la révolution est le brusque sursaut qui ramène un siècle assoupi à la tradition oubliée. Elle n'est pas point d'arrivée comme l'affirment ceux qui l'exploitent, point de départ comme le croient ceux qui ne veulent pas connaître les courants dont elle est sortie, elle est la mise en expérience des nécessités inévitables que réclame l'évolution. Les sucs que les veines de l'arbre empruntent à la terre vont concentrer dans le fruit mûr toutes les forces dispersées d'un univers sans limite et sans commencement ; et c'est dans le fruit mûr qu'habite, faite des mêmes sucs, la graine invisible où sommeille un univers sans limite et sans fin. [...]

Mais il pensait alors que la « tradition » ne pouvait se retrouver que dans le naturalisme grec cherchant dans les formes vivantes les lois universelles. L'enquête de l'*Histoire de l'art* l'amène à une conception plus sociologique. L'artiste, à la fois produit et producteur de sa société, puisqu'il est formé par sa culture et en même temps lui indique des directions nouvelles, l'artiste a pour tâche de ranimer l'esprit de la tradition que l'académisme dévoie dans la lettre, et de rétablir le style quand il s'est perdu dans le dogme. Le style, c'est-à-dire « le parti pris despotique d'enfermer le monde des formes dans un système intellectuel logique et si fortement conçu qu'il définisse au premier choc un temps, un peuple, un homme » (« Dessins de Picasso », 1922, cf. dossier *Art moderne*, t. II, p. 478) ; ou encore « l'accent unanime que prennent toutes les manifestations esthétiques d'une époque qui croit à quelque réalité morale, spirituelle ou sociale commune à tous les hommes de cette époque » (« L'agonie de la peinture », juin 1931, *loc. cit.*, p. 512).

C'est pourquoi il confronte une photo du Grand-Palais gréco-renaissant, et celle d'un avion : « Le palais n'a pas de style, l'aéroplane a un style » (p. 163.) Il avait fait une réflexion analogue à propos de Charlot dans le « Liminaire » de *L'Arbre d'Éden*, écrit en 1919 : « Il y a plus de style dans le plus insignifiant en apparence des gestes de Charlot, que dans toutes les œuvres réunies de tous les Instituts de France et de toute la " culture " allemande depuis cent ans, le style ayant pour fonction de faire entrer dans la même forme vivante toutes les puissances contradictoires qu'il s'agit pour nous de concilier. »

Après avoir distingué les civilisations qui, comme l'Asie, conservent un style défini, et celles qui, comme l'Europe, le renouvellent souvent, il développe dans la cinquième partie, « Du symbole », l'opposition entre l'Orient et l'Occident, — l'un symboliste, tourné vers la vie intérieure, l'autre naturaliste et orienté vers le monde extérieur. Un article paru dans le *Mercure de France* le

15 juillet 1931, et placé en préface à *D'autres terres en vue**, « Orient et Occident », reprend ce parallèle dans sa troisième partie :

> En effet, si l'Orient est essentiellement mystique, c'est, bien plutôt qu'une foi effective, un doute transcendant qui le hante et, par là même, maintient en lui un état d'ivresse spirituelle où il ne cesse d'alimenter et de bercer sa possession lyrique de l'esprit. Une multitude de croyances aux dogmes peu consistants, enchevêtrés, larges, et aux passages subtils, laisse l'intelligence libre de se mouvoir dans un infini qu'une métaphysique grandiose organise et retouche sans cesse pour la satisfaction de la connaissance désintéressée. Tandis que l'Occident, qui n'est pas mystique, éprouve le besoin d'étayer sa médiocrité spirituelle sur des dogmes immobiles qui introduisent dans « le ciel » une administration des âmes aussi rigoureuse que sur terre. Enfant dans ce domaine, il lui faut tuteurs et lisières. Et il arrive ainsi que, par un paradoxe étrange, l'esprit religieux règne unanimement là où la liberté et le vague des cultes vont jusqu'à l'athéisme complet, tandis qu'ici la religion la plus stricte et même la plus sincère habite l'intelligence la plus positive et la plus intéressée. Ce qui domine là, c'est l'intuition du possible, et ici la soif du certain. L'Occident rationalise jusqu'au sentiment religieux, l'Orient spiritualise jusqu'au fait. La pensée, en Occident, est devenue une mécanique séparée des sens d'où elle sort, séparée de la vie sur qui elle prétend œuvrer, séparée de ses fins, séparée de ses sources, portée ainsi à se confondre tantôt avec l'objet d'utilité immédiate, tantôt avec une abstraction distincte de l'objet. En Orient, la pensée est mêlée à tout, sur le plan de la vie jaillissante même. Elle passe sans arrêt dans les formes pour les

* Ce texte capital, qui s'interroge sur l'avenir des relations entre le monde occidental et l'Asie, a malencontreusement été supprimé dans la réédition du livre aux éditions Archipel-FIRST, 1991. On le trouvera dans les *Œuvres complètes* de l'édition Pauvert, 1964, t. III, pp. 497-501.

nourrir, dans les abstractions pour les féconder. Sa fluidité ignore classifications et tiroirs, mais se fait par là même des auxiliaires précieux qui aident à la maîtriser. On ne s'étonnera donc plus que la plénitude et l'intensité de la vie intérieure masquent chez l'Oriental le monde extérieur, et que l'activité de la vie extérieure nécessite chez l'Occidental, pour accuser une vie intérieure précaire, une architecture religieuse et morale cristallisées dans le dogme et la loi. Et puisque ces deux attitudes d'esprit marquent respectivement les deux grandes moitiés du monde, on ne s'étonnera plus qu'elles pénètrent non seulement les formes religieuses, mais aussi toutes les manifestations de la connaissance et du cœur. Là donc la société, l'art, la littérature revêtiront, avec une rigueur plus ou moins approchée, un caractère scientifique, et ici, avec un lyrisme plus ou moins émouvant, un caractère poétique.

Attachons-nous avec un peu plus d'attention à ces apparences d'où l'Occident prétend tirer l'esprit comme on presse une grappe pour en extraire le vin, et où l'Orient, au contraire, remontant plus loin et plus profond, découvre l'action des nourritures cachées qui s'y concentrent pour se transformer en grappe et se sublimiser en vin. Pour ne prendre que les deux pôles qui définissent le mieux ces deux attitudes, voyez la tendance constante à la perfection formelle de l'art grec, dont l'art occidental entier est plus ou moins dérivé, et le symbolisme invincible de l'art hindou, animateur, par l'intermédiaire du bouddhisme, de toute l'esthétique d'Asie. L'Occident n'a jamais pu se dégager tout à fait d'une hantise de la vérité objective et du caractère individuel dont son époque la plus orientale — si l'on peut dire — l'art chrétien du Moyen Âge, porte lui-même les traces. L'Orient n'a pu, même par l'entremise des Persans et des Japonais, les plus Européens des Asiatiques, échapper aux rythmes subjectifs et universels qui le marquent. Là, même et peut-être surtout chez les Allemands, qui obéissent pourtant aux suggestions de la musique, intervention constante du réalisme anatomique, des directives de la science, de la critique individuelle sans cesse acharnée à interdire l'accès des grandes harmonies à tout ce qui n'est pas chose solide, objet, fait contrôlable, pondérable, mesurable par l'expérience et la raison. Ici, même chez les Japonais, invincible recherche de la qualité spirituelle, admission des formes du rêve, anéantissement de l'individu dans la perfection sensuelle de la vie universelle et de la communion dans son esprit partout présent. Qu'importe, pour un Asiatique, que telle statue ait vingt bras, telle personnification morale quatre têtes, si ces vingt bras, ces quatre têtes expriment une réalité intérieure profondément éprouvée ? L'imagination poétique et métaphysique, la certitude confuse que la même âme circule dans toutes les formes, rendent immédiatement émouvant et agissant le symbole concrétisé. Au lieu que chez l'Occidental la vérité concrète entre toute armée dans l'esprit, n'y subissant que des déformations qui tiennent à la personnalité de l'artiste, et participant à l'orienter selon sa voie propre vers la conquête de réalités extérieures où toutes les intelligences, sinon tous les cœurs, pourront puiser les éléments d'une éducation commune. L'Orient s'unit par l'intérieur et l'âme. L'Occident s'uniformise par la critique et l'extérieur. De là, ici, l'affirmation de chacun de ceux qui apportent leur pierre à l'édifice stable où la raison commande que chacun ait sa chambre, voire son appartement. Et là l'anonymat, dans l'éternelle construction d'une demeure commune où il n'y a pas de cloisons intérieures, mais seulement des organes de circulation invisibles qui ne tiennent pas compte du confort matériel de chaque être, mais du besoin spirituel de tous. On comprend que l'architecture, extériorisation méthodique des exigences sociales, soit le langage commun des hommes de l'Occident, et le poème philosophique ou religieux, intériorisation enivrée des exigences mystiques, le langage commun des hommes de l'Orient.

Dans ces deux visions essentielles, que favorisent des milieux très différents, ici clément, et poussant l'homme à le conquérir pour l'aménager, là tantôt ingrat, tantôt terrible, et ouvrant à l'homme les seuls refuges de la méditation, tout se tient, la nature intime des peuples, leur action dans la puissance, leurs réactions devant la catastrophe, leur organisation politique et sociale en vue du rendement le plus favorable de leurs hautes facultés. Pas de patrie proprement dite, pas d'histoire, pas de nation en Orient, sauf au Japon dont précisément le climat, sain et vivifiant, la situation défensive, le creuset unificateur grâce à son isolement, a façonné une âme qui observe un heureux équilibre entre les exigences de l'action et la ferveur contemplative. En Asie, l'union des êtres s'effectue musicalement plutôt que plastiquement et par l'agglutination des besoins invisibles, non des intérêts visibles. Les peuples y restent attachés à une symbolique universelle, non à un réalisme local. Qui vit, comme l'Européen, par et pour l'étendue, se développe forcément dans son cadre matériel, qui est le territoire national, et où le temps le réintègre avec obstination par un processus de volonté et de continuité qui constitue précisément l'Histoire. Qui vit en pensée, comme l'Oriental, y ensevelit l'étendue. La prévision des événements proches, l'organisation méthodique en vue de les surmonter, ce qu'il appelle loi, administration, conscription, impôt, budget, et dans le domaine religieux dogme, appartient à l'Européen, tandis que l'Oriental, prévoyant l'événement ultime, soit son anéantissement fatal dans le néant des siècles et l'anonymat de l'esprit, néglige les réactions immédiates qui lui permettraient de prévenir ceux qui le séparent de lui.

Il s'en suit, pour l'un et l'autre, des répercussions morales profondes. L'idéalisme, c'est-à-dire un but à atteindre indépendamment de la structure réelle de l'univers, un but de progrès continu, de solidarité dans les œuvres, sinon dans les esprits, de conquête patiente du mieux-être, de purification des instincts en vue de fortifier la volonté et d'améliorer peu à peu les conditions de l'existence caractérisent le premier. On dirait que, les yeux fixés sur une image sublimée de l'homme, il tente peu à peu de réaliser cette image en écartant les obstacles matériels et en éliminant les obstacles moraux qui l'en séparent, ce qui conditionne à coup sûr un sens puissant de ses énergies, mais une science assez rudimentaire de sa véritable nature. Au contraire, une introspection insistante qui parvient à identifier les lois terribles de l'esprit avec le déroulement implacable des phénomènes cosmiques, conduit le second à une connaissance de l'homme qui exclut, ou à tout le moins rend plus malaisée, la perception de cette image. De là l'optimisme social de l'Occident, que justifie dans une assez large mesure la puissance matérielle, et même morale, qui fut plusieurs siècles son partage, et le pessimisme moral de l'Orient, qui a entraîné aux Indes l'effrayant régime des castes, reflet fidèle d'un panthéisme dont les croyances à des transmigrations sans fin paralysent la volonté, tandis que le rituel chinois, en cultivant l'obéissance au nom d'une sagesse transcendante, huile à tel point le ressort social qu'il aboutit à son automatisme. Sans doute, à première vue, le Chinois semble plus loin que nous-mêmes de l'Hindou, car la vie spirituelle a disparu de la masse du peuple, ou du moins y a pris un caractère de passivité systématique dont l'assoupissement progressif, en éteignant les velléités de l'action, a peut-être renforcé les qualités affectives. Mais il s'en rapproche comme malgré lui, par le fatalisme social que la sagesse absolue, indifférente aux fins divines, entraîne en suivant un processus analogue à celui de l'intelligence absolue, qui ne voit au fond, dans les fins divines, sur lesquelles les Hindous ont les yeux fixés, qu'un aveugle enchaînement de forces où la volonté de l'homme roule comme feuille dans le vent.

« Divagations pédagogiques » se termine avec l'analyse de ce naturalisme européen fait de deux expressions complémentaires, le réalisme et l'idéalisme (V). Le second avait déjà fait l'objet d'un article de *L'Aurore*, « L'art idéaliste », le 10 novembre 1902. Élie Faure commençait par fustiger « l'idéal » académique,

... l'idéal officiel, l'Idéal-Dogme, qui représente en art, aux yeux des inconscients, ce que l'État représente en politique, l'Église en religion et l'Armée en patriotisme. [...] C'est sur cet Idéal que se formèrent les Écoles, associations oppressives des personnalités, que les systèmes esthétiques s'appuyèrent pour façonner les sensibilités hésitantes, que les habiles ont édifié leur renommée. [...] C'est pour célébrer son culte que se sont élevés ces temples qui n'ouvrent pas de porte sur la rue et dont la sortie souterraine s'enfonce sous le bruit du temps pour aboutir au sein d'une humanité lointaine, dont la langue de marbre qu'ils se figurent conserver leur apprit tout, sauf le plus clair de son enseignement : l'amour de l'immédiate vie.

Il examinait ensuite la définition de Littré : « IDÉAL : qui n'a son existence que dans l'idée ; ou qui réunit toutes les perfections que l'esprit peut concevoir, indépendamment de la réalité. » Et protestait :

> Tel que le définit Littré, l'idéal, qu'il soit collectif ou personnel, indépendant de ce que nous pouvons percevoir sensuellement, ne provoquera jamais une émotion sensuelle chez un autre individu que celui qui l'a conçu. Or, le langage des couleurs et des formes avoue par le choix de ses propres moyens expressifs qu'il sollicite l'approbation des sens, seuls capables de percevoir les couleurs et les formes, et ce n'est que par l'intermédiaire des sens qu'il peut prétendre s'adresser à l'esprit.

C'est finalement chez Taine qu'il trouvait la définition qui lui convenait le mieux :

> La véritable signification du mot « idéal » a été entrevue par Taine : « L'œuvre d'art a pour but de manifester quelques caractères essentiels ou saillants plus complètement et plus clairement que tous les objets réels. Cet objet, ainsi transformé, se trouve conforme à l'idée, en d'autres termes idéal. Ainsi, les formes passent du réel à l'idéal. »
>
> Dans cette conception de l'idéal, le réel n'est plus oublié, comme dans la définition de Littré ou les tentatives de l'Académisme, du Mysticisme et de l'Art littéraire. Il devient au contraire le point de départ de la recherche de l'idée, qui en dégage les caractères *plus complètement* et *plus clairement* que ne le peut faire la vision banale de la généralité des hommes. Je dirais presque que l'idéal en art est la recherche expérimentale de la logique d'un objet et la mise en lumière de sa signification scientifique.
>
> À ce compte, les vagues explications que s'évertuèrent à donner de la statuaire antique, les esthéticiens malgré tout remués par l'évidence de sa vie, perdent toute signification ; la théorie du « mélange de l'idéal et du réel » qui est de règle dans l'enseignement classique, de puérile qu'elle était déjà

> devient parfaitement incohérente ; à ce compte, en effet tous les grands artistes ont été des idéalistes, et il se trouve de par cette constante ironie que la réalité toujours oppose aux plus merveilleux systèmes, que les seuls qui n'ont aucun droit à ce titre ont été précisément ceux qui l'ont brandi comme un drapeau, qui l'ont perpétuellement jeté à la face de leurs contradicteurs, qui en ont vécu, qui l'ont monnayé en fortune et en renommée. Entendu ainsi, l'idéal est la condition nécessaire de l'œuvre d'art, il n'y a plus d'œuvre d'art sans idéal, et le mot d'art idéaliste devient tout à fait inutile ou doit être réservé à toute tentative qui s'écartera de la seule tradition humainement idéale, de Phidias à Rodin et des Primitifs à Carrière. Désormais, le degré d'idéal de l'œuvre se mesurera non plus à la hauteur de l'abstraction qu'elle aura voulu représenter, mais, ainsi que le dit Taine, au degré d'importance et j'ajoute de permanence des caractères qu'elle aura su dégager du réel.
>
> Dès lors, et si peu prononcées qu'aient été ses aspirations intellectuelles, l'art du réaliste Courbet par exemple, peintre de génie, mais brutal et parfois grossier est d'un idéalisme plus authentique que celui de Gustave Moreau, qui fut un pauvre coloriste et un pauvre dessinateur, qui créa de toutes pièces un monde artificiel hors du contrôle de ses sens, et jamais ne sut éprouver devant les formes de la vie cet émoi constant et direct d'où naît la volonté de donner une interprétation humaine de la substance naturelle.

On mesure le chemin parcouru de cet article à *L'Esprit des Formes*. Entre-temps, Élie Faure a découvert avec *L'art médiéval* d'autres formes que l'art grec, et celui-ci désormais lui paraît « monstrueux » (pp. 185-187). On relira les justifications de ce jugement paradoxal dans l'« Introduction à l'art grec », ajoutée en 1923 dans *L'art antique* (pp. 159-172 de cette édition).

Puissance de l'idole (pp. 199-245)

Ce chapitre et les deux suivants composent une pièce rare en bibliophilie : un numéro des *Cahiers Verts*, dirigés par Daniel Halévy chez Grasset, qui a été imprimé sur épreuves mais non pas édité ! L'ensemble s'intitule *Les Dieux, le Gendarme et la Mort**, et porte le cachet de l'imprimeur avec la date du 11 avril 1923. Élie Faure en avait commencé la rédaction au mois de novembre précédent.

On a vu, dans l'introduction du dossier au tome premier, que Daniel Halévy finit par annoncer, en décembre 1923, qu'il n'éditerait pas ce livre. L'affaire est assez curieuse parce qu'elle donne un exemple des malentendus où Élie Faure pouvait se laisser prendre de son vivant, et que son œuvre a continué de susciter bien après sa mort.

On se demande en effet comment Daniel Halévy a pu attendre de lui un texte sur les rapports de l'art avec la religion et la morale, et comment lui-même a pu croire que pareil texte passerait. Daniel Halévy (1872-1962) avait été, comme Élie Faure, dreyfusard ; il s'était intéressé à la question ouvrière et au syndicalisme, et avait publié un livre sur Proudhon ; mais il était aussi très marqué par Nietzsche, sur lequel il avait fait deux ouvrages. Il y avait dans tout cela bien des points de rencontre avec Élie Faure. Cependant, dès avant la guerre, Halévy s'était rapproché de la droite, et il était clairement

* Il s'en trouve un exemplaire corrigé par Élie Faure à la Bibliothèque de Bordeaux, — dont je remercie les conservatrices aux Fonds patrimoniaux pour leur accueil et leur aide.

dans la mouvance maurrassienne lorsqu'ils se connurent. Ils avaient encore en commun leur interrogation passionnée sur l'évolution du monde moderne, mais Faure regardait vers le futur, où son sens de l'histoire et son amour du devenir le portaient, tandis que Daniel Halévy se repliait sur le passé national. Il est significatif qu'il ait signé le manifeste « Pour un parti de l'intelligence », dans *Le Figaro* du 19 juillet 1919, avec Henri Massis, Charles Maurras ou Jacques Bainville, entre autres. Il en appelait à la reconstitution de l'intelligence française selon les principes du classicisme, pour sauver « l'avenir spirituel de la civilisation », dont la France était la gardienne, et que menaçaient « l'infirmité des doctrines démocratiques » et les « bolchevistes de la littérature ». En bref, « l'intelligence nationale au service de l'intérêt national », et sous le contrôle de l'Église, « seule puissance morale légitime ». Or on est là aux antipodes d'Élie Faure qui, pour avoir écrit une histoire de l'art universelle, avait une conception mondiale de la civilisation et ne comprenait pas le nationalisme français ; qui soutenait la révolution russe ; et qui, tout en reconnaissant le rôle passé du christianisme et du classicisme, n'en attendait plus rien parce que, justement, c'était du passé.

Le compte rendu que Daniel Halévy fait de *L'Art moderne*, dans la *Revue de Genève* du 9 mars 1921, laisse transparaître déjà quelques inquiétudes. La réflexion, à propos de Bonnard (cf. *L'Art moderne*, t. II, p. 203), sur le ferment des décadences qui construit le monument futur, provoque la réaction anxieuse d'Halévy, qui souhaite au contraire arrêter cette fermentation et en revenir à Versailles, que Faure a méconnu. Le critique est sensible aux questions de l'écrivain sur l'avenir de la culture, mais perplexe devant ses conclusions :

« Un grand mystère s'accomplit, écrit M. Élie Faure, nul ne sait où il nous mène. » Faut-il consentir à cette ignorance, et presque l'aimer comme semble faire M. Élie Faure ? Ce grand mystère, qui sait s'il ne nous mène pas à l'anéantissement de tout ce que nous avons aimé ?

Puis, après avoir cité la description lyrique des usines et des machines, qui clôt le livre en exaltant « l'appétit féroce, inassouvissable et joyeux » :

Tout autre était la leçon des statues jadis envoyées par les dieux. Elles nous recommandaient silencieusement l'art des satisfactions infinies, réglées et bienfaisantes. Ce souvenir, l'effacerons-nous ?

S'ensuit une correspondance où Halévy défend la « versaillolâtrie » (*L'Art moderne*, dossier, p. 410), mais sans renoncer à son désir de publier un auteur si connu dans sa toute nouvelle collection : « ... l'écart que je sens ne diminue nullement le désir que j'ai d'être votre éditeur » (lettre inédite, 24 mars 1921). Après avoir rejeté le *Montaigne* sous des prétextes de longueur, il accepte imprudemment un essai d'esthétique, qu'il sera finalement obligé de refuser tant il s'oppose à ses convictions. Mais il aura hésité longtemps puisqu'il faudra deux jeux d'épreuves et de corrections pour qu'il finisse par déclarer, le 7 décembre, que son impression « n'a pas été la bonne ». Et c'est alors seulement qu'Élie Faure prend conscience du malentendu :

[...] ici, il règne certainement contre moi une hostilité sourde ou ouverte qui prend même (côté *Action française*) la forme d'un complot. Le dernier coup qui m'a été porté est significatif. Tu sais qu'un *Essai* de moi, *Les Dieux, le gendarme et la mort*, devait paraître dans les *Cahiers verts* d'Halévy. Tu sais aussi qu'il n'avait pas voulu du *Montaigne*. Je commence à comprendre pourquoi. Halévy, qui a lentement évolué de l'extrême gauche vers l'extrême droite, est maintenant complètement inféodé, comme le démontre un livre de lui qui vient de paraître, *Vauban*, à l'Action française. Il avait dû déjà être choqué par ce que je disais du Christianisme dans *Montaigne*. Mon essai étant bien plus neutre, il l'avait accepté. Mais c'est moi qu'il n'accepte plus. On a dû lui faire des remontrances, ou il a eu peur. (lettre à Jean-Pierre Faure, 7 déc. 1923)

Il précise à Paul Deschamps :

Il est évident, c'est aussi l'avis de Braga, qu'il y a de l'A.F. là-dessous. *Vauban* en effet. Et Louis Bertrand qui a publié un mauvais pastiche de Mirbeau dans les *Cahiers verts* et qui publie maintenant *Louis XIV*. Et M. de Traz, directeur de la *Revue de Genève* et frère de Fosca mon éreinteur, qui me renvoie ces jours-ci un article en enveloppant son refus de prétextes polis. Tout se tient, car j'oublie de vous dire qu'Halévy est le correspondant français de la *Revue de Genève* et que de Traz vient de paraître dans les *Cahiers verts* !

(11 décembre 1923)

François Fosca avait en effet publié un article féroce, « Élie Faure ou Triboulet critique d'art », dans la *Revue critique des idées et des livres* du 25 avril 1923. Il l'accusait de céder « à la volupté d'entrechoquer des mots, comme le nègre ses cymbales » ; d'avoir « une philosophie de primaire », empruntée « au Hugo apocalyptique et démocrate » (« le peuple vertueux opprimé, les rois méchants et tyranniques, les riches vicieux et égoïstes ») et à l'« extravagante fantaisie » du « pseudo-historien Michelet » ; et enfin, d'être anticatholique.

À défaut des *Cahiers Verts*, le premier chapitre des *Dieux* paraît donc aux États-Unis dans *The Dial*, en mai-juin 1924, sous le titre « The Gods ». Les manuscrits ont essayé plusieurs titres : « Art et religion », « L'art et le temple », « Le support religieux de l'art », et « Les Dieux ».

Si Daniel Halévy avait lu, ou du moins bien lu *La Danse sur le feu et l'eau*, il y aurait trouvé des raisons de se méfier plus tôt, car Élie Faure y avait inséré un article, sur les rapports de l'art avec la religion, qui avait paru d'abord dans *Europe Nouvelle* le 6 septembre 1919 :

L'ESPRIT SAINT

I

À première vue, là où il n'y a pas de religion, il n'y a pas d'art profond et unanime, et si l'on compte des artistes, ce sont des maudits. Puissants parce que seuls, sans doute. Mais tournant dans leur cage et condamnés à n'être jamais entendus. Je veux dire entendus de la multitude, éveillant en elle des échos multipliés et l'entraînant sur leurs pas au milieu des chants et des cris. La multitude est morcelée. Il y a comme un éparpillement infini de ses dons, une éclipse absolue de ses besoins lyriques, l'architecture disparaît. L'homme est à la recherche de l'homme, et seuls quelques-uns se rencontrent, parce que seuls ils parlent une langue que les autres ont oubliée : celle qui répondait à une foi commune, aveugle certes, mais, parce qu'aveugle, enivrée de tous ses autres sens. Ruée dans la puissance et la liberté de l'image, parce que délivrée du choix. Libre d'aimer, parce qu'affranchie de l'analyse. Et bâtissant enfin, parce que tous les murs portent à leur crête, tous les dômes à leur clé de voûte, tous les campaniles à leur pointe un cœur commun qui bat pour une heure dans la poitrine de Dieu.

Voici. Le plus athée ne peut dire le contraire. Ou alors il doit ruser. Voici les formidables temples qui sortaient des sables d'Égypte, où conduisaient des avenues de colosses muets, et dont les murs rutilaient de vermillon, de cobalt, d'émeraude, et dont la forêt des colonnes créait la nuit et la fraîcheur dans l'incendie même du jour. Tout cela pour dissimuler, dans la plus sombre des cachettes, l'inaccessible image d'un crocodile ou d'un oiseau. Voici ceux qui étageaient des villes sur des villes, se boursouflant de monstres composites où remuaient le carnage et l'amour, comme si la sève des plantes, l'eau des fleuves, le sang des bêtes gonflaient la pierre même pour tordre et balancer les hanches, pousser les reins, ouvrir les cuisses, tendre les seins et écarter les bras. Tout cela pour recouvrir quelque phallus minuscule, perdu au centre du massif. Voici ceux qui berçaient dans tout l'espace occidental, haut dans le ciel, et comme portés sur l'échine de quelque saurien géant, les graines de l'hiver, les herbes du printemps, les fleurs de l'été, les fruits de l'automne et les gestes que nous faisons pour les semer et pour les moissonner, pour les tresser en couronnes, pour les cueillir et les manger. Tout cela afin d'abriter une boîte d'ivoire ou d'or où repose quelque vertèbre, un ongle ou une touffe de cheveux. Voici vingt dômes tournoyants et cent fuseaux d'émail qui montent et des broderies de faïence et d'argent entrelacées, la lumière filtrant à travers des queues de paon ou caressant des gorges de colombe, toute l'eau du désert ici conduite afin que les palmes soient vertes, les cyprès noirs, et que le citron et l'orange sèment les ténèbres des feuilles de grosses étoiles d'or. Tout cela pour qu'un mendiant qui passe puisse se prosterner dans une niche qui regarde vers un tombeau.

Est-ce tout ? Non. Il y a à Java, au Cambodge, des monts que des forêts et des villages couvrent. Dès qu'on gratte, on trouve partout les voûtes, les gradins, les pylônes, les portiques du même sanctuaire enfoui. En Chine, il y a des plaines qui sont traitées comme un tableau, avec leurs ondulations qui distribuent la lumière et l'ombre et tous les passages secrets qui vont de la lumière à l'ombre, et ces tableaux, pour lignes et pour masses, ont cent géants de pierre, épais et hauts comme des tours. Ceci parce qu'un homme a conseillé de porter du respect à la mémoire de son père et cela parce qu'un sage a rêvé au bord d'un chemin. Est-ce assez ? Oui ? Eh bien ! je ne crois pas à tout cela.

II

Entendons-nous. Je ne crois pas que ces motifs infimes et puérils aient suffi à bossuer la terre de montagnes que l'aveugle feu souterrain semble sculpter en images familières à nous tous, ni à l'évider en cavernes où toutes les formes façonnées pour la lumière naissent, vivent et meurent dans l'obscurité. Celui qui croit assez fermement en un Dieu pour passer sa vie entière et engager la vie de ses fils et de ses arrière-petits-fils à lui élever des autels que, par surcroît, il arrose de sang humain, ne voit pas l'impasse où il entre, quand il affirme que ce Dieu est le créateur véritable des monuments qui surgissent de toute part pour imposer et perpétuer son règne. Car le Dieu que combat son Dieu a, lui aussi, modelé ses propres statues, et elles sont aussi pures, aussi hautes, aussi portées sur tous les cœurs. Entre la cathédrale et la mosquée, un fossé plein de sang se creuse, dont dix siècles de batailles livrées par ceux qui priaient dans la cathédrale à ceux qui se prosternaient dans la mosquée se sont évertués sans lassitude à entretenir le niveau. Les bouddhistes n'auraient pas pénétré le flanc des montagnes, si les prêtres dravidiens n'avaient choisi de préférence parmi eux les victimes humaines que la gouge Kali, avec des intestins pendus à ses vingt bras, réclamait pour sa soûlerie quotidienne. Et j'imagine que si le sacrificateur aztèque avait surpris un pauvre homme bien humble en train de graver sur un mur de basalte une panthère à tête d'épervier, il l'eût considéré comme un gibier de choix pour le dieu Huitzilopoctli.

Il y a, d'une religion à une autre, un antagonisme d'autant plus sanglant, irréductible et fanatique, qu'il est plus nécessaire à exalter la foi de chacun de ceux qui les pratiquent en le fixant dans l'idée invincible que la sienne seule est digne de l'empire unanime des consciences et des cœurs. Et précisément cette foi est le levier avec lequel il soulève la plus lourde pierre pour servir de piédestal à la plus belle image de son dieu. Voici l'impasse, n'est-ce pas ? Mais l'artiste nous en tire. Le croyant ne parvient jamais à posséder sa religion. L'artiste les possède toutes. L'art accompagne, certes, la plupart des croyances qui prétendent le créer. Mais il les précède. Il leur survit. Il sert, à la même heure, avec une aussi royale obéissance, des confessions ennemies qui font mourir des millions d'hommes afin de démontrer que leurs idoles respectives sont les seules qu'il convienne de peindre ou de modeler. Il les enveloppe toutes, de leur naissance à leur mort, ainsi qu'une atmosphère inépuisable où elles respirent la vie. Chacune se dit éternelle, et cependant chacune meurt. Mais l'esprit qui a dressé sur le promontoire ces frontons où vivent des dieux offensés de voir ces coupoles s'élever, vides de formes, sur le sable calciné, l'esprit qui a étagé sur les bois où des reptiles grouillent dans les marécages ces pyramides hérissées d'accouplements monstrueux narguant, par-delà la courbe du globe, ces contreforts où sont nichées des vierges avec des enfants sur leurs bras, est d'une éternelle jeunesse. Car c'est lui seul que chaque religion servait, en croyant qu'il importait d'abord de donner à sa propre idole la forme d'un bel homme nu, parce qu'une autre religion avait donné à la sienne la forme d'une femme à tête de chacal, ou de la représenter sous l'apparence d'un supplicié pendu à une croix, parce qu'une autre la voyait sous l'apparence d'un mendiant assis sur une grande fleur, les yeux fermés, les mains ouvertes. Esprit du Bien ? Esprit de la perfection morale à atteindre et à maintenir ? Non. Puisque, pour essayer de l'atteindre et de la maintenir, il se voit contraint de tuer. Non, puisque certaines religions, et celles précisément qui ont donné de leur élan l'interprétation poétique la plus nombreuse et la plus émouvante, sont foncièrement immorales et ont divinisé le Mal. Non, puisque certaines autres, qui ont divinisé le Bien, ont réprouvé le culte des images. Non pas esprit du Bien. Esprit de puissance à créer des formes innombrables pour y poursuivre sa propre image, l'y ébaucher infatigablement et ne jamais, pour sa sauvegarde éternelle, l'y définir tout à fait.

La religion ne crée pas l'art. C'est l'art qui crée la religion, en incarnant dans ses images notre soif d'envahir la vie, de nous affirmer, de nous répandre, et d'imposer à notre univers extérieur la forme même de nos rêves, qui nous tourmentent jusqu'au moment où nous les avons formulés. L'art est identique à l'amour, qui est, en chacun de nous, un besoin antérieur à la rencontre de la femme ou de l'homme en qui il s'objective un jour, un mois ou une année, et qui survit à cette rencontre pour errer, inassouvi et misérable, jusqu'à l'heure où la rencontre d'une autre femme ou d'un autre homme suscite sa résurrection. Les religions sont les crises d'amour des sociétés humaines, et les formes qu'elles laissent sur leur passage ne sont autres que l'image de l'objet de cet amour. Image incomparable, mais aussi passagère, hélas ! de la seconde enivrante et désespérée que nous ne pouvons retenir.

« Vous regardez comme divines les bibles et les religions — et je dis qu'elles sont divines. Et je dis qu'elles viennent toutes de vous et peuvent encore venir de vous, et que ce ne sont pas elles qui donnent la vie, mais vous qui donnez la vie[1] ». À la bonne heure ! Et je sais, maintenant, ce que l'Esprit saint représente, cette force invisible qui descendrait de Dieu dans nos cœurs pour leur infuser la puissance de nous élever jusqu'à lui. Je vous le dis en vérité, l'Esprit saint, c'est l'art même tendant à se réaliser, amalgamant dans les humbles instincts des aspirations et des inquiétudes communes pour former une religion qui favorise son essor, amalgamant toutes les religions dans les consciences supérieures afin d'y favoriser l'espoir toujours déçu et jamais découragé de sa conquête. Dieu est, je n'en doute plus maintenant. Mais c'est un sourd et un aveugle. L'homme est le seul, dans l'univers, qui, par éclairs, voit et entend. L'Esprit saint ne descend pas de Dieu pour animer le cœur de l'homme. L'esprit saint monte de l'homme pour animer le cœur de Dieu.

III

Ceci explique tout, vous dis-je. Il est des heures effroyables, et de beaucoup les plus nombreuses de la vie, où l'amoureux et l'amoureuse errent, au hasard, les reins brûlants, le cœur gonflé de larmes, appelant tout le jour et toute la nuit l'amoureuse ou l'amoureux éperdument désiré qui lui aussi ou elle aussi erre et appelle, épouvantablement seul. Qu'ils se rencontrent, l'étincelle éclate, et l'incendie illumine leurs cieux.

Ceci explique tout. Si la religion créait l'art, dès l'instant où elle apparaît l'art aussi apparaîtrait, et toujours égal à lui-même l'accompagnerait dans sa route et ne lui survivrait pas. Or, éternel et antérieur à elle, et toujours là quand elle meurt, à son chevet ou hors de la maison, il ne jaillit sur son chemin que d'un choc de la religion avec des formes rencontrées sur ce chemin même, comme l'étreinte et l'ivresse et l'enfant de l'homme et de la femme inassouvis qui se sont croisés par hasard. Si la religion créait l'art, comment le christianisme, tout brûlant dans le cœur des hommes, a-t-il attendu dix siècles avant de féconder les formes, comment cette fécondation n'a-t-elle duré qu'à peine trois cents ans, comment le christianisme s'est-il prolongé des centaines d'années encore et s'est-il épuré, même, sans rencontrer de nouveau et sans fertiliser l'amour ? Je le vois tout aussi vivant dans l'âme des martyrs du cirque et des pères de l'Église, dans l'esprit des gueux de Hollande et des puritains anglais que dans le cœur des bâtisseurs de cathédrales. Mais si les bâtisseurs de cathédrales furent, c'est que le christianisme, par le plus grand hasard, par un concours de circonstances à qui nul ne peut commander — fusionnement d'idées, de migrations, de guerres, formes entrevues dans le Sud, mirages rapportés d'Orient, besoins sociaux, esprit guerrier descendant de l'Est ou du Nord, et tout cela faisant remous dans la commune, au centre des plaines françaises — avait croisé, sur les chemins de sa croissance même, la forme qu'il aimait en rêve et s'était jeté sur elle pour l'étreindre et la pénétrer. De même, il a fallu, pour que les mythes radieux de la Méditerranée orientale, si vivants dans l'imagination des pâtres et des pêcheurs, cristallisent soudain les palpitations de la vie dans la géométrie de la raison, la rencontre imprévue au bord d'un golfe illuminé, des hommes qui venaient des îles dans leurs barques avec des verroteries et des étoffes et de ceux qui descendaient des montagnes dans leurs chariots militaires avec des lances et des arcs. Il a fallu, pour que le bouddhisme, si touchant et caressé dans l'ivresse intime des moines mendiants qui le propageaient de hameau en hameau, inondât de sa mystérieuse lumière toutes les pierres d'un continent grand comme le tiers du monde, qu'Alexandre parvînt aux Indes, que des conquérants inconnus franchissent l'Himalaya, défrichent les forêts du Cambodge et de l'Insulinde, croient qu'il y avait des oasis à prendre par-delà les déserts jaunes de la Chine et du Turkestan. Et le grand rêve des Arabes se fût perdu dans le sable avec le bruit des chevauchées et confondu dans l'air ardent avec le vent des burnous, s'il n'était tombé par hasard en Égypte, au Maroc, en Sicile, en Perse, au cœur de races assoupies qui attendaient, dans une fièvre somnolente, l'amour dont l'usage effréné les avait presque vidées.

Hasards. Hasards du grand chemin. Certaines religions, comme certains hommes, n'ont presque pas cessé d'aimer. Grâce à l'abondance des formes — forêts vierges et marécages, pluies chaudes dont fume le sol, bêtes de proie ocellées d'or, insectes, serpents, oiseaux couverts de gemmes, océans de fleurs monstrueuses, incessantes marées de germes dans les fermentations de la naissance et de la mort, — grâce à l'abondance du drame et des idées que les migrations militaires et les cohues mystiques transportent et entrecroisent en tous sens, le brahmanisme a le pouvoir, qui semble impérissable, d'imposer à la matière sans cesse violentée et pénétrée le visage innombrable de ses enivrantes visions. Et comme certains hommes, certaines religions n'ont jamais rencontré l'amour, ou bien, après l'avoir connu une heure, le recherchent éperdument depuis des siècles et des siècles, bouleversant les peuples de leurs fureurs et de leurs plaintes d'éternels inassouvis. C'est le cas du judaïsme depuis son unique aventure, les poèmes des Juges et les hymnes des Rois. La musique est la révolte des plus hautes parties de l'être contre la stérilité volontaire de la Réforme triomphante. Les Slaves chrétiens, entre tous les hommes les plus assoiffés d'amour depuis leur venue dans l'Histoire — mille ans au moins — n'ont pourtant exprimé profondément, mais en bégayant encore — par les musiciens russes, par Dostoïevsky — leurs terribles besoins passionnels que depuis un siècle à peine. Des religions, celle de la Perse primitive, celle des Romains, n'ont pas eu la chance de faire la rencontre décisive qui eût incarné leur désir. D'autres peuples, les Assyriens apparemment, les Grecs après Socrate, Euripide et Praxitèle, les Japonais sitôt dégagés du bouddhisme, les Italiens à partir du quinzième siècle, ont éprouvé de puissantes crises d'amour sans qu'une religion impérieuse et commune en portât devant nous la gloire et la responsabilité. Et nous touchons ici à l'une des phases les plus angoissantes, mais aussi les plus instructives, de la tragédie permanente qui constitue notre principale fonction.

IV

L'art, quand il abandonne les peuples, survit dans le héros. Comme l'amour dans l'imagination quand les sens épuisés ou assoupis se reposent. Et il accomplit le miracle de féconder quelques esprits dévorés de passion mystique, alors que si souvent la religion n'a pu accomplir ce miracle qu'un siècle ou deux ou pas une heure même au cours d'un millénaire de mysticisme général. Le héros soutient le temple, quand la foule éreintée ne voit plus dans le temple l'image de son désir. L'homme simple croit l'amour mort quand la femme qui l'incarnait est morte ou l'abandonne. Le peuple croit l'amour perdu dès qu'a déserté le prétexte qui l'avait incarné pour lui.

Par bonheur, ce n'est pas vrai. Il survit dans quelques cœurs solitaires, toujours identique à lui-même, intransigeant, insatiable, fiévreux, indifférent à tout ce qui n'est pas sa proie, monstrueux et immoral dans ses moyens, à condition qu'ils lui permettent de remplir sa mission sainte d'étreindre et de féconder. Et décidé à maintenir au-dessus des multitudes défaillantes, afin de le leur transmettre quand leur besoin d'aimer renaîtra de ses cendres mêmes, l'esprit créateur. Le chœur éteint, la symphonie a pris sa place. Le grand artiste accueille en lui toutes les voix.

C'étaient pourtant des incroyants que ces platoniciens de Florence qui, alors que la nef gothique, en France, tremblait et fléchissait de toutes ses nervures, alors que le palais italien, perdant sa nudité terrible, accueillait l'ornement et la forme tourmentée, alors que la critique disloquait le dogme catholique sur toutes les terres d'Occident, maintenaient dans la passion humaine, par un effort intellectuel tendu comme les cordes d'une harpe, une puissance de conquête capable de galvaniser la matière agonisante pour lui faire exprimer des sentiments et des idées que le christianisme n'avait même pas entrevus. C'était un incroyant que cet étrange Léonard, qui prétendait, alors que les cinq siècles précédents ne s'étaient tournés vers le monde extérieur que pour y chercher des symboles propres à exprimer leur foi, trouver les sources d'une foi toujours renouvelable dans les choses les plus concrètes de ce monde extérieur même, interrogé sans parti pris. C'était un incroyant que ce pieux Michel-Ange, désespéré d'être assez fort pour déposséder Dieu du privilège d'interpréter les signes qui le manifestent à nous. C'étaient des incroyants que ces décorateurs de Venise qui, dans les derniers murmures du grand chœur unanime chanté par le Moyen Âge, enflaient de passion frénétique quelques notes sensuelles qu'il avait à peine effleurées, pour concentrer sur leurs instruments moins émouvants mais plus puissants et plus nombreux et plus sonores le poème diffus à la vie universelle que les sculpteurs de France et les fresquistes d'Italie, croyant seulement servir le Christ et les saints et la vierge, ébauchaient depuis deux cents ans. Étaient-ils encore chrétiens Villon, Rabelais, Ronsard, Shakespeare, Cervantes, qui arrachaient des geôles puissantes du dogme le lyrisme verbal, jusque-là condamné à dérouler sur des thèmes théologiques les problèmes du destin ? Et Rembrandt, qui prouvait, en prenant sa brosse, qu'il suffisait de peindre un blessé porté par deux hommes pour déposséder du même coup la religion de la pitié ? Et Rubens, quand il entraînait dans le mouvement de sa force toutes les formes de la terre, de l'espace et des eaux délivrées de la hiérarchie catholique par quelque Hercule indifférent ? Et Watteau, lorsqu'il suivait dans les bois les comédiens et les mondaines errant à la recherche d'une source inconnue de musique et de volupté ? Et Goya, quand il éventrait, avec des ricanements de colère, les poupées bourrées de son qui figurent à nos yeux tous les attributs du Seigneur ? Et la musique allemande entière, intronisant la volonté de l'homme au centre d'harmonie et de mouvement du chaos ? Sont-ils chrétiens, Hugo, Michelet, Stendhal, Balzac, Delacroix, Corot, Barye, Courbet, Renoir, tous ceux d'un des plus grands entre les siècles qui ont porté le témoignage que l'esprit religieux survit à ses formes confessionnelles ? Et que c'est lui qui les féconde quand il vient à les traverser ?

La plupart des artistes, depuis quatre ou cinq siècles, ont passé pour des athées, et beaucoup ne s'en cachaient pas. Mais je crois bien que l'athéisme, et qui plus est le scepticisme des artistes, est une forme supérieure de l'amour, parce qu'il représente chez eux la certitude que l'amour est antérieur et survivant à tous les systèmes politiques, sociaux, moraux, religieux ou autres, qui prétendent tour à tour lui imposer leur forme en vue d'une fin qui s'appelle tour à tour la Paix ou le Bonheur, ou la Justice, ou le Bien, ou même le Beau. Ce scepticisme m'apparaît au contraire comme une foi informulée, mais invincible, où toutes les formes passées, présentes, futures de l'art ont trouvé ou trouveront, successivement ou ensemble, un inépuisable aliment. L'artiste est le noyau de l'univers lyrique. C'est précisément parce que l'artiste demeure le plus sceptique d'entre nous vis-à-vis de la lettre que les religions revendiquent, qu'il est aussi le gardien du feu où l'esprit ravive sa flamme quand les foules brisent la lettre qui leur interdit d'aimer.

1. Walt Whitman.

La fascination qu'il éprouve pour les sociétés ou les périodes organiques, où le poème plastique est « lié à un support mystique d'autant plus impressionnant qu'il traduit presque partout un sentiment unanime » (p. 207), ne s'est pas démentie depuis *L'Art médiéval.* Et même s'il montre dans la partie III, « Indépendance de l'art », que celui-ci ne coïncide pas toujours, loin s'en faut, avec les temps de ferveur religieuse, et que différentes civilisations ont eu un art laïc, il avoue que « quelque chose manque à cet art-là » (p. 224), et que les grands élans créateurs des peuples se sont presque toujours manifestés « sous les apparences visibles et sensibles de la religion » (p. 229).

Il faut ajouter qu'Élie Faure a reçu une éducation protestante, et qu'il a trouvé en son grand-père, le pasteur Jacques Reclus, père d'Élie et Élisée, l'une des plus austères figures de cette religion. Aussi regarde-t-il le catholicisme avec beaucoup d'indulgence, d'abord parce que « la profonde humanité des symboles catholiques » (note d'un carnet manuscrit) le touche, par contraste avec le moralisme protestant ; ensuite et surtout, parce que le catholicisme, malgré les racines iconophobes qu'il lui attribue ici (p. 213) et malgré les anathèmes de saint Bernard, s'est appuyé sur l'image. C'est pourquoi il oppose les « Religions esthétiques » de la première partie aux « Religions éthiques » de la dernière. Il reviendra sur celles-ci dans le chapitre suivant, à propos de la morale. Mais il avait déjà résumé son avis en une formule décisive dans *L'Aurore* du 24 avril 1902 :

> ... un mot de M. Burnand, artiste suisse, qui s'obstine à peindre le Christ et ses disciples qu'il n'a jamais vus et aux visages desquels il donne pourtant une précision photographique. M. Burnand est totalement dépourvu de sensualité. *Il fait de la peinture calviniste, c'est-à-dire pas de peinture du tout.*

Il n'est pas prêt pour autant à se convertir au catholicisme, ni même à y voir un prétexte toujours valable de l'œuvre d'art. On a dit, dans le dossier du tome I, comment il avait tiré du spinozisme et du transformisme sa conception d'un « Dieu » ou d'un « Esprit » non pas extérieur au monde, mais identifié avec la force, le mouvement, l'énergie universelle. Lamarck a révolutionné la mystique avec « le monde comme devenir substitué au monde comme révélation » (*Montaigne et ses trois premiers-nés*, 1924). Or le devenir ne peut s'arrêter ni dans les formes plastiques ni dans les formes confessionnelles. L'Esprit se manifeste en des idoles (art) et des symboles (religion) aussi multiples que les civilisations visitées dans l'*Histoire de l'art*, aussi admirables les uns que les autres, mais tout aussi provisoires. La distinction qu'Élie Faure fait, dans ce chapitre et dans « L'Esprit saint », entre la lettre et l'esprit, recouvre celle de la religion et de la mystique. Celle-ci n'enferme pas l'Esprit dans la lettre du dogme, reconnaît la valeur de toutes les religions, mais les dépasse et leur survit quand elles ont fait leur temps :

> La plus haute vertu de la pensée mystique, j'imagine, est de survivre à toutes les formes dogmatiques qu'elle adopte tour à tour, en incorporant à la chaleur de sa circulation spirituelle ce qu'il y a de vivant en elles, même mêlé à ce qu'il y a de mort, c'est-à-dire, proprement, à ce qui ne lui appartient pas.
>
> (« Pascal », *Montaigne et ses trois premiers-nés*)

Les tentatives de restauration catholique et les conversions dont il est le témoin chez divers intellectuels sont à la mystique ce que l'académisme est à l'art, une fixation impuissante sur des formes périmées, un vain replâtrage :

> Je ne nie pas, notez-le bien, la nécessité au moins temporaire du dogme. Le dogme définit une forme, c'est-à-dire un mouvement vital qui déjà se ralentit, et dont il est nécessaire, pour en introduire l'élan dans les assises subconscientes de quelques générations, d'arrêter les contours avec fermeté. Mais c'est méconnaître l'Esprit, que croire qu'il puisse adopter pour l'éternité la forme qui l'a représenté nécessairement une heure. [...] La conversion des hommes jeunes à une foi qui a fui presque tous les cœurs, perdu cet enivrement qui ouvre en l'unanimité des âmes des abîmes étincelants de poésie et de lumière, rétracté la plupart en pratiques machinales, est un symptôme de décrépitude sociale aussi désespéré qu'il se peut. Il est l'indice infaillible d'une perte de confiance en l'imagination de la vie même, d'une méconnaissance outrageante de l'âme humaine qui a le temps pour elle, de la générosité gaspilleuse de notre force mystique — capable de sacrifier s'il le faut dix générations pour que d'autres saisissent l'esprit dans une crise d'amour collectif qui fait jaillir du sol, comme une récompense escomptée par tant de morts, la moisson des cathédrales.
>
> (« Religions et religion », *Europe*, novembre 1929, repris dans *Regards sur la terre promise*)

On comprend la conclusion de ce chapitre : « Il n'y a pas " d'art religieux ". Tout art est religieux dans son essence » (p. 244). La quête racontée dans « L'acrobate, image de Dieu » et « La recherche de l'absolu » est « religieuse » en ce qu'elle aspire à l'unité, la conciliation des contraires, la cohérence du monde, et « mystique » parce qu'elle suit le mouvement du devenir en renonçant aux formes réalisées pour en recréer d'autres.

À l'époque où il terminait la rédaction de *L'Esprit des Formes*, Élie Faure avait fait la connaissance de René Schwob, un ancien officier de marine passé à la carrière des lettres, et surtout, un juif converti au catholicisme. D'un prosélytisme inépuisable, Schwob avait décidé de convertir Élie Faure à son tour, et *L'Esprit des Formes* ne fit que le renforcer dans ce dessein au lieu de le convaincre de son inutilité. Il s'ensuivit une avalanche de lettres, auxquelles Élie Faure répondait patiemment. Elles ont été publiées dans la correspondance de Schwob, *Lettres inédites sur l'inquiétude moderne*, Les Éditions Universelles, Paris, 1951. Quelques extraits permettront de préciser certaines idées de ce chapitre.

Dimanche (30 octobre 1927)

Mon cher ami, puisque mon livre est entre vos mains, je crois que vous n'aurez aucune peine à trouver un ou plusieurs passages — que je n'ai pas le courage de chercher — où j'abonde dans votre sens aussi complètement que possible. Il est parfaitement exact que le catholicisme a délivré le lyrisme de l'homme en Europe, comme l'ont délivré ailleurs le brahmanisme ou le bouddhisme. Et je sens très bien qu'une foi quelconque — le catholicisme puisque vous y tenez — ferait tomber les liens et les œillères qui m'empêchent de bondir jusqu'à la cime de ma propre hauteur. Le doute où je vis depuis tant d'années est trop lié à ma substance pour que je puisse croire que j'en serai quelque jour délivré, mais il est aussi trop loyal pour refuser de s'avouer à lui-même qu'il aspire à une certitude capable de m'en guérir. Je ne vous chicanerai donc pas sur l'essence même de l'illusion bienfaisante où vous vivez, car je crois, en effet, que c'est l'illusion qui sauve, et non telle ou telle forme de l'illusion. Je me permettrai seulement de vous faire remarquer que si nous nous bornons à feuilleter l'histoire intellectuelle de la seule Europe, nous y constatons sans peine que beaucoup de très grands lyriques ont trouvé les éléments de leur ivresse poétique tantôt hors du catholicisme, tantôt même contre lui. Le doute métaphysique habite incontestablement Montaigne et Shakespeare — j'en suis moins sûr pour Cervantes — et, vous ne pouvez le nier, Pascal, dont les gémissements les plus sublimes ont justement le doute pour origine et pour objet : « Je ne puis approuver que ceux qui cherchent en gémissant. » Et tant d'autres, tous les lyriques anglais, Goethe et Nietzsche, Rembrandt, et, à mon humble avis Michel-Ange, animé de l'esprit juif, bien plus que de l'esprit catholique. Et toute la dynastie des musiciens allemands. J'entends bien d'ici votre argument : catholiques sans le savoir. Non. Il est trop facile. On y peut aussi répondre trop facilement que le catholicisme offre un cadre commode à des effusions lyriques dont certains individus préfèrent trouver en eux-mêmes les supports architectoniques. Que ces supports se trouvent être essentiellement semblables à ceux qui forment la structure interne du catholicisme, soit : l'homme n'invente pas grand-chose, et toutes les charpentes se ressemblent. Mais ce qui diffère, c'est l'illusion qui peut animer les individus et prétexter l'emploi de ces supports. Et vous aurez beau faire et beau dire, je ne crois pas que vous ameniez l'unanimité des esprits à admettre la présence *réelle* de la chair et du sang du Christ dans le pain et le vin tendus à vos lèvres par un rond-de-cuir ecclésiastique, non plus qu'à croire à la virginité *réelle* de sa mère, non plus qu'à la résurrection *réelle* des corps. Je vous demande pardon de paraître faire ici de l'antichristianisme trop facile, mais enfin vous ne m'empêcherez pas de croire, pas plus que je ne puis m'en empêcher moi-même, que le catholicisme décuplerait sa puissance — au moins sur les esprits supérieurs — s'il ramenait tous ses articles de foi à un symbolisme transcendant. Par malheur, là est l'antinomie, et là vous vous montrez bien plus « socialiste » que moi. Les peuples ont besoin de croire à la réalité des symboles, et la puissance des foules s'évanouit dès qu'ils cessent d'y ajouter foi. Aussi, dans mon lyrisme attaché au doute comme à sa nourriture naturelle — au doute devenu pour lui un article de foi — je vous autorise à ne trouver qu'une manifestation d'un invincible aristocratisme spirituel. Moi aussi j'aurais un besoin sensuel effroyablement tyrannique de la communion. Mais comment communier avec des êtres qui croient ce que vous ne croyez pas ?

Évidemment, l'Église chrétienne — catholique — a présidé pendant deux ou trois siècles à la naissance, à l'explosion et à l'épanouissement d'un « esprit symphonique » incomparable. Mais c'est une raison suffisante pour qu'elle n'y préside plus. Elle tourne en cercle comme nous-mêmes dans un devenir hélicoïdal auquel elle a, à un moment donné, imprimé son dynamisme et qu'elle travaille en ce moment à renouveler, comme beaucoup d'autres forces morales ou scientifiques ou sociales — newtonisme, transformisme, marxisme, syndicalisme, atomisme, bouddhisme, etc. Et il y a neuf à parier contre un que d'énormes débris du catholicisme entreront dans la nouvelle synthèse, comme d'énormes débris du judaïsme et de l'hellénisme sont entrés dans la synthèse chrétienne. Mais il y a dix chances à parier contre zéro que le monument religieux qui se sent monter du cœur des hommes, ne sera pas spécifiquement catholique.

Devant tant d'obstination, René Schwob décide d'employer la manière forte en écrivant un article pamphlétaire qu'il considère comme « une psychanalyse précise et curative », et en demandant à Élie Faure de le transmettre lui-même à son pire ennemi, François Fosca, pour le publier dans *L'Amour de l'art*... Toujours beau joueur, Élie Faure apporte le texte à Fosca, mais dit à Schwob combien il l'a fait souffrir, — ce que son correspondant comprend d'autant moins qu'il pense ne vouloir que son bien : « Et chaque jour vous trouvez place dans mes prières auprès de Gide et de 3 autres esprits dont la détresse m'est douloureuse »... La très belle réponse d'Élie Faure va le calmer un peu :

12 novembre 1927

Mon cher ami, j'ai porté votre article à Fosca le lendemain du jour où je l'ai reçu. Vos remords me touchent, mais si vous me connaissiez, vous vous seriez rendu compte que j'eusse préféré crever plutôt que de ne pas remplir la mission dont vous me chargiez avec une confiance qui m'a vivement ému. Vous ne doutez pas, je l'espère, que je ne préfère un éreintement intelligent aux cent éloges insipides dont j'ai été comblé à l'apparition de chacun de mes livres. Une seule chose m'a choqué dans votre article, parce qu'elle est injuste, et laissez-moi vous le dire indigne de vous. Je connais tous les vices de ma pensée et de mon verbe, mais il en est un que je ne me reconnais pas, c'est d'être « desséché » par l'esprit critique. Ni ma pensée, ni ma langue, ni surtout mon cœur ne méritent ce reproche. Ceux qui me connaissent, s'ils lisent votre article, en seront surpris — et, je l'espère, peinés.

Je ne trouve nullement ridicules les prières que vous adressez à Dieu à mon intention, et ces prières m'émeuvent. Mais je vis trop « en esprit et en vérité » pour m'imaginer qu'elles puissent influencer son jugement sur mon compte d'une manière plus efficace que ma vie intérieure elle-même qu'il voit et dont il sait la tendance continuelle, sinon toujours heureuse, à la sincérité.

Je crois que vous ne me « convertirez » pas, pour l'excellente raison que la conversion est déjà faite pour ce qui regarde les parties spirituelles de mon âme, et je le crois fermement, inutile pour ce qui regarde ses obligations rituelles. Je sais qu'en vous elles ne se séparent pas. Mais en moi elles se séparent, et rien jusqu'ici ne peut me faire croire qu'elles se rejoindront un jour.

Ces principes posés, je relis votre longue lettre. J'accepte, dans ses grandes lignes, toute votre critique de mon esprit. En effet, je crois la foi inférieure au sentiment religieux, comme je crois l'idole formulée inférieure à l'élan qui la crée. L'idolâtre, est-ce donc moi ? Quand vous me taxez d'idolâtrie, vous avez raison si vous pensez que je regarde l'esprit dont une belle idole est animée comme la plus émouvante manifestation de notre grandeur, vous avez tort si vous vous imaginez que je croie notre grandeur conditionnée par la réalisation matérielle de cette idole. C'est si peu vrai que j'ai écrit dans mon livre tout un chapitre là-dessus. L'esprit dépasse toujours l'idole, et contient toutes les idoles en passé et en devenir. Mais il ne faut pas oublier que tout est idole — la morale et la science même, et peut-être aussi le silence. Vous êtes bien de mon avis puisque vous, catholique, vous saisissez directement l'esprit à travers l'apparence d'une idole chinoise : abomination de la désolation, eussent hurlé vos ancêtres au temps de Jérémie ou d'Ézéchiel.

Entre parenthèses, croyez-vous vraiment que même les plus hautes réalisations spirituelles du catholicisme diffèrent tellement du « jeu de l'enfant » ? Nous reparlerons de l'enfant tout à l'heure. En attendant, toute votre démonstration, *toutes vos démonstrations*, reposent sur une pétition de principe, c'est que le catholicisme est *la* vérité. Non. C'est un jeu, comme le reste. Grandiose, soit.

Oui. La fin de l'homme est la « soumission à l'amour par la soumission de sa raison même ». Il ne peut y avoir de doute là-dessus, et toutes les fois que je sens l'amour en moi, je me fous complètement de ma raison. Plus que vous d'ailleurs, qui l'emprisonnez dans le catholicisme même. Car le catholicisme est une religion essentiellement rationnelle, ce qui ne signifie par qu'elle soit vraie. Au reste, n'a-t-il pas passé son temps à danser d'un pied sur l'autre, invoquant finalement la foi quand il est traqué par la raison (voyez Pascal) et appelant la raison à son secours dès qu'il s'agit de faire fleurir dans les intelligences une foi moins profondément enracinée dans les cœurs (voyez Thomas d'Aquin et tous les Docteurs). Vous tenez tantôt à affirmer tantôt à démontrer son caractère divin : hélas ! il est humain, comme le reste, et c'est parce qu'il est humain qu'il a introduit, soutenu et propagé dans le monde sa part — qui est grande — de divinité. Et d'ailleurs, si la « fin de l'homme est la soumission à l'amour par la soumission de sa raison même », ce que je crois comme vous, il resterait à démontrer que le catholicisme c'est « *l'amour* ». J'attends toujours cette démonstration.

« *L'amour* » c'est le Christ. Mais rien n'autorise le catholicisme à accaparer le Christ. Relisez les Évangiles. L'Esprit pur. Au diable la lettre et ceux qui sont chargés de l'appliquer. Hors l'esprit à l'état d'enfance — et tout l'effort de l'homme est de reconquérir l'enfance, de l'aveu même du Christ — *tout* n'est que pharisaïsme. « Et ils demandèrent à Jésus lequel était le plus grand dans le royaume des cieux. Et Jésus ayant fait venir un enfant le plaça au milieu d'eux... » Je vous fous mon billet que l'enfant en question n'avait jamais entendu parler de la virginité de la mère de Dieu, ni de la transsubstantiation, ni de l'unité en trois personnages. Pas plus que Jésus d'ailleurs.

Foin de l'argumentation pataphysique qui prétend démontrer Dieu par A + B. Dieu est esprit. Je le sens en moi aussi bien que vous, et Jésus-Christ de même, mais « en esprit et en vérité » et non en cachets ni pilules. Votre catholicisme ne sort pas — au moins directement — de l'âme des prophètes, y compris Jésus, mais, par une déviation imputable à saint Paul — ce transcendant escroc, d'ailleurs plus protestant que catholique — de la sophistique grecque. Comme saint Paul, vous trahissez Jésus, auquel le Juif Montaigne, le Juif Spinoza et même le Juif Bergson furent fidèles, en dépit des apparences, parce que, contre tous les dogmes, ils ont défendu l'esprit pur. Vous trouverez, dans l'un des prochains numéros de *France-Palestine*, un Essai sur l'esprit juif qui vous exposera mes idées là-dessus. Je sais — d'avance — qu'elles vous paraîtront puériles, indignes du grand mysticisme, négatrices des états d'ascèse et d'extase, etc. Peu m'importe. Je suis de ceux qui humblement, à leur rang, l'un des derniers, préparent des extases et des ascèses qui auront écarté le prétexte catholique pour en trouver de nouveaux. L'amour seul. Oui. À part lui, religions, métaphysiques, morales, sociologies, systèmes, philosophies, idoles verbales, ou scientifiques, ou plastiques ou musicales, tout n'est que *prétexte*. Au fond, je vais plus loin que vous, dans mon spiritualisme sans autre objet que lui-même. Quand vous m'accusez de n'aimer « aucune chose et aucune pensée que pour la forme qu'elle a », ce n'est vrai qu'en apparence — apparence bien superficielle. C'est faux dans le profond de moi, puisque je sens toujours l'esprit dépasser sa forme arrêtée. À vous, il faut la forme catholique. Quand vous me dites : « Jésus même n'écrivit point », c'est une énorme naïveté. Car Jésus ne vous fut révélé que par les Écritures (Écritures qualifiées de *saintes*, c'est-à-dire forme et idole) et il ne se révéla à ses disciples directs que par des mots et des actes, formes et idoles aussi. Alors ? Et de quel droit affirmez-vous que je ne tends pas toujours plus et n'aspire pas au silence, cette suprême idole ? Je crois même l'avoir dit expressément dans mon livre.

Les docteurs m'indiffèrent. Ce sont TOUS des pharisiens. Il n'y a qu'un docteur, Jésus. Et je sais que, s'il revenait, il prendrait sur son cœur les pécheurs que vous et moi nous sommes en leur conseillant de renoncer l'un à la recherche d'une explication du monde qu'on ne trouvera *jamais* — le monde étant l'amour et l'amour étant informulable, — l'autre à l'acceptation d'une explication du monde qui a épuisé sa vertu.

Fragments : « Le catholicisme me satisfait parce qu'il est une réponse parfaite à toutes les exigences de mon esprit. » Soit. Je n'ai rien à dire. Mais il n'est pas une réponse parfaite à toutes les exigences du mien. Nous retournons ainsi à la définition de l'humilité et de l'orgueil que vous avez bien tenté de me donner, mais que je ne considère, moi, que comme un simple jeu de mots.

Les « Surréalistes » ? Connais pas. Idolâtrie éphémère, comme cent autres que j'ai vues, depuis ma jeunesse, naître et mourir en quelques jours. Je vous avoue que je n'ai jamais eu la curiosité de m'informer de ce qu'étaient le dadaïsme, le purisme, le futurisme, l'orphisme, l'empapaoutisme, etc. Je sais seulement qu'ils sont morts. Paix soit à leurs cendres. Amen.

Vous croyez encore aux Races ? la race blanche... Pas moi. (D'ailleurs les plus blancs entre les hommes sont protestants.) Et qu'est-ce qu'une religion qui attend qu'une « race » soit suffisamment évoluée pour se révéler à elle ? C'est donc si difficile à comprendre, une religion ? L'amour ? Ô Jésus !

J'admets fort bien que le catholicisme doive une part de sa splendeur à ce fait qu'il puisse être transmis par des intermédiaires indignes. Mais j'admets moins volontiers qu'il ait besoin d'intermédiaires. Oui, Dieu est en esprit dans le pain que je mange et dans le vin que je bois. En chair aussi, puisqu'il est la substance du monde. Mais j'avoue ne pas bien comprendre pourquoi un morceau de ce pain et une gorgée de ce vin seraient dépouillés de leur qualité divine parce qu'ils ne me seraient pas servis par un prêtre. La tradition de 2000 ans m'indiffère. Jésus-Christ a remis les clés à saint Pierre. Qu'en savez-vous ? Le dogme ne s'est constitué que peu à peu, longtemps après sa mort et le plus souvent grâce à des textes interpolés dans les textes primitifs. Tout ceci est archiprouvé. Ça vous est égal ? Alors pourquoi invoquer des arguments historiques, si faciles à démolir ? De même pour les prophéties.

Le « surnaturel » vous semble plus réel que le naturel. Mais à moi aussi. Pourquoi donc ? Parce que seul est réel le domaine immense de l'imagination, qui s'enfonce dans un indéterminé heureusement immortel. Où donc avez-vous vu que je nie l'« Invisible » ? Mais où avez-vous pris le droit de le limiter, et même de le hiérarchiser ? Au nom de quoi et de qui le catholicisme prétend-il représenter un Absolu auquel nous ne pouvons, dans notre infirmité, que *tendre* ?

« Subjectivisme protestant », dites-vous encore ? Des mots. Qu'est-ce que le subjectivisme ? C'est une méthode qui prétend appuyer ses déductions sur de purs concepts spirituels. Le vice du « subjectivisme protestant », pour les catholiques, c'est de ne dater que de quatre siècles, tandis que le sien, qui date de quinze ou dix-huit, est à la longue parvenu à s'objectiver lui-même. Car vous aurez beau invoquer *votre « foi »* pour avoir raison contre *ma « raison »*, vous vous appuyez, plus que moi, sur une idéologie dont la grande force est son ancienneté et son appareil logique admirablement agencé. Mais je me moque de la logique. Et puis, voulez-vous que je vous répète le mot de Renoir ? « Ne me demandez pas si la peinture doit être objective ou subjective. Je vous avouerai que je m'en fous. »

Précisément, on a écrit de moi que j'étais « cruellement objectif », et c'est mon sentiment. J'en ai assez souffert. Je suis mon propre catholicisme. Je m'objective moi-même. Si j'ai tenté de regarder le catholicisme du dehors — ce qui vous choque — c'est justement pour obéir à ma nature, qui objective jusqu'à la durée et ne peut plus rien concevoir d'un univers envisagé du seul point de vue platonicien, ni cartésien. Il se peut — je n'en disconviens pas — que mon éducation et mes caractères acquis portent les traces d'un protestantisme invétéré, mais j'ai passé ma vie à traquer ces stigmates, et vous trouverez dans mon livre un chapitre sur la morale où vous constaterez à quel point ils me sont odieux. Mais de là à adopter le catholicisme, il y a loin. Le devenir offre d'autres solutions et j'en vois déjà poindre une que je ne puis, par bonheur, préciser, mais dont je suis l'un des annonciateurs — très humble je l'ai dit plus haut. Mes souffrances n'ont rien à voir avec la cause que vous croyez leur découvrir. Nous en sommes toujours au cas Pascal. Il y a beau temps que j'ai doublé ce promontoire. Le devenir est une immensité complexe que votre catholicisme, pas plus que tel ou tel autre dogme, n'enfermera jamais entre ses formules rigides. Aveuglement du contenu qui croit pouvoir embrasser d'un seul coup d'œil un contenant qui change en même temps que lui ! Je méconnais si peu l'immensité de cet effort, et sa noblesse, que je le tente moi-même, mais en sachant fort bien que je ne fais qu'apporter ma petite pierre à une cathédrale qui ne s'achèvera pas.

Toujours très affectueusement et fraternellement à vous.

Élie Faure

J'ai rêvé d'écrire un apologue, sous forme de controverse entre le Chemin de fer et l'Avion. Celui-là se sent et se dit plus libre parce qu'il chemine sur des rails vers un but rigoureusement déterminé. Et c'est vrai dans un certain sens. L'autre est ballotté par le vent et l'orage et souvent n'atteint pas le but ou passe par-dessus lui. Évidemment, il est moins libre. Mais... Mais...

Lequel a le plus d'avenir ?

Lorsqu'en 1934 Élie Faure subit un nouvel assaut — si l'on peut dire, puisqu'il s'agit d'une femme, Mme Paul Morisse —, il s'y dérobe encore, avec cette lettre qui permet de comprendre comment sa « mystique » pouvait trouver une forme nouvelle dans le communisme :

Bien entendu, je me garderai de combattre vos nouvelles idées — qui sont fort anciennes. Mais je dois à une confession aussi loyale une confession non moins claire. Après un examen approfondi de la question, provoqué par l'attitude de quelques amis qui se convertissaient autour de moi, et malgré mon admiration pour l'édifice catholique, je n'ai pu consentir à m'abriter sous ses ruines. Je préfère coucher à la belle étoile, en attendant que la nouvelle maison se construise, plutôt que d'en recevoir le toit sur la tête. Cet « absolu » ne me semble plus être qu'un bien humble relatif, en regard des formidables problèmes sociaux, scientifiques, psychologiques, métaphysiques qui s'imposent à l'humanité. Je n'appartiens à aucun parti, encore moins à aucune confession, mais je préfère aller vers une possibilité qui grandit plutôt que de m'en tenir à une certitude qui ne satisfait plus aux aspirations de l'esprit, quoi qu'en disent ou pensent ceux qui l'éprouvent. Le communisme me semble être le chemin qui mène à cette possibilité. Et je lutte à côté des pauvres gens pour la réalisation, encore éloignée certes, d'un mieux être très aisément réalisable et de la plante spirituelle qui s'y épanouira. (lettre inédite, 30 août 1934)

Il n'en a pourtant pas fini avec cette question. En octobre 1936, Emmanuel Mounier publie dans *Esprit* son « Manifeste au service du personnalisme ». Élie Faure, irrité par le silence des catholiques français devant les massacres en Espagne, et agacé par une conception qu'il juge trop élitaire de la culture (« ... les recettes mandarines d'une caste littéraire affiliée à une bourgeoisie mourante dont elle sert les intérêts en les habillant d'oripeaux idéalistes, patriotiques ou religieux... »), répond par un article, « À propos du personnalisme », que publie *Europe* en avril 1937, et qu'il dédie à son ami José Bergamin. Il exprime son espoir dans les masses populaires qui peuvent seules refaire une culture vivante, et ses doutes devant le catholicisme de gauche, qui tente « d'ajuster un vieux vêtement rapiécé de partout à des formes athlétiques pour lesquelles il n'est pas taillé ». L'article est vigoureux, mais nullement offensant. La réponse de Mounier, elle, sera franchement grossière :

> EUROPE (15 avril) — ÉLIE FAURE : « À propos du personnalisme. — Cet « à propos » sauve la bonne foi, approximative elle aussi, de Mr. Élie Faure. Employant une vingtaine de pages, sous prétexte que nous sommes trop intelligents, à se mettre avec effort en état d'ivresse tellurique, et faisant servir cette ivresse à juxtaposer des mots, Mr. Élie Faure, déguisé en primitif authentique, comme au bal des Quat'z'arts, lance son javelot, avec de grands cris de guerre [...] « Moi, au moins, je suis peuple », conclut notre Diogène, je suis hirsute, je suis mal élevé, je pense comme un pied, j'écris pour ne rien dire et parle de ce que j'ignore [...] Gardons au moins gré à ce sauvage emplumé d'écrire peuple et pour le peuple. (*Esprit*, mai 1937)

Avec sa délicatesse habituelle, Élie Faure, au lieu de songer à contre-attaquer, se demande soudain s'il n'a pas pu blesser José Bergamin, avec qui il défend le *Frente Popular*, mais qui est catholique. On a retrouvé dans ses archives le brouillon de la lettre, encore inédite, qu'il lui adresse alors :

> Mon cher ami.
>
> Je viens de recevoir la réponse d'E.M. à l'article que j'avais consacré au P. dans « Europe » du mois d'avril et que je m'étais permis de vous dédier. Si je vous écris à ce propos, c'est que vous êtes le premier écrivain en face duquel j'ai éprouvé la domination du cœur, c'est-à-dire la seule supériorité qui compte, même et peut-être surtout en littérature. C'est aussi parce que vous êtes le seul dont je souffrirais physiquement, si je puis dire, d'avoir encouru la mésestime. Si vous avez lu mon article et s'il vous a blessé, je vous supplie de me pardonner, c'est que votre cœur est plus pur que le mien.
>
> Je suis, certes, anticlérical, mais au fond, je me sens chrétien. Si l'attitude admirable du clergé basque, et d'une très

faible partie du clergé espagnol, ne m'a pas réconcilié avec l'Église, dont je suis bien obligé de mesurer l'attitude à celle du Latran et de l'immense majorité des prélats, c'est précisément qu'elle m'a paru chrétienne, et non cléricale. Et j'en trouve la confirmation dans le manifeste récent — qu'E.M. a précisément signé — des catholiques français, manifeste publié à propos des massacres de Guernica. Je le trouve aussi peu chrétien que possible, puisqu'il invoque, pour justifier leur intervention, le fait que les innocents massacrés appartiennent à la religion chrétienne. Je comprends maintenant pourquoi ils n'ont protesté ni contre l'extermination des Abyssins — implicitement approuvée par le pape — ni contre les tueries de Badajoz, de Malaga, de Madrid et d'ailleurs, ni contre les horreurs des Asturies.

Si vous avez lu ou si vous lisez mon article, vous serez, je l'espère, aussi surpris que moi du reproche de « grossièreté » qu'E.M. m'adresse dans sa réponse. Il est violent certes, et je vous supplie de trouver les origines de cette violence bien plutôt dans la répulsion que m'inspire son clergé en général et le Vatican en particulier, mais la grossièreté me semble plutôt appartenir, en l'espèce, à celui qui me répond. « Bête », « pied », que sais-je ? Je crois avoir, bien au contraire, observé dans mon article, une courtoisie très suffisante vis-à-vis d'E.M. et de ses amis d'*Esprit*. Je vous ferai d'ailleurs remarquer que M. n'oppose pas le moindre argument à ceux que j'avançais dans cet article.

J'ajoute qu'il ne manque pas, dans sa réponse, l'occasion que je lui offre, pour insulter les rares écrivains français qui n'ont pas attendu Guernica pour répondre à l'appel de la chère et malheureuse et héroïque Espagne[1]. Vous devez vous souvenir que quelques-uns d'entre eux se trouvaient à Madrid en même temps que moi, moins de trois semaines après le début du drame.

Voyez-vous, mon cher ami, je crains que vous n'appreniez un jour aux dépens de vos illusions qu'il y a entre les parties hautes du catholicisme espagnol que nul n'admire plus que moi dans ses manifestations dramatiques, plastiques ou populaires, parce qu'il vient du cœur et de la passion spirituelle, et le catholicisme français un abîme infranchissable. Après les cathédrales, son expression populaire, le catholicisme français est devenu exclusivement intellectualiste, et c'est ainsi qu'il m'apparaît dans les écrits des exégètes laïcs qui font tant de bruit en France depuis quelques années et qui sont à peu près tous des professeurs. Voyez leurs manifestes : ils font inévitablement suivre leur nom du titre d'« agrégé de l'Université ». Ce sont des normaliens, des rationalistes purs, qui n'invoquent le cœur que si cette invocation leur paraît devoir servir leur argumentation. Je les ai en horreur, justement à cause de cela. Qu'il y a loin de cela, Seigneur, à une cérémonie dont le hasard m'a rendu témoin dans une petite église de Lequeitio, en Pays basque, voici sept ou huit ans, une messe en l'honneur des marins morts en mer !

Vous m'avez dit, lors de notre dernier entretien, que vous considériez *D.Q. [Don Quichotte]* comme un livre chrétien et je vous ai répondu que j'y voyais le 5e Évangile. J'en suis plus persuadé encore que quand j'ai écrit mon Essai sur Cervantes. Celui que j'ai consacré à Pascal pourrait peut-être vous éclairer là-dessus, à la lumière des événements actuels. C'est son intellectualisme qui me répugne chez Pascal, alors que, chez Cervantes, c'est son humanité qui m'enchante. *D.Q.* est le point d'équilibre où le pessimisme transcendant et l'optimisme humain du christianisme fusionnent.

Si vous avez lu mon Essai d'*Europe*, peut-être en avez-vous retenu l'essence, qui a échappé à E.M. Je crois me souvenir qu'en divers passages, comme dans l'esprit même de cet Essai, je fais voir l'impossibilité, pour le monde nouveau à l'avènement duquel se sacrifie aujourd'hui le peuple d'Espagne, de ne pas introduire le Christ dans ses déterminations. Comment ! il a fallu attendre Guernica pour que les catholiques français s'émeuvent ! Nos amis pourront vous dire que dès les massacres d'Oviedo, j'ai participé aux meetings de protestation contre les bourreaux du peuple espagnol. Ce n'est pas ma faute si, parmi ces bourreaux, on compte tant de prêtres et de cléricaux. Je me souviens d'un mandement de l'évêque de Léon (je crois), paru pour anathématiser les victimes des Asturies, qui est bien la chose la plus antichrétienne qu'il m'ait jamais été donnée de lire.

José Bergamin, quelles que soient les questions de forme qui nous puissent diviser, sachez que vous êtes, parmi les véritables chrétiens que je connaisse, celui dont la désapprobation me serait la plus cruelle. Je vous demandais tout à l'heure de me pardonner si je vous ai blessé : votre pleine compréhension me serait plus précieuse encore que votre absolution.

Je vous embrasse fraternellement

E.F.

P.S. Et puis qu'importe. Je ne demande qu'à rester incompris, et même calomnié pourvu que l'Espagne vive.

1. Mounier s'en prenait au « grand cassik Aragon », au « moujik Jean-Richard Bloch » et à Malraux. *(Note de l'éditeur.)*

Il est alors alité depuis une grave crise cardiaque survenue en mars, et ne s'en relèvera pas. La réponse de Bergamin — elle aussi inédite à notre connaissance — lui apporte enfin l'assentiment d'un catholique, quelques mois avant sa mort :

Paris, le 31 Mai 1937

Monsieur Élie Faure
147, Boulevard Saint-Germain
Paris.

Mon cher ami,

J'ai lu votre Essai, mais je ne connais pas la réponse de Mounier à laquelle vous faites allusion. Avant tout, je veux vous rassurer : il n'y a rien de blessant pour moi dans votre travail, au contraire, et j'ai interprété votre dédicace comme vous me le confirmez maintenant : comme un appel *du cœur*. Et c'est ainsi que je vous en suis reconnaissant. Comme je vous suis reconnaissant *de tout cœur* pour votre amitié qui vous porte à m'estimer bien meilleur que je ne suis. *Votre amitié espagnole*. Je vous en suis si reconnaissant qu'il me semblait presque inutile de vous le dire.

Comme je vous l'ai dit, j'ai lu votre Essai. Je dois vous dire loyalement que dans l'ensemble je ne suis peut-être pas d'accord avec vous sur la manière dont vous *mettez au point* la question. Mais pour ce qui est de votre anticléricalisme, je le suis entièrement. Et surtout pour ce qui est de la violence passionnée avec laquelle vous exprimez un sentiment que je partage. Et plus profondément encore que vous-même. Car pour moi — croyant — est encore plus douloureuse l'attitude de lâcheté morale de tant de catholiques ici. Comme partout. Et le plus terrible pour moi, ce n'est pas l'attitude *officielle* de l'Église, du Vatican politique et de toute la pourriture immorale dont il s'alimente, le plus terrible est l'attitude de certaines minorités de catholiques conscients vis-à-vis de l'Espagne. Celle du manifeste auquel vous faites allusion. Comment ne le sentirais-je pas comme vous, mon ami ! Lorsque j'ai lu ce manifeste, la honte m'a fait monter le sang au visage. Exactement pour les mêmes raisons que vous. Et à Mounier aussi, je dois vous le dire ; car lorsque je commentais ce manifeste avec des amis, ceux-ci me dirent que je m'étais rencontré avec lui sur ce point. Aussi sur ce point. C'est pourquoi ce que je regrette le plus est que cet incident dont vous me parlez ait eu lieu précisément avec Mounier, qui est un des rares, des très rares, qui ait une attitude libre, décidée et loyale avec nous en ce moment.

Enfin, mon ami, je veux que vous me sachiez toujours véritablement reconnaissant. Et sachez aussi que quelque grande que soit votre répugnance pour le cléricalisme, elle n'égalera jamais la mienne. Je sais qu'il est difficile de séparer l'Église du Christ de *tout ceci* dont se servent ses représentants pour la masquer et la trahir. Ma propre foi, et mon espérance, souffrent des transes amères pour se défendre. Il y aurait tant à dire là-dessus...

Je serai toujours plus proche d'un sceptique ou d'un incrédule de cœur que d'un catholique sans cœur. Vous le savez. Et c'est pourquoi je reste véritablement votre lecteur et ami reconnaissant *dans notre Espagne*.

Bien cordialement vôtre,

José Bergamin.

Impuissance du Gendarme (pp. 247-279)

La première version manuscrite de ce chapitre a pour titre « Morales », mais Élie Faure a préféré « Impuissance du Gendarme » parce qu'il étend sa réflexion au rôle de l'État.

On ne s'étonnera pas que le jeune anarchiste qui publiait ses articles dans *L'Aurore* ait très tôt abordé la question de la morale, ni qu'il l'ait confondue avec la religion, ni, enfin, qu'il lui ait opposé son idéalisme hellénique.

Il engage le débat après un article d'Arsène Alexandre qui, dans le *Figaro*, jetait un cri d'alarme devant la multiplication des gravures et photographies obscènes. Élie Faure renchérit en rendant le christianisme et la morale bourgeoise, qui ont enseigné le mépris de la vie, responsables de « la crise » (*L'Aurore*, 19 novembre 1902), et en mettant dans le même sac les images obscènes, l'art pompier, le café-concert, les plâtres sulpiciens et le patriotisme...

LA CRISE

Arsène Alexandre, avec le courage tranquille qu'on lui sait, et cette transparence d'eau pure par où son langage s'affirme de si droite tradition française, vient de jeter dans le *Figaro* un cri d'alarme nécessaire.

Un flot fétide monte de tous les trottoirs de Paris ; fait, semble-t-il, de la vase gluante, farcie de confettis et de crachats où glissent les rosses éreintées, et des pestilences nauséeuses qui, le soir, dans les cours humides des casernes bourgeoises, s'exhalent de la fermentation des poubelles ; strié de lourds relents de maison close, de senteurs de cigare éteint et de mourantes tubéreuses, il inonde le boulevard et le faubourg, bat les impasses noires et les rues illuminées, il éclabousse de taches douteuses, semblables à celles qui souillent les vêtements des criminels, les devantures et les kiosques, les bibliothèques des gares et l'étalage des libraires. Des dames dépoitraillées et pantalonnées, des messieurs en caleçons et en monocle se livrent à de frénétiques gambades, à seule fin d'allumer de fièvre lubrique les trottins anémiés et les vieillards peu raisonnables, cependant que des chairs bouffies, frottées d'un délayage rose, trompent les éphèbes troublés sur la direction du désir.

Tout ce que les rêvasseries solitaires d'un potache énervé parviennent à secréter de plus malpropre s'associe à tout ce que l'obscure cervelle d'un inguérissable crétin peut distiller de plus idiot. Le dessin et la légende rivalisent de sottise et d'ignominie. Je ne voudrais pas recommencer M. Prudhomme et demander aux pauvres êtres qui suintent ces ordures, s'ils se connaissent une mère, une fille, une sœur. Je leur demanderai seulement s'ils pensent glorifier l'amour et s'ils croient avoir jamais compris le sens et la noblesse du désir. Avant eux, la femme n'avait été souillée que par le prêtre. Et voici que sa chair dont la magnificence calme frémit dans le marbre du Pentélique, sa chair que Titien et Véronèse pétrirent religieusement de l'écume des eaux et de la cendre des étoiles, sa chair que Goya étala dans sa gloire nue, brutalement mais gravement aussi, parce qu'il la savait féconde, sa chair où Rubens retrouva la pulpe lourde des fruits saturés de lumière, sa chair que Rembrandt caressa d'or, que Besnard caresse de flamme, voici que sa chair, pour la première fois subit l'outrage du crayon. Après le prêtre, l'artiste — pardonnez-moi d'employer ce mot, maîtres vivants et maîtres morts — l'artiste a trouvé le moyen de rendre la nudité obscène.

Qu'on ne s'y trompe pas. Voici l'un des rôles derniers de la longue agonie chrétienne. À force d'adorer l'esprit pur et la mort, on a perdu, avec le sentiment de la majesté de la chair, l'intelligence de la vie. Des sommets du rêve mystique l'être désorienté ne peut tomber ailleurs que dans la perversion sexuelle. Sainte Thérèse s'appelle aujourd'hui Marie Alacoque, et la discipline monacale aboutit à la flagellation.

La crise de bestialité sexuelle qui déshonore depuis quelques années les étalages parisiens n'est, au fond, qu'un incident de la vaste chute catholique. Les bas noirs et les culottes rouges fraternisent sur ces albums. La photographie obscène, le nationalisme, l'antisémitisme, le militarisme et le culte du Sacré-Cœur sont phénomènes identiques. L'Histoire nous a déjà conté quelque chose d'analogue. Pendant que les prétoriens du Bas-Empire hissaient sur leurs boucliers la brute quelconque qu'ils jugeaient digne de commander à la République latine, la lueur de Rome en fête incendiait le ciel et le lupanar se répandait sur la chaussée. Mais, tandis que le paganisme entrait dans la nuit avec une sorte de frénésie grandiose et, pour mourir plus vite, tentait d'épuiser dans le spasme dernier tout ce qui restait encore à la nature en son automne du ravissement enchanté de l'éveil de l'homme à la vie, la mort du christianisme, comme sa naissance et son règne, a quelque chose de platement féroce, de grimaçant, de morne et de petit. Du Colisée, nous tombons au café-concert, et d'Héliogabale à l'étonnant M. Méline.

Toutes les abjections se correspondent. Les organismes se fusionnent dans la commune pourriture. L'obscénité mystique et l'obscénité intellectuelle voisinent avec l'obscénité sexuelle. À côté des feuilles tolérées, d'autres torchons et qui ceux-là prétendent s'adresser aux plus nobles instincts de l'être, raccrochent les regards de leurs inharmonies hurlantes. Les violentes enluminures des Suppléments illustrés font une concurrence acharnée aux plâtres écœurants des environs de Saint-Sulpice, aux cartes postales décolletées, à l'alcoolisme, aux journaux dits rabelaisiens (Ô Rabelais !). Les crimes hideux, les meutes déchaînées sur la trace d'un misérable, les accidents de chemins de fer et les égorgements coloniaux emplissent le bourgeois paisible d'une admiration bien naturelle. Et c'est au même obscur sadisme, venu des profondeurs les plus ignorées de la névrose religieuse qu'obéissent les acheteurs des cartes transparentes, des papiers barbouillés de sang et des bons dieux multicolores.

« Semence de dégénérescence et de crime », dit Arsène Alexandre. Il est vrai. Mais que faire pour l'arracher du sol ?

Arsène Alexandre ne cache pas le peu de confiance que lui

inspirent la Ligue de M. Bérenger et les poursuites judiciaires, et c'est tout à fait mon avis. La répression, à travers l'histoire, n'a jamais eu qu'un résultat : faire grandir le mal — ou le bien. Willette, un délicieux artiste, a été poursuivi. L'incompréhension des magistrats et du public, en matière d'immoralité artistique et de psychologie criminelle, dépasse les bornes du possible. Les magistrats et le public trouveront simplement comique ou « bien français » le plus immonde refrain de guinguette ou l'un des milliers de dessins qui germent tous les jours de l'asphalte du boulevard ; la violence de Juvénal et la tendresse de Watteau exaspèreront leur pudeur. Ils veulent du mensonge, à tout prix. *Madame Bovary* et les livres de Zola, les nus en plein air de Manet, ne datent pas de si loin. Les magistrats et le public ne savent pas qu'un grand esprit a le droit de tout dire pour assainir le monde et pour renverser les autels ; ils ne se doutent pas non plus que même s'il lui prend envie de conter par le crayon ou par la plume quelque trop savoureuse anecdote, un véritable artiste peut tout sauver et sait moraliser le vice par cet immense rien dont ils ne sentent pas la force : une pointe d'émotion sacrée. Il n'est pas possible de dissiper la nuit où s'agitent ces malheureux.

Alors ?

Alors laissons tomber de l'arbre séculaire les fruits pourris, les branches mortes. La lueur des grands lendemains embrase l'horizon des hommes, et le soleil qui monte viendra dessécher les marais.

Cet article lui ayant valu de nombreuses lettres, qui l'accusent tantôt d'être trop sévère, tantôt de ne l'être pas assez, il s'explique à nouveau dans « Obscénité », le 28 novembre 1902. Malgré un style daté, ce texte ne manque pas d'intérêt parce qu'il distingue au fond la pornographie et l'érotisme. On pense même à Georges Bataille quand il reconnaît dans l'érotisme « une sorte d'effroi sacré » parce que l'excès de vie y va rejoindre la mort :

OBSCÉNITÉ

Je n'ai pas su me faire comprendre. Mon dernier article m'a valu de nombreuses lettres où je suis accusé tantôt d'être trop sévère, tantôt de ne pas l'être assez.

L'une d'elles m'a d'autant plus intéressé que je crois partager à peu de chose près la manière de voir de son signataire, bien qu'il me traite de chrétien. « Ces images, écrit-il, peuvent déplaire à l'artiste, parce que laides et sottes. Elles ne peuvent choquer le moraliste, s'il n'est chrétien », car « il n'y a rien de vil dans la maison de Jupiter ».

Ce serait tout à fait mon avis, si je ne pensais pas que l'unité intellectuelle, reflet de l'harmonie des énergies universelles, est la seule marque certaine de la possession de soi. Toutes les directions de l'intelligence humaine doivent partir du même centre, la conscience de ces directions, et le moraliste et l'artiste ne doivent faire et ne font qu'un. Mais j'estime, il est vrai, que l'amour, principe directeur du monde, a le droit d'être illustré avant même toutes les aventures secondaires des êtres qui peuplent le sol. Je sais la chair — et je croyais l'avoir fait entendre, lorsque je prenais à témoin ceux qui la magnifièrent — je sais la chair source de joie avant d'être source de vie, et je sais que les hommes n'y doivent point songer sans sentir refluer en eux tout le tumulte d'allégresse qui, des plaines illimitées monte vers les cieux fraternels, aux puissantes saisons qu'éclaire l'éruption des fleurs et que les fruits mûrs alourdissent.

Ce n'est pas à la nature des scènes exposées que je m'attaque, c'est à l'esprit de leurs illustrateurs. La déviation du désir n'est pas dans les spectacles qu'elles offrent, à vrai dire assez anodins, elle est dans la façon de les offrir. Si ces images sont « laides et sottes », elles sont hors de la raison ; et s'il est vrai que rien n'est vil dans la maison de Jupiter, tout est vil qui n'est point en elle.

Il est probable que la perversion sexuelle est aussi vieille que les sexes, mais il fallut l'avènement du christianisme pour que *l'amour lui-même* fût considéré comme une perversion. Et j'affirme que la mentalité des hommes qui expriment l'amour avec cette inintelligence, quelles que soient d'ailleurs leur confession, leur éducation et leurs idées, est une mentalité chrétienne. Ce sont les mêmes qui choisissent les affiches louches des temples lacrymatoires pour y épancher l'aveu de leurs aspirations sentimentales. Ils se figurent découvrir l'amour, lorsqu'ils le voient encore à travers deux mille ans d'hérédité mystique, non pas comme la loi centrale d'où nous tirons, avec nos joies, avec nos larmes, avec la perpétuation de notre être, la plus impérieuse de nos volontés d'agir, mais comme une distraction grossière dont il faut rire bassement, comme un parasite inconnu qui ne peut exciter autre chose qu'une curiosité malsaine. De la chair nue, pour le chrétien, vient un souffle de fleurs pourries, le désespoir morne de vivre et la honte d'aimer ; la même honte, le même désespoir, la même odeur empoisonnée sort de ces images lugubres. Elles sont tristes à pleurer, tristes comme le mensonge sans excuse, comme la laideur sans remède. C'est le rire abject de la brute à qui n'apparaît pas la gloire du réel, pour qui l'Univers se réduit à quelques aphorismes appris, dont l'existence est faite d'une succession décousue de courtes sensations aussitôt étouffées sous les servitudes ataviques et les dogmes éducateurs. C'est le scepticisme en surface de ces automates grotesques à qui ne manque pas un seul de tous les préjugés profonds.

Toute la question est là. Ces malheureux ne disent pas l'humanité des spectacles qu'ils représentent, parce qu'ils ne l'ont point sentie. Est-il besoin de répéter encore que le sujet est de nulle importance et que la façon de le traduire est la seule chose dont un individu conscient ait le devoir de se préoccuper ? C'est la bataille interminable entre le sentiment du vrai et la passion de l'imposture. Ce qui me blesse, ce n'est pas qu'on me montre l'amour, mais qu'on ne sache pas me le montrer. Ce n'est pas sa glorification qui m'indigne, mais la marque dont on le flétrit. Pour l'élever, on le rabaisse, parce qu'on ne le comprend pas. Il y a dans ces images quelque chose d'infiniment plus grave que l'obscure volonté d'outrager l'amour et la recherche maladive de la déviation sentimentale, c'est l'inintelligence totale de ce que cette déviation elle-même peut offrir de vraiment humain.

L'interprétation des scènes d'amour les plus ardentes n'est

pas plus neuve que l'apparition parmi les hommes des complications du désir. Les artistes de Pompéi, les Japonais surtout, sont allés bien plus loin que nous en cette voie. Mais l'amour étant à leurs yeux, au même titre que les autres, une fonction, ils apportèrent toujours à l'étudier cette émotion sacrée que je réclamais l'autre jour. Un véritable artiste, devant l'humanité livrée à ses instincts, même détournés de leur voie, sentira monter en lui cette onde large de lumière qui submerge parfois tout l'être et porte des sens au cerveau l'image qui rendra l'émoi. Rien de ce qui est l'homme ne reste étranger à l'homme conscient de lui-même et par suite des autres hommes. Les cercles sombres de la vie, explorés par de grandes âmes, s'éclairent d'une splendeur terrible. Rembrandt a peint des porteurs d'ulcères, Ribera a peint des infirmes, Velasquez a peint des idiots ; et leur ferveur humaine ébranle notre humanité. Dans les cercles riants de la vie errent des amoureux charmants, qui savent y cueillir des fleurs consolatrices ou des poètes effrayants, qui n'y découvrent que des parfums mortels. Le dix-huitième siècle — siècle païen — nous a laissé des gravures souvent plus libres que les images dont on nous inonde aujourd'hui : ces gravures ne sont point obscènes, mais adorables au contraire, parce qu'elles témoignent d'un adorable émoi. Et je sais certaines estampes japonaises où les débordements de la bestialité sexuelle sont étudiés jusqu'en leurs gestes les plus fous et devant lesquelles pourtant on ne peut éprouver, si l'on sait voir et si l'on sait comprendre, qu'une sorte d'effroi sacré, parce qu'elles montrent avec une puissance héroïque les voies obscures et certaines par où la volupté va rejoindre la mort et par où l'être humain s'identifie à ces forces aveugles, qui détruisent la vie par l'excès de vie qu'elles portent.

Ce n'est pas à dire, d'ailleurs, que je réclame ici leur exhibition publique. Pour ceux qui sont inaccessibles à l'expression d'un émoi véritable, tout perd sa signification réelle et devient le point de départ d'une nouvelle aberration. Les amants héroïques, ceux qui savent la beauté du geste d'amour, le dissimulent aux yeux des hommes, non par honte, mais par orgueil, et pour que la boue de leur rire ne le vienne pas éclabousser. Puisque les hommes méconnaissent l'amour, il faut que les êtres qui s'aiment implorent pour s'aimer l'abri des arbres indulgents et la complicité des fleurs, ou cherchent l'ombre calme et le mystère de la nuit.

Donc, avant d'admettre la foule à contempler les formes délirantes de la passion, peut-être serait-il nécessaire de l'éclairer sur ses formes normales, et de lui faire comprendre tout d'abord que la nudité simple est le contraire de l'obscène puisqu'elle ne peut pas mentir. Les vieux gamins des ateliers, pervertis par l'éducation reçue et la névrose héréditaire, n'éprouvent point en face du modèle cette ferveur adoratrice qui devrait soulever tout être sain quand le secret du monde se révèle à ses yeux : ils ricanent ignoblement, en se poussant le coude ; et le public, fait de la même pâte, chuchote avec des rires devant les nus des peintres de Venise et mire sa sottise extasiée au vernis des mensonges de chair que les vieux messieurs de l'École lui content tous les ans au Salon.

Qu'importe ! Le monde ne vaut aux yeux de l'homme que par la rencontre de ceux qui le comprennent comme lui. Rien de ce qui est humain ne doit être laissé dans l'ombre. Ici même, il y a quelques mois, j'ai dit l'admiration que j'avais pour l'œuvre de Toulouse-Lautrec qui cependant aussi représentait la déchéance de l'amour, mais dont la poignante beauté venait précisément de ce qu'il en avait senti toute la profondeur et l'affreux désespoir. Ce n'est pas, comme certains le paraissent croire, parce que Toulouse-Lautrec fut un grand peintre, parce que Gustave Flaubert fut un grand écrivain, parce que Willette est un dessinateur charmant, que je ne reconnais pas le droit de les juger aux hommes absolument médiocres qui sont chargés de rendre la justice, mais parce que Lautrec, ou Flaubert, ou Willette, ont tenté de comprendre et de dire des caractères d'humanité. Il est tout à fait impossible qu'un grand artiste soit immoral, puisque l'immoralité n'est pas autre chose que la méconnaissance de la vie. Croit-on que j'aie rapproché sans dessein des images dites grivoises et des chansons de café-concert, les plâtres sulpiciens et les *Suppléments illustrés*, qui, au point de vue purement sexuel, n'ont rien de particulièrement choquant ? Si j'ai fait ces rapprochements, c'est qu'à mon sens toutes ces choses sont d'une obscénité pareille. C'est que, tout en s'adressant aux déviations morbides du grand besoin sentimental, elles insultent au Réel. C'est qu'elles ne sont pas là pour dire l'émotion d'un homme qui vient de découvrir un caractère de nature, mais pour mentir aux autres hommes sur les hommes et sur la vie, spéculer sur leur incompréhension, détourner leurs instincts de leur pente naturelle, et fausser les passions sincères qu'ils pourraient porter en eux.

Quel que soit le spectacle offert, il est beau, s'il est vu par un homme qui sache voir ; il est laid, s'il est dénaturé par une brute. Si monstrueuse que soit la vérité, elle ne laisse pas de place à l'obscène, si vraiment elle est vérité. *Toutes les vérités sont bonnes à dire*, puisque chacune d'elles peut révéler à l'homme quelque chose d'humain qu'il ne connaissait pas. Le mensonge seul est obscène, et la volonté d'ignorer.

Les insultes à l'humanité devraient seules être vengées, et comme la majorité des hommes ne comprend pas l'humanité, je crois qu'il faut tenter de la lui révéler avant de déchaîner les lois qui furent faites par la majorité des hommes.

Il y reviendra le 22 juin 1912 dans *Les Hommes du Jour*, avec « Sur la pornographie », repris plus tard dans *La Conquête* :

Quand ton journal accuse d'immoralité un danseur, un littérateur ou un peintre, demande-toi d'abord de qui vient cette accusation. Si elle ne vient d'un artiste, dis-toi qu'elle ne compte pas. Si elle vient de quelqu'un qui porte le titre d'artiste, sois convaincu qu'il l'a volé. Un artiste aurait seul le droit de déclarer une œuvre d'art immorale ou ennoblissante. Mais, de ce droit, un artiste ne se sert pas. Un artiste n'accuse pas. Un artiste est un homme d'affirmation et de conquête. S'il a — et il l'a seul — le sens de l'immoralité, il est aussi seul à savoir que l'introduction dans le monde de quelque splendeur nouvelle est la seule œuvre de vertu et qu'on n'augmente en rien la vie quand on fait appel pour la protéger au policier ou au juge ou à l'opinion — cette fille.

[...]

Ce qui fait la laideur du geste d'amour dans l'art comme dans la vie, c'est de l'accomplir sans amour. Accompli dans la force et l'exaltation de l'amour, il fait tout crouler autour de lui, dans l'art comme dans la vie, des plus solides édifices de la morale et de l'intelligence. Une femme de Titien ou de Rembrandt, que ses seins soient ronds et ses jambes pures ou son ventre déchiré, que l'unanime adoration monte vers elle ou qu'une tendresse dramatique entoure sa solitude, est le plus haut sommet d'ivresse reconnaissante que nous puissions essayer d'atteindre. Je sais bien pourquoi j'ai pensé à la misère de Kant un jour, à Naples, en voyant danser au fond d'une barque, une fille qui riait en battant des mains. La lumière et toute la mer dansaient et riaient avec elle, leur immense complicité l'environnait d'illuminations et de rumeurs. Cette seconde de sa vie et de la mienne avait raison pour l'éternité contre tout ce que la pensée avait accumulé et accumulera au cours des siècles de favorable ou de défavorable à l'esprit qui nous traversait.

Comme l'artiste est amoureux des enseignements de la vie, il est le seul qui sache discerner la direction des courbes harmonieuses qui partent de ses mouvements pour entraîner notre âme à la glorifier d'être ce qu'elle est et de nous avoir faits ce que nous sommes. L'immoralité n'est à son sens que la méconnaissance des plus hauts et des plus constants de ses besoins. Quelle que soit la droiture de ses intentions, un prêcheur vêtu de noir, surtout s'il est laid et triste, fait entrer dans l'univers vivant un peu plus d'obscurité, alors que deux êtres nus et beaux qui s'aiment avec innocence y sèment un peu plus de gloire qu'il n'y en avait auparavant. Si tu ne sais pas cela, juge, tu n'as pas le droit de juger. Et si tu sais cela, tu n'es pas fait pour être juge. Demande-toi, devant l'image qu'on t'apporte, si ton amour pour la vie s'accroît à la regarder. Si oui, pose ta robe et reviens au milieu de nous. Tu te contenteras de détourner ton regard de celles qui le blesseront.

Il écrit ce texte durant sa période d'exaltation nietzschéenne. Son nouveau « philosophe d'élection » a changé son regard sur l'art grec, dont il s'accuse maintenant d'avoir mal parlé dans *L'Art antique* parce que « le poison de moralité » pesait sur lui, et qu'il y voyait un noble effort pour l'agrandissement de l'homme, « un absolu d'ordre esthétique en qui l'ordre moral se confondait à [son] insu » (*L'Art antique*, introduction de 1923, p. 160). Écrit au même moment que cette introduction, le chapitre « Impuissance du Gendarme » corrige encore *L'Art antique* en insistant sur le décalage entre la moralité des peuples et leur puissance créatrice. Nietzsche a creusé l'écart entre l'esthétique et la morale :

> L'homme moral est un pauvre homme qui n'invente et ne crée rien [...] Tout grand homme est hors la loi, la tradition, le devoir, la conscience. C'est un criminel de grand style.
>
> (« Frédéric Nietzsche », *Portraits d'hier*, 15 août 1911, et *Les Constructeurs*)

L'Esprit des Formes n'a plus l'outrance simplificatrice des premiers articles, car il ne confond plus religion et moralisme. Comme le chapitre précédent, « Impuissance du Gendarme » distingue les religions esthétiques, ou mystiques, qui peuvent être créatrices, et les religions éthiques (protestantisme, puritanisme) où la morale l'emporte sur le sentiment religieux et fait reculer l'idole. Il opposait déjà la morale et la foi dans l'introduction des *Constructeurs* :

> [...] la morale est faite pour les êtres sans foi, comme la prosodie et la grammaire pour les êtres sans lyrisme. [...]
>
> Lorsqu'une morale descend, c'est qu'une foi nouvelle monte. Le doute est à la fin et au commencement des deux. Quand le croyant Eschyle doute, la morale va venir. Quand le douteur Nietzsche chante, la foi va se renouveler.

On retrouve, dans la seconde partie de ce chapitre, les considérations du premier sur le classicisme français et l'académisme. Le « tuteur architectonique », analysé dans « Le grand rythme », substitue un ordre intellectuel et social, mais aussi moral, à l'unanimité perdue avec l'esprit de la cathédrale. Quand un peuple n'a plus d'énergie, la morale, de pair avec les codifications esthétiques, lui sert de « bouclier » (p. 258). « La morale est une béquille que prend l'âme des hommes dès qu'elle commence à boiter » (introduction des *Constructeurs*).

Ce n'est pas qu'il ignore la nécessité de « disciplines prohibitives » dont aucune société ne peut se passer, ni leur effet bienfaisant, il le dit ici même (pp. 259-260). Mais la Loi, indispensable à la société comme à l'art, ne peut qu'être en constante évolution : « Fixée, une morale est morte » (« Les Barbares », *La Phalange*, 20 août 1911). La Loi viendra donc du « poète », artiste ou homme d'action, qui cherche un équilibre nouveau entre les contradictions de son temps (« IV. La civilisation, phénomène esthétique »). « De la moralité de l'art », un chapitre de la *Danse sur le feu et l'eau* qui avait d'abord paru dans *Europe Nouvelle* le 9 août 1919, arrivait déjà à cette conclusion que l'art seul est « moral » parce qu'il entretient la vitalité des sociétés et obéit au devenir :

> Je ne crois pas que les conflits sanglants qui divisent les groupes d'hommes aient jamais eu d'autre cause profonde que cette irréductible antinomie entre la morale qui tend à arrêter la vie en se plaçant hors de la vie, et l'art qui tend à se placer en elle pour lui emprunter sa puissance et croître dans son mouvement. Les peuples vivants, les races vivantes, les classes vivantes, les idées vivantes sont presque nécessairement amenés, par la marche de leur destin, à envahir brutalement les peuples las, les races déchues, les classes repues, les idées fixées, afin de substituer à une attitude morale de défense qui prétend conserver et restreindre, une attitude artiste de conquête qui veut détruire pour reconstruire et dépenser. Le drame est à peu près fatal, puisque la morale veut établir dans l'individu et le corps social une continuité extérieure qui les paralyse, et que l'art s'efforce à découvrir en eux une continuité invisible et profonde qui brise la gangue artificielle où elle prétend l'enfermer. En surprenant l'éternité dans toute

seconde vivante, l'artiste admet toutes les formes d'art. En exigeant l'éternité hors de la seconde vivante, l'homme moral n'admet qu'une seule forme d'action.

S'il existait une langue esthétique, si la langue morale, beaucoup plus accessible aux hommes — presque tous, contre le poète, partisans du moindre effort — ne les avait pas façonnés, je dirais volontiers que la morale représente, dans le domaine social, quelque chose comme l'académisme dans le domaine plastique. Une loi morale commune, une loi plastique commune vise à l'immobilité et par conséquent à la mort. L'art réprouve l'imitation, car il en meurt. La morale prêche l'imitation, car elle en vit.

La morale est l'instrument par excellence de l'asservissement des âmes. Le seul homme absolument libre, si cet homme pouvait se concevoir, serait l'homme dont pas un seul geste ne sentirait l'imitation. Zoroastre, Gautama, Jésus, Eschyle, Masaccio, Montaigne, Sébastien Bach, Napoléon, Dostoïevsky sont pratiquement autonomes. Je n'en vois pas beaucoup plus. Car chez Michel-Ange, ou Shakespeare, ou Cervantes, ou Pascal, le noyau de la pensée vient de Masaccio ou de Montaigne. Dans la mesure où un esprit parvient à effacer en lui les traces de l'imitation, il monte dans la liberté. Et par là il fait des esclaves. C'est là le rôle du héros. Et ce rôle est divin. Celui qui imite le moins est aussi le plus imité. Il asservit les foules à son action. Il les délivre de penser. Toutes les servitudes se refont ou se défont par le paria et par la femme, dont l'impulsion sentimentale est le seul guide écouté. Par eux surgit l'imitation, pour eux elle se codifie. Après le poète Jésus, qui délivre la vie et déchaîne le mouvement, voici le juriste saint Paul qui arrête la vie et le mouvement en formules. Le disciple agit toujours en sens inverse du maître, en fixant ce qui n'est beau qu'à condition d'être vivant.

Il y a donc une relative indépendance entre l'art et l'ordre moral ou politique (p. 265), comme le montre la partie III, « Indifférence de l'État ». Aussi Élie Faure s'est-il insurgé toute sa vie contre les interventions de l'État dans les Beaux-Arts.

En septembre 1904, la revue *Les Arts de la Vie* lance une enquête, menée par Maurice Le Blond, avec ces questions :

1°. Reconnaissez-vous à l'État le droit d'avoir et d'imposer une conception d'art quelle qu'elle soit, et, à plus forte raison, de réprimer les tendances esthétiques d'une époque en monopolisant l'Enseignement des Beaux-Arts ?

2°. Quelles sont, selon vous, les conditions sociales les plus favorables au développement des Arts ? Êtes-vous partisan du régime d'autorité ou du régime de liberté ?

3°. En tout cas, verriez-vous un inconvénient quelconque à ce que le budget des Beaux-Arts fût supprimé ?

La réponse d'Élie Faure paraît dans le numéro d'octobre :

Quelle que soit la forme du gouvernement, théocratie, monarchie absolue ou constitutionnelle, république parlementaire, aristocratique ou sociale, l'État est l'émanation d'une moyenne collective et représente par conséquent la moyenne des goûts, des aspirations et des énergies d'une collectivité. Aux âges de foi collective, l'Égypte, la Grèce, la première — la seule — Renaissance, l'État ne s'est jamais trompé. Il est vrai qu'à ces moments-là il n'y avait ni Directeur, ni Budget des Beaux-Arts, ni Professeurs d'esthétique. Les moissons poussaient de la terre sans la permission du Préfet.

C'est aux époques d'anarchie morale, d'analyse individuelle, de recherches dispersées que l'État, reflet des moyennes, sent le besoin de créer un courant moyen, représentant l'âme timide des collectivités. Et c'est là l'explication de l'antagonisme qui doit surgir fatalement entre l'administration, née des terreurs de la moyenne, qui voit la tradition dans la formule, et les artistes véritables, qui recherchent la tradition dans l'évolution de l'esprit humain et dans l'éternité des éléments dont il tire ses conceptions.

Ainsi, par un phénomène paradoxal en apparence, mais tout

à fait logique au fond, alors que l'Art, expression individuelle d'une obscure conception collective de l'Univers est la force qui oriente l'hésitation des masses vers des désirs de réalisation, ce sont les expressions usées des masses, représentées par les gouvernements, qui prétendent le diriger.

Pourquoi n'y a-t-il pas une administration des Lettres ? Il est pénible et mérité d'en être réduit à discuter de pareilles sottises. Nous nous sommes habitués à considérer ces fantastiques institutions — Institut, École des beaux-arts, École de Rome, Direction des Beaux-Arts — comme des rouages nécessaires de notre vie intellectuelle, parce que depuis deux siècles elles nous précèdent, parce que tous les jours nous lisons dans notre journal le récit de leurs faits et gestes. Mais, voyez-vous, vers le temps de Guillaume d'Orange ou de Philippe IV, un Institut d'Espagne ou de Hollande excommuniant Rembrandt ou Velasquez au nom de Raphaël et de Phidias ?

Je désire la suppression du Budget des Cultes. Du Budget des Beaux-Arts à plus forte raison. Personne ne me force d'aller dans les Églises dont je paie les desservants, tandis qu'on m'impose la vue de monuments et de statues qui outragent profondément ma foi dans la beauté de vivre. Le jour où la société française sera parvenue à une conception positive de la vie, comme elle est parvenue à une conception négative de la divinité, ce jour-là elle combattra la tyrannie des dogmes esthétiques avec plus de raison encore qu'elle ne combat celle des dogmes religieux.

Une trentaine d'années plus tard, le 14 décembre 1936, il participe à un débat sur la réforme de l'enseignement des arts plastiques, avec George Besson et André Lhôte, sous la présidence de Francis Jourdain :

SUR L'ENSEIGNEMENT DES BEAUX-ARTS

L'enseignement de ce qu'on est convenu d'appeler les « Beaux-Arts » ne me paraît être possible qu'au sein d'une société organiquement ou mystiquement établie. Je veux dire une société dont toutes les fonctions sont profondément solidaires et où l'art lui-même répond à un besoin d'exprimer une croyance, une espérance, une volonté communes à tous. Or, c'est précisément aux époques où règne un rythme social répondant à cette définition — la civilisation chrétienne des douzième et treizième siècles par exemple, la civilisation musulmane du même temps, la civilisation brahmanique — et où l'expression artistique atteint ses formes les plus élevées, qu'on ne trouve pas la moindre trace de didactisme officiel. Les fabriques, les collèges sacerdotaux donnent les directives générales, les ateliers conservent et rajeunissent les traditions, l'inspiration et le tempérament des maîtres d'œuvre et des ouvriers font le reste. L'accord est trop intime et trop profond entre les âmes pour qu'elles cherchent ailleurs qu'en elles-mêmes les moyens de se manifester.

C'est quand l'effort collectif commence à se dissocier, au contraire, que l'enseignement officiel se constitue et que les académies et les écoles apparaissent. Il n'y a plus aucun lien, à ce moment-là, entre les énergies et les sensibilités, entre les idées et leurs images, et c'est parce que l'anarchie règne qu'on tente de le renouer par des artifices extérieurs. Chacun tirant de son côté, les maîtres de l'heure développent les institutions policières pour reconduire le troupeau vers un bercail dont il a oublié la route. Une École des Beaux-Arts n'est autre chose qu'une institution policière. Il s'agit de comprimer les esprits anarchisés dans le moule d'un conformisme qui n'est que la caricature des prétendues traditions.

Les dernières manifestations de cette chiourme esthétique sont si proches de nous que nous sommes réunis ici pour nous concerter sur les moyens de nous en évader. Songez à la plus belle époque, peut-être, de la peinture française. Les plus de cinquante ans qui sont ici savent à quoi s'en tenir sur les aventures étranges qu'ont traversées les plus grands d'entre les peintres du dernier siècle pour affirmer leur maîtrise contre les pouvoirs publics et les institutions qui les représentent. Mais pour les autres, les événements formidables auxquels nous assistons depuis vingt ans ont rejeté cette histoire authentique dans les brumes d'une légende qui s'efface peu à peu. Il est donc nécessaire de la leur rappeler brièvement. Alors que les

Écoles des Beaux-Arts et de Rome, l'Institut, les expositions à médailles et lauriers en simili jouaient dans la société officielle et mondaine un rôle cependant encore plus despotique qu'aux siècles précédents, c'est en dehors de ces écoles, de cet Institut et de ces salons que se manifestait la véritable peinture. Quand Delacroix — tout fils de Talleyrand qu'il fût — circonstance qui seule lui assura les commandes officielles — quand Delacroix entra à l'École des Beaux-Arts, il obtint au concours le numéro 63 sur soixante-trois candidats. Il avait près de soixante ans et avait essuyé une dizaine d'échecs quand l'Institut lui ouvrit ses portes. Si Ingres, en revanche, devint le porte-drapeau de l'École, nous savons aujourd'hui que ce fut contre son gré, qu'il accepta ce poste non pour défendre les institutions officielles qu'il ne se cachait pas de mépriser, mais bien contre le romantisme et spécialement contre Delacroix, et qu'il y eut constamment entre l'École et lui une guerre sourde, parce que ses œuvres opposaient à l'idéalisme officiel un réalisme obstiné, bien qu'un peu rétréci par le milieu où s'effectuait son effort. Corot, Rousseau, Courbet, Daumier, Pissarro, Sisley, Cézanne n'ont pas connu l'École des Beaux-Arts, et la plupart d'entre eux n'ont pu forcer la porte des Salons. Corot qui a vendu sa première toile à cinquante-deux ans, a raté la grande médaille une première fois à soixante-neuf ans contre un certain Cabanel qui en comptait quarante-deux, une seconde fois à soixante-dix-huit ans, contre un certain Gérôme qui en comptait cinquante. Quant aux autres — à tous les autres, Millet, Manet, Degas, Seurat, Toulouse-Lautrec — après un passage furtif et comme honteux à l'École, ils sont restés leur vie durant, en opposition radicale avec toutes les formations officielles de tradition et d'enseignement, repoussés des Salons, honnis de l'Institut, privés de commandes de l'État. Renoir me racontait un jour ceci : « J'étais à l'atelier de Gleyre — rendez-vous compte, Renoir à l'atelier de Gleyre ! — j'étais le plus sage de tous les élèves. Je ne chahutais jamais. Je ne tenais jamais de propos orduriers au modèle. Je ne chantais pas de refrains obscènes. J'étais gentil avec tout le monde. Je restais timide et silencieux. J'écoutais le professeur avec déférence... et c'est moi qu'on appelait le révolutionnaire ! » Sans doute. Le monde de l'enseignement et des cénacles officiels n'est qu'une association intéressée d'ambitieux mesquins et de médiocres contre tout ce qui s'avère original et vivant. La démonstration en a été faite depuis plus de cent ans, d'une manière trop constante, pour qu'il soit nécessaire d'insister. En dehors d'Ingres et de Carpeaux, citez-moi, au dix-neuvième siècle, soit en peinture soit en sculpture, un seul prix de Rome qui ne soit pas rentré, dès le lendemain de sa mort, dans une ombre définitive.

Est-ce à dire qu'à notre époque, dont la décomposition spirituelle a trouvé dans l'individualisme son ferment le plus actif, tandis qu'un mouvement complémentaire provoquait une concentration puissante des forces collectives pour imposer à l'homme des raisons de vivre nouvelles, est-ce à dire qu'on ne doive pas tenter, non pas de réorganiser — ce serait insuffisant — mais de reprendre par la base l'enseignement des Beaux-Arts ? Si, car tout est à reprendre à pied d'œuvre. Il ne s'agit plus de sauver la tradition. Il faut la recréer en remontant aux sources de la vie. Il est des pays — la Russie, le Mexique par exemple — où on a déjà commencé. Dès l'École maternelle, il conviendrait de familiariser l'enfant avec le souci des formes, de le placer devant la fleur, devant l'objet à reproduire, ou même de le laisser libre d'évoquer avec la plume ou le crayon quelque scène imaginaire. Au lieu de redresser ses prétendues fautes de dessin, il s'agirait de découvrir sa sensibilité propre, et de l'aider à s'affirmer. « On ne dessine pas bien ou mal, me disait un jour Carrière, on ne dessine pas bien ou mal, on dessine autrement. » C'est là, je le sais bien, que la difficulté commence quand on se trouve vis-à-vis de l'enfant, car il faut que le maître soit lui-même doué d'une sensibilité assez pure et d'une clairvoyance assez désintéressée pour respecter la nature de son élève. Cependant la chose est possible, si le maître est lui-même d'abord, et dès l'enfance, par l'éducation appropriée que nous réclamons pour tous, bien pénétré de cette idée qu'il n'est pas fait pour imposer aux enfants de prétendues lois et traditions esthétiques, mais pour chercher à éveiller en eux l'émotion multiforme, et aussi variée qu'il existe d'individus dans le monde, devant la vie sans cesse imprévue et sans cesse renaissante.

Les lois, les traditions, ne se renouvellent qu'en baignant

constamment dans les besoins des multitudes et les grands courants historiques. Ce n'est pas le maître qui les révélera à l'enfant. C'est l'enfant, bien plutôt, qui les révélera au maître, si celui-ci sait interroger son instinct. Plus tard, quand l'intelligence de l'enfant se dégage de sa chrysalide, quand il s'affirme particulièrement apte à parler le langage des formes et décidé à l'adopter pour communiquer avec ses semblables, je verrais sans déplaisir des écoles d'enseignement s'ouvrir au bord de sa route. Mais je voudrais qu'on n'apprît dans ces écoles ni la peinture ni la sculpture proprement dites, autrement que par des projections et des récits où leur histoire entière — y compris celle de l'art chinois, hindou, précolombien, nègre, polynésien, etc. — serait objectivement et sympathiquement exposée, et où le modèle vivant — homme, femme, animal, végétal — serait mis chaque jour à la disposition du jeune artiste, sans qu'un professeur se promenât derrière son dos comme un sergent de bataille. Des praticiens y démontreraient seulement la technique de la matière première, de la couleur, des enduits pour la préparation des toiles et des murs, du modelage, de la gravure, de la fonte. On y enseignerait en outre de simples et solides méthodes scientifiques ayant trait à la mesure de l'espace et à la constitution de la matière et de la vie, cela pour former les assises et les charpentes de l'esprit : géométrie, géologie, biologie élémentaire, anatomie — non pas descriptive mais comparée, c'est-à-dire où les tendances idéalistes seraient mises de côté pour céder le pas aux tendances philosophiques propres à dégager de la forme animale et végétale des rapports morphologiques universels. Des écoles spéciales d'architecture enseigneraient exclusivement, hors de tout idéalisme scolastique, la science des matériaux et la science de la construction. Mais un cours d'architecture — comment dirai-je ? « historique » et non « esthétique » — conduirait les peintres et les sculpteurs à ramener la vie universelle à ses principes structuraux qui sont les mêmes pour le tableau, la statue et l'édifice et n'offrent qu'une stylisation, traduite en langage personnel, des rapports entre le cercle de l'horizon et l'axe vertical du monde où se déterminent pour nous la forme du globe terrestre et le mouvement unanime des cieux.

De qui dépendraient ces écoles ? Des associations professionnelles — des syndicats pour les appeler par leur nom. À condition bien entendu que la société issue de ces associations pour le moment embryonnaires ait auparavant atteint le stade décisif de son adolescence et pu saisir dans la profondeur de leurs désirs et leur éducation progressive la conscience de leur force et de leur nécessité. Peut-être faudra-t-il un siècle pour en arriver là. Mais alors de telles écoles pourraient-elles représenter l'émanation réelle des organismes sociaux qui orienteraient et contrôleraient leurs tendances, comme ils devraient à mon sens orienter et contrôler le fonctionnement de l'État. Car je l'avoue, je ne puis plus concevoir l'État lui-même que comme une émanation directe des organes de la production. Désormais détaché de ses origines mystiques, c'est-à-dire d'une révélation surnaturelle dont les démocraties elles-mêmes figurent la dernière incarnation, l'État ne saurait plus exister comme une entité indépendante des conquêtes, des expériences et des orientations du travail humain. Par suite, il n'aurait aucun rôle à jouer dans l'enseignement des Beaux-Arts, qu'il stérilise en les rivant à un principe enfantinement transcendant, et immobile, alors que l'évolution des milieux et des mœurs modifie sans repos les sources et les expressions de la sensibilité. Aucun rôle à jouer non plus dans une prétendue protection des Beaux-Arts, qui ne protège que la paresse d'esprit du public et des artistes contre la poussée révolutionnaire des idées et des sentiments. Les Beaux-Arts ne dépendraient plus en aucune façon de l'État. C'est l'État qui dépendrait d'eux, au contraire, comme des autres forces productrices, en proportion bien entendu du rôle qu'ils joueraient dans l'organisme commun, rôle qui se déterminerait lui-même presque automatiquement suivant les besoins des masses, des métiers, des individus. Il convient de renverser sur tous les terrains les rôles respectifs de la production et de l'État. L'art n'est pas autre chose qu'un rayon de la production le plus élevé en signification spirituelle, j'y consens, mais à condition que tout en prenant la profession artistique même pour base de l'activité esthétique, on réserve à la qualité de l'artiste le privilège de cette haute dignité.

Utilisation de la mort (pp. 282-308)

La première page de ce chapitre a été longuement citée et commentée par Claude Simon dans un article, « Le rôle amoral de la culture », paru dans la rubrique « Rebonds » de *Libération* le 20 janvier 1988 :

> Ces quelques lignes écrites par Élie Faure au début des années vingt me semblent non seulement toujours d'actualité mais encore déborder leur sujet, car si, en particulier dans la dernière phrase, on remplace le mot « art » par celui de « science », la proposition énoncée conserve toute sa valeur : de même que l'art, en effet, la science « *cherche à tirer des événements et des objets des harmonies* (nous dirons : établir des rapports) *indifférentes à la qualité sentimentale que les moralistes prêtent à ces objets et à ces événements* ».
>
> Aucune considération d'ordre moral ne pourra jamais faire reculer le scientifique ou l'artiste engagés dans une recherche. Je n'ai jamais entendu dire qu'Einstein fût méchant, et il est impossible que sa prodigieuse intelligence ne lui ait pas fait entrevoir qu'une des conséquences possibles de ses travaux était la destruction en une fraction de seconde de milliers de vies humaines. Il ne les a cependant pas interrompus pour cela, ni n'en a caché les conclusions. D'autre part, la menace de la destruction totale ne nous a-t-elle pas protégés depuis quarante ans d'une ou plusieurs guerres mondiales « conventionnelles » dont les horreurs, pour être plus limitées, ne le cèdent en rien à celle de la bombe atomique ? Paradoxalement, on peut même soutenir que le *devoir* de l'artiste, du scientifique, est d'ignorer ces sortes de considérations car, comme nous le dit expressément Élie Faure, « *la morale ne règne que sur les ruines (de l'art, de la science) et fuit dès qu'il (ou elle) reparaît* »...
>
> Et est-il besoin à ce propos de rappeler (l'Histoire abonde en ces sortes d'exemples) ce qu'il advient de l'art ou de la science lorsque quelque « morale » ou quelque idéologie prétendent

les régenter ? Ce sont alors les consternantes productions de l'art « officiel » de nos démocraties qui, au même moment, laissaient Van Gogh mourir dans la misère et Cézanne dans le chagrin, reléguant d'ailleurs aujourd'hui leurs œuvres dans les combles du tout nouveau musée d'Orsay, comme si cent ans plus tard l'État et ses grands commis avaient à cœur de contresigner les aberrations passées ; ce sont, dans le domaine de la science, les théories d'un Lyssenko et d'un Mitchourine aggravant dans un riche pays agricole déjà affaibli par des théories économiques erronées un état de pénurie alimentaire dont quarante ans plus tard il ne parvient pas encore à s'extraire. Est-il besoin d'insister ?...

Cela dit, on se trouve de nouveau en présence de deux phénomènes apparemment paradoxaux qu'en dehors de toutes considérations morales il convient peut-être de noter.

Le premier, c'est que tout en étant ou plutôt à condition de n'être tout préoccupés que d'eux-mêmes, cet art et cette science « amoraux » par nature se trouvent être les moteurs d'une plus grande moralité, si toutefois on entend par ce mot *« la poursuite de perfectionnement infini d'un bonheur »* — ou tout au moins d'un bien-être et d'un enrichissement intellectuel.

Il serait par exemple bon de rappeler aux écologistes ce que fut pendant des siècles la condition effroyable des masses auxquelles on déniait même la qualité d'appartenir au genre humain, terrorisées, rançonnées à merci, non pas décimées mais amputées périodiquement (c'est-à-dire environ tous les deux ans) d'un tiers par les famines et les épidémies jusqu'à ce que des découvertes de la science et de la technique améliorent les méthodes de culture de la terre et les moyens de transport. Et si les bienfaits des arts et des lettres apparaissent de façon moins immédiate (il n'y a pas, en effet, de « progrès » en art), l'homme s'est cependant modifié chaque fois qu'un peintre, qu'un sculpteur ou qu'un écrivain, eux-mêmes issus de la longue suite de leurs prédécesseurs, ont *dit* le monde d'une façon tant soit peu nouvelle : même l'illettré qui n'a pas lu et ne lira jamais Flaubert, Rimbaud ou Joyce ne vit pas aujourd'hui de la même façon que son semblable avant que ceux-ci apparaissent...

Les derniers chapitres de *L'Esprit des Formes* avancent en effet des arguments paradoxaux. L'art, par nature amoral, est d'une haute moralité ; il est antisocial, mais il anticipe sur les changements des sociétés , et l'on peut ajouter, avec le présent chapitre, qu'il a la gratuité d'un jeu et qu'il est pourtant utile. Ce livre d'un « acrobate », pour reprendre son mot, se termine sur une ultime corde raide, tendue entre le pessimisme et l'optimisme. Équilibre fondamental dans la pensée d'Élie Faure, mais qui se fait par un changement de point de vue entre l'individuel et l'universel, ou le présent des sociétés et l'éternité du devenir.

Les trois premières pages du chapitre exposent toutes les raisons du pessimisme où aboutit sa réflexion sur l'art, et qui tournent autour de la mort, celle des individus comme celle des civilisations. La guerre lui avait déjà inspiré cette vision pascalienne :

> Toutes les générations sont sacrifiées à la vie elle-même, qui poursuit un but inconnu d'elle et probablement inexistant. Quelle épouvante, au fond, dès qu'on regarde de loin et de haut ces milliards d'hécatombes, ces milliards d'hommes morts depuis cent mille ans sans savoir pourquoi ils ont souffert, pourquoi ils ont vécu, cet océan sans bornes de cadavres anonymes, cette théorie terrible qui vient du fond des temps et se dirige invariablement vers la nuit, atteint, deux ou trois fois en chaque siècle, le sommet de sa petite vague dont la plus haute même est invisible du rivage, puis redescend tout entière dans les profondeurs de l'oubli. *(La Sainte Face)*

Et la page 285, sur les lieux funéraires que sont les musées, la « métamorphose » des œuvres sous le regard d'autres civilisations, puis la disparition du dernier regard avec le dernier homme, « quand la terre roulera morte autour d'un soleil mort », a des accents qu'on croirait déjà ceux de Malraux.

Mais un changement de perspective relativise ce pessimisme. La mort d'une personne, d'une société, de l'Homme même, n'a pas d'importance dans l'immensité de l'univers où « Dieu » continue à danser. Dans le chapitre de *Montaigne et ses trois premiers-nés* sur Cervantès, écrit peu après *Les Dieux, le Gendarme et la Mort*, Élie Faure médite sur l'indifférence des choix respectifs de Don Quichotte et de Sancho :

> La cruelle notion du caractère définitif de notre mort individuelle et de la conduite aveugle du mécanisme universel vis-à-vis de chacun de nous n'est pas seule à faire lever le pessimisme dans nos âmes. Le sentiment profond que le chemin adopté par nous, quel qu'il soit, aboutit en fin de compte à une impasse et qu'il n'y a pas plus de raison pratique que de raison pure à regarder la vie en réaliste qu'en idéaliste, y est au moins pour autant. [...]
>
> Celui qui a écrit *Don Quichotte* n'ignorait pas, je le jure, la neutralité de Dieu, laquelle, pour un homme de sa taille, n'est que la force universelle jouant, se compliquant, créant sans cesse avec ce que nous appelons comiquement « la mort ». « La mort » ! parce qu'à un moment donné, nous cessons d'avoir conscience de ce que nous appelons « la vie », tout aussi comiquement. Il est indifférent, et pour jamais, à cette force universelle que le juste soit étrillé. Mais qu'un homme comme Cervantes en émerveille sa mélancolie, cela ne nous est pas, à nous, les hommes, indifférent.

En août 1925, il confie au *Dial* une brève autobiographie intellectuelle, « Memories of a self-taught man » :

> Je suis revenu de la guerre et je monte dans la paix avec un pessimisme renforcé si je considère la fin de ce que nous appelons « la vie » et un optimisme qui s'accroît sans cesse si j'en considère les moyens, qui ne sont que jeu destiné à en maintenir l'énergie, c'est-à-dire l'existence même.

L'introduction de *Regards sur la terre promise*, en 1936, précise en une profession de foi panthéiste :

> « La vie », « la mort » n'ont de sens que pour notre anthropocentrisme. L'univers ne les connaît pas. Puisque tout est mouvement, tout vit d'une vie éternelle, sauf les architectures provisoires qui nous manifestent ce mouvement — notre personnalité par exemple, et la mémoire qui nous la révèle et sans laquelle elle n'est pas. « Notre vie » n'est pas un exil, elle n'est qu'un moment d'équilibre dans les échanges immensément complexes, sans cesse construits et détruits des phénomènes, et « notre mort » ne nous livre pas son secret puisqu'elle fait entrer nos éléments éparpillés en de nouveaux équilibres où notre mémoire n'a plus rien à voir. Le foyer « Dieu » brûle éternellement, et l'âme humaine n'en est qu'une étincelle détachée une seconde pour retomber dans ce foyer que ses cendres contribuent à entretenir.

Dans cette perspective-là, il faut donc admettre « la sainte cruauté des dieux », celle de la Volonté que Schopenhauer a reconnue mais devant laquelle il a fini par reculer :

> Schopenhauer, lui aussi, est un signe de mort. Il a incliné la volonté devant la morale. Là où le pessimiste n'a pas triomphé de lui-même, là est la mort, et « celui qui s'effondre devant la croix est un vaincu ». (« Frédéric Nietzsche », *loc. cit.*, 1911)

Élie Faure suit Nietzsche dans le renversement des conclusions de Schopenhauer, pour « dire *oui* et *amen* d'une façon énorme et illimitée » *(Ecce Homo)* à la force indifférente de la vie, et retrouve Montaigne sur la même route :

> Ainsi, parti de la curiosité la plus intéressée vis-à-vis des passions et des événements, Montaigne, vers la fin de ses jours, parvient aux conclusions les plus désintéressées. Il est le reflet, dans l'intelligence de l'homme, de l'indifférence de Dieu.

> […] une contradiction terrible est à la base de tout. Celui qui dit que tout est mal est condamné à combattre, c'est-à-dire à perpétuer, la tragédie universelle. Celui qui dit que tout est bien est condamné à l'accepter. Dès lors, un ordre intellectuel inconnu jusqu'à Montaigne, clairvoyant, pessimiste, et par conséquent indulgent, remplace le vieil ordre moral aveugle, optimiste, et par conséquent impitoyable. C'est ainsi. L'intelligence réaliste qui admet la cruauté de Dieu est infiniment moins cruelle que le sentiment idéaliste, qui ne l'admet pas.

L'art participe à ce jeu de « Dieu » que l'introduction de *L'Esprit des Formes* évoquait déjà : « Dieu est un enfant qui s'amuse » (t. I, p. 23), « l'artiste est un enfant qui joue » (« Frédéric Nietzsche », *loc. cit.*). Car celui-ci défait sans cesse les formes pour en recréer d'autres en exerçant une puissance créatrice qui n'est que la manifestation, en lui, de l'énergie universelle.

> Rien ne prouve [objecte-t-il, en termes héraclitéens, à Pascal] que nous ne soyons pas des étincelles éphémères échappées, et brillant du même éclat que lui un millionième de seconde, de ce monstrueux foyer d'énergie qui brûle pour l'éternité dans l'inconscient devenir.
>
> (« Pascal », *La Grande Revue*, déc. 1924-mars 1925, puis *Montaigne et ses trois premiers-nés*)

Élie Faure connaît les théoriciens qui, après Schiller, ont assimilé l'art à un jeu, Spencer, Guyau, Lalo. Mais ils l'ont vu comme un plaisir par décharge d'énergie, d'une manière étroitement physiologique, ou comme un agrément luxueux. Or ce n'est pas la vitalité individuelle qu'il affirme, ni le plaisir personnel qu'il cherche dans un quelconque réglage des tensions énergétiques. Élie Faure rejette les conceptions lénifiantes de ses prédécesseurs en insistant sur la cruauté de la vie universelle à laquelle l'art participe, et sur le tragique de la création. Il conteste, après l'avoir évoquée (p. 287), la comparaison avec le jeu de l'animal : le vieux Renoir impotent, un pinceau attaché à son bras, continuait à peindre, indifférent à sa mort comme à sa vie, tandis qu'« un vieux chien ne joue jamais ». Bref, il donne au jeu de l'art une tout autre dimension puisqu'il le situe dans le jeu cosmique de « Dieu ». C'est donc « le plus tragique et le plus utile de nos jeux » (p. 294).

Il est tragique parce qu'il tente de saisir la totalité de la vie dans une seule forme cohérente qu'il n'atteindra jamais, la vie ne pouvant s'enfermer dans une forme. Il poursuit donc une illusion (p. 297). Et comme chaque forme où il croit la réaliser le déçoit, il doit la rejeter pour tout recommencer :

> Un grand peuple est celui qui fait son dieu à son image et, quand ce dieu est achevé le trouve insuffisant, l'oublie, poursuit éternellement en lui-même ses traits imprécis où il ne reconnaît plus sa face aussitôt qu'il les a fixés. Comme l'artiste, il est mort pour le monde dès qu'il adore son passé.
>
> (« Introduction », *La Conquête*)

Mais il n'importe, si la poursuite de l'illusion maintient l'énergie créatrice de « Dieu » en nous (p. 298) et, en exerçant la vie, nous aide à dépasser la mort. C'est l'illusion même qui donne sa force et sa noblesse à Don Quichotte :

> L'illusion est malgré tout victorieuse, puisque, toujours vaincue dans les idoles qu'elle sculpte, c'est elle seule qui, en passant de l'une à l'autre, maintient tout de même en nos cœurs le courage d'accepter la mort et de donner quelque style à la vie.
>
> . . . .
>
> Partout on raille Don Quichotte. Partout on lui reproche ce qui est en lui de plus grand. Cependant, partout où il passe, un souffle mystérieux persiste, qui sème et fait lever le grain. Il est le génie de la durée, la spiritualité contenue dans la forme

actuelle, celle qui germera plus tard, ou pas du tout, mais sans la présence de qui l'homme ne fût pas devenu l'homme, et redeviendrait l'animal.

Peu importe aussi que les formes où notre illusion s'incarne soient emportées par le temps, puisqu'elles ne sont que la manifestation passagère du devenir. « Que rien ne soit acquis définitivement, c'est cela qui est divin » (introduction de *L'Arbre d'Éden*).

Alors, au bout de cette monumentale histoire de l'art, de cette exaltation des formes créées dans le monde entier, de ce plaidoyer pour l'idolâtrie, on se trouve devant le dernier et le plus étrange paradoxe de notre acrobate, parce qu'on en arrive à *l'iconoclastie* !

> Les plus belles idoles, ce sont celles qui sont à naître. Tout ce qui est tombé de nous est mort si nous le comparons à ce qui reste en nous. Ceux-là seuls qui n'hésitent pas à ignorer et à détruire sont dignes de saisir eux-mêmes la couronne de lauriers. (« Les Barbares », *La Phalange*, 20 août 1911, et *Les Constructeurs*)

> Je sais maintenant ce que voulait dire à ceux qui l'écoutaient sans le comprendre — on ne comprend jamais quand on écoute — celui qui allait répétant : « Mon royaume n'est pas de ce monde. » Il voulait dire qu'aussitôt qu'une forme est réalisée, elle est morte. Il voulait dire que la vie éternelle s'agit et ne se fixe pas. Il voulait dire que l'esprit révolutionnaire seul vit et monte et persiste dans l'univers.
>
> L'esprit révolutionnaire, c'est Dieu.
>
> (« De l'esprit révolutionnaire », *Les Feuilles de mai*, fév.-mars 1913, et *La Conquête*

> [...] je crois la foi inférieure au sentiment religieux, comme je crois l'idole formulée inférieure à l'élan qui la crée. L'idolâtre, est-ce donc moi ? (à René Schwob, 12 nov. 1927, *cf. supra*)

Si l'on se souvient des tout premiers articles où il s'opposait au « vandalisme conservateur », qui prétend restaurer les ruines au lieu de les laisser retourner à la vie universelle d'où elles sont sorties (*L'Art antique*, dossier, p. 358 *sq.*), on remarquera que cette indifférence iconoclaste est antérieure à l'*Histoire de l'art* et se maintient jusqu'à la fin. Et c'est pourquoi il considère les musées comme « des lieux funéraires ». Il l'a déjà dit en 1912 dans une méditation mélancolique, « Sur le musée Rodin » :

> L'œuvre vivante est faite pour passer dans l'homme vivant. Les temples ruinés qui croulent sur les promontoires, les fresques qui s'effritent aux murs des Campo-Santo ont été des actions vivantes, mêlées à la vie générale, et s'en effacent à mesure que les besoins qui les ont appelées baissent ou disparaissent, ou se transforment pour ne pas nous déserter. La conquête suprême des grands artistes est d'enseigner aux esprits tout à fait dignes de les entendre qu'ils n'ont atteint leurs cimes les plus hautes que pour y rejoindre, à travers l'infinie durée, cette vie éternelle qui se continue et se recrée dans les formes jaillies de la force interne du monde, et déborde de partout ce qui refuse de l'accueillir et de la féconder. Je ne suis, quant à moi, jamais sorti des plus beaux musées, dans les villes étrangères, que pour me rendre tout de suite dans les jardins zoologiques, où j'arrivais à l'heure du repas des animaux. Quand j'avais vu des mâchoires broyer des os, déchirer des viandes, et des muscles contractés rouler sous des pelages fauves, et des yeux de pierre ardente fixer leur flamme sur moi, et des peaux comme des écorces, et des fronts comme des rochers, je reprenais mon équilibre et retrouvais la confiance en l'éternité de l'esprit que le contact de la vie instinctive donne à ceux qu'ont découragés tous les signes de déchéance qu'ils rencontrent dans les villes et dont le musée me paraît être à la fois le plus dissimulé et le plus grave. Pour que l'*Ève, l'Âge d'Airain, la Porte de l'Enfer*, l'éveil à l'amour, l'éveil à la vie, la révélation de la tragédie permanente ne soient

pas livrés pantelants à la place publique, aux rues brûlantes, aux monuments, aux fontaines, aux jardins, il faut que l'homme d'aujourd'hui ne soit plus que l'ombre de l'homme, qu'il consente à sa ruine, qu'il renonce à se conquérir. Celui qui les créa vit, cependant, et quelques autres. Laissons les politiciens et les diplomates l'enterrer vif. Son existence suffit seule à prouver que la vie continue.

(*Les Hommes du Jour*, 13 janvier 1912, et *La Conquête*)

Le bombardement de la cathédrale de Reims pendant la guerre le choque, certes, mais ne le désespère pas :

On s'indigne du bombardement de la Cathédrale de Reims, et moi aussi je m'en indigne. Moins que d'autres cependant. Moins que d'autres qui ne l'ont pas vue, ou, s'ils l'ont vue, ne l'ont point vue. Cela me rappelle beaucoup le vol de la Joconde, calamité publique, et le défilé dans la chambre mortuaire pourvue, j'aime à le croire, de quelque ordonnateur des pompes funèbres chargé d'introduire les visiteurs et de les présenter au mur en deuil. J'ai remarqué depuis longtemps que ceux qui souffrent le moins de la destruction des œuvres d'art sont les artistes. En effet, ils portent en eux des constructions imaginaires auprès de qui les constructions réalisées sont peu de chose à leurs yeux, ou des choses assimilées auxquelles ils pensent comme à des amours anciennes, paisiblement, et dont ni la séparation ni la mort n'ont effacé les traces. Que l'honorable Joconde disparaisse, bonnes gens qui passiez dans la même salle devant la sublime Sainte-Anne du même peintre sans la voir, pourquoi voulez-vous que l'absence de cette ancienne amie pour qui j'eus un jour de caprice, me touche, si je garde en moi, à l'état de pensée vivante, le souvenir de la joie qu'elle m'a donnée ? Et pensez-vous m'entraîner, par vos objurgations furieuses, à maudire le vandale, bonnes gens qui venez de traverser Amiens sans faire cinquante mètres pour donner à sa Cathédrale un regard indifférent, si Reims, qui fut pour moi une amante chérie, n'existe plus que dans la chaleur de mon corps, dans le fleurissement de mon intelligence, dans les mille actions que j'ai accomplies, après l'avoir possédée, autrement que je les aurais accomplies si elle n'avait consenti à se dévêtir devant moi ? La France, qui avait jusqu'ici montré une indifférence superbe à conserver les témoignages extérieurs de ses facultés amoureuses, parce qu'elle surprenait en elle chaque jour la floraison de son besoin d'aimer et de sa force créatrice, aurait-elle manifesté, depuis quelques années, dans sa manie naissante d'étiqueter, de cataloguer, d'étayer, de restaurer, l'un des indices les plus sûrs d'une agonie prochaine ? Je le crains. La peur de voir tomber des ruines et la peur de faire des enfants témoignent d'une diminution de confiance en soi-même qui trahit la sénilité.

Il faut s'attendre, quand la guerre se déchaîne, à voir bien des murs tomber. Il y a même de la grandeur dans le geste de l'homme qui brûle ce qu'il a bâti, ou même ce qu'il n'a pas bâti, comme dans le geste de l'enfant qui casse son cheval de bois ou retire le son du ventre de sa poupée, car cela même indique, et chez l'homme et chez l'enfant, une exubérance vitale où la force de bâtir est enclose, comme le parfum de la fleur et la forme du fruit sont en puissance dans la sève montant du sol. La vie est iconoclaste. Aux temps de notre violente jeunesse, et même de notre âge mûr, nous avons démoli nous-mêmes pas mal de Châteaux sur le Rhin, et ailleurs. Turenne n'a pas manqué d'incendier le Palatinat, et Richelieu de piller le Hanovre. Et je crois bien que les Dragons de Bonaparte y sont pour quelque chose si les Apôtres de Vinci n'ont plus de barbe ni de nez et si pas mal de doigts leur manquent.

Mais il est vrai que la destruction de l'église du sacre est un pauvre acte, témoignant d'une faiblesse étrange chez un être qui se croit fort, car l'Allemand, précisément parce qu'il n'a jamais su bâtir, a le respect de la bâtisse, connaît bien mieux que nous ce que la nôtre vaut, et la démolit peut-être pour cela. Je ne crois pas, à dire vrai, que la Cathédrale de Reims, ou les Halles d'Ypres, ou le Beffroi d'Arras aient été victimes d'un dessein arrêté d'avance, puisque d'autres églises, d'autres palais sont debout aux endroits où il est passé. Mais la victoire se dérobant à l'instant même où il empoignait dans ses grosses pattes sanglantes les plumes de ses ailes, il est probable qu'un geste trop conscient l'a porté à massacrer un morceau de l'âme d'un peuple dont il ne pouvait briser tous les os, et qu'il a cherché dans ses doctrines militaires un paragraphe susceptible de l'en excuser. Autre chose est de casser pour rire une pierre sculptée, quand un instinct très obscur nous prévient que notre race est capable d'en sculpter d'autres, ou de casser cette pierre parce qu'un professeur de morale guerrière à qui un professeur d'esthétique morale souffle à l'oreille son impuissance de pédant, vous a appris que le massacre de l'esprit peut blesser votre adversaire. Il ignore, ce savant homme, que l'esprit ne peut mourir.

Ceci, en vérité, est bien plus grave que cela, et les Convenantaires d'Angleterre et les gueux de Hollande, brûlant des livres et brisant des idoles pour la plus grande gloire de Dieu, ne m'inspirent à aucun degré l'indulgence que je me sens pour le maçon d'Athènes asseyant sur les belles statues brisées du Parthénon de Pisistrate le Parthénon de Périclès. Et quand les Allemands ont achevé, il y a quelque quarante années, leur cathédrale ampoulée et momifiée de Cologne, par un besoin pédagogique où se retrouve la main qui a couvert de bombes Ypres et Reims, ce geste ne m'a pas inspiré la tendresse que j'éprouve pour celui du Maître de Beauvais, dont l'œuvre a croulé plusieurs fois, parce que la force de son cœur passait la force de ses muscles. Et encore qu'un homme à peine sur cent mille puisse comprendre que celui qui emprisonne le torse vivant de quelque Vénus mutilée en des orthopédies exactes de têtes et de cuisses neuves, est plus coupable devant Dieu que celui qui vole ce torse pour un amateur épris, c'est cependant cet homme-là que je choisirais pour conserver le Louvre, au jour hypothétique — heureusement — où on me demanderait de le choisir. *(La Sainte Face)*

Et quand il se trouve à Angkor, en novembre 1931, il s'attendrit devant la puissance des lianes qui enlacent les statues, de la forêt « qui ne veut pas laisser échapper ses ruines », alors que les héros de *La Voie royale* essayaient de les lui arracher. « L'esprit », c'est-à-dire la vie, détruira toujours les formes qu'il a créées. Si donc « l'esprit des formes » est le principe de l'art, il est tout autant celui de la ruine : « la vie est iconoclaste ».

*

La relation de Malraux à Élie Faure n'a jamais fait l'objet d'une étude sérieuse. Ou bien on assimilait l'un à l'autre pour les rejeter ensemble, ou bien les thuriféraires de Malraux éludaient rapidement la question en disant qu'il n'avait rien à voir avec son prédécesseur, et simplifiaient leurs différences en classant Élie Faure comme un esprit du XIXe siècle tandis que Malraux serait moderne. Aujourd'hui, avec la distance, et si l'on veut bien relire Élie Faure, ne peut-on lcs confronter plus sereinement ?

Né en 1901, Malraux a l'âge des enfants de Faure. L'a-t-il lu quand il publie son premier texte sur l'art, en 1922 ? Ce n'est pas prouvé, mais il en a certainement entendu parler. Sa préface de 1922 à une exposition de Galanis n'a pas, en tout cas, la nouveauté que ses critiques admirent, car sa vision mondiale de l'art et la formule « nous ne pouvons sentir que par comparaison » ont été illustrées depuis 1911 par l'*Histoire de l'art*, rééditée en 1921 et complétée par *L'Art moderne*.

Les deux hommes se rencontrent dans les années trente, où ils participent aux mêmes manifestations politiques et culturelles. En 1935, ils sont ensemble au comité directeur des « Amis du peuple chinois ». Ils se revoient en tête-à-tête à Madrid, en août 1936 : « entrevue très intéressante avec Malraux, qui est évidemment un aventurier de grande classe », dit Élie Faure à sa femme.

Malraux a raconté, dans une émission de *France-Culture* en 1974, qu'il venait de lire Élie Faure, vers 1935-1937, quand il a commencé sa *Psychologie de l'art*. Il en a publié les premières bonnes feuilles en décembre 1937, dans le numéro de *Verve* où se trouvait aussi « Équivalences », un texte autobiographique de Faure, mort deux mois plus tôt.

Il faudrait beaucoup de mauvaise foi pour nier l'évidence d'une parenté. Claude Roy a été l'un des rares à la noter sans prendre parti pour l'un ou l'autre :

> C'est *L'Esprit des Formes* qui a donné le diapason, le ton, sa furia interne, à l'œuvre de Malraux. La conclusion de *L'Esprit des Formes* engendre celle des *Voix du Silence* comme les symphonies de Haydn engendrent ce chef-d'œuvre du pastiche génial, la *Symphonie classique* de Prokofiev.

Et, citant une page de ce livre (*supra*, p. 285), il entend son écho :

> André Malraux en 1951 : « *Sans doute un jour, devant les étendues arides ou reconquises par la forêt, nul ne devinera plus ce que l'homme avait imposé d'intelligence aux formes de la terre... survie misérable, qui n'a pas le temps de voir s'éteindre les étoiles déjà mortes...* » Les beaux airs du grand opéra pascalien dont Malraux est le Caruso n'auront pas moins de charme frénétique si nous nous souvenons qu'Élie Faure leur a donné le *la*.
>
> (« Élie Faure, l'ogre-très-humain », *France-Observateur*, 14 novembre 1957)

Ce sont, de part et d'autre, de grandes synthèses sur l'art universel, des comparaisons multiples et inattendues, des juxtapositions de photographies. Le « musée imaginaire » n'a-t-il pas été constitué d'abord dans l'*Histoire de l'art*, ce vaste congrès des arts du monde, avec ces photographies qui étaient à l'époque une innovation, et en particulier les fragments des œuvres, une audace qu'on lui a reprochée mais dont les artistes l'ont félicité ?

Ils ont tous deux essuyé les foudres des « scientifiques » et universitaires, et leur ont dit leur dédain. Quand Malraux écrit dans *Le Musée imaginaire* que ce n'est pas le plus érudit des égyptologues qui nous fera le plus aimer l'art égyptien, ni le plus savant préhistorien qui est le plus convaincant interprète de l'art des cavernes, on se souvient de la préface de 1921 à *L'Art antique*, où Élie Faure, accusé d'avoir écrit « une sorte de poème à propos de l'histoire de l'art », répliquait qu'il ne fallait pas confondre histoire de l'art et archéologie, car autant vaudrait confondre la littérature et la grammaire. L'un et l'autre protestent au nom de la sensibilité et de l'émotion contre un rationalisme exclusif dans l'approche de l'art. « Nos écrits sur l'art appellent une adhésion, persuadent parfois, et ne prouvent rien », dit Malraux dans *Les Voix du Silence* — dont le titre est d'abord une formule de *L'Art médiéval.* Pour Élie Faure, cela fait toute la différence entre « exprimer » et « expliquer » (cf. t. I, p. 23). Et par un curieux renversement des influences, c'est lui qui le premier cite l'autre, dans le « Post-scriptum » de 1935 à l'introduction de *Regards sur la terre promise* :

> J'ai déploré, à maintes reprises, d'être ainsi fait que le besoin d'*expliquer* l'emporte en moi, malgré les efforts douloureux que j'accomplis pour me débarrasser de cette misérable servitude, sur le besoin d'*exprimer. « Ce n'est pas la passion qui détruit l'œuvre d'art »*, écrit Malraux dans sa préface du *Temps du mépris*, *« c'est la volonté de prouver »*. Voilà qui définit à merveille mon propre drame intérieur. Si je me suis décidé, après des hésitations cruelles, à publier le présent volume, c'est qu'il répondait à un désir si impérieux d'*expliquer* les phénomènes qui se déroulent devant nous, que sa composition a anéanti en moi toute velléité de danse.

À défaut de pouvoir relever ici les multiples analogies de détails, qui relativisent beaucoup la nouveauté et les prémonitions qu'on attribue à Malraux mais qui se trouvaient longtemps avant chez Faure, on peut résumer les points communs de leurs idées.

Enfants de Nietzsche et de Dostoïevski, qui représentent une sorte de pré-existentialisme, ils ont une vision tragique de la vie, de l'indifférence du monde, de sa « cruauté ». D'où leurs interrogations sur ce que peut être l'humanisme aujourd'hui, leur pessimisme devant l'état actuel de la civilisation et son individualisme, mais aussi leur regard tourné vers l'avenir. On cite souvent les phrases de Malraux : « le problème capital de la fin du siècle sera le problème religieux » (*Preuves*, 1955), et « le monde pressent et marmonne qu'il va advenir quelque chose dans le domaine de l'esprit » (entretien avec Guy Suarès, 1974). Or c'est la conviction d'Élie Faure dès 1910, et il l'a répétée toute sa vie, jusque dans ses interventions sur la politique et la culture dans les années trente. Nous l'avons vu plusieurs fois dans ce dossier, car pour lui, il découle de la logique de l'histoire, de son « grand rythme », qu'une nouvelle « mystique », « foi » « spiritualité » succède à la période critique qu'avait ouverte la Renaissance.

L'Esprit des Formes contient aussi l'esquisse des théories de Malraux sur l'art anti-destin. La « protestation » de l'artiste (I, p. 230) ; sa volonté de mettre de l'ordre dans le chaos des apparences, — la « rectification du monde » selon Malraux ; la création d'une « forme personnelle qui est un monde nouveau » (II, p. 308), comme Rembrandt surprenant en lui « une image du monde qui ne ressemble plus qu'à lui » (I, p. 277), et que Malraux appelle « un monde irréductible à celui du réel »

(Les Voix du Silence) ; l'exaltation enfin du pouvoir créateur, pour qui le sujet n'est qu'un prétexte (« Divagations pédagogiques »), et que Malraux dit indépendant de ce qu'il exprime, le réel, l'imaginaire ou le sacré *(L'Intemporel)* : il y a, on le voit, bien des parentés.

Ce n'est pas une raison pour les confondre, nous l'avons dit à propos de « L'acrobate, image de Dieu ». Leurs divergences sont profondes, et tiennent autant à la différence de générations qui donne à Malraux d'autres connaissances, une autre culture, qu'à celle de leurs tempéraments.

Malraux a clairement souligné son principal désaccord dans un entretien de 1974 avec Roger Stéphane : « Je suis avec Élie Faure dans la mesure où il n'est pas sur l'Histoire. Et pas beaucoup avec lui dans la mesure où il est sur l'Histoire. » Pour lui, quand nous pouvons regarder et aimer également des œuvres assyriennes, égyptiennes, chinoises, africaines, etc., l'important n'est pas le déterminisme qu'elles ont subi, mais leur présence intemporelle, ce qui les arrache à l'histoire. Que Rembrandt et Van der Helst soient peintres du XVIIe siècle hollandais n'explique pas, en effet, la qualité de Rembrandt, ce en quoi il échappe à son temps. Pour Élie Faure, la liberté de l'artiste s'affirme par rapport à ce qui le détermine. La réaction au milieu étudiée dans « L'acrobate » est encore une relation. Rembrandt n'est pas Potter, non parce qu'il s'installe hors de l'histoire, mais parce qu'il joue de son milieu tandis que Potter le reflète ; mais si Rembrandt était né ailleurs ou à une autre époque, et à supposer qu'il soit resté un artiste, il aurait fait une autre peinture, ou de la sculpture, de la musique, de la littérature (I, p. 158). Si les artistes ne se définissaient pas en fonction de leur temps, de leur société, de leur milieu, ils s'exprimeraient partout « dans un même langage, sans accent, uniforme, neutre, inutile par surcroît » (I, p. 261). C'est pourquoi Élie Faure s'inquiète de l'uniformisation de l'architecture contemporaine, et se montre si hostile à l'art abstrait. Sa préface de 1920 à l'Exposition internationale de Genève, qui met en garde contre la généralisation de l'art abstrait, semble aussi une réponse anticipée à *L'Intemporel* :

> Je sais que les différences d'individu à individu, de province à province, de nation à nation, de race à race même s'atténuent à mesure que l'œuvre s'éloigne et que l'avenir y découvre des préoccupations communes, des souffrances communes, des joies communes, des façons de sentir et de comprendre communes, en un mot des rythmes communs. Je sais même — et c'est en cela que la langue des formes est si nécessaire à l'homme de toujours et de partout — qu'au fond de ces polyphonies au premier abord discordantes qui caractérisent les siècles, les peuples, les individus, les passages secrets d'une symphonie gigantesque qui s'appelle peut-être Dieu unissent invisiblement les cœurs de tous les siècles, de tous les peuples, de tous les individus. Cependant cette symphonie ne garde et ne conservera sa saveur et sa puissance que si chaque siècle, chaque peuple, chaque individu s'exprime selon sa pureté, et ne retrouve tout des hommes et du monde que dans la réalité la plus saignante, la plus concrète, la moins adultérée de son esprit. Un langage volontairement international, abstrait, conventionnel, idéographique, tomberait en quelques années dans l'immobilité et la stupeur. *(L'Arbre d'Éden)*

L'histoire et la sociologie relativisent donc, pour Élie Faure, l'affirmation de l'autonomie de l'œuvre et son « absolu ». Dans le titre « La recherche de l'absolu », il faut souligner *recherche* : l'absolu n'est qu'une illusion qui entretient le pouvoir créateur, mais ne s'atteint jamais. L'œuvre s'en approche seulement, dans un équilibre instable et provisoire qui cesse très vite de satisfaire les aspirations de l'artiste : « un aspect de l'idole définitive que nous ne sculpterons jamais » (*supra*, pp. 231-232). L'artiste n'est pas un grand prêtre, mais un « acrobate » qui tend sa corde entre les contradictions de son temps, et que le souffle du Temps fait toujours retomber.

D'où la joyeuse iconoclastie d'Élie Faure, dont nous avons relevé maints exemples. La valorisation du devenir, qu'il soit cosmique ou historique, empêche la fétichisation de l'art. Philae englouti lui donne une émotion poignante, mais, foin des « lotirades », il se retourne vers le barrage d'Assouan, « d'une formidable beauté », où la puissance créatrice de la vieille Égypte se renouvelle (*L'Art antique*, dossier, pp. 412-413). Il est absurde, de toutes façons, de faire passer l'art avant les nécessités de l'existence. On ne propose pas de l'art à un peuple qui n'a rien à manger, Élie Faure le dit dès le début du siècle lors des débats sur « l'art social ». Qu'on donne d'abord du pain à ce peuple, et l'art finira par renaître de lui. Si Malraux déchante, vers 1936, de l'illusion révolutionnaire, et pense désormais qu'il faut changer la culture pour changer les hommes, Élie Faure voit les choses à l'inverse : la culture est seconde par rapport aux réalités historiques, sociales, politiques et économiques.

Mais c'est l'optimisme d'Élie Faure qui le sépare le plus de Malraux : celui-ci tient de Pascal, celui-là de Montaigne. Malraux cherche dans l'art une réponse à l'absurde, et s'enfonce plus encore dans le tragique lorsqu'il renonce à l'idée de l'anti-destin parce qu'il découvre que l'art n'est pas réponse, mais énigme. En 1954, quand on lui cite Gide : « Il n'y a pas de problème dont l'art ne soit la suffisante réponse », il réplique : « C'est une connerie. On a tenu l'art pour la valeur suprême, et on ne sait pas pourquoi » *(L'Intemporel)*.

Élie Faure, lui, a l'optimisme second de Montaigne et de Nietzsche. Malraux n'a pas retenu le renversement qui fait passer Nietzsche de la tragédie à l'affirmation, le *oui* et *amen* qu'Élie Faure reprend. Il en a eu la tentation — la « tentation de l'Occident » —, mais il l'a refusée. La communion de l'Orient avec le monde, qui fascine tant Élie Faure, ne convainc pas Malraux pour qui la grandeur de l'homme reste de nier ce qui le dépasse, de combattre l'ordre inhumain des choses.

Mais Malraux semble entendre la « nature » comme l'ensemble des phénomènes. Pour Élie Faure, il y a *les formes*, phénomènes en effet, apparences, illusions, et *les forces*, la Volonté de Schopenhauer, le Dieu de Spinoza, « l'esprit », « la vie » — « qu'on l'appelle comme on voudra » : l'énergie universelle. L'artiste ne saurait en être l'ennemi puisque son pouvoir créateur participe de cette force et se manifeste comme elle dans les formes.

La confrontation de *La Voie royale* (1930) et *Mon Périple* (1932) révèle mieux que tout cette différence entre les deux. Devant la forêt qui cerne Angkor, Malraux exprime une horreur viscérale : décomposition, pourriture, gangrène, monde ignoble, puissance abjecte, grouillement et prolifération de la vie, tels sont ses termes. Ses personnages vont donc arracher les statues à la nature. Élie Faure, qui vient de lire le roman de Malraux quand il arrive à Angkor, regarde sans regret l'étreinte où la forêt se réapproprie les œuvres, tout comme il s'attendrissait, en 1902, devant les ruines reprises par la vie universelle.

Malraux cherche dans l'art un absolu qui le délivrerait de Maya, le monde des phénomènes. Pour Faure, l'art *est* Maya, puisqu'il est forme. Mais c'est dans les formes seules qu'on peut approcher le « Dieu » immanent (et non transcendant) que le transformisme lui a révélé.

Or le transformisme reste totalement étranger à la pensée de Malraux jusqu'en 1973 environ. Mais son ultime évolution va lui faire croiser encore certains chemins d'Élie Faure.

J'ai écrit à Malraux, en 1973, pour lui demander s'il pensait devoir quelque chose à Élie Faure. Il m'a fait répondre par Sophie de Vilmorin qu'il avait « beaucoup d'estime pour le talent et le caractère d'Élie Faure », mais ne croyait pas avoir subi son influence. « Quant à l'essentiel », ajoutait la lettre, « la pensée d'André Malraux repose sur l'action décisive de la métamorphose, qui était étrangère à Élie Faure » (lettre inédite, 5 janvier 1973). Or c'est à peu près à ce moment-là que Malraux commençait à découvrir « la métamorphose comme loi du monde », c'est-à-dire l'idée centrale de Faure.

L'expérience de 1972, racontée dans *Lazare*, est une première révélation. Aux frontières de la mort, il a perdu la notion de son corps et de son identité, et il en conclut que « la conscience de la vie n'est pas celle de la personne », que pour sentir ce qu'est la vie, il faut sortir de soi et participer au flux vital du cosmos. C'est ce sentiment-là qui pour Élie Faure rend dérisoire l'expression « notre vie », à laquelle il met des guillemets (cf. *supra*, à propos du dernier chapitre), parce que le possessif n'a pas de sens, « notre » vie n'étant qu'une étincelle échappée du « grand foyer ».

Seconde révélation décisive, la cascade de Nachi, en 1974. Pour la première fois, Malraux se sent ému par la nature et entend « la confidence du monde ». Désormais, il n'y aura plus d'antagonisme entre les formes de l'art et les formes naturelles, mais cette connivence qui fait que le temple d'Ise « n'est pas un temple, il perd sa vie lorsqu'on le sépare des arbres : il est le sanctuaire et l'autel de sa cathédrale de pins géants » *(Le Miroir des Limbes)*. Pour rendre compte de cette correspondance entre les formes de l'art japonais et celle du monde, correspondance qui n'est pas imitation illusionniste mais stylisation de l'idéogramme, il élabore la notion de « Réalité intérieure » *(L'Intemporel, La Tête d'obsidienne)*. On lui en a attribué l'invention sans s'aviser que l'expression se trouve deux fois chez Élie Faure et à propos, justement, du Japon*. Et lorsque Malraux précise à son traducteur Tadao Takemoto** que par « Réalité intérieure », il a voulu dire le *ch'i* chinois ou le *ki* japonais, le souffle, l'air, l'énergie, la force de vie, comment ne pas penser au dernier chapitre de *L'Esprit des Formes*, où Élie Faure écrit que les illusions de l'art sont nécessaires parce qu'elles conduisent à « *l'unique réalité* » de l'énergie (*supra*, p. 298) ?

Malraux, qui s'est longtemps demandé ce qu'il y a de commun entre toutes les œuvres d'art, finit par admettre des « formes primordiales », une sorte de structure commandant toutes les formes. En ce cas, l'art n'est plus anti-destin, il émane au contraire d'un fond biologique, il est « de l'ordre du destin » :

> Faut-il supposer que l'être humain porte en lui un langage de formes qui transcende les civilisations, comme il porte les cauchemars communs à toutes ? (Curieusement, nous donnerions alors à ce langage empirique, l'universalité que la tradition gréco-romaine donnait au beau.) Du moins ces formes exercent-elles sur notre art le plus récent, une toute-puissante fascination.

* Voir *L'Art médiéval*, p. 118, et *Mon Périple*, éd. Seghers/Michel Archimbaud, 1987, p. 81.

** Tadao Takemoto, *André Malraux et la cascade de Nachi. La confidence de l'univers*, Julliard, 1989.

> Les cauchemars ancestraux retrouvés dans les Clefs des Songes de Babylone : l'araignée, la pieuvre, ne sont évidemment pas individuels. L'irrationnel auquel les fétiches déchirés du vaudou doivent leur apparent arbitraire, pas davantage. Il suscite des formes que nous appellerions archétypiques si ce mot n'avait trop de significations. Appelons-les primordiales. Elles naissent, comme l'épouvante devant la pieuvre, dans un domaine quasi biologique, beaucoup plus profond que les forces collectives : elles sont de l'ordre du destin.
>
> *(L'Intemporel)*

C'était déjà l'hypothèse d'Élie Faure, qui la tirait du transformisme. « L'analogie universelle » (*cf. supra*, pp. 104-105) évoque les travaux des physiciens, « d'où la formule morphologique de l'univers surgira sans doute un jour », et affirme : « La forme universelle est bâtie sur un plan unique. »

Élie Faure est parti de la biologie, Malraux y aboutit. Comme lui, d'ailleurs, il reconnaît que le transformisme a été une intuition de l'Orient avant que l'Occident ne le découvre. Mais il garde vis-à-vis de la science la défiance dont il ne s'est jamais départi. Car la biologie explique un fonctionnement sans livrer une signification, elle ne répond pas à la question du sens. Faut-il « rejeter la question du sens » *(L'Homme précaire et la littérature)* ? On se souvient que pour Élie Faure le transformisme n'induit pas une conception linéaire et finaliste du temps. L'histoire balbutie, s'accélère ou ralentit, revient sur ses pas, mais ne va pas en progressant vers une perfection, encore moins une transcendance. La vie est un mouvement sans but, une force indifférente. Et l'art, « seul à ne rien attendre de la vie, que la vie même » (*supra*, p. 283), est comme l'oracle de Delphes selon Héraclite : il manifeste, il ne signifie pas. La question du Sens n'est pas, pour Élie Faure, une bonne question.

Mais ce qui est « métaphysiquement » vrai, si l'on peut encore parler de « métaphysique » dans cette totale immanence, ne l'est pas dans le point de vue des sociétés et des individus. Le « sens », dans cette perspective, ce serait « l'illusion nécessaire » (*supra*, pp. 197-198) que les hommes poursuivent pour mieux s'adapter, donc pour développer la vie. Ce sens-là est variable comme les formes de la vie, les milieux multiples, les moments de l'histoire. Si Faure rejette LE sens que Malraux cherchera toujours, il reste au contraire attentif à la diversité DES sens, relatifs et précaires, prétextes que l'homme se donne pour continuer à exercer la puissance qu'il tient de la force universelle.

La philosophie de l'art pose chez Élie Faure les mêmes questions que chez Malraux, mais en englobant des points de vue multiples que ce dernier rejette. Histoire, sociologie, psychologie, sciences, elle essaie de tout couvrir. C'est sa faiblesse, dans la mesure où une synthèse encyclopédique prend le risque d'approximations discutables alors que le développement des sciences, exactes ou humaines, a fait de chacune une spécialité complexe. Mais c'est aussi sa force car il y a, dans cette ambition de trouver des passages entre les différents savoirs, quelque chose de très moderne, qui a choqué à son époque, mais n'étonne plus en 1991. Il faut le juger sur cette intention plus que sur ses résultats, car ils dépendent des limites qu'avaient ses connaissances et celles de son temps. Or on a trop souvent commis l'erreur de considérer cette œuvre, qui va de 1909 à 1927, comme si elle nous était contemporaine, comme si elle pouvait se réclamer de théories alors peu répandues, par exemple la sociologie marxiste ou la psychanalyse de l'art, comme si elle devait savoir tout ce que l'on appris postérieurement à elle sur les arts exotiques, l'astrophysique ou la biologie.

Or, quand on sait les dates, cette *Histoire de l'art* et tout le reste de l'œuvre étonnent, au contraire, par leurs prémonitions. Il prévoit dès 1902 les tendances constructives de l'art contemporain, et dès 1903 son évolution vers l'abstraction. Il formule dès ce moment-là l'annonce, qu'on attribue au génie de Malraux, d'un nouvel événement religieux ou spirituel. Il admet les arts d'Afrique, d'Océanie et d'Amérique du Sud dans la première histoire mondiale de l'art, en 1911. Il accueille le cinéma vers 1917-1919 comme l'art de l'avenir. Il prédit la fin de la peinture comme art majeur, et son détrônement par l'architecture, en 1920-1921. Il faudra attendre exactement soixante-dix ans pour que son premier texte sur la fin de la peinture (« La crise de l'individualisme », cf. *L'Art moderne*, dossier, p. 499, et *L'Esprit des Formes*, dossier du t. I, à propos du « Grand rythme »), reparaisse dans *Art Press*, en janvier 1991, sous le titre « La chronique d'Élie Faure », comme s'il venait d'être écrit. Et quand Jean-Louis Froment fait scandale en présentant des maquettes d'architectes à la récente biennale de Venise, et qu'on entend dire contre lui que « l'architecture ce n'est pas de l'art », on voit qu'Élie Faure n'a pas encore perdu son avance. On pourrait multiplier les exemples : les objections faites au Corbusier dès 1923 et la mise en garde contre l'académisme qu'il risquait de susciter ; l'intérêt précoce pour la peinture murale, dès avant 1914, et l'influence sur Diego Rivera ; la conviction que l'art devra collaborer avec la technique, l'attente de réalisations nouvelles dans l'architecture industrielle ou ce qu'on n'appelait pas encore l'audio-visuel ; une ardente curiosité pour la mondialisation de la culture et les échanges qu'elle produira ; et même si sa sociologie de l'art a paru trop vague, voire trop peu marxiste à certains, on a vu que sur bien des points elle préfigurait celle d'un Goldmann.

Chaplin s'étonnait, dans sa préface à *Fonction du cinéma*, en 1953, qu'on méconnaisse tant Élie Faure en France, alors qu'il est « un esprit moderne, passionné de tout ce que la vie apporte de neuf, et animé d'un souffle révolutionnaire ». Henry Miller s'en indignait. Cette symphonie d'idées et de sensations, celle du « premier musicien que les Français aient produit », les Français ne l'entendent pas :

> J'ai dit que je ne savais pas un mot de français alors, et c'est vrai, mais j'étais justement sur le point de faire une grande découverte, une découverte qui devait compenser le vide de Myrtle Avenue et du continent tout entier. J'étais sur le point d'accoster à la plage qui borde ce grand océan français qui s'appelle Élie Faure, océan que les Français eux-même ont peu couvert de leur navigation et qu'ils ont dû prendre par erreur, semble-t-il, pour une mer intérieure. Même en le lisant dans une langue aussi passée que l'anglais moderne, il m'apparaissait que cet homme, qui avait décrit sur sa manchette la race humaine dans sa gloire, était ce Zeus, Père des Atlantes que j'avais cherché en vain jusqu'alors. Je l'ai appelé un océan ; c'était aussi une symphonie du monde. Le premier musicien que les Français aient produit ; à la fois exalté et sûr de soi, véritable anomalie, Beethoven celte, grand médecin de l'âme, paratonnerre géant. Et encore : tournesol suivant fidèlement le soleil, buvant à même la lumière toujours, toujours rayonnant et flamboyant de vitalité. Pas plus optimiste que pessimiste, au sens où l'on ne peut dire que l'océan est bénéfique ou malveillant. Il avait foi dans la race humaine. Il la grandissait d'une coudée, lui rendant sa dignité, sa force, son besoin de créer. Tout n'était pour lui que création, joie solaire. Il ne donnait à sa vision nulle forme ordonnée ; mais musicale, oui. Peu lui

importait que les Français eussent l'oreille en fer-blanc : il orchestrait pour le monde entier simultanément. Quelle ne fut pas ma stupeur quand, quelques années plus tard, lors de ma venue en France, je m'aperçus qu'on ne lui avait érigé aucun monument, qu'aucune rue ne portait son nom. Pis que cela : durant huit années pleines, je n'ai pas entendu un seul Français prononcer son nom. Il lui fallut mourir pour entrer au panthéon des déités françaises — et quelle triste figure, pâle et maladive, doivent faire ses contemporains déifiés, face à ce soleil rayonnant ! S'il n'avait pas été médecin de son métier, s'il n'avait pu ainsi gagner sa vie, que fût-il advenu de lui ? Peut-être eût-il à la rigueur grossi d'une remarquable unité l'armée des ramasseurs d'ordures ! L'homme qui a su rendre aux fresques égyptiennes toute leur vie colorée et brûlante, cet homme-là aurait pu crever de faim sans que le public s'en aperçût. Mais cet homme était aussi un océan, et les critiques se noyèrent en lui, et avec eux les éditeurs, les directeurs de journaux, le public. Il faudra des siècles et des siècles avant qu'il se dessèche et s'évapore. Environ le temps que prendront les Français pour se faire une oreille musicale.

(Tropique du Capricorne)

Il aura fallu moins longtemps puisque Gallimard, qui avait refusé de rééditer l'*Histoire de l'art* en 1935, l'accueille aujourd'hui en « Folio », avec des dossiers dont on espère qu'ils feront des instructions nautiques suffisantes pour parcourir cet « océan »...

Martine Courtois

Table des illustrations

Élie Faure a emprunté une quinzaine d'illustrations à des ouvrages en allemand, publiés par Bruno Cassirer à Berlin. Il en indique les titres dans les légendes qui accompagnent les photos, mais en les traduisant approximativement et avec des variantes : par exemple, *La plastique égyptienne, Plastique de l'Égypte* ou *La plastique de l'Égypte*, de Fechheimer, au lieu de *La sculpture (=die Plastik) égyptienne*.

Ces ouvrages ont été ultérieurement co-édités en français par Bruno Cassirer et l'éditeur d'Élie Faure, Crès et Cie, dans la collection « L'art de l'Orient » dirigée par William Cohn. Les titres auxquels nous renverrons dans la table qui suit seront ceux de cette édition.

Tome II

112. *Dessins anatomiques. (Vinci.)* Windsor (château). **Page 22**.
113. *Pyramides.* Gizeh. Pyramide de Kephren, au fond Mikérinos. **Page 25**.
114. *Arabesque géométrique. (Alcazar.)* Mosaïque de l'appartement de Maria Padilla. Séville. **Page 26**.
115. *Moteur d'avion Gnome.* Paris (musée des Arts et Métiers). **Page 34**.
116. *Stéréodynamique de la vie.* 1, *Nummulite* ; 2, *Ammonite* ; 3, *Orbitoïde.* D'après Lartigue, *Lettres à l'Académie des Sciences*, Douin éd. **Page 34**.
117. *Stéréodynamique des formules florales.* D'après Lartigue, *op. cit.* **Page 35**.
118. *Analogies. (Tourbillons :* 1, Jupiter ; 2, Goutte d'eau.*)* D'après Lartigue, *op. cit.* **Page 36**.
118 *bis*. *Œuf d'épiornis.* **Page 40**.
119. *Tricératops.* Paris (Laboratoire d'anatomie comparée du Muséum d'histoire naturelle). **Page 41**.
120. *Travail du bois. (Polynésie.)* Art maori. **Page 51**.
121, 122. *Travail de la pierre. (France. XIIIe siècle.)* Rinceaux encadrant l'archivolte d'une porte. Paris (cathédrale). **Pages 47-48**.
123. *La fresque. (Filippo Lippi.)* Enterrement de saint Étienne. Détail. Prato (cathédrale). **Page 51**.
124. *Architecture géométrique. (Albi.)* Archevêché. **Page 54**.
125. *Milieu aride. Ogives. (Avignon.)* Palais des Papes. **Page 57**.
126. *Mur pélasgique. (Italie.)* Norba, Latium. **Page 62**.
127. *Berceau. (Rome. Tivoli.)* **Page 62**.
128. *Coupole sur pendentifs. (Sainte-Sophie.)* Istambul. **Page 63**.
129. *Croisée d'ogives. (Chartres)* (cathédrale). **Page 64**.
130. *Chaumière grecque.* **Page 65**.
131. *Architecture symphonique. (Indes.)* XVIIIe siècle. Pagode de Sri-ringam. **Page 67**.
132. *Modelé sinueux. (Indes.)* VIIe siècle. Bas-relief. Mahavellipore. **Page 70**.
133. *Modelé sphérique. (Chine.)* Époque Tang. Bouddha. **Page 73**.
134. *Modelé dorien.* Apollon. Paris (musée du Louvre). **Page 74**.
135. *Modelé ionien.* Hera de Samos. Paris (musée du Louvre). **Page 75**.
136. *Composition rythmique. (Fétiche nègre.)* Reliquaire Bakota, Gabon. Il faisait partie de la collection d'Élie Faure. **Page 76**.
137. *Peinture sculpturale. (Signorelli.)* Testament de Moïse. Détail. Rome (chapelle Sixtine). **Page 81**.

138. *Peinture de transition. (Masaccio.)* Le tribut. Détail. Florence (église Santa Maria del Camine, chapelle Brancacci). **Page 84.**
139. *Peinture mélodique. (Fra Angelico.)* Couronnement de la Vierge. Détail. Florence (musée Saint-Marc). **Page 85.**
140. *Peinture symphonique. (Rubens.)* La chasse d'Atalante et Méléagre. Richmond (musée Cook). **Page 85.**
141. *Découverte de la perspective. (Uccello.)* La déroute de San Romano. Détail. Londres (National Gallery). **Page 88.**
142. *Conquête de la perspective. (Piero della Francesca.)* La reine de Saba. Détail. Arezzo (église Saint-François). **Pages 90-91.**
143. *Possession de la perspective. (Raphaël.)* L'école d'Athènes. Vatican. **Pages 94-95.**
144. *La symphonie visuelle. (Tintoret).* Le Paradis. Détail. Paris (musée du Louvre). **Page 96.**
145. *La danse. (Égypte.)* IIIe millénaire. Tombeau des Médecins. Sakkarah. **Page 98.**
146. *Pressentiment cinématographique. (Tintoret.)* Mercure et les Grâces. Venise (palais ducal). **Page 103.**
147. *Analogie. (Poussin.)* L'automne. Détail. Paris (musée du Louvre). **Page 107.**
148. *Sculpture naturelle. (Crâne de tigre.)* Paris (Laboratoire d'anatomie comparée du Muséum d'histoire naturelle). **Page 108.**
8**149.** *Analogies. (Crâne de cheval) :* 1, sculpture naturelle. Paris (Laboratoire d'anatomie comparée du Muséum d'histoire naturelle). 2, sculpture préhistorique. **Page 108.**
150. *Architecture naturelle. (Squelette de glyptodon.)* Paris (Laboratoire d'anatomie comparée du Muséum d'histoire naturelle). **Page 110.**
151. *Dent d'éléphant fossile.* Paris (Laboratoire d'anatomie comparée du Muséum d'histoire naturelle). **Page 111.**
152. *Analogies.* (1, *squelette de cétacé.*) Paris (Laboratoire d'anatomie comparée du Muséum d'histoire naturelle). 2, *carcasse d'avion inachevé de Blériot.* Paris (musée de l'Air). **Page 111.**
152 ***bis.*** *Analogies. (Crâne de cétacé.)* Paris (Laboratoire d'anatomie comparée du Muséum d'histoire naturelle). **Page 116.**
153. *Seurat.* Les Poseuses. Philadelphie (collection Henry McIlhenny). **Page 117.**
154. *Composition. (Daniel de Volterra.)* La Déposition. Rome (église de la Trinité-des-Monts). **Page 123.**
155. *Compréhension. (Chardin.)* Le gobelet d'argent. Paris (musée du Louvre). **Page 124.**

156. *Pessimisme. (Goya.)* Les désastres de la guerre. Paris (Bibliothèque nationale). **Pages 128-129-130**.
157. *Pessimisme. (Delacroix.)* La chasse aux lions. Bordeaux (musée des Beaux-Arts). **Pages 130-132-133**.
158. *Composition organique. (Mélodie. Giotto.)* Mort de saint François. Florence (église Santa Croce). **Page 136**.
159. *Composition organique naturelle. (Opération.)* **Page 136**.
160. *Composition organique. (Symphonie, Rembrandt.)* Déploration du Christ. Dessin. Londres (British museum). **Pages 137-138**.
161. *Composition naturaliste. (Gervex.)* Le docteur Péan enseignant à l'hôpital Saint-Louis sa découverte du pincement des vaisseaux. Versailles (musée). **Page 141**.
162. *Peinture de Titien à 95 ans*. L'Espagne au secours de la religion. Madrid (musée du Prado). Élie Faure calcule l'âge du Titien en admettant, comme on le pensait alors, qu'il était né en 1477. Aujourd'hui, on date sa naissance de 1485 ou 1487. Il aurait donc eu environ quatre-vingt-cinq ans quand il fit ce tableau. **Pages 144, 146-147**.
163. *Subordination du détail au mouvement. (Delacroix.)* Médée. Esquisse. Lille (musée). **Page 153**.
164. *Subordination du détail à la forme. (Java.)* VIIIe siècle. Bouddha. Boroboudour. D'après W. Colin, *La sculpture hindoue*, Cassirer-Crès et Cie. **Page 154**.
165. *Tyrannie du détail. (Abbeville.)* (église Saint-Wulfran). **Page 156**.
166. *Assimilation. (Poussin.)* Bacchanale. Détail. Paris (musée du Louvre). **Page 161**.
167. *La cage*. Le Grand Palais. Paris. **Page 164**.
168. *L'oiseau*. Un avion, vers 1926. **Page 164**.
169. *La vie. (Grèce.)* La *Victoire* de Samothrace. Paris (musée du Louvre). **Page 167**.
170. *Le style*. Archer. Détail. Salle de Xerxès. Persépolis. D'après F. Sarre, *L'art de la Perse ancienne*, B. Cassirer-Crès et Cie. **Page 170**.
171. *Panathénées helléniques*. Frise du Parthénon. Londres (British museum). **Pages 170-173**.
172. *Panathénées byzantines*. Mosaïques. Ravenne (église Saint-Apollinaire-le-neuf). **Pages 171-174**.
173. *Persistance du rythme architectonique. (Égypte saïte.)* Prêtre. (musée du Caire). D'après H. Fechheimer, *La sculpture égyptienne*, B. Cassirer-Crès et Cie. **Page 171**.
174. *Objectivisme occidental. (Vermeer.)* Jeune fille lisant une lettre. Détail. Dresde (Pinacothèque). **Page 177**.

175. *Équilibre. (Égypte.)* Époque gréco-romaine. Fragment d'une statue d'Isis. Paris (musée du Louvre). **Page 178.**
176. *Objectivisme permanent.* 1, *Tête de cheval préhistorique.* Saint-Germain-en-Laye (musée des Antiquités nationales). 2, *Tête de taureau égéenne.* Fragment d'un relief en stuc peint du palais de Cnossos. Crète, Hêraklion (musée). 3, *Tête de cheval. Art grec,* Fronton est du Parthénon. Londres (British museum). **Page 181.**
177. *Subjectivisme oriental. (Indes.)* La danse de Shiva. **Page 182.**
178. *Analogies.* 1. *Objectivisme occidental.* Chapiteau de colonne. Lisieux (église Saint-Pierre). — 2. *Subjectivisme oriental.* Linteau provenant du Temple de Bayon à Angkor. Détail. Paris (musée Guimet). **Page 186.**
179. *Orthopédie allégorique. (Rome.)* Saturnia Tellus, l'air et l'eau. Rome (Ara Pacis Augustae). **Page 186.**
180. *Ghirlandajo.* La Visitation. Détail. Florence (Santa Maria Novella). **Page 188.**
181. *Botticelli.* Le Printemps. Détail. Florence (Offices). **Page 189.**
183. *Idéalisme. (Raphaël.)* Psyché offrant à Vénus le vase de Proserpine. Détail. Rome (Farnésine). **Page 192.**
184. *Réalisme. (Rembrandt.)* Baigneuse. Détail. Paris (musée du Louvre). **Page 193.**
185. *Monstre d'Espagne. (Velázquez.)* L'Enfant de Vallecas. Détail. Madrid (musée du Pradro). **Page 195.**
186. *Harmonie d'Espagne. (Goya.)* Portrait de Jeune fille. Paris (collection particulière). **Page 196.**
187. *Brantôme. (France.)* Dordogne. Sculptures dans les grottes. **Pages 198-199.**
188. *Idole brahmanique. (Cambodge.)* Temple de Bayon. Angkor-Thom. Détail d'une des tours à face humaine. **Pages 204-205.**
189. *Statue profane. (Art hellénistique.)* Jeune femme. (Collection particulière.) **Page 206.**
190. *Idoles chrétiennes. (Autun.)* Les damnés. Autun (cathédrale, détails du tympan). **Pages 210-211.**
191. *Idoles profanes.* Signes du Zodiaque. Amiens (cathédrale). **Page 212.**
192. *Statue profane. (Égypte. V^e^ dynastie.)* Porteuse d'offrandes. Turin (musée des Antiquités). **Page 217.**
193. *Idole composite. (Assyrie.)* Génie à tête d'aigle. Provenant du Palais de Nimroud. Londres (British museum). **Pages 220-221-223.**
194. *Art profane. (Hokusaï.)* Estampe de la Mangwa. Paris (Bibliothèque nationale). **Pages 226-227.**

215. *Architecture industrielle. (France. Orly.)* (Hangars construits par la Sté des Entreprises Limousin, Freyssinet ingénieur). **Page 290.**
216. *Transmigration plastique. Milieu panthéiste. (Indes.)* VIIIe siècle. Descente du Gange. Mahavellipore. **Pages 295-296.**
217. *Membres de pierre. Chartres* (cathédrale). **Page 302.**
218. *Membres de fer (Tour Eiffel).* Paris. **Page 303.**
219. *Équilibre rythmique. (Cambodge.)* Frise des Apsaras. Paris (musée Guimet). **Pages 304-307.**

Table des matières

DU MÊME AUTEUR

HISTOIRE DE L'ART

L'ART ANTIQUE, 1909

L'ART MÉDIÉVAL, 1911

L'ART RENAISSANT, 1914

L'ART MODERNE, 1921

Autres ouvrages

VÉLASQUEZ, 1903

FORMES ET FORCES, 1907

EUGÈNE CARRIÈRE, PEINTRE ET LITHOGRAPHE, 1908

LES CONSTRUCTEURS, 1914

LA CONQUÊTE, 1917

LA SAINTE FACE, 1917

LA ROUE, 1919

LA DANSE SUR LE FEU ET L'EAU, 1920

NAPOLÉON, 1921

L'ARBRE D'ÉDEN, 1922

MONTAIGNE ET SES TROIS PREMIERS-NÉS, 1926

LES TROIS GOUTTES DE SANG, 1929

COROT, 1931

DÉCOUVERTE DE L'ARCHIPEL, 1931

D'AUTRES TERRES EN VUE, 1931

MON PÉRIPLE, 1932

OMBRES SOLIDES, 1934

REGARDS SUR LA TERRE PROMISE, 1936

MÉDITATIONS CATASTROPHIQUES, 1937

ÉQUIVALENCES *(recueil posthume)*, 1951

FONCTION DU CINÉMA *(recueil posthume)*, 1953

DANS LA COLLECTION FOLIO/ESSAIS

1 Alain : *Propos sur les pouvoirs.*
2 Jorge Luis Borges : *Conférences.*
3 Jeanne Favret-Saada : *Les mots, la mort, les sorts.*
4 A. S. Neill : *Libres enfants de Summerhill.*
5 André Breton : *Manifestes du surréalisme.*
6 Sigmund Freud : *Trois essais sur la théorie sexuelle.*
7 Henri Laborit : *Éloge de la fuite.*
8 Friedrich Nietzsche : *Ainsi parlait Zarathoustra.*
9 Platon : *Apologie de Socrate. Criton. Phédon.*
10 Jean-Paul Sartre : *Réflexions sur la question juive.*
11 Albert Camus : *Le mythe de Sisyphe (Essai sur l'absurde).*
12 Sigmund Freud : *Le rêve et son interprétation.*
13 Maurice Merleau-Ponty : *L'Œil et l'Esprit.*
14 Antonin Artaud : *Le théâtre et son double* (suivi de *Le théâtre de Séraphin*).
15 Albert Camus : *L'homme révolté.*
16 Friedrich Nietzsche : *La généalogie de la morale.*
17 Friedrich Nietzsche : *Le gai savoir.*
18 Jean-Jacques Rousseau : *Discours sur l'origine et les fondements de l'inégalité parmi les hommes.*
19 Jean-Paul Sartre : *Qu'est-ce que la littérature ?*
20 Octavio Paz : *Une planète et quatre ou cinq mondes (Réflexions sur l'histoire contemporaine).*
21 Alain : *Propos sur le bonheur.*
22 Carlos Castaneda : *Voir (Les enseignements d'un sorcier yaqui).*
23 Maurice Duverger : *Introduction à la politique.*
24 Julia Kristeva : *Histoires d'amour.*
25 Gaston Bachelard : *La psychanalyse du feu.*

26 Ilya Prigogine et Isabelle Stengers : *La nouvelle alliance (Métamorphose de la science).*
27 Henri Laborit : *La nouvelle grille.*
28 Philippe Sollers : *Théorie des Exceptions.*
29 Julio Cortázar : *Entretiens avec Omar Prego.*
30 Sigmund Freud : *Métapsychologie.*
31 Annie Le Brun : *Les châteaux de la subversion.*
32 Friedrich Nietzsche : *La naissance de la tragédie.*
33 Raymond Aron : *Dix-huit leçons sur la société industrielle.*
34 Noël Burch : *Une praxis du cinéma.*
35 Jean Baudrillard : *La société de consommation (ses mythes, ses structures).*
36 Paul-Louis Mignon : *Le théâtre au XXe siècle.*
37 Simone de Beauvoir : *Le deuxième sexe,* tome I *(Les faits et les mythes).*
38 Simone de Beauvoir : *Le deuxième sexe,* tome II *(L'expérience vécue).*
39 Henry Corbin : *Histoire de la philosophie islamique.*
40 Etiemble : *Confucius (Maître K'ong, de — 551 (?) à 1985).*
41 Albert Camus : *L'envers et l'endroit.*
42 George Steiner : *Dans le château de Barbe-Bleue (Notes pour une redéfinition de la culture).*
43 Régis Debray : *Le pouvoir intellectuel en France.*
44 Jean-Paul Aron : *Les modernes.*
45 Raymond Bellour : *Henri Michaux.*
46 C.G. Jung : *Dialectique du Moi et de l'inconscient.*
47 Jean-Paul Sartre : *L'imaginaire (Psychologie phénoménologique de l'imagination).*
48 Maurice Blanchot : *Le livre à venir.*
49 Claude Hagège : *L'homme de paroles (Contribution linguistique aux sciences humaines).*
50 Alvin Toffler : *Le choc du futur.*
51 Georges Dumézil : *Entretiens avec Didier Eribon.*
52 Antonin Artaud : *Les Tarahumaras.*

53 Cioran : *Histoire et utopie.*
54 Sigmund Freud : *Sigmund Freud présenté par lui-même.*
55 Catherine Kintzler : *Condorcet (L'instruction publique et la naissance du citoyen).*
56 Roger Caillois : *Le mythe et l'homme.*
57 Panaït Istrati : *Vers l'autre flamme (Après seize mois dans l'U.R.S.S.-Confession pour vaincus).*
58 Claude Lévi-Strauss : *Race et histoire* (suivi de *L'œuvre de Claude Lévi-Strauss* par Jean Pouillon).
59 Michel de Certeau : *Histoire et psychanalyse entre science et fiction.*
60 Vladimir Jankélévitch et Béatrice Berlowitz : *Quelque part dans l'inachevé.*
61 Jean-Noël Schifano : *Désir d'Italie.*
62 Elie Faure : *Histoire de l'art,* tome I : *L'art antique.*
63 Elie Faure : *Histoire de l'art,* tome II : *L'art médiéval.*
64 Elie Faure : *Histoire de l'art,* tome III : *L'art renaissant.*
65 Elie Faure : *Histoire de l'art,* tome IV : *L'art moderne,* 1.
66 Elie Faure : *Histoire de l'art,* tome V : *L'art moderne,* 2.
67 Daniel Guérin : *L'anarchisme (De la doctrine à la pratique),* suivi de *Anarchisme et marxisme.*
68 Marcel Proust : *Contre Sainte-Beuve.*
69 Raymond Aron : *Démocratie et totalitarisme.*
70 Friedrich Nietzsche : *Par-delà bien et mal (Prélude d'une philosophie de l'avenir).*
71 Jean Piaget : *Six études de psychologie.*
72 Wassily Kandinsky : *Du spirituel dans l'art, et dans la peinture en particulier.*
74 Henri Laborit : *Biologie et structure.*
75 Claude Roy : *L'amour de la peinture (Rembrandt Goya Picasso).*
76 Nathalie Sarraute : *L'ère du soupçon (Essais sur le roman).*

77 Friedrich Nietzsche : *Humain, trop humain (Un livre pour esprits libres),* tome I.
78 Friedrich Nietzsche : *Humain, trop humain (Un livre pour esprits libres),* tome II.
79 Cioran : *Syllogismes de l'amertume.*
80 Cioran : *De l'inconvénient d'être né.*
81 Jean Baudrillard : *De la séduction.*
82 Mircea Eliade : *Le sacré et le profane.*
83 Platon : *Le Banquet (ou De l'amour).*
84 Roger Caillois : *L'homme et le sacré.*
85 Margaret Mead : *L'un et l'autre sexe.*
86 Alain Finkielkraut : *La sagesse de l'amour.*
87 Michel Butor : *Histoire extraordinaire (Essai sur un rêve de Baudelaire).*
88 Friedrich Nietzsche : *Crépuscule des idoles (ou Comment philosopher à coups de marteau).*
89 Maurice Blanchot : *L'espace littéraire.*
90 C. G. Jung : *Essai d'exploration de l'inconscient.*
91 Jean Piaget : *Psychologie et pédagogie.*
92 René Zazzo : *Où en est la psychologie de l'enfant ?*
93 Sigmund Freud : *L'inquiétante étrangeté* et autres essais.
94 Sören Kierkegaard : *Traité du désespoir.*
95 Oulipo : *La littérature potentielle (Créations Re-créations Récréations).*
96 Alvin Toffler : *La Troisième Vague.*
97 Lanza del Vasto : *Technique de la non-violence.*
98 Thierry Maulnier : *Racine.*
99 Paul Bénichou : *Morales du grand siècle.*
100 Mircea Eliade : *Aspects du mythe.*
101 Luc Ferry et Alain Renaut : *La pensée 68 (Essai sur l'anti-humanisme contemporain).*
102 Saúl Yurkievich : *Littérature latino-américaine : traces et trajets.*
103 Carlos Castaneda : *Le voyage à Ixtlan (Les leçons de don Juan).*
104 Jean Piaget : *Où va l'éducation.*

105 Jean-Paul Sartre : *Baudelaire.*
106 Paul Valéry : *Regards sur le monde actuel* et autres essais.
107 Francis Ponge : *Méthodes.*
108 Czeslaw Milosz : *La pensée captive (Essai sur les logocraties populaires).*
109 Oulipo : *Atlas de littérature potentielle.*
110 Marguerite Yourcenar : *Sous bénéfice d'inventaire.*
111 Frédéric Vitoux : *Louis-Ferdinand Céline (Misère et parole).*
112 Pascal Bonafoux : *Van Gogh par Vincent.*
113 Hannah Arendt : *La crise de la culture (Huit exercices de pensée politique).*
114 Paul Valéry : « *Mon Faust* ».
115 François Châtelet : *Platon.*
116 Annie Cohen-Solal : *Sartre (1905-1980).*
117 Alain Finkielkraut : *La défaite de la pensée.*
118 Maurice Merleau-Ponty : *Éloge de la philosophie* et autres essais.
119 Friedrich Nietzsche : *Aurore (Pensées sur les préjugés moraux).*
120 Mircea Eliade : *Le mythe de l'éternel retour (Archétypes et répétition).*
121 Gilles Lipovetsky : *L'ère du vide (Essais sur l'individualisme contemporain).*
123 Julia Kristeva : *Soleil noir (Dépression et mélancolie).*
124 Sören Kierkegaard : *Le Journal du séducteur.*
125 Bertrand Russell : *Science et religion.*
126 Sigmund Freud : *Nouvelles conférences d'introduction à la psychanalyse.*
128 Mircea Eliade : *Mythes, rêves et mystères.*
131 Georges Mounin : *Avez-vous lu Char ?*
132 Paul Gauguin : *Oviri (Écrits d'un sauvage).*
133 Emmanuel Kant : *Critique de la raison pratique.*
134 Emmanuel Kant : *Critique de la faculté de juger.*
135 Jean-Jacques Rousseau : *Essai sur l'origine des lan-*

gues (où il est parlé de la mélodie et de l'imitation musicale).

137 Friedrich Nietzsche : *L'Antéchrist* suivi de *Ecce Homo.*

138 Gilles Cohen-Tannoudji et Michel Spiro : *La matière-espace-temps (La logique des particules élémentaires).*

139 Marcel Roncayolo : *La ville et ses territoires.*

140 Friedrich Nietzsche : *La philosophie à l'époque tragique des Grecs,* suivi de *Sur l'avenir de nos établissements d'enseignement.*

141 Simone Weil : *L'enracinement (Prélude à une déclaration des devoirs envers l'être humain).*

142 John Stuart Mill : *De la liberté.*

143 Jacques Réda : *L'improviste (Une lecture du jazz).*

144 Hegel : *Leçons sur l'histoire de la philosophie I.*

145 Emmanuel Kant : *Critique de la raison pure.*

146 Michel de Certeau : *L'invention du quotidien (1. arts de faire).*

147 Jean Paulhan : *Les fleurs de Tarbes ou la Terreur dans les lettres.*

148 Georges Bataille : *La littérature et le mal.*

149 Edward Sapir : *Linguistique.*

150 Alain : *Éléments de philosophie.*

151 Hegel : *Leçons sur l'histoire de la philosophie II.*

152 Collectif : *Les écoles présocratiques (Édition établie par Jean-Paul Dumont).*

153 D. H. Kahnweiler : *Juan Gris : Sa vie, son œuvre, ses écrits.*

154 André Pichot : *La naissance de la science (1. Mésopotamie, Égypte).*

155 André Pichot : *La naissance de la science (2. Grèce présocratique).*

156 Julia Kristeva : *Étrangers à nous-mêmes.*

157 Niels Bohr : *Physique atomique et connaissance humaine.*

158 Descartes : *Discours de la méthode* suivi de *La Dioptrique.*

159 Max Brod : *Franz Kafka (Souvenirs et documents).*
160 Trinh Xuan Thuan : *La mélodie secrète (Et l'homme créa l'univers).*
161 Isabelle Stengers, Judith Schlanger : *Les concepts scientifiques (Invention et pouvoir).*
162 Jean Dubuffet : *L'homme du commun à l'ouvrage.*
163 Ionesco : *Notes et contre-notes.*
164 Mircea Eliade : *La nostalgie des origines (Méthodologie et histoire des religions).*
165 Philippe Sollers : *Improvisations.*
166 Ernst Jünger : *Approches, drogues et ivresse.*
167 Severo Sarduy : *Barroco.*
168 Wassily Kandinsky : *Point et ligne sur plan.*
169 Friedrich Nietzsche : *Le cas Wagner* suivi de *Nietzsche contre Wagner.*
170 Gilles Lipovetsky : *L'empire de l'éphémère (La mode et son destin dans les sociétés modernes).*
171 Louis Hjelmslev : *Le langage.*
172 Jean Servier : *Histoire de l'utopie.*
173 Pierre Cabanne : *Le siècle de Picasso (I. La naissance du cubisme, l'époque des métamorphoses, 1881-1937).*
174 Pierre Cabanne : *Le siècle de Picasso (II. La guerre, la gloire et la solitude, 1937-1973).*
175 Marguerite Yourcenar : *Le temps, ce grand sculpteur.*
176 Élie Faure : *Histoire de l'art (L'Esprit des formes I).*
177 Élie Faure : *Histoire de l'art (L'Esprit des formes II).*
178 J.M.G. Le Clézio : *Le rêve mexicain.*
179 Collectif : *Introduction aux sciences cognitives.*
180 Oscard Wilde : *De Profondis.*
181 Sigmund Freud : *Le délire et les rêves dans la* Gradiva *de W. Jensen* précédé de *Gradiva fantaisie pompéienne* par Wilhelm Jensen.
182 George Steiner : *Les Antigones.*
184 Roger Caillois : *Les jeux et les hommes (Le masque et le vertige).*

DANS LA COLLECTION FOLIO/HISTOIRE

1 Georges Duby : *Le dimanche de Bouvines (27 juillet 1214).*
2 Jean-Denis Bredin : *Joseph Caillaux.*
3 François Furet : *Penser la Révolution française.*
4 Michel Winock : *La République se meurt (Chronique 1956-1958).*
5 Alexis de Tocqueville : *L'ancien régime et la Révolution.*
6 Philippe Erlanger : *Le Régent.*
7 Paul Morand : *Fouquet ou le Soleil offusqué.*
8 Claude Dulong : *Anne d'Autriche (mère de Louis XIV).*
9 Emmanuel Le Roy Ladurie : *Montaillou, village occitan de 1294 à 1324.*
10 Emmanuel Le Roy Ladurie : *Le Carnaval de Romans (De la Chandeleur au mercredi des Cendres, 1579-1580).*
11 Georges Duby : *Guillaume le Maréchal (ou Le meilleur chevalier du monde).*
12 Alexis de Tocqueville : *De la démocratie en Amérique,* tome I.
13 Alexis de Tocqueville : *De la démocratie en Amérique,* tome II.
14 Zoé Oldenbourg : *Catherine de Russie.*
15 Lucien Bianco : *Les origines de la révolution chinoise (1915-1949).*
16 (Collectif) : *Faire de l'histoire,* I : *(Nouveaux problèmes).*
17 (Collectif) : *Faire de l'histoire,* II : *(Nouvelles approches).*
18 (Collectif) : *Faire de l'histoire,* III : *(Nouveaux objets).*

19 Marc Ferro : *L'histoire sous surveillance (Science et conscience de l'histoire).*
20 Jacques Le Goff : *Histoire et mémoire.*
21 Philippe Erlanger : *Henri III.*
22 Mona Ozouf : *La fête révolutionnaire (1789-1799).*
23 Zoé Oldenbourg : *Le bûcher de Montségur (16 mars 1244).*
24 Jacques Godechot : *La prise de la Bastille (14 juillet 1789).*
25 (Le Débat) : *Les idées en France, 1945-1988 (Une chronologie).*
26 Robert Folz : *Le couronnement impérial de Charlemagne (25 décembre 800).*
27 Marc Bloch : *L'étrange défaite.*
28 Michel Vovelle : *Mourir autrefois.*
29 Marc Ferro : *La grande guerre (1914-1918).*
30 Georges Corm : *Le Proche-Orient éclaté (1956-1991).*
31 Jacques Le Goff : *La naissance du Purgatoire.*
32 Hannah Arendt : *Eichmann à Jérusalem.*
33 Jean Heffer : *La Grande Dépression (Les États-Unis en crise 1929-1933).*
34 Yves-Marie Bercé : *Croquants et nu-pieds (Les soulèvements paysans en France du* XVIe *au* XIXe *siècle).*
35 Arnaldo Momigliano : *Sagesses barbares.*
36 Robert Muchembled : *La sorcière au village.*
37 Gérard Gayot : *La franc-maçonnerie française.*
38 Raul Hilberg : *La destruction des Juifs d'Europe,* I.
39 Raul Hilberg : *La destruction des Juifs d'Europe,* II.

DANS LA COLLECTION FOLIO/ACTUEL

1 Alain Duhamel : *Les prétendants.*
2 Général Copel : *Vaincre la guerre (C'est possible !).*
3 Jean-Pierre Péroncel-Hugoz : *Une croix sur le Liban.*
4 Martin Ader : *Le choc informatique.*
5 Jorge Semprun : *Montand (La vie continue).*
6 Ezra F. Vogel : *Le Japon médaille d'or (Leçons pour l'Amérique et l'Europe).*
7 François Chaslin : *Les Paris de François Mitterrand (Histoire des grands projets architecturaux).*
8 Cardinal Jean-Marie Lustiger : *Osez croire, osez vivre (Articles, conférences, sermons, interviews 1981-1984).*
9 Thierry Pfister : *La vie quotidienne à Matignon au temps de l'union de la gauche.*
10 Édouard Masurel : *L'année 1986 dans* Le Monde *(Les principaux événements en France et à l'étranger).*
11 Marcelle Padovani : *Les dernières années de la mafia.*
12 Alain Duhamel : *Le Ve Président.*
13 Édouard Masurel : *L'année 1987 dans* Le Monde *(Les principaux événements en France et à l'étranger.*
14 Anne Tristan : *Au Front.*
15 Édouard Masurel : *L'année 1988 dans* Le Monde *(Les principaux événements en France et à l'étranger).*
16 Bernard Deleplace : *Une vie de flic.*
17 Dominique Nora : *Les possédés de Wall Street.*
18 Alain Duhamel : *Les habits neufs de la politique.*
19 Édouard Masurel : *L'année 1989 dans* Le Monde *(Les principaux événements en France et à l'étranger).*
20 Edgard Morin : *Penser l'Europe.*
21 Édouard Masurel : *L'année 1990 dans* Le Monde *(Les principaux événements en France et à l'étranger).*

22 Etiemble : *Parlez-vous franglais ?*
23 Collectif : *Un contrat entre les générations (demain, les retraites).*
24 Alexandre Zinoviev : *Les confessions d'un homme en trop.*
25 Frantz Fanon : *Les damnés de la terre.*
26 Paul Bairoch : *Le Tiers-Monde dans l'impasse.*

Ouvrage reproduit
et achevé d'imprimer à l'Imprimerie Hérissey
le 20 décembre 1991.
Dépôt légal : décembre 1991
Numéro d'imprimeur : 56500

ISBN 2-07-032656-X / Imprimé en France

54386